当代中国哲学家文库

刘放桐 卷

探索、沟通和超越

现代西方哲学与马克思主义哲学比较研究

北京师范大学出版集团
BEIJING NORMAL UNIVERSITY PUBLISHING GROUP
北京师范大学出版社

图书在版编目（CIP）数据

探索、沟通和超越：现代西方哲学与马克思主义哲学比较研究／刘放桐著.—北京：北京师范大学出版社，2010.4
ISBN 978-7-303-10848-0

Ⅰ.①探… Ⅱ.①刘… Ⅲ.①哲学－研究－西方国家－现代②马克思主义哲学－研究 Ⅳ.① B505 ② B0-0

中国版本图书馆 CIP 数据核字(2010)第 037538 号

营 销 中 心 电 话　010-58802181 58808006
北师大出版社高等教育分社网　http://gaojiao.bnup.com.cn
电 子 信 箱　beishida168@126.com

出版发行：北京师范大学出版社 www.bnup.com.cn
　　　　　北京新街口外大街 19 号
　　　　　邮政编码：100875
印　　刷：北京联兴盛业印刷股份有限公司
经　　销：全国新华书店
开　　本：155 mm × 235 mm
印　　张：29
字　　数：398 千字
版　　次：2010 年 4 月第 1 版
印　　次：2010 年 4 月第 1 次印刷
定　　价：50.00 元

策划编辑：饶 涛　　　责任编辑：祁传华
美术编辑：毛 佳　　　装帧设计：高 霞
责任校对：李 菡　　　责任印制：李 丽

风雨中的现代西方哲学研究

（自序）

  我学习和研究西方哲学已五十多年，把其中的现代部分作为研究重点也已近五十年，谈不上有什么值得称道的贡献和建树。不过，自 20 世纪 50 年代中期以来我国这一领域研究中所出现的种种风雨，我大体上都经历了。我个人在这方面的经验教训和成败得失在某种程度上都可谓与之息息相关。因此，当我回顾自己这些年的学术生涯时，仿佛又一次听到了我国现代西方哲学研究这五十年来的前进但又有些曲折的脚步声。我既为它在相当困难的条件下仍然取得了许多重要成就而感到庆幸，也为它所受到过，甚至在一定程度上继续受到的种种扭曲和误解而感到遗憾，但更为它今后将会获得的更大发展以及在我国现代化建设中可能起到的更大积极作用而充满希望和信心。

1. 踏入西方哲学研究之门

  我出身贫寒，小学毕业后只断断续续读过两年中学，大部分中学课程靠自学完成。这自然要经历更多艰辛，需要有勤于思索的习惯和坚韧不拔的毅力，但也由此使我在意志和性格上得到了较好的锻炼。1950 年我以同等学力身份考入湖南大学经济系。其实我原来最感兴趣、根基也较好的学科是数学和物理；选读经济学仅仅是出于对当时国家号召转向经济建设的肤浅认识，带有很大的盲目性。然而，正是对自然科学曾有所涉猎，又学习了四年经济学，才使我在走上哲学研究道路后能有较广阔的视野。

我最初接触哲学是湖南大学经济系开设的哲学课程。记得最早给我所在班级上哲学课的是著名的中国哲学史家杨荣国教授。我国马克思主义哲学著名前辈李达校长在全校讲解他的《实践论解说》时我们也去听课。两位名家的讲课都很深刻，杨荣国教授讲课时总要穿插一些中国哲学史的典故，很是生动，我和不少同学都被吸引住了。尽管由于我过去从未接触过哲学，又缺乏必要的知识准备，对他们讲的具体内容很多都未能听懂，却仍然由此产生了对哲学的兴趣。

大学毕业后我先在财政经济出版社（北京）工作。业余阅读的书籍除了经济学的以外，多为马克思主义基本理论，特别是关于哲学方面的。1955 年下半年起，国内由上而下发动过一次大规模的批判胡适实用主义的运动，相关批判文章可谓铺天盖地而来。这些文章的基本理论框架几乎一致，都是指责实用主义是十足的主观唯心主义和形而上学，是帝国主义反动哲学。但它们对实用主义的具体内容都语焉不详，至少我难以从中悟出个究竟来。现在回头来看，那场批判可谓开了以"左"的政治压力来干预学术讨论的先河。但我当时对这场批判的政治和理论含义并没有真正理解，甚至也没有去多想这方面的问题。它只是促使我萌发了较具体地学一点包括实用主义在内的西方哲学的念头。一次在旧书摊上偶然买到一本苏联马克思主义哲学家薛格洛夫编的《西方哲学史简编》。其中虽无对实用主义的详细介绍，但也许由于它是我读的第一部西方哲学史，发觉其中有对各种哲学思潮的介绍，比当时书店里可能买到的哲学读物内容要丰富得多，因而很为其吸引。后来我又找到了两本新中国成立前翻译出版的梯利及韦伯的《西洋哲学史》，读后更感到另有天地，由此产生了对西方哲学有更多了解的意向。1956 年，党的八大召开，明确提出急风暴雨式的阶级斗争已经结束，党的中心工作转向经济建设；还提出了向科学技术进军的口号。当时教育部决定参照苏联的教育体制在少数有条件的大学试招授予学位的正规研究生（副博士研究生）。我正想有进一步深造的机会，决定报考。按原来所学和所长，我自然应当报考经济学，但由批判实用主义运动所激起的对西方哲学的兴趣促使我改了中国人民大学哲学系西方哲学史专业，想不到居然被录取。就在这年年底，我进入中国人民大学学习，导师是著名教授何思敬先生，由苗力田先生协助指导。从此开始了我学习和研究西方哲学的生涯。

我在中国人民大学学习的重点最初是古希腊罗马哲学，尤其对亚里士多德哲学感兴趣。这与著名的希腊哲学史家苗力田教授的引导有关。当时正好买到一本 Warrington 重编的亚里士多德《形而上学》，英译文字流畅好读。我那时的英语阅读能力虽不高，大体上还看得懂。苗先生要我硬着头皮反复读下去。我照着做了，还写了一些笔记。尽管我并没有都读懂，但它仍使我对希腊哲学有了较多的了解，特别是给了我较严格的思维训练，受益匪浅。不久，我转向经验论和唯理论，着重阅读斯宾诺莎的《伦理学》。我在这些领域都取得了一些长进。除了参加中国人民大学哲学史教研室的西方哲学史教材的编写外，还写了多篇论文和读书报告。其中关于亚里士多德认识论和斯宾诺莎唯理论等篇后来都公开发表了。这些论文学术水平都不高，在当时我国哲学研究相对沉寂的条件下没能为人所知，但它们鼓舞并增强了我从事这方面研究的信心，对锻炼我的科研能力更大有好处。在往后的学术生涯中，我一直把认真阅读原著和勤于练笔当做治学的两条原则。尽管我做得都不算好，但我仍然觉得这二者兼顾是成功的治学所必不可少的。

中国人民大学特别重视马克思主义的学术环境，使我一开始走上西方哲学的研究道路，就注意运用马克思主义观点来指导自己的学习和研究，并力图把对西方哲学的学习和研究与对马克思主义哲学的学习和研究结合起来。我始终觉得这是在各项事业都以马克思主义作指导的中国从事西方哲学研究取得成功的必要条件。就我个人的研究来说，如果还能说多少有些成绩，那在很大程度上是由于在这方面做了较大努力。

但是我又觉得，我国的西方哲学研究在如何运用马克思主义指导上从 20 世纪 50 年代起就一再出现严重失误。这主要表现为政治和思想领域内的"左"的倾向经常在马克思主义的旗号下驱使人们偏离了实事求是的原则，实际上也就是偏离了真正的马克思主义。记得 1957 年初在北京举行过一次关于哲学史方法论的讨论会，我国哲学界许多著名专家发表了各自的意见。这次会议对像我这样刚刚走进哲学史研究之门的年轻人很有启发，然而这场本来是正常的学术讨论在反右运动开始后不久就被某些人通过政治手段简单否定了。好几位先生因为所发表的意见不符合当时的"左"的政治气候而被指责为反党反马克思主义，甚至在政治上受到追究。随后，在中国哲学界掀起了一阵所谓"拔白旗"之风。由于这股"左"风是在维护马克思主义和社会主义的旗号下刮起来的，我和许多青年同志一样也被卷了进去。我还发表过几篇批判文章。记得我在《光明日报》发表的一篇长文中就"批判"了我国一位最著名的现代西方哲学专家的所谓资产阶级学术思想。回头来看这些文章，觉得自己那时实在太幼稚无知。倒完全不是认为对权威专家的学术思想不可批判，而是因为自己对马克思主义哲学所知无几，对西方哲学刚刚接触，连其皮毛也知之甚少，居然拉着马克思主义的大旗，来指点专业领域研究的是非。这岂非太不自量力！遗憾的是，这种对自己所不懂或懂得很少的东西横加批判的极不踏实的学风，在"左"倾思潮支配的时期，反而往往被当做坚持马克思主义立场而受到鼓励。这种学风在以后很长的历史时期内都非常盛行。至今在某些刊物上，有这种倾向的文章仍不罕见。这大概可以算是"左"的思潮在我国学术界所造成的一大公害吧！只是现代西方哲学研究领域可能受害最深。

2. 艰难岁月

1960 年底，我作为副博士研究生在中国人民大学哲学系四年学习期满，分配到了上海复旦大学哲学系。从 1961 年初至今，我在复旦已工作了近五十年。

复旦大学哲学系西方哲学史教研室是由我国著名西方哲学史家全增嘏教授建立起来的。1961 年初我到复旦后即在他的指导下工作。那时他正给本科毕业班学生开设现代西方哲学（当时叫做《现代资产阶级哲学批判》）课程。尽管他讲得相当简单，但作为一门课程开设，在新中国成立后可能是最早的（由于"左"的干扰等原因，兄弟院校一直到 80 年代初才系统开设）。他起初要我担任这门课的学生辅导，一个学期后要我接替他承担整个课程的教学。这可以说是我从事现代西方哲学教学和研究的真正起点。

我到复旦以后的工作范围当然不限于现代西方哲学。来复旦之初，我协助全增嘏先生修改了由他主编的《辞海》哲学卷外国哲学分卷，部分条目由我负责新写。我还担任过《西方哲学史》、《西方哲学原著选读》、《西方哲学史专题》（主要是亚里士多德的《形而上学》）等专业课程以及马克思主义哲学的教学。1962～1964年间，除了兼顾复旦的教学外，我还被借调到上海市委宣传部组织的一个自然辩证法研究小组工作。在那里，我接触到了不少科学哲学的材料，还编译了一些有关这方面的材料，其中有一些后来内部出版了。这些工作并不都直接属于现代西方哲学的范围，但它们不仅开阔了我的眼界，扩大了我的知识面，而且提高了我独立从事不同课题研究的能力，这对我从事现代西方哲学的研究起了重要的促进作用。我一直认为，从事现代西方哲学的研究一定要超越现代西方哲学的范围。这不只是说要用马克思主义来指导，而且是说必须有较为丰富的其他方面，特别是哲学的其他分支的知识。我国许多从事现代西方哲学卓具成就的专家都有这种特点。尽管我个人在这方面做得并不好。但我一直力图这样做，后来也要求我的研究生这样做。

不过，从20世纪60年代初以来，我的主要精力是放在现代西方哲学的研究上。当我从全先生那里接受了这门课程的全部教学任务后，我就制定了逐步把这门课程较系统地建立起来的计划：先拟订系统的教学大纲，然后编写出较完整的讲义，在此基础上编写出较好的教材。然而当我具体着手这样做时，又感到困难重重。

首先是存在着政治上的风险。

由于现代西方哲学当时几乎被公认为是帝国主义资产阶级反动世界观的理论体系，与马克思主义哲学根本对立。在评述中稍有不慎，就可能被认为是传播资产阶级反动世界观，甚至引出政治上的麻烦。对实用主义的批判、反右和"拔白旗"等运动中出现的那些政治批判事件历历在目。而且也正是由于这种原因，知识基础和理论水平比我高明得多的兄弟院校的同行都没有开设这门课程。因此，从事这项工作必须时刻注意防止在政治上受到追究。正是这种顾忌，使我那时无法越出"左"的批判框架。

其次是我国哲学界对现代西方哲学的研究原有基础极为薄弱。

尽管一些前辈学者早在新中国成立前就对马克思主义产生以后的一些西方哲学流派（如实证主义、意志主义、生命哲学、马赫主义、实用主义等）有所介绍，但大都较为零碎，并未形成学科体系。更为重要的是，从 20 世纪 50 年代初起，由于"左"的政治和意识形态的干扰，极少有人再涉足现代西方哲学研究，原有人员也大多转向哲学史等其他领域。除了因政治需要发表的批判文章（例如对实用主义和马赫主义的批判）及为批判目的作为反面材料出版的少量西方哲学家的论著外，几乎看不到这方面的深入系统的研究之作，各大学哲学系均不开设本学科课程。本学科的研究实际上被中断了，形成了事实上的空白局面。为了把本学科作为一门课程建设起来，在尽可能吸取前人和哲学界同行研究成果的同时，必须有从零做起的思想准备，对现代西方哲学各个流派一个一个地从头加以研究。我自知自己根底浅薄，智力平庸，要取得成功，必须要有坚韧不拔的意志。

在 20 世纪 60 年代的前几年中，为了建设好现代西方哲学这门课程，我可谓做出了一切可能的努力，也取得了较多成果。到 1964 年时，不仅这门课程的开设较为完整了，而且已编写出了较系统的教学大纲和讲义，个别部分还经过整理公开发表。当时已和一家出版社约定在 1967 年以前编写出一本较系统的现代西方哲学论著来。然而，正当我的计划在顺利进行、可望按期完成时，国内政局剧变。1964 年年底，我被抽调去参加"四清"运动。1966 年，"四清"的"左"的路线进一步发展了，接着是史无前例的十年浩劫。本来就被当做是资产阶级反动世界观的理论体现的现代西方哲学，这时更进一步被否定了。在中国学术界，几乎没有人再敢公开谈论它们的实际所是。我在这方面的工作也不仅被迫完全停止，原已写成的书稿和收集的材料相当一部分也在那个恐怖的年月中因种种原因而被丢失。然而我这几年的工作没有白费，已做过的工作在我头脑中毕竟留下了较深的痕迹，更重要的是那几年的艰辛对我的意志是一个很好的锻炼。

3. 《现代西方哲学》的风雨

1976 年动乱结束以后，特别是 1978 年党的十一届三中全会后，

"左"的路线得到纠正，改革开放的政策开始实行。现代西方哲学也得以重新进行研究，尽管还有不少障碍，甚至还存在着各种风险，但总的说来，条件比过去任何时期都好得多。这使我有机会恢复和继续被迫中断了十多年的工作，我也决心在这方面作出自己力所能及的贡献。这首先是编写出一本较为系统的现代西方哲学教材来。

要完成这项目标并不容易，主要有两个困难：一是对现代西方哲学本身缺乏深入的研究；二是对评价标准难以掌握。

重新开始工作之初，国内有关现代西方哲学的材料仍很短缺，经过系统整理的材料更少。不仅没有系统的论著可供参考，有关这方面的论文也不多。当时一些同行朋友认为我国暂不具备编写现代西方哲学教材的条件，主张再等五六年才能考虑。从编写出具有较高学术水平的教材的目标来说，这些意见无疑是求实和中肯的。然而，鉴于当时本学科处于百废待兴的局面，许多人对它的基本内容还缺乏了解，许多兄弟院校计划开设本学科课程却又难于找到关于它的基本理论框架的材料。解决从无到有问题成了本学科重建中的首要问题，而编写出一部提出本学科的基本理论框架、较为全面和系统地介绍它的主要内容的教材或论著，又是解决从无到有过程中的重中之重。我个人的学术水平虽然不高，但毕竟在同辈人中最早涉足这一学科。过去收集的材料和写成的书稿虽不少已丢失，但仍可以想法恢复过来。因此想到我如能利用这些有利条件较快地编写出一本相对系统的现代西方哲学教材来，那对促进我国本学科的重新建立，特别是对哲学专业中本课程的开设，也许还能起到一定的推动作用。于是，尽管明知不可能编写得完善，我还是决心尽最大努力将其完成。

在如何确定评价标准上我感到更加为难。"左"倾时期那种对西方哲学简单地全盘否定的态度当然不能再继续下去了，应当按照马克思主义的原则对它们进行实事求是的、具体的分析。怎样才能做到这样呢？这就不易掌握了。问题在于：马克思主义哲学原理长期以来被教条化、僵化了。许多哲学教科书上讲的和某些权威人士头脑中的马克思主义大都是这种教条化、僵化的理论。它们实际上并不是真正的马克思主义，而是对马克思主义的扭曲或者说"异化"。用之来评价现代西方哲学，只能是给后者贴上唯心主义和形而上学等标签，很难真正做到实事求是、具体分析。那么什么是对现代西方哲学进行评价的真正的马克思主义原则呢？哲学界在这方面并无共识，我个人就更难回答了。

正是由于面临这种困境，在1980年召开的本书的审稿会上，有两位老一辈专家建议我尽可能把现代西方各派哲学本身的理论实事求是地讲清楚，不要勉强去进行批判，让读者自己去作结论。我虽然认为他们言之有理，但未敢照办。这固然是由于我认为在中国研究现代西方哲学必须坚持马克思主义的指导，但更主要的是担心如果缺乏批判，在政治上可能引出麻烦。因为我强烈感到"左"的影响在当时中国的意识形态领域内还相当严重。对于习惯了旧的马克思主义理论框架及其批判模式的许多人来说，在哲学观念上要发生较大变化还需要一个较长过程。如果在这本可能流传较广的教科书中对现代西方哲学缺乏批判文字，很可能会被指责为放弃和违背马克思主义，宣扬资产阶级腐朽思想。于是我基本上仍采用了流行已久的并被普遍认可的批判模式。只是在这个限度内尽可能多作些客观的介绍，在较有把握的地方作些肯定。

在一些朋友的合作和参与下，《现代西方哲学》终于在1980年完成了，1981年正式出版。经人民出版社推荐，国家教育部批准其为统编教材。由于有上述困难，它当然是不完善的。主要缺点是对有些哲学流派的介绍还不够具体和细致，偏离了它们本身的思想逻辑，例如把它们的理论纳入世界观、认识论、社会历史观、方法论等预设的理论框架中，这必然产生削足适履之弊，从而必然存在不够准确和错误之处；对它们的评价虽与"左"倾时期有所不同，但并未摆脱"左"的批判模式。但是，也许由于它是我国学者用马克思主义观点编写的本学科第一部较系统的论著，在我国本学科初创时期无其他较系统的论著和教材可供参考的情况下，它还是适应了广大读者的需要，因而出版后受到哲学界和广大读者的热烈欢迎。一些报刊把它当做我国现代西方哲学学科建设的重要事件之一，先后作了报道和评论，特别是强调它对推动和促进我国本学科的教学和研究可能起到的积极作用。至于对本书的上述缺陷，大家似乎是以初创时期难以避免而表示谅解。在往后许多年内，它一直被多数兄弟院校采用。到1989年为止印刷了十多万册，比后来出版的本学科同类教材多出几倍，甚至几十倍。它也多次在不同场合获奖，包括教育部颁发的优秀教材一等奖。不过最使我感到欣慰的不是这些奖励，而是许多年轻同志至今仍不约而同地向我表示：他们正是在本书的激发下进一步去学习和研究现代西方哲学的。这表明本书在本学科的重建中起了一定的开拓作用。

需要提及的一点是，本书的出版虽然受到读者的广泛欢迎，却引起了一些持传统僵化观点的人士的不安。他们仍然认为现代西方哲学只能是反动资产阶级腐朽没落的哲学，关于这方面的书刊只能作为供批判的内部材料。现在将其公开出版，甚至成为畅销书，必然产生严重的消极后果。1983年前后，在反对资产阶级自由化思想的浪潮中，某些权威部门依据下属单位个别人的不切实际的汇报，把本书同另外两本书（休谟的《人性论》居然是其中之一！）一道当做传播资产阶级精神污染的典型，并且通报全国。这不仅对我个人形成了沉重的政治压力，也使哲学界的许多人士感到震惊。因为本书的最大特点之一在于它处处强调马克思主义的指导作用，而它的主要缺陷之一正在于没有摆脱"左"的批判框架。如果这样的书真的被判定为是宣扬资产阶级反动世界观，那么又怎么能谈到在中国对现代西方哲学进行实事求是的、客观的研究呢？当然，20世纪80年代的中国毕竟是实行改革开放政策的中国，经教育部和上海市领导部门的调查以及人民出版社等相关单位据理说明情况，有关部门后来改变了态度。这场风雨持续的时间不算长，不久就雨过天晴了。

本书之受到广泛欢迎以及它所引起的政治风波从一个方面体现了我国本学科在20世纪80年代上半期的状况：它已乘改革开放之风重新建立，但在很大程度上仍未能摆脱在"左"的思潮影响下所形成的哲学思维框架和评价（批判）模式，或者说突破这种框架和模式的努力有时还会遇到沉重的困难和强大的阻力。而且这方面所做的努力越是强劲，所遇到的阻力也越大，在某些情况下甚至可能出现倒退。因此在作出这种努力时必须小心谨慎，不能操之过急。不过改革开放毕竟已是我国社会的主流，突破旧的哲学思维框架和批判模式也必将成为我国哲学研究包括现代西方哲学研究中不可逆转的方向。尽管在我们遇到的这场政治风波过去后我国现代西方哲学研究还遇到过其他一些困难，但总的说来越来越走上了更为健康的发展道路。现当代西方哲学名著被成批翻译出版，我国学者撰写的本学科论著（包括不同规格的教材）大量问世，其中不少在科学性和客观性上已有重大进步。

《现代西方哲学》尽管在学科初创期起过一定的推动作用，但它毕竟只能体现那一时期的研究水平。随着 20 世纪 80 年代中期以后本学科研究的重大发展和进步，本书已越来越显得过时。为此我们在 1984 年时就已考虑对之加以修订。由于种种原因修订本一直拖到 1990 年才出版。修订的主旨是克服或减轻初版中存在的缺陷，体现 20 世纪 80 年代以来学科研究的新进展。我们对各个流派的原始材料重新进行研究，借鉴了国内外的最新研究成果，力图对各派理论作出更为客观和准确的介绍，我们补充了一些新流派，原有流派也大都改写了。更重要的是，我们力图突破旧的批判模式，例如不单以唯物唯心来为各派哲学划界和定是非，而是尽可能对之作出具体分析。对于西方现代哲学与近代哲学及马克思主义哲学的关系，我们实际上已提出了与初版大不相同的看法，例如肯定现代哲学对近代哲学的许多进步，肯定其与马克思主义哲学在超越近代哲学上的同一性。不过，由于这些问题带有很大的政治敏感性，我们自己在这方面的研究也还不充分，因此修订本有关这方面的论述还不是很明确、透彻。总的说来，与初版相比，修订本在论述的科学性和评价的客观性方面都有较大提高。20 世纪 90 年代以来，由于政治和经济等方面的原因，有关的现代西方哲学的论著曾一度相对受到冷落，然而修订本自出版以来印数仍是同类教材的许多倍。根据全国高校哲学教学指导委员会当时的调查，大部分兄弟院校仍然以本书为教材或主要参考书。中央军委甚至一次购买了几万册，发至团以上干部作为参考资料。这至少说明本书依然受到读者的欢迎，这对我们既是鼓舞，更是鞭策。

对修订本存在的不足，我们在它出版时起就有较充分的认识，并准备着在条件成熟时对其作新的修订。其中最重要的是如何正确处理好现代西方各派哲学与作为指导思想，并大致处于同一时代的马克思主义哲学的关系问题。因此，我们从那时起关注的中心就非常自觉地转向对现代西方哲学与马克思主义哲学的比较研究。如果说在修订本出版以前我们对马克思主义哲学与现代西方哲学的关系问题的讨论主要还只是以实用主义等个别哲学流派作为例证；在此之后我们就转向整个现代西方哲学了。在比较研究的广度和深度上比修订本以前要前进得多。修订本以前的重新评价实用主义的成功使我们举一反三，完成了修订本的编写。修订本以后的对现代西方哲学和马克思主义哲学的比较研究极大地加深了我们对现代西方各派哲学和马克思主义哲学的认识，正是在这个基础上，我们完成了《新编现代西方哲学》的编写并于 2000 年出版。

如果说 1981 年版《现代西方哲学》对恢复我国本学科的教学与研究起了某种"从无到有"的开拓性作用；1990 年版的《现代西方哲学》修订本则在突破旧的评价模式、求实地介绍现代西方各派哲学上迈出了重要的一步；2000 年版的《新编现代西方哲学》则力图把本学科的教学和研究提高到与马克思主义哲学研究相结合的新阶段。《新编现代西方哲学》与其后出版的《马克思主义与西方哲学的现当代走向》及《西方近现代过渡时期的哲学：马克思主义哲学和现代西方哲学比较研究》其实是一个整体。它们从不同方面体现了我将现代西方哲学研究与马克思主义哲学研究结合起来的主旨。《新编现代西方哲学》出版后仍很流行，并再次获教育部一等奖。

三个版本的《现代西方哲学》都涉及与马克思主义哲学的关系，它们不仅体现了我国现代西方哲学研究的三个不同阶段，也在一定程度上体现了改革开放后我国马克思主义哲学研究发展的进程。这三个版本的编写耗费了我几十年来的精力，也使我获得了很多奖励和荣誉。其中最为重要的是：在上海市为表彰 1949 年以来对学科研究有全国性突出贡献而于 2004 年开始设立的"学术贡献奖"中，我以"现代西方哲学领域开拓性的持续研究及学科建设的重大贡献"荣幸地成为全市首届三位获奖者之一。

4. 重新评价实用主义

从"十年动乱"结束后恢复对现代西方哲学的研究以来，对实用主义的关注一直是我的学术活动的重要部分之一。早在 1977 年，我就酝酿着对实用主义进行较深入和系统的研究并争取写出一部论著来。这部分是由对"四人帮"的哲学基础的讨论引发的。

"四人帮"覆灭后，哲学界人士纷纷就其哲学基础发表意见，其中最为集中并似乎得到权威人士和部门认可的是认为"四人帮"各种谬论的理论基础是资产阶级实用主义。我没有参与，但一直关注着这场讨论。开始时我也觉得可以把实用主义当做这一基础，但后来越来越觉得这么说存在矛盾。因为我清楚地记得，"四人帮"当政时，他们也曾大批实用主义，认为它是所谓资产阶级反动路线的哲学基础。往前推，在20世纪50年代反右、批修、批"右倾机会主义"时，也同样把被批者的理论基础说成是实用主义。再往前，在20世纪50年代上半期对电影《武训传》的批判、对《红楼梦》研究的批判以至对所谓"胡风反革命集团"的批判中，也无不把被批者的思想基础说成是实用主义。甚至可以说，在新中国成立以来的历次政治和思想批判运动中，被批判者几乎都被指责为实用主义的信奉者。一旦批判者成了被批判者，别人也照样指责他们贩卖实用主义。这样，在中国，几乎一切政治和思想批判在很大程度上都成了对实用主义的批判。实用主义果真成了这样一种可为一切反动势力辩护、从而应当受到一切批判者的批判的哲学吗？我感到有些疑惑。因此，我觉得，弄清楚究竟什么是实用主义，无论从哲学或政治上来说都是非常重要的。基于此，我在准备编写《现代西方哲学》时，就特别关注其中的实用主义部分。

早在20世纪50年代中期，我就从当时对胡适实用主义的批判中开始了解实用主义。走上西方哲学研究道路后，对我国哲学界发表的有关实用主义的论著（包括批判"四人帮"的实用主义的论著）我大都看过。同行和前辈们的这些论著对我当然有启发，这主要是他们所提出的对实用主义的各种论断促使我对实用主义的相关理论的意义去作进一步的追问。然而这种追问又使我深切感到，由于受到特殊历史条件的限制，这类论著大都失之于空泛武断，对实用主义的具体所是往往交代不清。于是我便转而去较全面而认真地阅读和研究主要实用主义哲学家，特别是在中国影响最大的杜威的原著。我不再像过去那样从既有的结论出发去寻找供批判的例证，而是抱着求实的态度去了解它们的真实内容，并探讨它们与现实社会历史的关系。结果发觉实用主义的实际所是与我国学者以往几十年来所作的批判之间存在着很大的差别。

首先从实用主义的基本理论倾向来说。

实用主义是一种以反对唯物主义和辩证法为己任的十足的主观唯心主义和形而上学哲学，这是长期以来在中国哲学界被普遍认可的说法。然而，如果对实用主义哲学家本人的著作作具体分析，不难发觉情况并非如此。

实用主义哲学家的确大都认为哲学和科学所研究的世界是经验世界，这个世界的存在离不开人的经验。然而他们的意思并不是说客观世界本身就是由人的经验构成的，而只是说当事物和世界作为哲学和科学的对象时，它们就是作为与主体相对立的客体，就必然处于与人的认识关系中，也就是作为人所经验到的，或者说人化了的对象。至于唯心主义哲学家所主张的意识不以物质为转移而独立存在以及意识派生物质的观点，实用主义哲学家不仅不赞成，反而是竭力反对。詹姆士的意识流学说明确肯定意识只能是物质的意识，离开作为物质存在的大脑就不能存在。杜威更为明确地指出经验是关于自然的，是发生在自然之内的，而自然界本身作为一种自在的存在在人类及其意识出现以前早已存在了。

实用主义哲学家也的确大都反对辩证法，但这主要是指把辩证法归结为正反合等固定的思维框架的黑格尔式的辩证法。由于他们都没有把马克思主义辩证法与黑格尔辩证法区分开来，因而有的人（如杜威）也往往的确由此反对马克思主义辩证法。然而，他们又反对与辩证法相反的意义上的那种近代形而上学观点，强调世界是一个处于不断变化和发展中的世界；反对传统哲学的思辨性，强调人的行动和实践在解决人与自然和社会的关系中，也就是在人的全部生存中的决定作用。在这方面，他们毋宁说与马克思主义辩证法有着某些共同之处。

实用主义关于真理和认识等方面的理论虽然与唯物主义的反映论有着原则区别，但与我国学术界过去对其所批判之间也同样存在着重大差别。

其次从实用主义的阶级属性和社会作用来说。

过去我国学术界一直把实用主义简单地归结为帝国主义的反动哲学。其实，实用主义的阶级属性和社会作用非常复杂，它的主要代表詹姆士和杜威的确是在帝国主义时期活动的，他们的理论的某些方面也的确适应了美国垄断资产阶级的需要。不少美国政治上层人物公开承认他们信奉实用主义，从而在一定意义上说实用主义是帝国主义的哲学并非毫无根据。然而简单地将实用主义归结为帝国主义哲学就显然失当了。当皮尔士最初提出实用主义的基本原则时，美国的资本主义还未进入帝国主义阶段，杜威的社会政治理论和他本人的政治倾向都与垄断资产阶级有着很大距离。从 20 世纪初起，他一直对美国在政治和经济上的垄断倾向，甚至整个垄断资本主义制度采取批判态度，认为它们只符合少数富人的要求和利益而损害广大中下层群众的要求和利益。他虽然一贯反对马克思主义的阶级斗争学说和无产阶级革命理论，但又一贯主张社会的革新和进步，甚至对当时苏俄的社会主义有所肯定，把它当做社会革新的一种有益的实验，以致一些美国右翼人士指责他过分赤化。作为他的社会理想的"民主共同体"是一种使全社会特别是广大中下层群众都享有民主自由和幸福的社会，它既超越苏俄式的社会主义，又超越美国式的资本主义。值得注意的是，在 20 世纪 30 年代以前，无论是苏联官方还是以马克思主义为主导意识形态的知识界，在政治上对杜威都是称赞的。只是到了 20 世纪 30 年代中期，当斯大林的至尊地位及其"左倾"路线确立以后，特别是以杜威为首的一批美国自由派人士对所谓莫斯科审判（对托洛茨基等人的审判）进行批评、从而直接冒犯了斯大林以后，杜威才突然一下变成了"帝国主义的反动哲学家"、"苏联人民的最凶恶的敌人"。苏联对杜威和实用主义的态度的这种急剧变化不久也影响到了中国，使之发生了类似的变化。

上述情况表明，在对实用主义的评价上显然存在不够实事求是的倾向，主要表现为不以实用主义的客观实际，而以眼前的政治需要，或者说政治上的功利价值作为评价实用主义的标准。这种倾向往往导致理论上的混乱。这种混乱状况大都是在维护马克思主义、反对实用主义的旗号下发生的，实际上却是既严重地歪曲了马克思主义，也严重地误解了实用主义，模糊了二者之间的现实关系。

对实用主义评价上的这种偏向必然影响到对其他西方哲学流派的评价。在现代西方哲学流派中，实用主义相对说来是一个要求革新和进步的哲学流派。尽管它与马克思主义哲学有着原则的区别，但在要求超越传统形而上学、反对具有各种保守倾向的社会政治制度和相关的理论上，它与马克思主义在某些方面有共同之处。如果由于政治需要而对之采取全盘否定的态度，又怎能对其他流派作出实事求是的评价呢？因此，克服这种不实事求是的偏向，对实用主义重新进行评价，对按照真正的马克思主义观点重新评价现代西方哲学各个流派将具有重要的推动作用。

正是基于这种认识，我把重新评价实用主义作为评价其他流派的先行步骤，从1977年以来花了较多的时间对实用主义重新进行了研究。1983年出版了《实用主义述评》。本书在论述实用主义各个方面的理论时都避免对之简单否定。例如它在批判实用主义的唯心主义和形而上学的同时又对实用主义超越唯心主义和形而上学的积极方面有所肯定。本书虽然还没有完全摆脱旧的批判模式，但与以往在我国出版和发表的那些对实用主义全盘否定的论著已明显不同。这一时期，我还陆续发表了多篇关于实用主义的论文，它们在不同方面和不同程度上对传统的批判模式都有所突破。

值得一提的是，1987年发表的《重新评价实用主义》一文在我国学术界产生了相当广泛而长远的影响。因为它第一次明确而全面地对在马克思主义阵营中长期流行的对实用主义的批判模式公开提出了挑战。针对以往对实用主义的不实的评价，该文以小标题的形式，明确提出：不能把实用主义归结为主观唯心主义，不能把实用主义归结为形而上学，不能把实用主义归结为诡辩论，不能把实用主义归结为帝国主义哲学。考虑到这种挑战会引起维护传统批判模式的人的指责，我准备了大量材料以资答辩。但预期中的公开指责没有发生，同行专家大都表示赞成。现代外国哲学学会趁势于1988年在成都召开了一次全国实用主义讨论会，同行专家在对实用主义的评价上就此达成了广泛的共识，国内对实用主义的评价至少在同行专家范围由此都能有较为求实的态度。正因为如此，本文后来一再被许多研究实用主义的同行所引用，并被多本论述当代中国哲学发展的论著当做我国改革开放以来对实用主义研究具有转折性意义的最有代表性的论著。

在重新评价实用主义上的成功对我是很大的鼓舞，由此在评价其他现代西方哲学流派时，我也越来越敢于抛弃传统的批判模式，采取马克思主义者本来应有的求实态度。1990年出版的《现代西方哲学》修订本正是在重新评价实用主义的成果的推动下改写成功的。这也使我更加明确：对重新评价实用主义的探索可以与对其他哲学流派的重新评价的探索沟通起来，由此在对整个现代西方哲学的研究和评价上超越以往批判模式的界限，达到更加符合马克思主义的求实态度的目标。也正是由此出发，我在 20 世纪 90 年代起加强了对现代西方哲学与马克思主义哲学的比较研究。这点下面将另行具体谈到。最近几年，我再次重新研究实用主义。2003 年在我的倡议下在复旦大学成立了杜威和美国哲学研究中心。其第一项工作就是翻译出版 37 卷本的《杜威全集》。与此同时，我们将深入开展对杜威和美国哲学的研究，这种研究的目的之一仍是进一步促进我国的现代西方哲学研究，进一步处理好马克思主义哲学与现代西方哲学的关系。

5. 现代西方哲学与马克思主义哲学比较研究

现代西方哲学与马克思主义哲学的比较研究其实并不是什么新事物。过去经常谈论的用马克思主义指导现代西方哲学研究，就意味着将现代西方哲学的理论观点对照着相应的马克思主义哲学理论观点来批判性地认识和评价。这在一定意义上已是在做比较研究。不过，由于当时马克思主义理论往往被简单化和绝对化了，所谓用马克思主义指导就是用这种被简单化和绝对化的理论来解读和评价现代西方哲学；因而对现代西方哲学的是非不是按其本来意义作具体分析，而是按其在何种程度上符合或背离被简单化和绝对化的马克思主义哲学理论框架来确定。这样，用马克思主义指导就往往使本来丰富多彩的现代西方哲学理论片面化、贫困化，既不能对现代西方哲学理论作出实事求是的评价，更难以借鉴现代西方哲学理论的积极成果来丰富和发展马克思主义哲学。

当我重新评价实用主义，特别是在此基础上重新评价其他西方哲学流派时，就已清楚地意识到，以往那种简单化的马克思主义指导和批判模式应当抛弃。在编写《现代西方哲学》修订本时，我大体上已经这样做了。随着我国现代西方哲学在个案研究上的重大进步，特别是随着国内马克思主义哲学研究中教条主义倾向的克服和求实学风的兴起，大家都越来越认识到必须抛弃对现代西方哲学的旧的评价模式，建立以发展着的马克思主义为基础的新的评价模式。后者意味着对马克思主义哲学和现代西方哲学都应当按照其本来面目、从其现实和历史的发展来认识和评价。在新的条件下，用马克思主义指导现代西方哲学研究，必须重新研究和认识这两种哲学的本来意义及其历史发展，并在此基础上对二者进行新的比较研究。这样的比较研究不仅能更好地揭示马克思主义哲学的优胜地位，特别是具体地揭示它作为当代时代精神的高度体现的意义，也能揭示马克思主义哲学在发展中所遇到的种种问题以及它在某些环节上的不足；不仅能揭示现代西方哲学的种种片面性，也能揭示它们在时代和自然科学新的变更的推动下在某些方面可能取得的进步。这样，马克思主义哲学不仅从其自身，也可从现代西方哲学的发展中吸取经验教训，从而能获得更好的发展，而这也正体现了新时期现代西方哲学研究的根本目的。

如果说在 1990 年以前编写《现代西方哲学》修订本时，我大体上还只是停留于抛弃旧的、简单化的批判模式，在此之后我就越来越尝试自觉地对这两种哲学作比较研究了。这不只是将它们作简单的对比，而是用求实的、发展着的观点，从研究它们共同的和各自独特的社会历史根源和理论根源出发，从对整个西方哲学从近代到现代的发展趋势的研究出发，从整体上和各种独特的表现形式上深入具体地研究这两种哲学的产生和发展的路线，既揭示它们的原则区别，又揭示它们可能存在的共同之处。在这个基础上，借鉴现代西方哲学发展中的经验教训，为丰富和发展马克思主义哲学服务。

为了慎重起见，我没有急于发表自己的研究成果。一直到 1995 年，才尝试性地在一家不起眼的刊物上发表了《从西方古典哲学到现代哲学的转折》，其中已大致表达了我其后几年更为明确表达的观点。此文虽由人大复印资料《外国哲学》转载，但由于表达不够清晰，没有在学界引起注意。我后来在此基础上另写了《西方哲学的近现代转型与马克思主义哲学和当代中国哲学的发展道路（论纲）》一文（以下简称《论纲》）。它体现了我多年来在现代西方哲学与马克思主义哲学比较研究上的探索成果，分析了西方近代哲学到现代哲学的转化与马克思在哲学上的革命变更的关系，并就此明确地提出了如下两个主要观点。

第一，西方哲学由近代到现代的转向不能简单归结为从唯物主义到唯心主义、从辩证法到形而上学、从进步到反动的转化过程，而是西方哲学发展史上一次具有思维方式的根本变更意义的转型，即由近代哲学思维方式转向现代哲学思维方式。这主要表现为多数现代西方哲学流派都以自己特有的方式力图超越以主客心物等二分为出发点，以建立关于世界的本原、本质的理论体系为目标，以基础主义、本质主义等为理论特征的近代哲学，使哲学研究在不同程度上从抽象化的自在的自然界或绝对化的观念世界返回到人的现实生活世界。他们企图以此摆脱近代哲学的困境，为哲学的进一步发展开辟新的道路。他们的哲学总的说来更能体现这一时期西方社会各个方面发展的状况，因而具有重要的进步意义。西方哲学由近代转向现代标志着西方哲学发展到了一个新的、更高的阶段。

第二，马克思主义在哲学上所作的变更是哲学史上最具有进步性和革命性的事件。从批判和超越以二元分立、基础主义、本质主义等为特征、并已陷入困境的近代哲学思维方式说，从建立一种以强调人的现实生活和实践以及人的自主能动性和创造性为特征、以适应现代社会的时代精神的要求的新的哲学思维方式说，现代西方哲学和马克思主义哲学之间存在着重要的类似之处，可谓殊途同归。二者均属于现代哲学思维方式。但是，二者之间又存在本质的区别。马克思主义哲学不仅比现代西方哲学更加彻底全面地超越了近代哲学思维方式，而且为现当代哲学的发展指明了现实的道路。但马克思不是简单地扬弃一切旧哲学，而是力图彻底打破它们由此出发的前提。他所关注的不是建立关于整个世界的严密完整的理论体系，而是直面人的现实生活和实践。他由此把实践观点当做其哲学的首要的、基本的观点；主张通过实践来充分发挥人的能动性和创造性，促进人的自由和全面发展。马克思正是通过对人的实践的意义的深刻揭示和全面阐释彻底地实现了对近代哲学的超越，实现了哲学上的革命变革。如果说现代西方哲学是经过曲折的历史过程，综合各种不同哲学流派的积极方面在一定程度上实现了对近代哲学的超越的话，马克思主义哲学则是非常直接和自觉地超越了近代哲学，实现了哲学史上的革命性变更。

我在《论纲》一文中最早明确提出的上述两个观点对在中国流行了几十年、并被冠以马克思主义名义的观点第一次进行了公开的挑战，如果它们能够成立，那大概可以看作是我国现代西方哲学研究领域中一种具有方向性意义的变更。

这两个观点从与西方哲学家作比较来说也具有一定创新意义。西方哲学家当然并不认为西方哲学从近代到现代的转化是转向唯心主义和形而上学、进步转向反动，但他们中并没有人明确地把这种转化看做是具有整体性变更意义的哲学思维方式的转型，更没有人按照历史唯物主义的观点指出这种转化是向现实生活和实践的转向。尽管尼采以来的许多西方哲学家都宣告自己的哲学的转折性意义，但也都只是在某种独特的意义上谈论这种转折。至于对于马克思主义哲学与现代西方哲学的关系，他们大都也是将其简单对立起来，把马克思主义哲学归属于传统形而上学。有的西方哲学家虽然肯定，甚至强调马克思哲学的批判性质，但他们往往用相对主义和虚无主义的批判来扭曲马克思哲学的唯物辩证法的批判。总之，我们是以发展着的马克思主义为指导来分析西方现代哲学与马克思主义哲学之间的关系的，西方哲学家不仅扭曲了马克思主义哲学，对现代西方哲学本身也不能从整体上对其作出实事求是的分析。

正因为如此，《论纲》在《天津社会科学》1996 年第 3 期发表后，经《新华文摘》等刊物转载，很快引起了哲学界，特别是从事现代西方哲学研究和马克思主义哲学研究的专家们的高度关注。为了更加全面、具体和准确地阐释清楚上述观点，我在往后一些年继续发表了 20 多篇论文。其中最重要的有：《西方哲学的近现代转型与道德和价值观念的变更》（《天津社会科学》，1998（4））、《当代哲学走向：马克思主义与现代西方哲学的比较研究》（《天津社会科学》，1999（6））、《对西方哲学近现代转型的历史与理论分析》（《学海》，2000（5））、《马克思在哲学上的革命变更对西方现当代哲学的超越》（《哲学研究》，2001（8））、《对哲学上的革命变更和现代转型的认识》（《江海学刊》，2003（5））、《也谈马克思主义经典作家对现代西方哲学的否定性评价》（《学术月刊》，2002（8））、《从经典马克思主义到西方马克思主义》（《求是学刊》，2004（5））、《西方哲学现代转型的科学背景》（《江海学刊》，2006（3））、《重释马克思哲学变革的革命性意义》（《河北学刊》，2008（6）），等等。这些文章分别由《新华文摘》或《中国社会科学文摘》转载或二者同时转载，在哲学界有较好的影响。它们后来又大都分别收录在我的《马克思主义与西方哲学的现当代走向》（人民出版社，2001）、《西方近现代过渡时期的哲学：马克思主义哲学和现代西方哲学比较研究》（人民出版社，2009）两书中。这些论著的观点得到我国哲学界绝大部分人的认可，被认为在我国马克思主义哲学和现代西方哲学的比较研究上起了一定的开拓和推动作用。

　　将马克思主义哲学和现代西方哲学放在一起进行比较研究，在实行改革开放政策的中国，是一种必然出现的趋势。改革开放涉及包括与西方思潮有不同程度联系的政治、经济和思想文化等诸多方面，它们都必须用马克思主义作指导；马克思主义哲学作为无产阶级革命世界观的理论体系与归根结底体现西方资产阶级要求的西方哲学有着本质的区别，但马克思在哲学上的革命变更与同时代西方思想家在哲学上的变更毕竟是在同样的社会历史和思想理论环境下实现的，二者之间必然有着密切的联系，某些方面甚至存在共同之处。因此，为了更全面地（包括从其产生的根源上）理解马克思主义哲学，必须揭示其与现代西方哲学的联系（包括其同一和差异），既与之划清界限，又批判地借鉴其积极因素。这就需要对这两种哲学进行比较研究。当我国马克思主义哲学研究克服了以往严重存在的教条主义倾向并在各方面取得了重要进步、当现代西方哲学研究不仅得到恢复而且也有很大发展的时候，将这两种哲学进行比较研究就更显得迫切了。早在 20 世纪 80 年代中期，我国马哲界和西哲界的专家就已筹备召开双方的对话会，由于意识形态的干扰最后未能开成。2000 年，利用一次同马哲界和西哲界的几位著名专家在一起开会的机会，我建议以哲学学科教学指导委员会的名义举行这样的对话会，得到了他们的赞同，也得到了教育部的批准。2001 年终于由复旦大学承办在上海举行了。那次会议开得非常成功，高校系统马哲界和西哲界的老、中、青有代表性的人物几乎全部到会，在比较研究问题上达成了很大共识。从此以后，我国马哲、西哲比较研究更加广泛和深入地开展起来，以致形成了一种强大的趋势。

　　我在我国马哲和西哲的比较研究上之所以被认为起了一定的推动作用，并非个人有多高的水平，而仅仅是因为我较早察觉并自觉地顺应了这种趋势。当我 1996 年发表《论纲》一文时，我就预计到这种趋势即将到来，因而在往后一些年我把大部分精力放在这一方面，写成了上面提到的一系列论著，受到了学界相当广泛的欢迎。我当然也估计到会有人反对。事实也是如此。例如有的人认为我倡导比较研究是把马克思主义哲学与现代西方哲学相提并论，认为我主张对现代西方哲学重新评价是背离马克思当年对资产阶级学者的批判，还有的人甚至认为我对马克思主义哲学的解释是将其存在主义化。其实这些都是对我的扭曲，甚至是彻头彻尾的扭曲。对此我已作过回应，必要时还将继续作出回应。我个人的能力、水平都有限，但比较研究的历史趋势是不可阻挡的。

对马克思主义哲学和现代西方哲学的比较研究也促进了国际交流。我将一些相关论文在国外发表，还编写了"China's Contemporary Philosophical Journey：Western Philosophy & Marxism"（《中国当代哲学历程：西方哲学与马克思主义》）一书在美国出版，得到了美国同行的高度赞扬。国际形而上学学会、国际价值和哲学学会（RVP）负责人G. McLean 教授在为本书写的序言中说：刘放桐"比其他许多人更像是在哲学上使中国真正开放的一把钥匙"；"如果说今天中国已是全球学术对话的主要参与者，那么刘放桐教授的深刻和持久的努力可以说比其他人都更有贡献"；"他力图证明一种更为开放、更有人道主义特色的马克思，他的确做到了；他力图揭示西方思想中的合理因素，同时又指出其局限性，他的确也做到了"。"他的名字和他的著作成了对待西方思想的公正、可以接受和创造性立场的同义语。"

6. 西方哲学思潮与中国现代化

研究现代西方哲学的目的从理论上说主要是丰富和发展马克思主义哲学，从实践上说主要是促进中国的社会主义现代化。如何把过去被认为是荒谬、反动的现代西方哲学的研究变成促进我国现代化事业的一种精神资源，这是一个有很大困难然而又十分重要的问题。改革开放以来，我一直在对之思索，尝试着在这方面做一些工作。

现在没有谁会怀疑在中国的现代化建设过程中必须学习西方先进的科学技术，关于是否应当学习甚至采用西方的某些经济体制，特别是管理经验问题，人们虽然有过怀疑，现在似乎有了肯定的共识。与国际市场接轨的客观需要，促使人们考虑在有关经济体制上也进行相应的改革。一些在西方盛行、过去被认为"姓资"的东西（例如市场竞争、证券和期货交易）现在已被引进，并被认为也可以"姓社"了。

然而，一涉及西方思潮特别是西方哲学思潮对中国现代化是否具有积极作用从而是否值得借鉴的问题，人们往往感到茫然。这里至少存在两个问题：第一，西方哲学思潮是否是西方实现现代化的必要条件？第二，如果在西方是，在中国是否具有某种借鉴意义？

　　关于西方思潮特别是西方哲学思潮在西方现代化中具有不可或缺的作用，这本来不应引起多大争议。因为西方哲学思潮作为西方社会上层建筑的组成部分，是适应以资本主义市场经济体制为核心的经济基础的要求而产生和发展的，为这个基础的形成和发展服务。其所以可能存在争议，似乎主要是对这种"服务"的理解有所不同：它只是辩护性的呢，还是同样（或者说同时）具有建设性呢？由于历史的原因，人们过去往往只注意到了其辩护性功能，也就是认为哲学思潮等西方思想文化的作用只是为资产阶级的阶级利益和资本主义制度作辩护。至于它们是否还有建设性功能，往往没有对之进一步思考，甚至简单否定。这种情况现在也仍然在不同程度上存在。其实，从对西方现代化运动的进行和发展（或者更广义地说，对西方社会和经济发展）的作用来说，这种辩护本身就具有建设性作用，而发挥这种作用恰恰是作为上层建筑的思想文化的最重要的功能。

　　西方哲学思潮在西方现代化中的建设性功能究竟表现在哪些方面？我国学术界对之还很少研究，然而又都很值得研究。我想至少有一点可以肯定：它们为西方市场经济体制的正常运行以至整个西方社会的稳定和发展提供了某些必要条件。例如，市场经济不同于封闭的自然经济和单一的计划经济的重要特点之一在于它是把产品当做商品并通过市场加以实现的。换言之，通过市场进行商品交换是市场经济的本质特征。为了使这种交换得以正常进行，必须肯定自由、平等、公平竞争等原则，必须倡导作为这些原则的思想基础的理性，而近现代西方社会、政治、法律、道德、宗教等思潮都以论证这些原则为己任，而这些思潮又都以哲学思潮为理论基础。

　　中国的现代化和市场经济都是社会主义性质的，这决定了我们不能照搬西方市场经济体制，更不能照搬为这种体制服务的西方的哲学等思想文化。然而，不管是姓社姓资，市场经济都只能是按照等价交换的原则自由地在商品市场实现的经济，都以价值规律为杠杆，都以调动每一商品生产者（不管是个人还是集体）的最大的积极性（或者说内驱力）为发展的重要动力，都必须制定使平等竞争和自由交换得以正常进行所必需的法制和道德规范，等等。在所有这些方面，不同性质的市场经济之间又必然存在一些重要的共同之处。正因为如此，在中国发展社会主义性质的市场经济和实现社会主义现代化的过程中，需要借鉴西方各国的经验，吸取它们的教训。在哲学上也是如此。尽管马克思主义哲学和西方哲学之间存在着原则的区别，我们当然不应忽视这些区别。但是，在为市场经济的发展准备必要的思想文化条件（例如适应市场经济发展需要的法制和道德规范）方面，西方哲学具有许多非常有价值的成果，很是值得我们批判地学习和借鉴的。

如何使马克思主义哲学研究更加适应和促进我国社会主义市场经济发展，这还是近几年来所提出的新课题，如何使我们的现代西方哲学研究更加适应和促进这种发展就更是新课题了。研究西方哲学思潮与中国现代化的关系应当做为本学科建设的经常性课题之一。我个人也一直在思索着有关问题，并尝试着作了一些研究，写过几篇文章。我参加国际学术讨论会提交的论文大都涉及这方面的内容。

目 录

中篇 西方哲学现代转型的产生和发展概况

马克思和恩格斯对同时代西方哲学的否定 /264

下篇 重新评价现代西方哲学及其在中国的影响

迈向现代西方哲学研究的新阶段 /281

现代西方哲学研究三十年的反思与展望 /297

重新评价实用主义 /315

当·代·中·国·哲·学·家·文·库

刘敬桐 卷

上　　篇

哲学上的革命变更和现代转型

西方哲学的近现代转型与马克思主义哲学的发展道路

关于现代西方哲学研究对马克思主义哲学及当代中国哲学发展可能产生的积极影响，现在已很少有人再简单否定，但还有不少问题需要进一步探讨。例如，近年来我国现代西方哲学的研究水平大为提高，现象学等个别领域的研究成果已可与国外媲美。然而这些成果似乎还未充分运用于促进马克思主义哲学和中国传统哲学的研究，在一定程度上与后二者仍处于分离状态。这说明人们对它们的关系还缺乏较明确的认识，对有关问题还需作更具体的追问。其中如下几个问题可能是较为重要的：从整体上说，现代西方哲学的形成和发展在哲学史上是否是具有进步和革命意义的重大变更？在哲学思维的基本方式上，它们与马克思主义哲学是否有一致之处？在马克思主义哲学和迈向 21 世纪的中国哲学的发展过程中，借鉴它们的有关成果是否具有不可或缺的意义？本文拟从近现代哲学转型的角度对此发表一些意见。

1. 西方近现代哲学转型的进步和革命意义

为了从整体上对西方现代哲学作出较恰当的评价，首先要考察 19 世纪中期以来西方哲学发展中所发生的思维方式的转换（转型、转向）的意义。

19 世纪中期以来的许多西方哲学流派纷纷宣称自己开辟了哲学发展的新方向。19 世纪末 20 世纪初以来，西方哲学界中各种转向之声更是不绝于耳，例如尼采等人对理性主义传统的批判与否定，狄尔泰等人之要求建立一种与自然科学方法论不同的精神科学方法论，实用主义之要求以生活和实践取代对物质和精神本质的探究，现象学运动（特别是存在主义）之要求转向非反思的生活世界或人的生存，弗雷格和维特根斯坦等分析哲学家之要求把哲学变成语言的用法和意义的分析，释义学家们之把哲学当做对文本的意义的阐释，以及后现代主义思潮对传统哲学的消解等，都被宣称改变了西方哲学发展的方向。这些转向的具体含义往往有重要区别，但在对传统特别是近代西方哲学的一些基本观念采取批判态度并要求代之以一些与之相反的观念、从而改变西方哲学的发展方向上，它们之间仍然存在着重要的共同之处，后者体现了一种把西方现代哲学和近代哲学区分开来的方向性转换。这种转换的基本意义是消极的还是积极的，甚至意味着西方哲学发展上的一种革命性变更？人们的意见还很不一致。我认为，如果从哲学发展的基本方式上将近现代西方哲学实事求是地加以比较研究，似应肯定后一种回答。

（1）西方哲学的近代转型（认识论转型）及其意义

对于从笛卡儿（甚至可上推到文艺复兴）到黑格尔这一段时期（通常称为近代）的西方哲学，过去大致被归属于资本主义上升时期的意识形态而有所肯定。尽管各家肯定的方式和程度不同，但大都承认这一时期的哲学家各以其独特的方式在不同程度上倡导哲学的理性精神（主要表现为人文精神），反对贬低理性、抬高信仰的中世纪宗教神学和经院哲学，主张哲学应以人本身为中心。笛卡儿的理性主义哲学体系可谓是这种精神的典型表现。这种理性主义精神与随着近代自然科学兴起而被强调的科学精神是一致的。当时先后兴起的各门自然科学都是作为主体的人的意识、理性对作为客体的自然界的认识和研究。而自然科学的胜利也正是理性的胜利。西方哲学史上这一历史时代因此被称为理性的时代。

正是这种对理性的倡导使西方哲学发展中发生了一次被称为认识论转向的重要变更。当时的哲学家们正是以理性为出发点为人的行动及全部现实生活制定了认识论和方法论，尽管他们的哲学仍把世界的本质、人与世界的关系等问题当做核心问题，但在理论形态上已与建立在感性直观和素朴猜测基础上的古代哲学以及把人与世界的关系归结为人与上帝的关系并使人完全处于从属地位的中世纪哲学有着重要区别。他们大都自觉地把作为认识主体的人与作为认识对象（客体）的世界（也就是把心灵和肉体、精神和物质、思维和存在）区分开来，并由此来探讨主体如何认识和作用于客体，客体如何作用和呈现于主体。哲学基本问题突出地表现为主客、灵肉、心物、思有之间的关系问题。这标志着西方哲学进到了一个新的、更高的阶段。

（2）近代西方哲学的缺陷和矛盾与新的转型的出现

但是，西方哲学在取得重大进步时却又隐含了严重的缺陷和矛盾。这首先表现为：对理性的倡导由于走向极端而变成了对理性的迷信，理性万能取代了上帝万能。这导致了理性的独断。按照理性主义原则构建的哲学体系往往变成了凌驾于科学和现实生活之上的思辨形而上学体系。其次，它虽然以理性思维（反思）克服了古代哲学的素朴性和直观性，却又因将主客、心物等分离开来而陷入了二元论，而二元论必然导致与理性精神相悖的独断论或怀疑论。特别值得指出的是，它是以提出以人作为哲学的中心而开始其发展历程的。它要求摆脱旧的传统和权威对个人全面发展的束缚，倡导发挥人的个性和创造性，尊重人的自由和尊严。然而，主客、心物、灵肉的分裂和思辨形而上学倾向使人要么沦落为一架没有血肉和灵魂的机器，要么成为形而上学体系上的一个环节（如体系中的"人"概念的外部表现）。人的主体性和创造性、自由和人格的尊严等由此被消解于理性思辨体系中了。这意味着近代西方哲学走向了自己的反面。

近代西方哲学的上述片面性和矛盾被一些当代哲学家称为"基础主义"、"本质主义"、"本体论的思维方式"、"逻各斯中心主义"、"在场的形而上学"等。这些不同的名称从不同视界上表达了同一种哲学思维方式，即要求建立无所不包的形而上学体系，使之成为一切知识的基础。这种哲学思维方式在一定历史时期是不可避免的，对近代西方社会历史和包括哲学在内的思想文化的发展都起过积极作用。然而它的缺陷和矛盾即使在当时就已被一些哲学家（例如与笛卡儿同时代的帕斯卡尔、著名的启蒙思想家卢梭、意大利哲学家维科、德国浪漫主义思想家特别是德国古典哲学家康德）所揭示。只是那时的社会和思想环境使它仍然有存在甚至发展的条件。从 19 世纪中期以后，随着西方社会各方面的剧变，特别是现代自然科学的发展对作为这种思维方式的认识基础的经典自然科学的超越，这种思维方式的片面性和矛盾就显得特别突出了。它必然被新的哲学思维方式所取代。这意味着西方哲学的发展必然出现新的转型。19 世纪中叶马克思主义的产生在哲学上所实现的革命变革是这种转型的突出表现。而从那时以来西方一系列一反近代哲学发展方向的新的哲学流派（即通常所谓现代西方哲学）的出现在不同程度上也同样是这种转型的表现。

（3）西方现代哲学对近代哲学的超越

毫无疑问，不少现代西方哲学流派的理论存在着种种片面性甚至谬误，它们也的确抛弃了近代西方哲学的不少积极因素，在某些方面甚至有所倒退。但是，如果将整个西方现代哲学的理论走向与近代哲学作比较，我们还是可以发觉它们至少在如下几个重要方面在不同程度上超越了后者。

第一，大部分现代西方哲学流派继承了康德等人对传统形而上学的批判，进一步否定了建立无所不包的哲学体系以及把哲学当做科学的科学的企图。这虽然限制了传统哲学的范围和职能，甚至是对后者的一种消解，但却是哲学上的一种重要进步。随着各门特殊科学的形成和发展，越来越需要改变由哲学来支配特别是代行其职能的状况。人们必须重新研究哲学的意义和功能。现代西方哲学家正是适应这种需要而提出了各自的见解（例如作为生活和行为方法或科学方法论、对意义的澄清和解释、对世界和人本身的超越及理想和终极关怀的探究、作为超形而上学的人文研究的文化学或后哲学文化等）。它们虽都有片面性，但大都不失为对哲学的意义和功能的有价值的探索，是对作为体系哲学的近代形而上学的超越。

第二，现代西方哲学家大都企图排除作为近代认识论基础的二元分立倾向。这并不都是简单地否定主客、心物、思有等之间的差别和联系，而往往只是要求将它们看做一个不可分割和统一的过程，其中起主导作用的是主体（人）的能动和创造性活动。康德的"哥白尼变更"在一定程度上超越了主客二分以及与之相关的经验论和唯理论等的对立，他关于实践理性高于理论理性和道德自由的理论也超越了以自然科学方法论为核心的认识论哲学模式的界限。然而他又在现象和自在之物之间、理论理性和实践理性之间划了一道鸿沟，从而没有真正克服，甚至从另一方面加剧了二元论倾向。不少现代西方哲学家企图进一步强调主体的能动性来克服康德的不彻底性。尽管有时走向极端，但这毕竟包含了对与二元分立相关的机械论、独断论和怀疑论的某种程度的否定。有的人还主张用人的实践活动取代主客二分作为哲学的出发点，使哲学由主客分离的世界转向二者统一的现实生活世界。这是对二元分立哲学模式的超越。

第三，许多现代西方哲学家对人的非理性的精神活动进行了多方面和多层次的揭示和研究，试图揭示与人的精神活动直接相关的研究（社会历史和心理等学科）和自然研究之间的区别，制定与自然科学方法论不同的精神科学方法论。这些研究有时也有走极端的倾向，但毕竟批判了将理性绝对化和凝固化的片面性，揭示了人的精神认识活动的更多的层面和特性，扩大和加深了对它们的认识。这些未经理性改装和凝固化的本真的精神活动如同人的理性活动一样是通向人的现实生活世界和达到对人的更完整的认识的重要门户，对它们的研究具有重要意义。这是对传统理性主义的超越。

第四，近代哲学是以倡导人文精神开始的，然而其思辨形而上学和二元论思维方式必然把人对象化，使人失去其本真的个性（异化）。现代西方哲学家（特别是人本主义哲学思潮的哲学家）大都要求重新认识人的存在及其活动的价值和意义，强调要把人看做完整的人，看做目的而不是手段。人是整个哲学的核心，不是其中某个环节或组成部分。哲学重建的根本途径说到底是向人的回归。这种理论虽然同样有片面性，但毕竟是在提倡一种新的人文精神，至少对西方社会中人的异化现象及传统人道主义的种种弊端作了较大深度的揭露和批判。这是对近代哲学关于人的学说和人道主义的超越。

西方现代哲学对近代哲学的超越不只是在个别哲学流派和哲学家那里发生的个别理论观点的改变，而是西方哲学发展中一种具有相当普遍意义的理论思维方式的转型，即有关哲学研究的对象、方法和目的等基本观念的重大变更。许多现代西方哲学家都在用一种不同于近代哲学的思维方式来重建哲学，企图以此摆脱近代哲学的困境，为哲学的进一步发展开辟新的道路。总的说来，他们的哲学的确也更能体现这一时期西方社会的政治、经济和文化发展的状况，特别是科学技术的飞速发展所导致的各种问题，因而具有重大的进步意义。与近代西方哲学比，现代西方哲学的出现标志着西方哲学发展到了一个新的、更高的阶段。

2. 西方哲学的现代转型与马克思主义在哲学上的革命变更的关系

西方哲学的近现代转型与马克思主义在哲学上的革命变革当然有重大区别。然而二者又同是对近代哲学的否定和超越，在社会历史条件和思想文化背景上有类似之处，导致近代哲学趋于终结的种种原因同是二者形成的重要根源。这些现在大致不会有很大争议。需要进一步研究和讨论的问题是：二者对近代哲学的否定和超越以及所要建立的新理论仅仅是根本对立的呢还是有着较大的共性？

（1）坚持近代哲学思维方式必定认为二者只能是根本对立

过去得到普遍认可的一种观点是：马克思主义摒弃了近代等传统哲学的唯心主义和形而上学，批判地继承了其唯物主义和辩证法，建立了辩证唯物主义和历史唯物主义的科学体系；至于现代西方哲学，由于都否定和排斥唯物主义和辩证法，归根结底必倒向唯心主义和形而上学。因此，尽管二者都是对近代哲学的否定和超越，但由于所否定和超越的截然不同，必然处于根本对立的地位。前者是哲学上的革命，后者并无进步意义，甚至是一种倒退。近些年来，虽然越来越多的人承认现代西方哲学包含合理因素，但上述基本观点似乎仍为较多人接受。主要原因是人们仍往往按照近代哲学的思维方式来看待二者所实现的变更。

从追问世界的本质和本原、建立关于整个世界的图景的体系的观点看，从立足于心物、主客二分并把由此而产生的唯物唯心等的对立当做哲学发展的基本路线的立场看，现代西方哲学的形成的确很难说是哲学上的进步，因为它们不仅明确地反对各种唯物主义，而且还企图通过反对二元分立来根本取消作为划分唯物唯心的标准意义下的主客、心物、思有等的关系问题，这就否定了唯物主义赖以存在的基础。它们对基础主义、本质主义、实体本体论等的否定也意味着对唯物主义的否定。

在评价现代西方哲学时，如果把是否归属唯物主义作为其是非的根本标准，那对它们的评价只能是否定的。而如果把马克思主义在哲学上所实现的革命变革简单地归结为建立了一种与唯心主义相对立的彻底的唯物主义理论体系，那必然认为它与现代西方哲学根本对立。如果谁企图通过从现代西方哲学中发现唯物主义因素来寻找它们与马克思主义哲学的共同点，大概难于有多大成果，甚至还会曲解现代西方哲学。因为超越和排斥以主客、心物、思有二分为特征的唯物主义和唯心主义正是现代西方哲学作为一种新的哲学思维方式不同于近代哲学的基本特征之一。在一定程度上可以说，谁肯定现代西方哲学的唯物主义成分越多，谁就会离开它们的实际所是越远。

总之，只要人们遵循近代哲学思维方式，就必然把二者看做仅仅是根本对立的。最近一些年来，许多马克思主义哲学家虽然无意再全盘否定现代西方哲学，甚至试图批判地从中吸取合理因素，但一涉及对现代西方哲学的具体理论评价却往往感到困惑，主要原因也许正在未能越出近代哲学思维方式的界限。

（2）超越近代哲学思维方式和转向现代哲学思维方式

为了坚持真正的马克思主义哲学立场并对其与现代西方哲学的关系作出合乎实际的解释，笔者认为必须超越近代哲学思维方式，转向现代哲学思维方式。

按照近代哲学思维方式来解释马克思主义哲学的一种突出表现是把它归结为一个由几条能反映自然、社会和精神等一切领域的普遍规律为基本框架的理论体系，认为只要掌握了这些基本规律，就可由之出发或以之为基础而揭示出一切领域的特殊规律。这种解释可能导致把马克思主义哲学当做穷究一切存在和认识的基础和本质，并成为一切科学和知识的根据的体系，而这正是近代哲学由以构建其理论的基本观念。尽管人们强调马克思主义哲学和近代哲学有本质区别，他们对马克思主义哲学理论所作的解释有时也的确超越了黑格尔、费尔巴哈等近代哲学家的学说，但未能超越这些学说由以建立的哲学思维方式和基本理论框架，也就是仍然按照追求万物本源、本质，并成为人的一切行动和认识的基础这种传统形而上学思维方式来理解和构建马克思主义哲学。结果必然是背离马克思主义在哲学上所实现的超越和变更，使它倒退到传统形而上学的水平。

那么马克思主义所体现的现代哲学思维方式是怎样的呢？或者说，马克思主义是怎样扬弃和超越近代哲学而建立其实现了哲学上的革命变更的新哲学的呢？这是一个需要从不同层面加以研究和讨论的复杂问题。但我想至少可以肯定：上面提到的西方现代哲学对近代哲学的那些超越也在马克思主义哲学所实现的超越之列。事实上，近代哲学的思辨形而上学倾向（特别是建立无所不包的体系并把哲学当做科学的科学的企图），将理性绝对化的倾向，将主客、心物、思有等的二元分立绝对化的倾向，将人当做手段和使人异化的倾向，都是马克思所一直激烈批判并要求克服的倾向。

马克思在扬弃一切旧哲学之后所建立的哲学不只是在具体的理论观点上与以往哲学不同，更重要的是它彻底打破了一切旧哲学由以出发的前提。它所关注的不是去揭示世界的物质或精神本原，不是去建立描绘整个世界的严密完整的理论体系，而是直接面向人的实践和现实生活。实践观点是马克思主义哲学的首要的、基本的观点，但这不是把它当做本原或本体，不是企图在实践基础上去建立一种包罗万象的哲学体系，而是通过客观实践来充分发挥人的能动性和创造性，促进人的自由和全面发展。在如何理解实践作为马克思主义哲学的核心概念上还有许多问题需要探讨，但我认为至少应当肯定：实践不是单纯的物质或精神活动，而是包含了二者的统一的能动的活动；实践不只是感性的或理性的，而是感性和理性的统一；实践既是主观的又是客观的，是主客的统一；与实践相应的不只是知，而是知情意的统一。在一定意义上可以说，近代哲学之陷入种种片面性、矛盾和迷误，根本原因是忽视或未能正确理解人的实践的意义，而马克思主义则通过对人的实践的意义的深刻揭示和全面阐释彻底地实现了对传统形而上学的超越，实现了哲学上的革命变革。

（3）马克思主义哲学和现代西方哲学在超越近代哲学上的同一与区别

总之，不是以实体和本原为基础和出发点，而是以实践为基础和出发点；不是建立一个无所不包的哲学体系，而是超越一切僵固的、封闭的体系，回到人的现实生活世界；不是在理性独断和心物等二分的基础上使人片面化和异化，而是回到活生生的、知情意统一的、具体的、完整的人，并为人的自由和创造开辟广阔的道路：这些也许正是马克思主义哲学所体现的新的哲学思维方式超越于近代哲学思维方式的主要所在。

当我们回头来重新考察西方现代哲学对近代哲学的超越时，我们不难发觉它们并未越出马克思主义所实现的超越的范围。换言之，西方现代哲学各个流派从各自角度对近代哲学的缺陷和矛盾的种种超越，马克思主义哲学在其初创期就已以更加明确和彻底的形式提出了。这说明从超越于西方近代哲学的角度说，西方现代哲学和马克思主义哲学之间存在着很大的类似。二者可谓殊途同归，均属于现代哲学思维方式，具有某种程度上的同质关系。

这当然不是否定二者之间存在着重要的，甚至是原则性的区别。与马克思主义哲学相比，现代西方哲学的各个流派在超越近代哲学时几乎都存在着种种不彻底性，甚至自相矛盾。他们往往以不同形式重犯，甚至发展了近代哲学的某些片面性。例如他们大都激烈抨击传统哲学的形而上学倾向，但往往把哲学所应有的对真理、理想等的形而上的追求与近代哲学之将这种追求思辨化、绝对化混为一谈，对之简单否定。然而他们自己又不得不以新的形态去构造某种形而上学。他们对传统哲学的理性独断和绝对主义作了可谓淋漓尽致的揭露和批判，却又因忽视甚至排斥理性的作用而往往走向另一极端，即某种形式的相对主义和非理性主义。他们揭示了主客、心物等二元分立的种种弊病，特别是使人对象化和物化（异化）的弊病，强调发挥人的能动性和创造性，然而却由此走向了无视客观实际的主观主义。

总的说来，西方现代哲学对近代哲学的超越有很大的局限性。就各个具体的哲学流派来说，往往只是在某些方面或环节上有一定程度的超越，在其他方面则可能仍然徘徊于传统哲学的框架之中。只有通过整个现代西方哲学的长期发展历程才能实现对近代哲学的超越。换言之，马克思主义在 19 世纪中叶就已基本实现的哲学思维方式的变更，现代西方哲学是通过迂回曲折的道路在一个多世纪的漫长历程中在某种程度上实现的。

马克思主义对近代哲学的超越不是简单否定，而是将其去伪存真，也就是批判地继承。它在克服传统哲学的种种片面性时不会陷入另一种片面性，而只会在汲取原有优秀哲学遗产的基础上实现哲学发展的新飞跃。从这种意义上说，马克思主义哲学既超越了传统哲学，又超越了现代西方哲学。

（4）坚定对马克思主义哲学的信念和大胆借鉴现代西方哲学

如果上面关于西方哲学的现代转型与马克思主义在哲学上的革命变革的关系的论述大体能够成立，那从中至少可以得出如下两个结论。

第一，应当对马克思主义哲学有坚定的信念。

由于马克思主义哲学在整体上既超越了传统西方哲学，也超越了现代西方哲学，比后者更为全面和深刻地体现了现代哲学思维方式的特征，也更能适应现代社会的新形势和各方面发展的要求，因此我们不应因为在它的发展中出现了某些曲折而对之失去信念。

在这一点上最重要的是，对马克思主义哲学之真实所是要有更全面的理解。不能按照为马克思主义哲学所扬弃的近代哲学思维方式去解释它，而要恢复它作为实现了哲学上革命变革的新思维方式的本来意义。最近一些年来，马克思主义哲学的威信受到了很大损害，有的人动摇了对它的信念。重要原因之一就是它被按照近代哲学的思维方式去解释，以致其本来意义受到扭曲。这种被扭曲的理论就像被马克思主义哲学所超越的旧哲学一样必然陷入困境和危机。为了使人们坚定对马克思主义哲学的信念，必须揭露和克服这种对它扭曲的现象。

第二，必须认真研究和大胆借鉴现代西方哲学。

如果承认西方现代哲学在整体上是对近代哲学的超越，是西方哲学发展史上一个更高阶段，在体现一种新的即现代哲学思维方式上与马克思主义哲学具有共性，那对它们一些过去常被简单否定的理论就要重新考察。它们也许正体现了对近代哲学的某种超越，在哲学发展史上起着进步作用。从整体上说现代西方哲学对近代哲学的超越没有越出马克思主义哲学所超越的范围；但从某些局部和方面说，它们很可能包含了更为丰富和深刻的内容。考虑到马克思主义哲学长期被扭曲，它本来应实现的超越未能完全实现，有时甚至反而被拉回到近代哲学的思维方式上去，在这种情况下，从现代西方哲学所实现的那些超越中批判地汲取有益经验，用来补充马克思主义哲学某些方面的不足，或促进在这些方面的研究，就显得更重要了。正是在这种意义上我们可以说，研究和借鉴现代西方哲学是丰富和发展马克思主义哲学必不可少的环节。

3. 西方哲学的现代转型与迈向 21 世纪的中国哲学

如何建立和发展与迈向 21 世纪的中国社会相适应的中国哲学，这是一个可以而且需要从不同层面、视角来探讨的问题。例如，中国是一个将马克思主义作为指导思想的社会主义国家，发展中国哲学首先应当发展适应中国特殊环境的马克思主义哲学；中国是一个有着数千年优秀文化传统的国家，发展中国哲学必以继承和发扬中国固有的文化遗产为前提；当代中国社会各个方面正在经历深刻的变革，发展中国哲学必须适应这些变革，等等。这些方面本身又包含着多方面、多层次的内容，需要分别加以研究，我在此想说的只是：它们也都应当与重新研究和认识西方哲学的近现代转型联系起来。

（1）发展中国的马克思主义哲学与重新认识和评价西方哲学的近现代转型的关系

关于丰富和发展马克思主义哲学必须研究和借鉴现代西方哲学，上面已经谈到。在此再提一下的只是：在中国，由于马克思主义哲学被按照近代哲学思维方式来理解的倾向曾经特别突出，为了促使它恢复作为现代哲学思维方式的本来面目，更加需要研究和借鉴对近代哲学思维方式作了多方面批判的现代西方哲学。

马克思主义哲学在中国有过举世公认的创造性发展，但在不同时期又都曾出现过偏离其本来意义的倾向，特别是将它僵化和教条化。出现这种状况的原因是多方面的。从理论根源说，这与没有如实认识西方近现代哲学的转型的深刻意义、错误地将其与马克思主义在哲学上的革命变更绝对对立起来有一定联系。人们对以二元分立和理性独断为特征的某些近代哲学往往因其有唯物主义或辩证法因素而过分地加以肯定，而对现代西方哲学中那些超越了传统哲学思维方式的理论往往当做唯心主义而加以简单否定，在多次发动的对西方哲学思潮的批判中，所批判的有时也许正是其能在一定程度上体现现代哲学精神的内容。这在对实用主义的批判中就表现得相当明显。

在现代西方哲学思潮中，实用主义因鼓吹调和折中和过分强调谋取实利、忽视原则而受到来自各方的非议。从马克思主义立场出发对之进行批判无疑是必要的。然而实用主义又是一个具有较多现代哲学特征的哲学流派，对之应作具体和全面分析。例如，杜威等人的理论的最显著特点之一是拒斥以心物、主客二元分立和实体本体论为特征的传统形而上学，要求哲学和科学把注意力移向人的现实生活世界（经验世界）。不过他们不把经验看做物质或精神存在，而看做人与其对象世界之间（主客、心物之间）的相互作用。经验不是实体性存在，而是作为上述相互作用的活动、过程，也就是人的现实生活和实践。他们一般并不否定经验以外的世界自在地存在，但认为它们只有处于与作为主体的人的关系中才能作为客体存在，才成为哲学和科学的对象。正是由此出发，他们认为哲学家不应当去建立关于超经验的物质和精神实体的体系，也不应去论证这种意义上的唯物主义和唯心主义，而应使哲学成为一种关于人的现实生活、实践的方法论。尽管他们的这些理论的确存在着种种片面性，但毕竟突破了传统形而上学对经验和实在的理解的界限，具有现代哲学思维方式的特征。与古典哲学相比，它与马克思主义哲学有着更多的共同之处，本应给予更多肯定，并从中得到某些启迪。然而长期以来人们却往往把它归结为主观唯心主义而予以全盘否定。

对实用主义的其他方面及对其他现代西方哲学流派的批判也存在类似情况。其主要消极后果是把人们的注意力由具体的现实生活和实践引向关于物质、精神等抽象的一般概念，由对近代哲学的超越又回复到近代哲学。这意味着在坚持和维护马克思主义的名义下颠倒了西方近现代哲学（特别是它们的转型）的是非，从而也使马克思主义哲学在某些方面被扭曲成近代形而上学类型的哲学。

（2）继承和发扬中国传统哲学必须与研究和借鉴西方哲学及其近现代转型相结合

继承和发扬中国传统哲学之所以也必须与研究西方哲学特别是其近

现代转型结合起来，主要理由有三。

第一，这种继承和发扬必须坚持用马克思主义作指导，而后者从理论来源来说是西方哲学发展的产物，它在现当代的丰富和发展仍然与西方哲学在现当代的发展和转型密切相关。为了更准确和全面地理解并创造性地运用马克思主义，必须认真研究西方哲学。

第二，这种继承和发扬必须适应实现中国的现代化、建设有中国特色的社会主义的要求。由于中国传统哲学和文化是在个体的、狭隘的小农经济基础上建立起来的，受宗法血缘关系及以家国一体为特色的社会结构的制约。尽管它们具有非常丰富和优秀的遗产，但本身并不能完全适应上述要求，必须对之加以改造，而批判地汲取具有现代特征的西方哲学和文化是进行这种改造必不可少的环节。另一方面，中国的现代化应当避免西方现代化过程中的许多弊端，而现代西方哲学在这方面所进行的种种批判至少可以唤起我们在这方面的警觉。

第三，这种继承和发扬必须适应面向世界、面向未来的需要。为此，中国哲学和文化必须是开放性的，能与世界各国特别是西方各国在哲学和文化上相互对话和交流。这也意味着必须使中国传统哲学和文化与体现当代特色的西方哲学和文化相互沟通。

（3）中西沟通和融合是迈向 21 世纪的中国哲学发展的必由之路

无论从中国或世界范围来说，迈向 21 世纪都意味着科学技术、经济和社会等各个方面将发生深刻的变化，哲学也必将如此。对于 21 世纪的哲学将向什么方向发展，中国和西方哲学界都在进行热烈的讨论。回答可谓众说纷纭。就 21 世纪哲学发展的具体形态来说，谁也难于作出精确的判断。然而，在各种可能的趋势中，不同类型哲学（包括西方哲学中的不同思潮和流派，马克思主义和非马克思主义哲学，东方特别是中国哲学和西方哲学等）之间的接近和会通也许将是一种必然趋势。

如果说 19 世纪和 20 世纪是各种对抗和冲突激化的世纪，那么随着冷战不可逆转地结束和人类面临各种共同的挑战，21 世纪也许将是以和平竞赛和对话协商为主调的世纪。对抗和冲突不会很快消失，在局部范围内仍可能很激烈，但它们最终只能通过对话和协商来解决。在这种情况下，哲学领域以往那种势不两立的对抗必将有所缓解，商讨式的论争会被更多的人接受。事实上西方哲学界已开始显示出这种倾向，许多哲学家不仅在试图超越西方哲学中各种流派和思潮的对立，也试图在马克思主义和非马克思主义哲学之间寻找共同语言。这并不意味着要求各派哲学放弃自己的原则和信念，而只意味着不将其绝对化，并对其他各种思潮和流派采取较为宽容和开放的态度。马克思主义哲学作为一种开放型哲学同样应当在坚持自己的基本原则和信念的同时更加注意与各种非马克思主义哲学对话，从中汲取一切有价值的成果。

关于东西文化、中西哲学的关系问题曾长期引起激烈争论。人们在这方面之所以难于达成共识，原因很多。历史文化传统、思维方式等的不同以及由此所造成的彼此之间的偏见和误解属主要原因之列。当西方各国处于其现代化的上升和巅峰时期，他们的思想家对以理性和科学为特征的西方哲学和文化必然深信不疑，而对缺乏这种特征的东方哲学和文化的优秀成果必然视而不见。同样，当中国等东方各国尚处于所谓前现代时期时，这里的思想家们对西方哲学和文化也不可能有深刻的了解。在这种情况下，要做到中西哲学和文化的会通是不现实的。然而，当历史走向 21 世纪，当西方各国经历了"现代"哲学和文化的种种危机和矛盾，失去了对理性和科学的迷信、要求超越它们，并企图转向从东方文化中寻找出路的时候，当东方各国进入了"现代化"时期，对在西方最早出现的理性和科学精神有了更多的认识而要求超越固有传统的时候，二者之间自然会找到相互理解和沟通的桥梁。因此，如果说以往的世纪是东西（中西）哲学和文化相互分离和对立的世纪，21 世纪也许是二者之间的相互沟通和融汇的世纪。

如果上面的分析能够成立，那么面向 21 世纪的中国哲学将是一种在马克思主义哲学的指导下汲取和容纳百家的开放型哲学，是在继承中国传统哲学优秀遗产基础上与体现了现当代的时代特征的西方哲学相衔接的哲学。西方哲学在经过扬弃后将成为丰富和发展中国哲学的重要资源。而中国传统哲学将在克服种种局限性的前提下发扬光大，成为世界哲学中的瑰宝。把中国优秀的哲学遗产推向世界，把西方哲学的现代精神引入中国，这也许正是迈向 21 世纪的中国哲学发展的必由之路。在这一基础上重新形成和发展的中国哲学必将是一种既超越中国传统哲学，又超越西方哲学的崭新的哲学。它将处于时代高峰，并随着社会的发展而不断丰富和发展。

对西方哲学近现代转型的
历史与理论分析

1. 重新认识和评价西方近代哲学
的意义

不同倾向的哲学家对近现代西方哲学发展的评价往往大不相同，但他们都会承认，在近现代西方哲学之间存在着重要的，甚至是根本性的区别。这意味着西方哲学的发展在近现代之间发生了重要的，甚至是根本性的转折（转向、转型）。马克思主义哲学家根据对西方社会和哲学发展史的深刻分析，揭示了19世纪中期马克思主义的产生实现了哲学上的革命变更。19世纪中期以来的许多西方哲学家和哲学流派也对传统欧洲哲学采取批判态度，要求对之进行根本性的改造，并纷纷宣称自己的哲学理论开辟了哲学发展的新方向。从那时以来，在西方哲学界不断传来各种转向之声，例如语言的转向、生活世界的转向、历史和实践的转向、后现代的转向，等等。它们的意义往往有重要区别，也往往有得以成立的理由。究竟何种"转向"更加深刻、更能体现这一时期时代精神的变更，这不仅在马克思主义者和

— 17 —

非马克思主义者之间有极不相同的回答，在西方哲学家内部也往往难于、事实上也从来没有达成共识。

但是，在对西方传统哲学，特别是近代哲学（包括它们的理论前提、研究的问题的性质、范围和方法以及它们的基本理论框架和目标等方面）采取批判态度并要求改变哲学发展的方向上，在对哲学问题的提法和回答上，他们之间仍然存在着某些可能是相当重要的共同之处。正是后者把西方现代哲学和近代哲学区分开来，从而成了西方哲学发展的新转向的主要标志。为了对现代西方哲学有较为客观和深入的了解，当然需要对各家各派的理论进行具体的研究和分析，揭示它们各自的特征以及它们之间的差异；但也应研究它们的共同之处，特别是那些使它们与近代哲学区别开来的特征。这也就是了解西方哲学由近代向现代的转化在整个哲学发展史上所具有的真实意义。

对于西方哲学从近代到现代的转化，我国哲学界由于受"左"的思潮的影响，以往大都采取简单否定态度，如下两种看法曾相当流行。第一，从"文艺复兴"到黑格尔的西方哲学反映了处于资本主义上升时期、具有一定革命性和进步性的资产阶级的利益和要求，存在符合唯物主义和辩证法要求的合理和积极因素，而自此以后，特别是马克思主义哲学产生以后的西方哲学则主要是作为反动资产阶级的意识形态，从本质上说不可能包含合理和积极因素，在理论上表现为纯粹的唯心主义和形而上学。第二，只有马克思主义哲学才克服了以往西方哲学的种种缺陷，继承和发扬了其唯物主义和辩证法等优秀遗产和进步传统，并由此而实现了哲学史上最伟大的革命变更，开辟了哲学发展的新方向；现代西方哲学恰恰相反，它们抛弃了西方哲学的唯物主义和辩证法等优秀遗产和进步传统，而发挥了其消极、落后以至反动的方面。因此，马克思主义哲学和现代西方哲学处于根本对立地位。这两种看法密切相关、互为表里。人们无论从理论上或历史现实上都可以为其找到印证的理由。问题是：这些理由是否具有普遍和绝对的意义？或者说现代西方哲学是否只能是唯心主义和形而上学的堆集？是否应当简单否定？在"左"的年代，人们很少、实际上也难于对之作出真正合乎实际的考察。

随着"左"的影响的不断克服，人们开始对一些过去几乎被认为毋庸置疑的结论重新加以研究。对上述问题人们不再采取简单否定的态度，而在不同程度上企图对之作出求实的分析；他们既坚持马克思主义的批判态度，从原则上划清马克思主义哲学和现代西方哲学等非马克思主义哲学的界限，同时对后者不简单否定，而是试图发现其中可能包含的合理和积极因素，有的人还企图将其与对中国传统哲学以及马克思主义哲学的研究结合起来，以此丰富和发展马克思主义哲学，使之更为符合当代中国建设社会主义的现实的需要。然而，如果不重新认识西方哲学从近代到现代的转向的真实意义，就不能从根本上改变过去习惯了的那种看待现代西方哲学的思维方式，就不能真正了解西方哲学由近代转向现代所具有的进步和革命含义，也不能如实地认识西方近代和现代哲学以及马克思主义哲学之间的真实联系，从而不能达到上述哲学研究的目标。

为了了解西方哲学由近代转向现代的真实意义，必须重新从整体上认识和评价近代西方哲学，特别是分析它们的成败得失。

2. 西方哲学在近代的转向和进步

对于从"文艺复兴"到黑格尔这一段时期的近代西方哲学所取得的重大成就及它们在整个西方哲学发展上所处的重要地位，除了个别走向极端的非理性主义哲学家和个别当代后现代主义者外，很少有人会表示怀疑。尽管哲学家们因立场不同而对这一时期哲学的评价和取舍标准在某些方面存在差异，但大都在不同程度上肯定了它们所具有的理性、人文和科学精神的进步意义。

近代西方哲学的理性、人文和科学精神是统一的。从理性不仅是人所固有、而且是人的本质属性来说，理性精神实际上就是人文精神；从人文精神的根本特征就在于肯定人本身所固有的理性的权威地位和力量来说，它必然突出地表现为理性精神。当时的许多先进思想家都力图确立人的独立地位，在不同程度上使人摆脱对神的从属关系。他们对作为中世纪封建专制主义的意识形态、并以贬低理性和抬高信仰为特征的传统宗教和神学以及以基督教神学为基础的经院哲学，都进行了淋漓尽致的揭露和批判；由此来论证和讴歌人本身所具有的理性能力，并否定立足于后者的哲学对神学的依存关系。文艺复兴时期的思想家们（特别是人文主义者）就已把具有理性的人当做他们关注的中心，把尊重和发扬人的个性、促进人性的解放当做他们的理论出发点。他们号召人们冲破传统神学（特别是基督教禁欲主义）和经院哲学的禁锢，把注意力由彼岸的天国返回到现实的人间。17～18 世纪的欧洲哲学中有着唯物主义和唯心主义、经验论和唯理论等各种派别的分野，但各派在提倡理性、限制信仰上有着很大一致。笛卡儿运用理性演绎法建立起来的哲学体系固然是典型的理性主义体系，培根等人的经验主义也同样以尊重和颂扬人本身所具有的认识能力，即与盲目的信仰相对立意义下的理性为前提。正如马克思所指出的，在培根哲学中，"归纳、分析、比较、观察和实验是理性方法的主要条件"[①]。18 世纪的法国唯物主义者和启蒙思想家大都把理性当做是人的本质，并把是否符合理性当做衡量是非善恶美丑的根本尺度，由此对理性主义的原则作了进一步发挥。康德揭示和批判了以往哲学家停留于理论理性（认识和科学领域）所必然陷入的矛盾，企图通过论证人具有先验认识能力来克服这种矛盾，以此使科学知识的普遍性和必然性得到确证；同时他又把理性由科学所属的理论领域扩展到道德自由所属的实践领域，扩大了理性的作用范围。他关于限制理性、为信仰留下地盘的口号的真实含义也正在限制理论理性的作用范围、肯定与之不同的实践理性，而不是排斥理性和倒向传统意义上的信仰主义。黑格尔在揭露和批判包括康德在内的前人的理性主义的矛盾的基础上建立了一个无所不包的理性主义体系。正因为如此，整个这一历史时代在西方哲学史上被称为理性的时代。

近代西方哲学中体现人文精神的理性精神与随着自然科学兴起而出现的科学精神是互为表里、彼此促进的。当时的自然科学的一个重要特点是它们从神学以及以神学为基础的经院哲学的束缚下解放出来，开始成为真正的科学。科学家们已不再援引神力（天启）去洞悟某种神秘的本质，而是凭借人本身固有的意识、理性能力（经验和思维）去认识所面对的客观世界。当时先后兴起的各门自然科学都是作为主体的人的意识、理性对作为客体的自然界的认识和研究。这种认识和研究的成果有时达到了可以用精确的数学公式表达的程度。哥白尼、开普勒、伽利略和牛顿这些科学大师的发现为近代自然科学提供了光辉的范例。自然科

---

① 《马克思恩格斯全集》，中文 1 版，第 2 卷，163 页，北京，人民出版社，1957。

学从神学和经院哲学的桎梏下的这种解放促使哲学获得了同样的解放。哲学已不再像在中世纪那样是神学的婢女，而是人本身的意识，即理性的产儿。上帝的万能被代之以理性的万能。凡人所需要了解的一切均可通过人本身的理性获得，而且能做到像数学推理一样清晰和精确。这样，自然科学的胜利也就是理性的胜利，或者说是理性和人文精神以及以之为基础的哲学的胜利。

近代西方哲学在从当时形成和发展起来的自然科学获得其所需的论据和知识材料的同时也为自然科学的发展提供了指导。这具体表现在它们对实验自然科学的成果从哲学上作了总结和概括，不仅以之为基础而重新提出和发展了唯物主义自然观，更为自然科学以及人的全部现实生活制定了认识论和方法论原则，这对近代自然科学以至整个社会的发展都起了很大的推动作用。培根的经验归纳法和笛卡儿的理性演绎法正是这种认识论和方法论的典范。他们以后的许多哲学家，特别是从康德到黑格尔的德国古典唯心主义哲学家，对认识论和方法论问题作了更为深入和具体的论述。其中最值得注意的是他们对认识的辩证法作了相当深刻的揭示和论述。康德对主体的能动作用的强调成了西方哲学发展中的一个重要转折点，黑格尔的辩证法则可谓集古典西方哲学的辩证法的大成。

这种在实验自然科学基础上对认识论和方法论问题的深入和具体的研究意味着这一时期的哲学家已普遍地把自己的理论建立在反省思维的基础上，克服了古代哲学所特有的素朴性和直观性。这标志着西方哲学的发展发生了一次被称为认识论转向的重要转向，使西方哲学的发展进入到了一个新的阶段。

尽管当时的哲学家仍把世界的本质、人与世界的关系问题（而这也正是哲学作为人的一种精神活动所必然要研究的基本问题）当做关注的核心，但他们的哲学在理论形态上已与建立在感性直观和猜测基础上的古代哲学以及把人与世界的关系归结为与上帝的关系，并使人完全处于从属地位的中世纪哲学有着重要区别。这突出地表现在他们大都自觉地把作为认识主体的人与作为其对象（客体）的世界区分开来，即把心灵和肉体、精神和物质、思维和存在区分开来，并由此来探讨主体如何认识和作用于客体、客体如何作用和呈现于主体。哲学基本问题非常明确地表现为主客、灵肉、心物、思有关系问题。正像恩格斯指出的那样，思维对存在、精神对自然界的关系这个全部哲学的最高问题虽然早已存在，"但是，这个问题，只是在欧洲人从基督教中世纪的长期冬眠中觉醒以后，才被十分清楚地提了出来。才获得了它的完全的意义"①。这意味着认识论的转向之得以实现，西方哲学发展之进入到一个新的阶段，与哲学基本问题之明确表现为主客、心物、思有等的关系问题是密切联系在一起的。前者可以说正是后者的结果。因为没有主客心物之明确区分，就谈不上建立以关于主体如何认识客体为主要内容的认识论，更谈不上有认识论的转向；而且，哲学基本问题之明确表现为主客、心物、思有等关系问题也意味着确立了人作为主体的独立地位，肯定了人本身具有的理性（包括人的感觉、思维、情感、意志等多种形态的心理意识活动）能力使人不仅能认识世界，而且能在这种认识的基础上按照自己的意志来处理与其所面对的世界的关系。

哲学基本问题作为主客、心物、思有关系问题的明朗化及由此导致的西方近代哲学中认识论的转向的实现，与西方各国由封建的自然经济制度转向资本主义的商品经济制度以及与之相应的政治和思想文化等各个方面的变化是一致的。它不仅对西方哲学本身的发展起了重要的作用，也是经济、政治、科学文化等近代西方社会各个方面发展的必要前提。没有这种转向，个人作为独立主体的地位就不能得到确认，以肯定这样的主体的地位为前提的市场经济体系就不可能充分发展起来，西方资本主义的自由民主等体制就无法建立；没有这种转向，就不可能有对自然界的深入具体的探索和近代实验自然科学的发展；没有这种转向，西方各国的现代化运动就不可能顺利实现。

从对西方哲学本身的发展来说，认识论转向和哲学基本问题的明朗化的重要作用既表现在确立了哲学中的主体性原则，又表现在促进了近代唯物主义学说的形成和发展及其反对唯心主义，特别是中世纪神学唯心主义的斗争。正因为如此，与古代和中世纪相比，唯物主义和唯心主义的对立和斗争在西方近代哲学中表现得更为突出，甚至可以说构成了这一时期哲学发展的主要内容。谁如果离开或忽视这种对立和斗争，就

---

① 《马克思恩格斯选集》，2版，第4卷，224页，北京，人民出版社，1995。

不仅不能深刻理解，而且还会歪曲这一时期哲学发展的真相。

但是也不能简单地用唯物唯心的对立来概括全部哲学发展的丰富内容，更不能简单地用这种对立来概括某一历史时代的哲学的成败得失，即使在这种对立特别突出的近代哲学中也是如此。因为正如恩格斯所指出的，唯物主义和唯心主义这两个用语只是表明二者对上述主客心物等关系的问题作了相反的回答。除此之外，"这两个用语本来没有别的意思，它们在这里也不是在别的意义上使用的"①。恩格斯严厉地驳斥了一些资产阶级庸人把唯心主义说成是崇尚道德理想，把唯物主义说成是追求享乐、吝啬、虚荣。他认为对二者不应作出某种偏颇的价值判断，不能认为唯心主义进步、唯物主义落后，反之亦然。"关于人类（至少在现时）总的说来是沿着进步方向运动的这种信念，是同唯物主义和唯心主义的对立绝对不相干的。"② 恩格斯接着谈到思维和存在的关系问题的另一个方面，即人的思维能否认识现实世界的问题，他认为包括唯心主义者黑格尔在内的绝大部分哲学家都对之作了肯定回答。这意味着对这方面问题的回答与唯物唯心的划分也无直接联系。

因此在讨论和评价西方近代哲学在西方哲学发展史上所取得的进步时，不能将这种进步仅仅归结为丰富和发展了唯物主义。事实上，对近代西方哲学的发展起过重大作用的哲学不仅有 17 世纪英国唯物主义、18 世纪法国唯物主义、费尔巴哈唯物主义，也有从笛卡儿到黑格尔的唯心主义。笛卡儿被认为对近代哲学的正式形成起过关键作用，但这主要并不在他的具有唯物主义倾向的物理学，而是他从"我思"出发建立起来的理性主义的认识论和方法论体系，后者为近代主体性（理性）形而上学开辟了道路。至于黑格尔的唯心主义辩证法在西方哲学史上的作用，更是一再受到马克思主义创始人的高度肯定。总之，就在近代西方起过进步作用的哲学来说，唯物主义无疑是其主流，但简单地用唯物唯心来为一切是非对错划界，对唯物唯心作出本来并不（至少并不必然）隐含的价值判断，看来并不符合历史真实。为了更为全面地认识西方近代哲学的成败得失，似乎应当从体现西方近代哲学的基本倾向，特别是其人文和科学精神的理性主义精神这个更为广阔的视野来对之加以

① 《马克思恩格斯选集》，2 版，第 4 卷，224～225 页。
② 同上书，232 页。

分析。

3. 近代西方哲学的缺陷和矛盾

体现了科学和人文精神的理性主义精神使近代西方哲学取得了光辉夺目的进步，但同时又包含了严重的缺陷和矛盾，由此孕育着深刻的危机。这首先表现为：对理性的倡导由于走向极端而变成了对理性的迷信，理性万能取代上帝万能导致了理性的独断；用理性主义精神构建的哲学体系往往变成了凌驾于科学和现实生活之上的思辨形而上学体系。其次，近代哲学所实现的认识论转向虽然以反省（理性）思维克服了古代哲学的素朴性和直观性，然而它之以主客、心物等分离为前提又往往使人忽视了二者之间不可分割的联系，以致在不同程度上陷入了二元论，而二元论最终必然导致与理性精神相悖的独断论或怀疑论。

当欧洲人从中世纪长期"冬眠"中觉醒以后，先进思想家们纷纷拨开神学的迷雾，重新开始探索古代先哲们即已提出并进行过较为笼统的研究的关于现实世界的本质、人与这个世界的关系等哲学的基本问题。在文艺复兴时代，哲学家们所关注的主要是如何使人从旧式的神学禁欲主义禁锢下解放出来，面向现实人生。对人文精神的倡导是当时哲学的主旋律。理性在当时实际上被理解为具有广泛含义的人性；而世界在人的目光下也同样具有丰富多彩的特性。甚至在被马克思称为"近代英国唯物主义的鼻祖"的弗兰西斯·培根那里，人和世界大体上仍是活生生的，"物质带着诗意的感性光辉对人的全身心发出微笑"①。不过，他们对理性的这种认识仍是笼统的，带有很大的素朴性。

在近代西方哲学往后的发展中，对人的心理意识活动的研究越来越深入具体。17～18世纪的哲学家分别对感觉经验和理性思维作了相当系统的研究，制定了对西方哲学的认识论转向起了重大作用的经验归纳法和理性演绎法。然而他们在取得这些重大成就的同时却往往忽视了各种认识活动之间的联系，更未能看到人的认识活动与人的情感意志等活动的联系，把本来相互渗透、不可分割的感觉经验和理性思维等分割开来，各执一端，由此走向了都有很大片面性的经验论或唯理论。人和世

---

① 《马克思恩格斯全集》，中文1版，第2卷，163页。

界也都被狭隘化了。人的理性往往成了与具有多方面价值和意义的人的现实存在相分离的思辨理性（在唯理论者和思辨哲学家那里）或工具理性（在经验论者和实验自然科学家那里）。后二者表现形式虽不同，在与人的活生生的现实存在，特别是丰富多彩的内心世界相分离上则一致。人被抽象化成了狭隘的理性的化身，世界也成了由这样的理性所构建的世界。马克思就培根以后近代唯物主义的这种片面化倾向说："霍布斯把培根的唯物主义系统化了。感性失去了它的鲜明的色彩而变成了几何学家的抽象的感性。物理运动成为机械运动或数学运动的牺牲品；几何学被宣布为主要科学。唯物主义变得敌视人了。为了在自己的领域内克服敌视人的、毫无血肉的精神，唯物主义只好抑制自己的情欲，当一个禁欲主义者。它变成理智的东西，同时以无情的彻底性来发挥理智的一切结论。"① 马克思的这段话深刻而生动地揭示了本来在唯物主义上比培根更为彻底和系统的霍布斯怎样由于把理智片面化和绝对化而使唯物主义变得"敌视人"、"毫无血肉"。霍布斯如此，其他近代哲学家（无论是唯物主义者还是唯心主义者）在不同程度上也大都如此。

近代哲学之"以无情的彻底性来发挥理智的一切结论"，必然导致一系列极端化的结局。这首先表现在把自然、社会和精神世界的一切都纳入理性框架，把哲学变成一种无所不包而带有浓厚思辨性的理性形而上学。

这种状况的出现与 17 世纪以来理性精神在各个领域的胜利直接相关。以理性为基础的数学和实验自然科学的光辉成就，使许多西方思想家相信理性具有无上权威，可以作为普遍有效的尺度和万能的工具。对理性的倡导由此走向极端而变成了对理性的迷信，理性万能取代了上帝万能，似乎一切都可以而且应当由理性来建立和判决。任何科学都由理性概念构成，都以是否符合理性的要求为真伪标准；任何社会现象和社会问题也都应由理性来认识和解决；社会秩序应当是理性秩序。理想的社会只能是理性社会，而一切思想和文化体系也同样应当是理性体系。

近代西方哲学家们正是在理性的这种五彩光环照耀下从事哲学活动的。他们以为，哲学家的任务是去发现那些最普遍的、绝对可靠的、自

---

① 《马克思恩格斯全集》，中文 1 版，第 2 卷，163～164 页。

明的理性概念和原则。只要他们在这方面取得了成功，他们就可以用以构造出关于整个世界的图景，推演出全部知识，甚至存在体系。而一旦这样的哲学体系被建构出来，就应当成为一切科学的基础和真理的标准，就具有凌驾于一切科学之上的无上地位，哲学由此被当做"科学的科学"。

这种由绝对化的理性概念建构出来的哲学体系必然带有强烈的独断和思辨形而上学倾向，这在理性派哲学家那里表现得最为突出。笛卡儿由绝对可靠的"我思"出发构建出全部哲学和知识体系可谓开了这种倾向的先河，斯宾诺莎之直接用几何推理来构建其哲学体系并由之推出人类全部知识体系是这种倾向的进一步发展，莱布尼茨和沃尔夫的体系从康德以来就被认为是独断论的典型形式。康德批判了他以前欧洲理性派哲学家，认为他们在没有详细探讨人的理性认识的性质和适用范围以前就肯定理性认识的可靠性和确定性，不适当地扩大了它的运用范围，因而陷入了独断论。但他关于在理论理性领域为自然立法（用先验论论证科学知识的普遍性和必然性），在实践领域为道德立法（由实践理性颁布绝对命令）的思想也未能避免思辨性和独断性。黑格尔用他的辩证思维方法对思辨形而上学，特别是其独断性作了更为深刻的批判。然而他的绝对唯心主义体系却又成了理性派思辨形而上学的典型形态。其所以如此，根本原因即在他们实质上都是企图运用思辨理性去建立关于存在和认识的无所不包的形而上学体系。

带有思辨和独断倾向的远不止是理性派哲学家，大部分近代西方哲学家（包括狄德罗、霍尔巴赫等18世纪法国唯物主义者）在不同程度上都如此。他们无不企图按照普遍和自明的理性原则来构建出一个内容广泛，甚至无所不包、能描绘出整个世界图景的形而上学体系，我们在一定意义上甚至可以说，西方哲学史上的这个理性时代同时又是建构体系哲学的时代。然而，从特定时期人类的知识水平来说，建立这样的体系而无独断性实际上是不可能的。就这一时期的情况来说，自然领域的知识虽已开始成为科学并已有很大发展，但其所提供给人们的关于自然界的知识仍然是片断的、局部的、残缺不全的，对世界的许多方面和许多事物还远未涉及，因而还远不能提供关于整个世界的图景。为了描绘出这样的图景，他们无法根据客观事实，只好依靠理性的独断和思辨。

从应用绝对化了的理性去建立无所不包的理论体系来说，近代西方哲学家必然在不同程度上走向思辨形而上学；从运用这种理性去建立认识论和方法论来说，则必然在不同程度上落入二元论。二者又是一致的。因为其形而上学体系是通过其认识论和方法论建立起来并主要表现为认识论和方法论，这意味着其思辨形而上学是一种具有二元论倾向的理论。

近代西方哲学家的二元论倾向的根源在于：当他们把理性作为工具去建立认识论时，必然假定认识就是主体以理性的不同形式（感知、直观、推理、反思等）去把握与其不同并处于其外的客体。尽管他们对主体和客体的本性（例如是物质的还是精神的等）的看法各不相同，但都肯定在认识中主体与客体（心与物）是彼此分离开来的。当人把自己当做认识对象（客体）时，后者与人作为主体也是分离的。认识中主客体的这种分离是认识得以进行、并取得进展的必要条件。从这种意义上说，这一时期的哲学家对主客体的划分应当看做是人类哲学思维和认识发展中一种重要的进步。问题在于，当他们把主客心物思有等区分开来后，却未能看到它们之间的相互依存和转化关系，而往往把它们分裂和绝对对立起来。这正意味着在一定意义上陷入二元论。笛卡儿之把心物当做两个相互独立的实体是这种二元论的最典型形式。不过具有这种倾向的远不只是笛卡儿等少数人，当时绝大部分哲学家在不同程度上都未能幸免。

其所以如此，与当时自然科学发展的状况所体现的人的认识发展的状况，以及人本身的发展状况密切相关。因为一定时期的哲学发展状况总是与人在当时的认识发展水平相对应，当时自然科学刚从神学的桎梏下解放出来，往往还带有神学的痕迹。笛卡儿物理学之最后归顺神学、牛顿关于第一推动力的思想等就是突出的例证。自然科学已有一系列光辉成果，但还远未扩及意识和精神领域，不能说明意识的起源和性质，从而也不能说明它们之间的相互依存和转化。物质的基本属性是广袤，意识的基本属性是思维；物质不能产生意识，意识不依赖物质。这在当时的科学和哲学中几乎是众所公认的。18世纪法国唯物主义者曾提出意识是物质的属性，但也因不能对此作出科学解释而缺乏说服力，未能从根本上改变哲学中心物分离的状况。为了把心物统一起来，人们在不同程度上还需仰赖超乎心物之上的神力。总的说来，意识和精神领域在很大程度上仍受神学的制约。

更值得注意的是，这一时期的自然科学家虽然已不满足于古代科学对自然只是进行一般的、笼统的研究，而发展到进行分门别类的研究，即研究自然的各个局部、方面和过程，但这种研究仍只是刚刚起步，远不足以使他们得以进行新的综合和概括。因此他们没有、也不可能看到这些局部、方面、过程之间的联系，看到世界的整体性及其运动和发展。这样势必只见树木不见森林。以孤立和片面为特征的形而上学思想方法在当时必然占支配地位。自然科学中这种状况势必影响到哲学，使这一时期的哲学同样受这种思想方法支配。虽然许多哲学家都把以主客、心物、思有关系为核心的认识论问题当做哲学的中心问题而进行了相当深入和具体的研究，但形而上学的思想方法使他们不能正确解决主客、心物、思有等的关系问题，也就是不能把这种关系看做对立统一关系，而是把它们分裂开来和对立起来，在不同意义上陷入了二元论。

与将理性绝对化相关的思辨形而上学倾向和二元论倾向使近代西方哲学遇到了一系列难以克服的矛盾，使它们原来所倡导的科学和人文精神在不同程度上都走向了其反面。

近代西方哲学家大都把制定符合科学精神的认识论和方法论为己任。他们在这方面虽然获得了巨大成果，但最后却又陷入了不能自拔的困境。例如，具有普遍性和必然性的知识从何而来呢？以休谟为代表的经验派哲学家由于把人的认识局限于主体所及的感觉经验范围，不了解主客、心物、感性理性等之间的相互依存和转化关系，对这类问题只能避而不答，并由此得出了怀疑论的结论。以笛卡儿为代表的理性派哲学家同样不了解这种关系，只好借神学的余荫，以人人具有天赋观念或天赋认识能力等独断来作答。这意味着他们以不同方式倒向了独断论。而一当这类独断观念被移去或被驳倒，同样会落入怀疑论。康德企图用主体的先天综合能力在科学范围内统一经验和理性，然而所谓先天综合能力本身就是出于独断。他为了给道德和宗教等留下地盘而把科学和知识局限于现象世界，并进一步肯定现象世界和自在之物世界、事实世界和价值世界、自然领域和社会伦理领域、纯粹理性和实践理性之间的分离。他由此既否定了科学的客观实在意义，又否定了道德等学科的科学意义。这意味着他实际上否定了以倡导理性万能为特征的近代哲学传统。从费希特到黑格尔等康德以后的德国唯心主义者企图借助"绝对自我"、"绝对精神"来克服各种二元分裂现象，但他们不过是把主客、心物等的关系问题归结为意识内部关系问题。科学和知识在他们的哲学中仍从属于形而上学。18世纪法国唯物主义者及费尔巴哈等人提出了反映论，但由于他们的反映论是消极的、被动的，未能肯定主体的能动性，也未能正确解决主客、心物等的关系问题，更谈不上建立科学的认识论和方法论。

总之，实现了西方哲学中的认识论转向的近代西方哲学实际上却以在认识论上的失败而告终。它们对科学精神的强调也未能摆脱科学对思辨形而上学的从属地位。

近代西方哲学是以提出应当以人而不是神作为哲学的中心而开始其发展历程的。文艺复兴时代的思想家们在倡导人文精神时，既强调人的理性，更强调人的全面发展。绝大多数近代西方哲学家都要求摆脱旧式的基督教神学和经院哲学以及其他一切绝对的传统和权威对个人发展的任何束缚，主张思想解放。他们大力倡导发挥人的个性和创造性，尊重人的自由和尊严。然而，近代西方哲学的发展却使他们事与愿违。主客、心物、灵肉的分裂使人要么沦落为一架没有灵魂的机器（正像马克思说的，在一些机械唯物主义者那里，唯物主义变得"敌视人"）；要么成为没有血肉身躯的纯粹精神，即精神性的形而上学体系中的一个环节。在此，人无非是理性思辨体系中作为"动物"中一个类的"人"概念的外部表现。人的本质不是存在于人的现实存在中，而是存在于体系中的"人"概念中。这正像柏拉图理念论中人的理念是原型，而具体的人是模本一样。于是，人的主体性和创造性，人的自由和人格的尊严都被消解于思辨体系中了。人们在摆脱了神学和经院哲学的束缚后，现在却又受到机械论和思辨形而上学体系的束缚。

对近代西方哲学存在的问题，现代西方哲学家（例如所谓"后现代主义者"）往往把它们当做"本体论的思维方式"、"基础主义"、"本质主义"、"逻各斯中心主义"、"在场的形而上学"等来加以批判。这些提法的所指与上面所讲的类似。各种提法的不同主要只是表述的角度和着重点不同。例如"本体论的思维方式"着重于把"本体"（存在本身、先在的本质、实体）当做事物的具体和特殊的存在及其各种特性的基础。本体概念是体现事物的存在及其特性的本质属性的概念。哲学思维的任务就是揭示和阐明本体概念，然后据以推论出其他一切。基础主义主要是就哲学和其他学科的构成以及哲学与其他学科的关系而言的。它认为哲学和人类其他知识都具有某种坚实的基础，这种基础本身就是自明的、直接的、无须证明的，应当成为一切知识的合理性的源泉，而哲学的使命和功能正在寻找和充当这种基础。本质主义具有较多认识论和方法论的意味。它认为事物的本性，甚至其存在取决于其本质属性，从而主张人们把寻找和认识事物的本质当做哲学的出发点。它往往把事物的理性概念当做其本质属性的体现，从而企图从理性概念的体系推出存在的体系。总的说来，无论是本体论的思维方式、基础主义或本质主义，都是以把理性概念绝对化并用以作为哲学的出发点为基本特点。

按照传统的哲学教科书的表述，近代西方哲学的缺陷主要表现为唯物主义不彻底，而且基本上是机械的、形而上学的；其辩证法往往与唯物主义相分离而为唯心主义哲学家所发挥；在对认识论的研究中由于把经验或思维片面化、绝对化而走向了怀疑论或独断论，并归根结底转向唯心主义；在社会历史领域内唯心主义始终占支配地位。这种对近代西方哲学的缺陷的表述是符合近代西方哲学的实际情况的，马克思和恩格斯在这方面作过许多深刻的论述。这些论述过去一直是、现在仍然是所有愿意用马克思主义的观点来研究西方哲学的人所必须认真学习并用以作为指导的。不过，由于"左"的教条主义的影响，这些论述在相当长一段时期内被人简单化和僵化了，以致往往远离了它们的原意。鉴于上面提到的对近代西方哲学的缺陷的提法也完全符合马克思恩格斯的论述，而且较易与西方哲学家的提法衔接，所以近年来中国哲学界往往也使用这些提法。

4. 近代西方哲学的终结

不管使用什么提法来表述近代西方哲学的缺陷和矛盾，都可得出一个共同的结论：从文艺复兴到黑格尔的近代西方哲学在取得了一系列伟大成就以后，在一定意义上仿佛又回到了它原来的出发点上。不过现在它的地位改变了，它已失去了过去那种唤起人的觉醒、维护人的自由与尊严、推动人的全面发展的朝气蓬勃的精神，而转到了它过去所反对的东西方面。换言之，它在否定了自己的对方后，现在轮到自己该被否定了。尽管这并非全盘被否定，而毋宁说是被扬弃，但它毕竟意味着西方哲学的发展现在必须实现新的重大的变更。这一变更包括了近代哲学怎样走向终结和现代哲学怎样形成两个不可分割的方面。

近代西方哲学之走向终结是西方哲学发展史中一次根本性的变更。它标志着从文艺复兴时代开始准备、由笛卡儿正式发端、以黑格尔为顶点的近代西方哲学思维方式从整体上说已完成了其发展历程，在某些方面成为哲学进一步发展的障碍，现在需要对它重新加以反思甚至开始扬弃了。

近代哲学思维方式的基本特点是以主客分立（也就是所谓主体性原则的确立）为前提，以主体所固有的理性为手段，以研究认识论问题为中心，以建立关于整个世界的体系为目标。尽管在近代哲学中有着唯物主义和唯心主义、经验论和唯理论等派别的对立，它们之间往往存在着激烈的争论，但它们研究的问题的性质、范围、方法和目标以及它们的基本理论预设和理论框架大体类似。即使像对二元论及作为其逻辑结果的独断论和怀疑论作了尖锐批判，并试图通过提出"实体就是主体"的命题而克服主客分立的黑格尔，最终也不仅未能摆脱这种本体论思维方式，反而建立了一个集这种方式的大成的思辨形而上学体系。正因为如此，这一时期的哲学家既具有共同的成就，也存在共同的问题。我们上面提到的近代西方哲学的缺陷和矛盾不只是属于某一哲学家或某一哲学派别的，而且是属于从笛卡儿到黑格尔的整个时代的。因此人们在评价这一时代的哲学时，不宜孤立地来肯定或否定某一流派或思潮，而应把它们放在整个时代的哲学思维方式的背景下来作分析。这样，近代西方哲学的终结就远不只是某个特殊的哲学流派或某种特殊的哲学理论（不管它表现为唯物主义还是唯心主义、经验论还是唯理论）的终结，而是整个这一时代所特有的哲学思维方式的终结，在一定意义上类似于库恩所谓范式（方式、模式）的变换。

西方近代哲学发展史上的这种变更既合乎哲学和思想文化本身发展的逻辑，又符合社会历史发展的规律。它既有思想和文化（包括自然科学）发展的根源，又有社会历史根源。

促使近代西方哲学走向终结的思想文化根源涉及诸多方面，哲学发展本身的内在矛盾无疑是重要方面之一。近代哲学也像其他时期的哲学一样，其发展并不是单一的和纯粹的。尽管二元分立和理性独断是这一时期的哲学的具有普遍意义的特征，但从一开始就有与之相反的倾向存在。早在近代哲学的兴盛期，就有一些西方思想家（例如与笛卡儿同时代的法国哲学家帕斯卡尔、著名的法国启蒙思想家卢梭、意大利哲学家维科、德国浪漫主义思想家等）对近代哲学中的二元分立和理性独断等弊病进行了尖锐的揭露和批判。尽管他们的哲学在他们所处的那个理性主义时代并不特别引人注目，但却为叔本华、克尔恺郭尔、尼采等早期现代哲学家超越近代哲学思维方式、开创现代哲学思维方式提供了重要的启示，被他们当做自己的理论先驱。

　　自然科学发展中的变更也是促使近代哲学走向终结的重要因素。近代西方哲学无论是就其成就或其缺陷来说，都与同时代自然科学息息相关。近代哲学发展模式之取代古代模式在很大程度上是由于近代对自然的研究超越了古代那种对自然进行一般的、笼统的研究的层次，进到了对其各个局部和过程进行具体的、分门别类的研究的层次，从而开始正式形成为科学。这种研究对促进人对自然界的深入认识和使人在与自然的关系中取得更大自由起过极重要的作用。但这种研究以认识主体与其对象（客体）相分离、认识对象与其周围的事物相分离以及主客均处于某种静止状态为前提，从而必然导致二元分立和把认识绝对化的思维取向。这正是造成近代哲学存在上面提到的那些缺陷的重要原因。然而，到了19世纪中期，西方自然科学的发展已开始明显地显露出新的范式转换的征候。这特别表现在当时一系列自然科学已开始从自然事物的运动变化和发展中，从它们与其他事物的联系中对它们进行系统的、整体性的研究。细胞学说、能量守恒和转化定律和生物进化论以及其他重要科学发现都突破了原有的科学研究模式的界限。在这种情况下，哲学上的形而上学思维方式也必然要被新的思维方式取代了。正像恩格斯所指出的，当自然科学对生物和非生物的研究"已经进展到可以向前迈出决定性的一步，即可以过渡到系统地研究这些事物在自然界本身中所发生的变化的时候，在哲学领域也就响起了旧的形而上学的丧钟"①。

_____

①　《马克思恩格斯全集》，中文1版，第21卷，339页，北京，人民出版社，1972。

促使近代西方哲学转型的社会历史根源同样是多方面的，不同立场的人们可以从不同方面对之作出分析。对于如下两方面的情况，谁都应当加以关注。

第一，无论从哪方面说，19世纪中期欧洲各国的社会历史状况已发生重要变化。经济危机的出现、社会和阶级关系的重组、思想文化上的堕落，都是谁也无法否认的事实。这些都极大地动摇了人们对资本主义的理性社会的信念，打破了他们对理性万能的幻想。人们也必然要重新审视作为这种信念和幻想的基础的理性主义哲学。由于近代西方哲学广义地说都属于理性主义的范畴，人们对理性主义哲学的怀疑就不只涉及某一思潮或哲学家，而必然涉及以二元分立和理性独断为特征的整个哲学思维方式。这种对理性普遍失去信念的社会背景必然导致理性主义哲学的危机。

第二，19世纪中期欧洲思想领域内最重要的事件是马克思主义哲学的产生。尽管人们对它的态度大相径庭，但都无法否定它在西方哲学史上引起的历史性变更。它与包括近代哲学在内的全部西方古典哲学有根本区别，它的出现是对全部近代西方哲学的一种范式变换，宣告了后者的终结，意味着西方哲学必然要改变发展方向。人们可以不赞成马克思主义哲学，但难以再坚持以往的哲学思维方式，必须按照变化了的历史条件创造和提出新的哲学思维方式。尽管19世纪中期以后欧洲各国出现的各种哲学流派与马克思主义哲学往往处于对立地位，但它们在理论模式上大都与近代哲学有着根本性的区别。

总之，无论从思想文化（包括作为文化形态之一的哲学本身）或社会历史条件说，西方哲学发展到19世纪中期已到了一个转折关头。以二元分立和理性独断为特征的近代哲学思维方式被取代，或者说被超越已是不可避免的了。

5. 现代西方哲学的形成

近代西方哲学思维方式走向终结为一种新的哲学思维方式，即现代西方哲学的形成开辟了道路。不过近代哲学的终结和现代哲学的形成并不意味着后者对前者的简单否定，而毋宁说是后者对前者的一种批判和超越，其中包含着对前者的某些因素的继承。因此它也不是一种立即完成的突发式的断裂，而是一个相当长的由此及彼的转型过程。在这个转型期中存在种种不同的哲学，它们往往具有不彻底、新旧混杂、折中等特点。这使人们对之可以作出各种不同解释，而且在一定意义上都可能是持之有故、言之成理的。人们之所以对近现代哲学的转型在性质、作用甚至发生的时间上有不同看法，与此密切相关。

19 世纪中期（可往前推到 19 世纪 30 年代黑格尔逝世或更早一些）前后一段相当长的时期内，西方哲学经历了一段可谓冷落、凋零，甚至动摇和混乱的岁月。这一段时期正是现代西方哲学开始形成的时期。

在率先实现了资本主义政治和经济革命的英国，对传统哲学思维方式的批判实际上可以上推到休谟，因为他的怀疑论在一定意义上就是对传统哲学思维方式的怀疑。在休谟以后的英国哲学中，尽管没有很快产生具有新的哲学思维方式特征的哲学派别，但在 18 世纪末和 19 世纪上半期这段时期内，当以黑格尔为最大代表的理性派思辨形而上学在德国空前得势时，在英国却没有再出现过有重大影响的传统模式的哲学。这意味着英国哲学的发展向新的模式的转化已在酝酿之中。

在这一时期的法国哲学中，过去盛极一时的作为理性主义典范的启蒙思想家和唯物主义者的哲学越来越受到怀疑，以致被抛弃，在公众中流行的往往是各种形态的折中主义甚至唯灵论。这些哲学本身并未摆脱旧的形而上学，但它们的出现毕竟暴露了后者的堕落和陷入危机。这种状况在一定程度上预示着哲学变更的年代快要来临。

在德国，早在 18 世纪下半期，康德的批判哲学已在很大程度上意识到近代理性主义和思辨形而上学的哲学思维方式的缺陷，他的"哥白尼倒转"在一定意义上就企图为哲学的发展另辟蹊径。但是他本人并未能摆脱旧的哲学思维方式，以致以黑格尔为最大代表的以后的德国古典哲学家由他出发合乎逻辑地建立了集理性派形而上学大成的哲学体系。然而，随着黑格尔的逝世（1831）和黑格尔学派的解体，哲学中的理性主义和思辨形而上学传统也很快受到怀疑和否定。德国所谓有教养的阶层之对哲学失去兴趣而热衷于牟取实际利益也正是这种怀疑和否定倾向的体现。

总之，这一时期欧洲各国哲学领域明显地处于萧条、冷落和凋零状态。但是，这种状态似乎并不能笼统地说就是西方哲学的没落，更不意味着哲学的绝对荒芜，而是转型期往往难以避免的暂时的沉寂。因为新的哲学思维方式无论是就其提出和被人接受来说，都需要有人们一段时间的反思和比较。在这段旧的哲学思维方式已失去影响力、新的哲学思维方式尚未成熟的时期内，人们对哲学显得冷落或提出一些奇谈怪论，都是很正常的现象。

对研究这一时期西方哲学的变迁来说，最重要的是要看到：就在这段冷落、动摇和混乱的时期内，甚至更早一些时候，已有一些哲学家在酝酿新的哲学思维方式了。

尚在 19 世纪上半期，当以黑格尔为代表的理性主义在欧洲大陆还占统治地位时，就有一些哲学家（以德国哲学家叔本华和丹麦哲学家克尔恺郭尔最为突出）向传统的理性主义公开提出挑战。他们大都接受并发挥了康德关于实践理性高于理论理性以及限制理论理性为道德自由留下地盘的思想，主张哲学应当超越理性派形而上学的独断倾向、突破以二元分立为出发点的认识论界限，而转向人的本真的存在，由此重新认识宇宙人生的意义。他们认为以往哲学（无论是经验派或理性派）从主客（思有、灵肉等）二元分立出发所进行的研究只能及于现象界，而不能达到人和世界的真正存在；为了揭示后者，必须超出二元分立的界限，转向对人及事物本身的研究，而这需要越出理性（感觉经验和理性思维）的界限，转向非理性的直觉。他们要求超越理性派思想家对普遍的人性，即人类共同本性以及普遍的自由、平等、博爱的颂扬，主张转向强调个人的独特个性、生命、本能。这也就是要求冲破以往哲学家用普遍的、绝对的理性概念（不管是哲学的、神学的还是科学的）编织的束缚人的独特的生存和个性的罗网，恢复和维护人的本真的存在，发现和发挥人的内在的生命力和创造性。他们的这些思想为后来的许多西方哲学家所继承和发展，形成为现代西方哲学中一种重要思潮，即所谓"人本主义"或者说"非理性主义"思潮。

另有一些哲学家（特别是英法实证主义者）则着重批判传统形而上学的思辨性，强调哲学应以实证自然科学为基础，应成为自然科学的方法论和认识论。他们由此既反对以黑格尔为代表的理性派思辨唯心主义，也反对 17 至 18 世纪那种企图给出关于整个世界图景的唯物主义，认为它们都把哲学变成了脱离人的现实生活和经验的形而上学，而后者束缚和限制了科学的发展。但他们由此否定哲学对事物的本质和客观规律的探究，否定哲学作为世界观的意义，认为哲学应以描述经验事实为范围、以取得实际效用为目标。他们大体上继承了以休谟派经验主义的传统，但不满意休谟的怀疑论，更不满意旧的经验论由于缺乏实证自然科学根据而带有的思辨性。他们要求建立一种排除思辨形而上学、追求实证（经验）知识的可靠性和确切性的哲学，由此开创了现代西方哲学中的"科学主义"思潮。

总之，尽管 19 世纪上半期，特别是 40 年代以前，欧洲哲学领域的状况相当混乱，已经受到强烈冲击的以理性独断和主客心物二分为特征的近代哲学（包括德国古典哲学）在某些情况下仍占主导地位（特别是德国尚如此）。上面所说的两股哲学思潮（它们往往相互交织）尚未引起西方舆论界的充分注意，未成为具有强大影响的哲学学派，但它们的出现却已无可逆转地预示着西方哲学的重大转向的来临。

19 世纪 40 年代以后，欧洲各国的社会历史条件、科学和认识发展的状况以及思想文化的各个领域的状况都发生了重大变化。这些变化各以其特有的方式对那里的哲学发展状况产生了深刻影响，而这些影响都在不同程度上导致对近代西方哲学的进一步否定，这意味着以黑格尔为代表的理性主义哲学传统进一步受到批判，而上述两种思潮倒是越来越得势，以至于形成为一百多年来在西方世界影响最大的思潮。这期间，在西方产生了数不胜数的哲学流派，其中也有不少流派在理论上仍较多地保留着传统形而上学甚至思辨唯心主义特征，它们与一些古典实在主义和唯心主义哲学或宗教哲学流派关系密切，往往是由后者脱胎而出的。在一定意义上未尝不可把它们当做上述两种思潮以外的第三种思潮，即形而上学和宗教哲学思潮。但即使这些流派也仍与传统哲学有着重要区别，倒反而在不同程度上与上述两种思潮有较密切联系，甚至也可以列入后者之中。因此我们仍然可以说，19 世纪中期上述两种哲学思潮的正式形成，标志着西方哲学发展到了一个与近代哲学有重大差别的新阶段，一百多年来西方哲学的发展大致上都可归属于这个阶段。

6. 现代西方哲学的"超越"

从追问关于世界的本质和本原、建立关于整个世界的图景的哲学体系的传统哲学思维方式的观点看，从把心物主客二元分立绝对化，并把由此产生的唯物唯心等的对立绝对化的立场看，上述两种哲学思潮的出现和流行，很难说是哲学发展上的进步。因为它们不仅批判和要求超越近代唯物主义哲学，而且也否定了近代唯物主义赖以存在的基础，也就是在反对二元论的口实下要求根本取消作为划分唯物唯心标准意义下的主客、心物等关系问题。从唯心主义是一种认为世界的本质和本原是精神、物质是由精神派生的学说看，绝大部分西方哲学家也都反对唯心主义。但如果把从作为主体的人出发来看待世界并认为人所面对的现实世界为人本身所建立和规定（人化）的学说当做唯心主义，那这两种思潮大体上都可归属于唯心主义。不少西方哲学家也正是在这种意义上称自己的哲学为唯心主义。因此在评价现代西方哲学时，如果把是否可归属于近代意义下的唯物主义作为是非的根本标准，那对其评价只能是否定的。与此相关，如果谁试图在现代西方哲学中寻找近代意义下的唯物主义因素，并把是否具有这种因素当做评价它们的根本尺度，那必然会脱离现代西方哲学发展的实际趋势，把它们自己认为应当否定的东西当做肯定的东西。

是否应当因现代西方哲学否定了近代唯物主义而笼统地对之加以否定呢？这实际上涉及应当坚持还是超越近代哲学思维方式的问题。如果坚持，那必然否定。即使人们有对现代西方哲学作实事求是、具体分析的愿望，只要他们仍然坚持近代哲学思维方式，他们就会因为现代西方哲学企图超越后者而对之否定。如果人们能顺应时代的发展而愿意超越近代哲学思维方式，他们就会从西方现代哲学中发现与这种超越有关的积极因素。

从19世纪中期西方哲学的发展出现方向性转型以来已有一百多年，在这漫长的岁月中又经历了多种多样的变迁，大小的思潮和流派此起彼伏，使人目不暇接。它们的理论特征彼此相异，各种思潮和流派内部多不统一。就对它们的具体的思想评价说，往往是真理与谬误并存，进步与倒退交织，革命与反动共在。抱着完全相反的立场和观点的人都不难从其中找到自己所需的例证。但是，如果将整个西方现代哲学的理论走向与近代哲学作比较，我们还是可以发觉它们至少在如下几个重要方面在不同程度上超越了后者。

　　第一，大部分现代西方哲学流派放弃了建立无所不包的哲学体系以及把哲学当做科学和一切知识的基础，即置于它们之上而成为"科学的科学"的企图。这大大地限制了传统哲学的范围和职能，甚至是对后者的一种消解，但却是哲学发展中的一种重要进步。随着各种特殊科学的形成和发展，现代自然科学越来越具有独立存在的意义，不需要建立在某种绝对的哲学原则的基础上，更不需要哲学来代行其职能。它们为了自身的进一步发展，必须突破原有的知识体系，更不能继续被当做哲学的分支。在现代西方哲学家中的确存在由此走向极端，以致主张根本取消哲学等片面性倾向；但大多数人认为科学也并不能完全取代哲学，哲学仍然具有存在的意义。他们只是要求重新思考哲学和科学及其他一切知识的关系，重新思考哲学的本性和功能，哲学只应去做它自己该做的事情，后者究竟是什么，哲学家中很难有普遍同意和完全确定的回答。现代西方哲学家提出了各种各样的说法，例如作为生活和行为方法或科学的方法论，作为对意义的澄明和解释，对世界和人本身的超越及人的理想和终极关怀的探究，作为超形而上学的人文研究的文化学或"后哲学文化"，作为对智慧的训练，等等。尽管这些说法也都存在片面性，但毕竟在不同程度上对现代条件下哲学的新的意义和功能作出了新的、有价值的探索。这是对作为体系哲学的思辨形而上学，特别是其本体论的超越。

　　第二，现代西方哲学家大都企图排除作为近代认识论基础的二元分立倾向。这并不是简单地否定主客、心物、思有之间的差别和联系，而往往只是要求将它们看做是一个不可分割的、统一的过程。其中起主导作用的是作为主体的人的创造性活动。康德的"哥白尼变更"在一定程度上超越了主客二分以及与之相关的经验论和唯理论等的对立，他关于实践理性高于理论理性以及道德自由的理论也超越了以自然科学方法论为核心的认识论哲学方式的界限。然而他又在现象和自在之物之间、理论理性和实践理性之间划了一道鸿沟，从而没有真正克服二元论倾向。不少现代西方哲学家企图进一步强调主体的能动作用来克服康德的不彻底性，企图把仍处于分裂状态的理论理性世界和实践理性世界归属于统一的现实生活世界，后者正是人的创造性活动所发现或界定的世界。他们在这样做时同样往往走向另一个极端。这特别表现在他们撇开（尽管并不都是简单否定）人的创造性活动的客观基础，从而具有相对主义、主观唯心主义甚至唯意志主义倾向。但是其锋芒毕竟主要是针对与二元分立相关的机械论、独断论和怀疑论，是对这些倾向的某种程度的否定。有的人还以人的生活和实践来解释人的创造性活动，提出不应以主客二分，而应以人（而且是与他人共在的人）的实践作为哲学的出发点，正是实践使主客分离的世界转向了二者统一的现实生活世界。这在一定程度上意味着他们通过迂回曲折的道路、以某种片面甚至歪曲的形式走向了与马克思的实践观相似的思想。这是对二元分立哲学模式的超越。

第三，许多现代西方哲学家（特别是所谓"人本主义"思潮的哲学家）对近代哲学中所表现出的理性万能和理性独断倾向进行了公开挑战。他们要求超越理性的界限、转向非理性世界，并对人的非理性的精神活动（其中包括但不限于人的情感意志活动）进行了多层次和多方面（包括它们的性质和作用）的研究，试图揭示与人的精神活动直接相关的研究（社会历史与心理等学科）和自然研究之间的区别，制定与自然科学方法论不同的精神科学方法论。这些研究有时也有走向另一个极端的倾向，例如有贬低甚至否定理性的作用，夸大情感意志等非理性的心理活动的作用，从而在不同程度上走向唯意志主义和反理性主义。但他们对非理性活动的揭示和研究毕竟扩大和加深了人们对人的精神活动的认识，而那些未经理性改装和凝固化（其中可能包含着各种扭曲）的本真的精神活动是通向人的现实生活世界和达到对人的更全面和完整的理解的重要门户，是对人的理性活动的一种重要补充，对它们的研究具有极为重要的意义。这是对传统理性主义的超越。

第四，西方近代哲学以倡导人文精神开始，然而思辨形而上学和二元论思维方式使哲学家们把人的存在抽象化了：要么把人看成与其对象相分离的纯主体，要么将其对象化而失去作为主体的意义，而这都掩盖了人的现实存在和人的本真性。现代西方哲学家（特别是"人本主义"思潮的哲学家）在从哲学上重新研究人时大都一方面反对把人对象化，要求恢复人的本真的存在，重新认识人的存在及其活动的价值和意义。他们强调要把人看成完整的人，看成目的而不是手段；认为人不是哲学体系中的某个环节或组成部分，而是整个哲学的核心，任何哲学问题都是因人的存在及其活动而获得意义。传统哲学的失误归根结底是由于它们实质上"遗忘"了人；而哲学的重建归根结底是向人的回归。另一方面，他们中一些人又反对把人当做纯粹主体，即孤立的、原子式的自我存在，而认为应当看成与其对象不可分割地联系在一起的存在，或者说一定境遇中的存在。对人作为主体的肯定意味着同时对自我、他人和环境（客体）的肯定。他们要求以交互主体取代个体主体，以主体间性（主体交互性）取代主体性，以主客的相互作用（生活、实践、过程）代替主客互为独立的实体。这种理论虽然同样有片面性，但毕竟是在提倡一种新的人文精神，至少对西方社会中人的异化现象及把人的存在抽象化的传统人道主义的种种弊端作了有较大深度的揭露和批判。这是对近代哲学关于人和人道主义理论的超越。

西方现代哲学对近代哲学的上述超越不只是个别哲学流派和哲学家的个别理论观点的改变，而且是西方哲学发展中一种具有相当普遍意义的理论思维方式的转型，即有关哲学研究的对象、方法和目的等方面的基本观念的重大变更。许多现代西方哲学家都在用一种不同于近代哲学的思维方式来重建哲学，企图以此摆脱近代哲学的困境，为哲学的进一步发展开辟新的道路。总的说来，他们的哲学的确也更能体现这一时期西方社会的政治、经济和文化发展的状况，特别是科学技术的飞速发展所导致的各种问题，因而具有重大的进步意义。与近代哲学相比，现代哲学的出现标志着西方哲学发展到了一个新的、更高的阶段。

超越近代哲学的视野

　　为了正确看待马克思主义哲学与现代西方哲学的关系，从而更为全面和准确地认识马克思主义哲学的本来意义，必须具体探讨并正确解决超越近代哲学的视野等问题。这种超越涉及许多问题，例如，西方近代哲学为什么要被超越？西方哲学家和马克思主义者怎样各以其独特方式超越？这两种超越的关系怎样？怎样从这两种超越的关联中来看待现当代哲学的走向？等等。近几年我在几篇文章①中对这些问题提出过一些看法，得到了哲学界不少人士的赞同，但也有人表示怀疑，个别学者担心像我这样谈论超越可能导致背离唯物主义等马克思主义哲学的基本原则。看来大家在这方面还有较多分歧，我个人对这方面的问题的研究更有待深入，对一些没有说清楚的看

---

　　①　其中主要的有：《西方哲学的近现代转型与马克思主义哲学和当代中国哲学的发展道路（论纲）》（《天津社会科学》1996 年第 3 期、《新华文摘》1996 年第 8 期转载）；《后现代主义与西方哲学的现当代走向》（《国外社会科学》1996 年第 3～4 期）；《当代哲学走向——马克思主义与现代西方哲学比较研究》（《天津社会科学》1999 年第 6 期、《新华文摘》2000 年第 3 期转载）。

法需要进一步研究分别作出补充说明。本文试图通过分析西方近代哲学的局限性和矛盾来说明为什么要超越这种哲学的视野。

1. 超越西方近代哲学视野的含义

"超越"（英德语动词分别为 transcend，transzendieren；名词分别为 transcendence，transzendenz）是西方哲学论著中常用的概念之一，它在不同语境下，在不同哲学家那里含义往往有所不同。超越当然包含着对被超越的东西的某种否定，但只有个别极端的虚无主义者（例如极端的当代后现代主义者）把这种否定绝对化。在大多数西方哲学家那里，超越只意味着超出某种界限，并无全盘否定之意。有的哲学家甚至还通过超越或类似的概念来肯定在有本质区别的新旧事物之间存在着连续和发展。例如在柏格森哲学中，超越就是指时间的绵延，而绵延意味着质的变更。在杜威哲学中，超越性意味着连续性、贯通性。海德格尔往往把超越性看做是时间性，他强调的也是变化发展。雅斯贝尔斯赋予超越以多重含义，既包括超出对象世界界限而趋向人的生存，即人的真正的存在，也包括超出人的存在的界限而趋向人所面对的外部世界。他有时把超越存在比作上帝，但他所关注的并不是像一些人指责的那样鼓吹朝向彼岸世界，而是倡导一种面向未来和理想的观念。这些哲学家对西方近代哲学都采取了批判态度，都是对西方近代哲学的超越。

近些年来，当代西方思想家对现代性的批判或反思以及所谓后现代主义思潮常被我国学界的一些人士当做 60 年代以来的最新思潮。误会之处颇多。它们其实并非最新思潮，而是存在了一百多年的对近代哲学视野的批判思潮的发展。部分原因也许出于词义，特别是译名上的含混。现代性和后现代主义的对应英文词分别为 modernity 和 postmodernism，词根均为 modern，指的是随着西方资本主义市场经济体制的形成和自由主义等政治思潮的兴起以来迄今的整个时代，是相对于 ancient（古代）和 medieval（中世纪）而言的。modern philosophy 指的是中世纪以后的哲学，特指人类理性或者说反省精神开始被倡导以来的哲学，一般以笛卡儿哲学为上限，下限可伸延到现当代。他们对现代性（modernity）的批判或反思指的是对西方资本主义形成以来的整个时代的批判和反思；而后现代主义（postmodern）哲学则是指对笛卡儿以来哲学思维方式采取批判态度的哲学。这与我们上面讲到的几位著名现代西方哲学家的态度大体上是一致的。

然而 modern 在汉语中有时译为现代，有时译为近代。例如 modernization 通译为现代化，没有人称它为近代化；而 modern philosophy 却大都称为近代哲学，而且特指从笛卡儿（也可上推到文艺复兴）到黑格尔时代的哲学。至于现代哲学（contemporary philosophy）则大都是指黑格尔以后的哲学。这种区分本身有其合理性，但如果不注意具体语境而将其简单化，就容易产生语义上的含混。一些中国学者把西方学者对现代性（modernity）的批判理解为只是对当代西方资本主义的批判，把后现代主义（postmodernism）哲学理解为最近一百多年来的现代哲学之后的哲学，这就存在着语义上的含混。如果我们能排除这些误会，就会发现，对近代哲学视野的批判和超越是黑格尔以后整个哲学发展的普遍潮流，包括马克思主义者和非马克思主义者在内的现代哲学家都在从事这项事业。因此重要的问题不在确认是否有这样的超越，而在如何认识为什么要有以及怎样进行这样的超越。

当我们提出讨论超越近代哲学视野的问题时，主旨在探讨如何重新认识和正确对待这种超越。连利奥塔这样的后现代主义者也一再明确表示他并不笼统否定"现代性"（modernity，也就是近代性），不赞成在现代与后现代之间制造一种断裂，而是主张"重写"（rewrite）现代性，也就是将现代性建立在更为合理的基础上。① 我们更没有理由在超越的名义下来简单否定西方近代哲学。我们在强调超越时，只是主张超出近代哲学思维方式的界限，克服它所存在的局限性。我在以肯定态度谈到西方现代哲学对近代哲学的超越（如对主客心物二元论及与之相关的对唯物主义和唯心主义绝对对立的超越，对用理性构建一切的理性形而上学的超越）时，所指的也只是超出近代哲学关于这些问题的理论的界限，特别是反对将这些理论绝对化，并非否定所论及的问题本身。例如丝毫也不否定近代哲学中唯物唯心对立的客观事实以及研究这种对立的意义，只是不赞成把近代哲学的丰富内容简单归结为这种对立；也丝毫不否定崇尚理性，而只是认为不能把理性片面化和绝对化。如果有人担

---

① 参见《后现代与公众游戏——利奥塔访谈录》，153~166 页，上海，上海人民出版社，1997。

心肯定对近代哲学思维方式的超越会导致背离唯物主义,那也许可能是误解了我们使用"超越"一词的含义。

只要明确限定超越并非简单否定,一般地谈论超越西方近代哲学估计难有更多非议的理由。既然大家都肯定马克思关于"任何真正的哲学都是自己时代精神的精华"① 的著名论断,又肯定西方近代资本主义社会早已失去了其历史必然性,就怎能说建立在这种社会基础上的哲学不应当被超越呢!为了使哲学研究富有生命力,自然应当紧跟时代的脉搏前进,超越西方近代哲学的界限。人们都肯定马克思主义的产生实现了哲学史上最伟大的革命变更,而这种变更就包含了对西方近代哲学的超越。因此这方面需要进一步讨论的也许不是西方近代哲学是否应当被超越,而是具体分析它们要被超越的原因,特别是它们的主要局限性所在。

2. 西方近代哲学发展的局限性及唯物唯心对立的意义

对于西方近代哲学在理论上的局限性,最流行的说法是:其唯物主义是机械的、形而上学的,存在着很大的不彻底性;其辩证法往往与唯物主义相分离而为唯心主义哲学家所发挥;在社会历史领域内始终被唯心主义所支配。这些局限性无疑是西方近代哲学发展中实际存在的,马克思和恩格斯对此有过不少论述,而这些论述是所有愿意用马克思主义观点研究西方哲学的人所必须认真学习并用以作为指导的。

这方面的主要问题是:人们往往停留于对近代唯物主义和辩证法的这些缺陷本身的肯定和描述。对于这些缺陷的本来意义和它们之间的联系、对于造成这些缺陷的更深层次的原因往往未作具体探索。不错,翻开有关这方面的论著和教科书,大都可以找到有关这些局限性的阶级根源和认识论根源的论述。然而这些论述大都较为抽象和简单化,往往未能摆脱近代哲学思维方式的基本理论框架。例如把唯物唯心、辩证法形而上学的对立(所谓"两个对子")绝对化,未能具体分析西方近代哲学的进步性和局限性等多方面的原因。其实,导致近代哲学必然要被超

---

① 《马克思恩格斯全集》,中文 1 版,第 1 卷,121 页,北京,人民出版社,1956。

越，或者说被取代的直接原因（这也是 19 世纪中期马克思主义实现哲学上的革命变更、西方各派哲学掀起批判近代哲学的浪潮的直接原因）不能笼统地由当时哲学发展中唯物主义和辩证法发展不够完善来解释。因为刚刚逝世的黑格尔的辩证法被公认为是近代辩证法发展的最高成就，健在的费尔巴哈不仅恢复了唯物主义的权威，而且其唯物主义较 17～18 世纪英法唯物主义还有所进步。为什么西方近代哲学正好在这时出现了空前的危机，以致要被超越和取代呢？要作出正确回答，需要进一步将当时唯物主义和辩证法的发展状况与近代哲学的基本倾向、所存在的矛盾及其发展的结局等多方面的因素结合起来加以考察。

与古代和中世纪哲学相比，唯物唯心的对立在近代哲学中显得更为突出。因为人与世界的关系这个哲学根本问题在古代还只能以感性直观和猜测的形态表现出来，在中世纪被归结为人与上帝的关系。只有到了近代，随着先进的思想家们以人本身所固有的自觉理性取代素朴的感性直观和盲目的信仰作为他们的研究的出发点，他们才得以把作为认识主体的人与作为其对象（客体）的世界区分开来，即把心灵和肉体、精神和物质、思维和存在区分开来，并由此来探讨主体如何认识和作用于客体、客体如何作用和呈现于主体。哲学基本问题才非常明确地表现为主客、灵肉、心物、思有的关系问题。正像恩格斯指出的那样，思维对存在、精神对自然界的关系这个全部哲学的最高问题虽然早已存在，"但是，这个问题，只是在欧洲人从基督教中世纪的长期冬眠中觉醒以后，才被十分清楚地提了出来。才获得了它的完全的意义"①。这标志着西方哲学进到了一个新的、更高的阶段，唯物唯心对立在哲学中的突出地位即由此而来。

然而正如恩格斯所指出的，唯物主义和唯心主义这两个用语只是表明二者对上述问题作了相反的回答。除此之外，"这两个用语本来没有任何别的意思，它们在这里也不是在别的意义上使用的"②。恩格斯严厉地驳斥了一些资产阶级庸人把唯心主义说成是崇尚道德理想，把唯物主义说成是追求享乐、吝啬、虚荣，他认为对二者不应作出某种价值判断。不能认为唯心主义进步、唯物主义落后，反之亦然。"关于人类

---

① 《马克思恩格斯选集》，2 版，第 4 卷，224 页。
② 同上书，224～225 页。

（至少在现时）总的说来是沿着进步方向运动的这种信念，是同唯物主义和唯心主义的对立绝对不相干的。"① 恩格斯接着谈到思维和存在的关系问题的另一个方面，即人的思维能否认识现实世界的问题，他认为包括唯心主义者黑格尔在内的绝大部分哲学家都对之作了肯定回答。这意味着对这方面问题的回答与唯物唯心的划分也无直接联系。

总之，我们不能简单用唯物唯心的对立来概括全部哲学发展的丰富内容，也不能简单用这种对立来概括某一历史时代的哲学的基本倾向，即使在这种对立特别突出的近代哲学中也是如此。对于近代西方哲学必然要被超越和取代的原因，不能笼统地用唯物唯心对立以及唯物主义不彻底等来解释，还需要更为全面地认识当时哲学发展的基本倾向及其矛盾。

3. 西方近代哲学的理性主义倾向及其矛盾

西方近代哲学的基本倾向是什么呢？从不同视角出发有不同回答，但在不同意义上肯定理性的权威可以说是当时所有先进思想家（包括不少唯心主义者）的共同倾向。他们以不同的方式超越信仰和启示的界限，把人作为主体本身具有的理性认知（包括感觉经验和反省思维）能力当做处理与其对象（包括物质和心灵世界）以至全部现实生活的出发点，把制定为此服务的认识论和方法论作为哲学的核心。通过对人所固有的理性的强调，他们使哲学出以神为中心转向以人为中心，由各种盲从和迷信转向对自然界的认识和改造。因而他们所倡导的这种理性主义精神既是一种强调人的价值和意义的人文精神，又是一种与近代自然科学的兴起相适应的科学精神。西方哲学史上的这一时代因此被公认为理性的时代。

由于对认识论问题的研究是这一时代哲学的主要内容，因而从中世纪信仰主义到近代理性主义的转向被称为认识论的转向。这一转向与西方各国由封建的自然经济制度转向资本主义的商品经济制度以及与之相应的政治和思想文化等各个方面的变化是一致的。它不仅对西方哲学本身的发展起了重要的作用，也是经济、政治、科学文化等近代西方社会

---

① 《马克思恩格斯选集》，2版，第4卷，232页。

各个方面发展的必要前提。没有这种转向，个人作为独立主体的地位就不能得到确认，以肯定这样的主体的地位为前提的市场经济体系就不可能充分发展起来，西方资本主义的自由民主等体制就无法建立；没有这种转向，就不可能有对自然界的深入具体的探索和近代实验自然科学的发展；没有这种转向，西方各国的现代化运动就不可能顺利实现。

西方哲学的这一转向中无疑包含了近代唯物主义反对中世纪神学唯心主义的斗争，但又不能归结为由唯心主义向唯物主义的转向，因为其间起过重大作用的哲学不仅有17世纪英国唯物主义、18世纪法国唯物主义、费尔巴哈唯物主义，也有从笛卡儿到黑格尔的唯心主义。笛卡儿被认为对近代哲学的正式形成起过关键作用，但这主要并不在他的具有唯物主义倾向的物理学，而是他从"我思"出发建立起来的理性主义的认识论和方法论体系，后者为近代主体性（理性）形而上学开辟了道路。至于黑格尔的唯心主义辩证法在西方哲学史上的作用，更是一再受到马克思主义创始人的高度肯定。总之，就在近代西方起过进步作用的哲学来说，唯物主义无疑是其主流，但简单地用唯物唯心来为一切是非对错划界、对唯物唯心作出本来并不（至少并不必然）隐含的价值判断，看来是不符合历史真实的。

以认识论的转向为突出表现的理性主义倾向既为西方近代哲学的形成和发展开辟了道路，而这种倾向又隐藏着严重的内在矛盾，后者与理性本身包含的矛盾密切相关。

理性（reason）一词在西方哲学中有着不同含义。广义的理性泛指人的自然本性或者说区别于动物的普遍的人性，包含了人的感觉、思维、情感、意志等多种形态的心理意识活动。狭义的理性仅指概念、判断和推理等思维活动，而把感觉、情感和意志等排除在外；但不少近代哲学家用理性来泛指包括感觉经验和理性思维在内的人的全部认识活动。例如在培根哲学中，"归纳、分析、比较、观察和实验是理性方法的主要条件"[①]。在这种情况下，理性往往被赋予"合理"、"现实"等积极意义。无论是广义或狭义，作为人的心理活动的理性都不是单一和静止的，而是形态多样又相互联结和渗透，且处于不断变化过程中的矛

---

① 《马克思恩格斯全集》，中文1版，第2卷，163页。

盾的统一体。为了对人的理性有深刻了解,既要分别研究这些不同活动形态的特殊性,又要看到它们之间的联系,把它们作为一个统一整体加以考察,否则必然会陷入各种片面性。近代西方哲学家在理论上存在种种矛盾的原因当然是多方面的,未能正确认识人类理性的多样性及它们之间的内在联系,而将其中某些方面孤立起来和绝对化,显然是重要原因之一。

近代哲学对理性的倡导是从其广义意义开始的。文艺复兴时代的先进思想家们大都致力于使人从神学禁欲主义的禁锢下解放出来,面向现实生活世界。他们所谓理性实际上指广义的人性,理性精神就是人文精神。当他们以这种精神来观察人和世界时,人和世界都显得丰富多彩。甚至在被马克思称为"近代英国唯物主义的鼻祖"培根那里,人和世界大体上仍是活生生的,"物质带着诗意的感性光辉对人的全身心发出微笑"①。不过,他们对理性的这种认识仍是笼统的,带有很大的素朴性。

在近代西方哲学往后的发展中,对人的心理意识活动的研究越来越深入具体。17~18世纪的哲学家分别对感觉经验和理性思维作了相当系统的研究,制定了对西方哲学的认识论转向起了重大作用的经验归纳法和理性演绎法。然而他们在取得这些重大成就的同时却往往忽视了各种认识活动之间的联系,更未能看到人的认识活动与人的情感意志等活动的联系,把本来相互渗透、不可分割的感觉经验和理性思维等分割开来,各执一端,由此走向了都有很大片面性的经验论或唯理论。人和世界也都被狭隘化了。人的理性往往成了与具有多方面价值和意义的人的现实存在相分离的思辨理性(在唯理论者和思辨哲学家那里)或工具理性(在经验论者和实验自然科学家那里)。后二者表现形式虽不同,在与人的活生生的现实存在,特别是丰富多彩的内心世界相分离上则一致。人被抽象化成了狭隘的理性的化身,世界也成了由这样的理性所构建的世界。马克思就培根以后近代唯物主义的这种片面化倾向说:"霍布斯把培根的唯物主义系统化了。感性失去了它的鲜明的色彩而变成了几何学家的抽象的感性。物理运动成为机械运动或数学运动的牺牲品;几何学被宣布为主要科学。唯物主义变得敌视人了。为了在自己的领域

① 《马克思恩格斯全集》,中文1版,第2卷,163页。

内克服敌视人的、毫无血肉的精神，唯物主义只好抑制自己的情欲，当一个禁欲主义者。它变成理智的东西，同时以无情的彻底性来发挥理智的一切结论。"① 马克思的这段话深刻而生动地揭示了本来在唯物主义上比培根更为彻底和系统的霍布斯怎样由于把理智片面化和绝对化而使唯物主义变得"敌视人"、"毫无血肉"。霍布斯如此，其他近代哲学家（无论是唯物主义者还是唯心主义者）在不同程度上也大都如此。

4. 西方近代哲学的理性主义的矛盾的结局

近代哲学之"以无情的彻底性来发挥理智的一切结论"，必然导致一系列极端化的结局。这首先表现在把自然、社会和精神世界的一切都纳入理性框架，把哲学变成一种无所不包而带有浓厚思辨性的理性形而上学。

这种状况的出现与 17 世纪以来理性精神在各个领域的胜利直接相关。以理性为基础的数学和实验自然科学的光辉成就，使许多西方思想家相信理性具有无上权威，可以作为普遍有效的尺度和万能的工具。对理性的倡导由此走向极端而变成了对理性的迷信，理性万能取代了上帝万能。似乎一切都可以而且应当由理性来建立和判决，任何科学都由理性概念构成，都以是否符合理性的要求为真伪标准；任何社会现象和社会问题也都应由理性来认识和解决；社会秩序应当是理性秩序；理想的社会只能是理性社会；而一切思想和文化体系也同样应当是理性体系。哲学家的任务是去发现那些最普遍的、绝对可靠的、自明的理性概念和原则。只要在这方面取得了成功，就可以用以构造出关于整个世界的图景，推演出全部知识甚至存在的体系。这意味着哲学应当成为一切科学和知识的基础，成为凌驾于一切科学之上的"科学的科学"。这一时期西方思想家的哲学观点和立场各不相同，他们所构建出的具体的哲学和知识体系也往往有重大区别，例如法国唯物主义者狄德罗，特别是霍尔巴赫的"自然体系"与从莱布尼茨到黑格尔的德国唯心主义体系就大不相同。但在要求按照普遍和自明的理性原则来构建无所不包的哲学和知识体系这点上，他们之间却又存在着很大的共同之处。事实上近代西方

---

① 《马克思恩格斯全集》，中文 1 版，第 2 卷，163～164 页。

哲学家中大部分人都企图建构这样的体系，我们在一定意义上甚至可以说，西方哲学史上的这个理性时代同时又是建构体系哲学的时代。

从理性具有合理、现实等意义来说，近代哲学的理性形而上学体系中无疑包含了积极内容。18 世纪法国启蒙思想家和唯物主义者尽管也在建构体系，但他们对 17 世纪的思辨形而上学采取了坚定的批判态度。费尔巴哈更是企图"以清醒的哲学来对抗醉熏熏的思辨"。19 世纪德国思辨哲学虽然是 17 世纪形而上学的复辟，但这毕竟是"胜利的和富有内容的复辟"①，后者实际上就是与思辨哲学本身相矛盾的辩证法。总之，在近代理性形而上学体系中，有时可能包含着符合唯物主义或辩证法精神，从而也符合现实生活精神的内容，对之不能全盘否定。但是，企图建构无所不包的世界体系的理性形而上学最终必然走向理性的独断，必然脱离现实的人及其世界，从而背离其"合理"与"现实"的意义。因此，当黑格尔建立了一个集以往形而上学大成的"形而上学的包罗万象的王国"之后，对思辨的形而上学和一切形而上学的进攻具有了根本性的进攻的意义，取而代之的不能是任何其他形式的形而上学，而只能是"和人道主义相吻合的唯物主义"，即与人及其现实生活实践统一的新的唯物主义。②

其次，西方近代哲学之"以无情的彻底性来发挥理智的一切结论"，必然导致把作为认识论的转向的前提的主客心物等的分离绝对化，从而在不同程度上走向了二元论，并由二元论而进一步陷入怀疑论和独断论。

近代哲学所倡导的理性主义精神以反省思维实现了西方哲学史上的认识论的转向，后者以将主客、心物等分离为前提。当近代西方哲学家运用理性去建立其认识论时，必然假定认识就是主体通过理性的不同形式（感知、直观、推理、反思等）去把握与其不同并处于其外的客体。尽管他们的哲学立场有唯心唯物等不同，对主客体的本性（例如物质性还是精神性）的看法往往有很大差异，但都必须在认识中把主体与客体（心与物）区别（分离）开来。当把人本身当做认识对象（客体）时，后者与人作为主体也是分离的。认识中主客体的这种分离是认识得以进

---

① 《马克思恩格斯全集》，中文 1 版，第 2 卷，159 页。
② 同上书，159～160 页。

行并取得进展的必要条件。从这种意义上说，这一时期的哲学家对主客体的明确划分应当看做是人类哲学思维和认识发展中的重要进步。他们的错误在于作出这种区分后却忽视了它们之间的相互依存和转化关系，往往把它们分裂和绝对对立起来。这就陷入了二元论。笛卡儿之把心物当做两个相互独立的实体是二元论的典型形式，当时绝大部分哲学家在不同程度上也具有这种倾向。尽管唯心主义者认为物质是精神的产物，而唯物主义者（特别是18世纪法国唯物主义者）则肯定精神是物质的属性，但他们都同样无法正确解释物质和精神、存在和思维的相互依存和转化的关系，从而最终仍在不同意义上陷入了二元论。

西方近代哲学的二元论倾向不仅表现在解决主客心物思有等关系的哲学基本问题上，也表现在解决感性和理性、理性和非理性、理论理性与实践理性等广义的人类理性的各种形态之间的关系上，并由此遇到了一系列无法克服的困难。例如，许多哲学家都企图制定严密完整的人类知识理论体系，其中包括经验（事实）知识和具有普遍性和必然性的理性知识。然而由于他们把这两种知识分割开来，看不到它们之间的相互依存和转化的联系，既无法理解经验知识中可能包含的具有普遍和必然意义的内容，也无法解释具有普遍性和必然性的理性知识的经验来源，以致往往虽从肯定人的认识能力开始，却以贬低甚至否定这种能力告终。例如，以休谟为代表的经验派哲学家正是由于只看到经验知识的特殊性和偶然性，无法进一步解释具有普遍性和必然性的知识，而走向了怀疑论。以笛卡儿为代表的理性派哲学家虽然强调具有普遍性和必然性的理性知识的意义，但同样不了解其经验起源，只好借神学的余荫，以人人具有天赋观念或天赋认识能力等独断来作答。这意味着他们以不同方式倒向了独断论；而一当这类独断观念被移去或被驳倒，同样会落入怀疑论。

西方近代哲学"以无情的彻底性来发挥理智的一切结论"还会导致把人的存在片面化，不再成为独立、完整和能动的人，而这意味着人的存在的异化和人文精神的失落。

近代西方哲学以提出人为哲学的中心而开始其发展历程，它反对绝对的传统和权威对个人发展的束缚，主张思想解放，倡导发挥人的个性和创造性，尊重人的自由和尊严。然而在它往后的发展中，哲学家们纷纷把人解释为由他们所构建的严密完整的自然或精神体系中的一个环节，主客、心物等的分裂进一步加剧了这种趋势。人要么沦落为一架没有灵魂的机器，要么成为失去血肉身躯的形而上学体系中的一个环节。如果说从笛卡儿关于动物是机器到拉美特利关于"人是机器"是当时机械唯物主义自然观的必然结论，那在以黑格尔为典型代表的思辨唯心主义哲学家的精神体系中，具体的人理所当然地被当做体系中作为"动物"中一个类的"人"概念的外部表现，这正像柏拉图理念论中人的理念是原型，而具体的人是摹本一样。于是，人的主体性和创造性，人的自由和人格的尊严都被消解于纯粹的自然或绝对的精神体系中了。人们在摆脱了神学和经院哲学的桎梏后，现在却又受到机械论和思辨形而上学体系的束缚。

思辨性的理性形而上学倾向、主客心物等分离的二元论及由之引出的独断论和怀疑论倾向以及人的异化和人文精神失落的倾向，从不同方面体现了西方哲学史上这个理性的时代由于将理性片面化和绝对化必然导致的结局。这种结局突出地表现了这一时期的哲学越来越脱离它最初曾经强调的现实的人及其现实的生活和实践。

5. 近代西方哲学的危机与超越近代哲学视野的必然趋势

不管怎样来表述近代西方哲学的局限性和矛盾以及所导致的结局，都可得出结论：从文艺复兴到 19 世纪上半期，西方哲学在经历了一系列变更（包括许多重大成就）以后，已脱离了向前迈进的时代精神的脉搏，失去了它曾经具有的唤起人的觉醒、维护人的自由与尊严、推动人的全面发展的朝气蓬勃的精神，由倡导健全的理性转向了与独断或盲从和迷信相连的异化了的理性。它在否定了自己的对方后，现在轮到自己该被否定了。这意味着西方哲学的发展现在必须实现新的转向。这一转向包括了近代哲学走向终结和现代哲学形成两个不可分割的方面。本文不拟对这两方面的问题展开分析，仅简单表示如下几点看法。

第一，西方近代哲学的终结不是某一或某些特殊派别或理论的终结，而是运用理性来构建关于自然、社会和人本身的无所不包的理论体系这种形而上学思维方式的终结。从笛卡儿到黑格尔的近代西方哲学尽管存在着唯物主义和唯心主义、经验论和唯理论等的对立，但它们从整体上说都是以这种思维方式为特征，其基本理论预设和框架大体类似。它们既具有共同的成就，也存在共同的问题。上面提到的近代西方哲学的缺陷和矛盾不只是属于某些哲学家或哲学派别的，而且是属于这个时代的。在评价这一时代的哲学时，应当把具体的派别和理论放到整个时代的哲学思维方式的背景下来分析。

第二，西方近代哲学的终结和现代哲学的形成既是一种具有根本性意义的思维方式的转换，又是一个具有连续性的相当长期的发展过程。尽管对现代哲学和近代哲学之间的区别至今仍众说纷纭，但至少可以肯定：现代哲学所最关注的是处于不断变化发展中的人的现实生活和实践，而不是构建表面上严密完整、实际上停滞封闭的无所不包的体系；它们企图重新把人当做哲学的出发点和和归宿，促进人的全面发展，而不是把人仅仅当做工具或体系中的一个环节。就哲学思维方式来说，现代哲学与近代哲学必然存在根本性的区别。但是，从近代哲学到现代哲学不是一种突发性的断裂，而是一个由此及彼的过程。现代哲学不是对近代哲学的简单否定，而是对它的批判继承。超越近代哲学视野并非要放弃近代哲学中的唯物主义和辩证法等合理的理论，而只是克服近代哲学的种种局限性，使唯物主义和辩证法能更好地结合现实生活和实践而得到更大的发展。

第三，西方近代哲学之陷入困境和危机，它之必然要被现代哲学超越，既有我们上面提到的理论根源，又有19世纪中期以来西方资本主义社会发生了深刻变化这个社会根源。如何重新认识西方哲学在近现代之间的变化，超越近代哲学视野，与如何重新认识西方资本主义的变化是密切相关的。对于现代企业管理制度等现代西方资本主义市场经济体制存在积极的、值得借鉴的因素，现在很少有人否定，对于与之相关的哲学等当代西方社会的其他方面，也应当抱着求实的态度重新作出具体研究。否则难于做到超越近代哲学视野，从而也难于克服在我国普遍存在的将现代社会的事务置于近代哲学视野之下这种反常现象。

第四，在批判和超越西方近代哲学视野上，马克思主义哲学与西方现代哲学既有原则区别，又有重要的共同之处。我们当然应当坚定对马克思主义哲学的信念，注意划清其与西方现代哲学的界限。但不能因此简单否定西方现代哲学对近代哲学的批判和超越（特别是对构建严密完整的体系的近代哲学的理性形而上学倾向的批判和超越）所可能具有的重要进步意义以及马克思主义哲学作为现代哲学在这方面与它们的共性，更不宜在维护唯物主义的旗号下反其道而行之，试图去构建这样的体系，否则就有可能把最为强调现实生活和实践、最能体现当代时代精神的马克思主义哲学倒退到近代理性形而上学的水平。

对哲学上的革命变更和现代转型的认识

1. 西方哲学由近代到现代的过渡时期

19 世纪中期至 20 世纪初期是西方哲学的发展由近代转向现代的过渡时期，这是西方哲学史上一个极为特殊而又非常重要的时期。

如果说由笛卡儿最早明确提出基本原则、由黑格尔最后建构出完整理论体系的西方近代哲学，作为自由资产阶级的意识形态，竭力高扬体现他们的阶级特性的理性，以致这个时代在哲学上被称为理性的时代的话，那么从 19 世纪中期开始，在西方哲学界中越来越响起了超越或反对被绝对化的理性和理性主义的呼声。西方哲学史上特别是近代西方哲学中按照理性主义的精神构建的哲学体系大都受到批判，甚至被当做过时的废物而遭到唾弃。从传统的哲学眼光看，这种转化无异于哲学的蜕化。事实上许多西方哲学史家异口同声地把这个时代称为西方哲学凋零的时代。早在 19 世纪末，英国学者梅尔茨就法英两国哲学发展的情况指出：当时"哲学本身在法国只得到了贫乏的发展和培育……英国在 20 世纪初期表现得明显地无所建树……我们没有任何伟大学派可以做代表……形而上学尚未在大卫·休谟的打击中恢复过来，思辨完全局限于社会和经济问题的领域。"①

然而也正是在这一时期，在西方哲学发展中出现了两个具有划时代意义的事件。

一个事件是马克思在西方哲学的土壤上实现了哲学发展史上最伟大的革命变更。但是对于这一变更的伟大意义，当时只有在以马克思主义为指导思想的工人运动中才得到承认；而且即使在工人运动中，对马克思的理论的理解也经常出现一些偏离其本来意义的倾向，以致马克思本人还曾经不得不申明"我自己不是马克思主义者"②。至于在西方哲学界，则很少有人真正理解马克思哲学的意义，许多人甚至不承认马克思是哲学家，而只是一个写过著名的《资本论》等关于经济和社会问题的论著的经济学家和社会思想家。但是 20 世纪以来，在马克思主义指导下所发动的多次伟大的革命运动及其对世界历史发展的深刻影响，使西方学者对马克思的学说不能不刮目相看，许多人纷纷重新着手从事马克思和马克思主义哲学的研究。尽管这些研究大都存在着种种偏见，但很少有人能否定马克思哲学的现实意义，有的西方哲学家在一定程度上能对马克思的哲学作出相对客观的研究，个别人甚至通过这种研究而承认马克思主义哲学是当代唯一不可超越的哲学。

另一个事件是在西方出现了一批反传统哲学思维方式的哲学家（例如叔本华、克尔恺郭尔、尼采、孔德、斯宾塞等人）。他们的哲学在他们自己的时代，即使在哲学界中，也大都不为多数人所理解，更谈不上产生多大的现实影响，甚至往往被认为是哲学上的倒退。然而到 20 世纪，他们中不少人被西方各国各派主流哲学家异口同声地当做现代哲学的伟大先驱。当代西方主要哲学流派的一些基本观点，都可在他们 19 世纪的那些先驱者那里找到重要的理论来源。如果说由近代哲学到现代哲学的转化是一种具有根本性变更意义的哲学思维方式的转型，即西方哲学的现代转型，那么不管人们对这一转型的性质作怎样的估计和评

---

① ［英］梅尔茨：《十九世纪欧洲思想史》第 1 卷，66～67 页，北京，商务印书馆，1999。

② 《马克思恩格斯选集》，2 版，第 4 卷，695 页。

价，都应当肯定它正是由 19 世纪中期以来的那些现代哲学的先驱们最早推动的。

这样，原来被认为是西方哲学凋零时代的 19 世纪中后期实际上是整个人类哲学发展史上最重要的时期之一。对于 20 世纪在人类发展史上的伟大意义现在很少有人会表示怀疑；对于 20 世纪产生和流传的哲学，尽管人们有着各种不同、有时甚至是相反的评价，但它们越来越被当做真正的现代哲学而受到关注，在许多情况下甚至得到了越来越多的肯定。既然以 20 世纪的哲学为主体的现代哲学是从 19 世纪中期以来的哲学发展起来的，那为了准确地理解现代哲学，就必须对作为由近代到现代的过渡时期的 19 世纪中期以来的哲学认真加以追索。其中最重要的无疑是重新认识马克思在哲学上的革命变更以及现代哲学的先驱们最早推动的西方哲学的现代转型的真实意义以及二者之间的关系。

2. 现代转型和革命变更的出现

从古希腊罗马到 19 世纪上半期，西方哲学经历了两千多年的发展。其间发生了许多重大变更，有的变更往往在某种程度上改变了整个时代哲学研究的基本前提、对象、目的、方法，以及基本理论框架和发展趋向，因而被认为具有方向性变更，或者说划时代性的哲学思维方式变更的意义。至于哪些变更具有这样的意义以及怎样解释和评价具有这样的意义的变更，持不同哲学观点的人的视界和标准不同，具体看法也往往各异。不过也有一些变更特别引人注目，不同倾向的哲学家们都会承认它们有改变哲学发展方向的意义，只是各家对其具体解释和评价仍然可能大不相同。

（1）19 世纪上半期以前西方哲学的方向性变更

在古代哲学中，苏格拉底前后的哲学被认为具有不同发展方向。以赫拉克利特为代表的前苏格拉底哲学大都从世界万物的流变和生成中观察世界，以柏拉图和亚里士多德为代表的后苏格拉底哲学则致力于寻找万物的实体性的根基，并由此出发构建关于整个世界的存在体系。按照海德格尔的说法，前者关注的是存在者的存在，后者仅仅关注存在者而遗忘了存在者的存在。以经院哲学为代表的欧洲中世纪哲学往往与作为封建意识形态的天主教神学融为一体，对天国的关注远甚于现实的人间，以致哲学由此沦落成了神学的附庸。这与以提出"人是万物的尺度"为标志的古代哲学对人的关注可谓有根本性区别。但有的哲学家认为它们在建构形而上学体系上仍然继承了柏拉图特别是亚里士多德的传统，也有的人认为它们的理论（例如奥古斯丁、阿奎那的理论）的某些部分以神秘主义和非理性主义形式发展了前苏格拉底哲学关于存在者存在的某些思想。因此从根本性的哲学思维方式来说，中世纪的哲学在一定意义上是具有多样性的古代哲学的变形，也可以说是由古代哲学转向一种新的哲学思维方式，即近代哲学的过渡形态。

欧洲文艺复兴以来，以人文主义运动的兴起为标志，哲学研究从彼岸的天国重新回到了现实的人间。其后，笛卡儿明确地将心灵和身体（心物）、自我和对象（主客）当做彼此分离的实体区分开来（二元分立）；从作为理性实体的自我（"我思"）出发来反思人与世界的关系、人对所处世界（对象世界）的认识，并由此建构关于整个世界的图景的哲学体系。这标志着西方哲学史上一个新的哲学时代，即近代哲学的正式开始。

由于近代哲学家大都直接或间接地肯定作为自我、主体的人本身都具有认知世界的能力（即广义的理性能力，或者说良知），直接或间接地把这样的理性主体当做全部哲学的出发点，并把建立关于整个世界的图景的无所不包的哲学体系当做哲学研究的根本目标，这一哲学时代由此常被许多西方哲学家称为理性的时代、主体性哲学的时代、体系哲学的时代。由于当时建立的理性哲学、体系哲学往往都具有凌驾于一切科学之上的形而上学性质，这个哲学时代也被称为主体性形而上学或理性形而上学的时代。由于对理性、主体性的强调都与对认识论的强调相关，都是把建立关于主体如何认知世界的理论，或者说认识论当做哲学研究的主要内容，因而当时的哲学家所实现的哲学的转向往往被许多西方哲学家称为认识论的转向。这种转向当然意味着西方哲学发展中的一次具有划时代意义的哲学思维方式的变更，推动西方哲学发展到了一个新阶段。例如，主客心物的明确区分，使思维对存在、精神对物质这个哲学基本问题凸显出来，大大地促进了唯物主义反对唯心主义、科学反对宗教的斗争。从17世纪到19世纪中期，或者说从笛卡儿哲学体系的提出到黑格尔学派的解体，西方哲学发生过许多重要变更，但在上述根本性的哲学思维方式上却大体上是一致的。这种哲学思维方式适应了资本主义早期发展阶段（自由资本主义时期）对哲学的要求。这点我们将在其他地方再加论述。

（2）西方哲学的现代转型的形成和发展过程

从 19 世纪中期起，西方哲学发展进入了一个新的变更时期。笛卡儿以来从主客二分出发构建理性主义哲学体系的近代哲学的内在矛盾不仅越来越明显暴露，而且越来越激化，以致陷入了深刻的困境甚至危机之中。这突出地表现在原来作为近代哲学两大进步的对理性的倡导以及对主客心物的明确划分因被绝对化而走到了其反面。相对于中世纪的宗教蒙昧主义，近代哲学强调理性的权威对促进哲学等思想文化各个领域的发展无疑起过重要的积极作用。然而这种权威后来因被绝对化而变成了新的迷信，对理性万能的鼓吹导致了理性的独断，用理性建构的哲学体系变成了脱离人的现实生活和实践的思辨形而上学体系。主客心物明确区分为实现哲学上的认识论的转向、克服古代哲学的素朴性和直观性创造了必要的前提，然而将这种区分绝对化却又抹杀了二者之间的不可分割的联系，导致了将二者分裂的二元论，而二元论最终必然导致怀疑论或独断论。诸如此类的矛盾必将使曾经获得强大发展的西方近代哲学陷入困境。为了促使西方哲学进一步发展，必须克服和超越它的这类矛盾和困境，这意味着要求对之进行新的变更。由于这种矛盾和困境不只是涉及上述哲学的某一局部和方面，不只是涉及当时某一哲学家或某一学派的哲学（例如黑格尔及其学派的哲学），而是涉及将它们联系成为一个整体、体现整个时代的精神动向的哲学思维方式。因此这时西方近代哲学发展所需要的变更不是某种或某些哲学流派和理论之间的变更，而是它们作为一个整体的变更，也就是具有普遍性意义或者说划时代意义的哲学思维方式的转型（转向）。以笛卡儿以来的近代哲学为代表的传统哲学从整体上必然被超越，具有新的哲学思维方式特征的哲学必将开始形成。这种转向不可能是简单发生和迅速完成的，而必然是一个有相当长时期的准备的复杂和曲折的过程。19 世纪中期至 20 世纪初期可谓正处于这一过程中，因此我们大致可以把这一时期的西方哲学看做由近代转向现代的过渡时期的哲学。

把 19 世纪中期看成是这一过渡时期的开始，当然并不意味着在此之前西方近代哲学不存在严重的内在矛盾。事实上，早在 17～18 世纪西方近代哲学的盛期，就已有一些敏锐的思想家（例如法国哲学家帕斯卡尔和意大利哲学家维科）对笛卡儿等同时代一些享有盛名的哲学家的理论提出了异议。在 18 世纪末和 19 世纪前期的英法两国，随着资本主义在政治和经济上的革命的先后实现，以唯物主义和启蒙运动等为主要表现形式的近代哲学也开始走向其末期，当时不少哲学家往往抛弃了他们的前辈所高举的理性主义旗帜，倒向各种形式的怀疑论、神秘主义和信仰主义，并由此造成了这两国哲学上少有的萧条局面。不过，在 19 世纪 30 年代黑格尔逝世和黑格尔学派解体以前，德国尚处于古典哲学的鼎盛时期。只是随着 1848 年革命后德国社会的巨变，才导致了德国哲学领域的巨变，而这标志着西方各国的哲学从整体上开始了由近代到现代的过渡进程。

在这一过渡时期，西方各国出现了众多的哲学派别，由于它们受到各国不同现实的经济、政治和社会条件的制约，继承了不同的文化和理论传统，与当时兴起的各门自然科学的联系各不相同，研究的问题及其方面和重点又互有差异，因而在具体理论形态上往往表现得形形色色。例如，在德法等有着长期理性主义传统的欧陆国家，绝对理性主义和独断论成了当时哲学发展的主要障碍，作为对它们的反叛，新起的哲学流派大都具有反理性（或非理性、超理性）主义特色。而在经验主义传统一直居统治地位的英国及在其影响下的美国，对近代哲学的超越主要表现为以进一步"拒斥形而上学"的方式对原有的经验主义哲学加以"现代化"的改造，特别是将原来带有某些抽象性和思辨性特征的经验主义改造成为与人的生活和行为有更密切联系，从而具有更多人本主义或人道主义特色的经验主义。实证主义和实用主义可谓是这种改造的突出例证，它们的有些代表甚至称自己的哲学为人本主义、人道主义。

然而，无论在欧陆还是英美，当时的哲学派别都有一个重要的共同之处：它们既从某些方面表现出了超越近代哲学思维方式的征候，又在某些方面保留有近代哲学思维方式的痕迹。考虑到我们在其他地方对这方面的问题将有相当具体的论述，这里不拟一一例举。总的说来，这些哲学流派的理论往往具有不彻底、新旧混杂、调和折中等特征。就各个具体的哲学流派或哲学家的理论来说，其中所包含的新的征候也许还不如旧的痕迹明显，以致人们可以有较多的理由把它们归入近代哲学之列。例如对当时在英法德等国出现的各种形式的有强烈神秘主义、信仰主义、反理性主义等倾向的流派（例如以德·比朗为代表的法国唯灵论），就很难说它们包括了多少体现现代哲学思维方式的内容，毋宁说只是体现近代哲学思维方式的堕落。因此只有从整个哲学的发展趋势看，才能谈得上当时的哲学发展已处于向现代哲学思维方式转向的过程之中。

20世纪初，西方哲学发展中出现了两个当时未引起人们高度注意，后来却影响深远的事件。一个是英国哲学家罗素和摩尔发动了对他们原来深受其影响的新黑格尔派唯心主义的反叛，一个是德国哲学家胡塞尔提出了以意向性原理为核心的现象学方法。前者被公认为发展了19世纪实证主义的反形而上学倾向，为20世纪在英美哲学中长期占支配地位的分析哲学运动的兴起开辟了道路；后者发展了现代哲学超越心物主客对立和分离以及实体主义的倾向，为20世纪在德法等欧陆国家广泛流行的现象学运动奠定了基础。这两个事件由此被许多哲学家认为是西方哲学近现代过渡期基本结束、现代哲学正式形成的重要标志。这种分期当然只有相对意义。西方各国哲学在近现代的发展和转化受到多种因素制约，各国的情况（包括哲学本身的发展状况）又互有差异，而且都非常复杂，很难对它们作出划一的概括。在评价各个哲学流派的近现代转型时，需要根据它们各自的具体理论作出具体分析。

（3）马克思在哲学上的革命变更

尽管从西方哲学本身来说，它们之由近代正式转向现代，或者说实现现代转型是以上述20世纪初的两个事件为标志。但是，如果把马克思主义哲学归属于广义的西方哲学之内，那马克思在19世纪中期所实现的哲学上的革命变更就已正式宣告近代哲学的终结和现代哲学的来临。马克思的这一变更是19世纪中期以来西方哲学发展中发生的最具划时代意义的事件。它不仅根本改变了整个世界哲学发展的方向，也从整体上改变了世界的思想文化甚至社会政治的发展方向。如何正确认识马克思在哲学上的革命变更的深刻意义及其与同时代西方哲学家在哲学上的变更的关系，是正确认识这一时期的哲学及其发展方向的关键所在。

关于马克思和恩格斯如何从黑格尔派唯心主义转向费尔巴哈的人本

主义的唯物主义，从革命民主主义转向共产主义，并在批判继承人类先进哲学遗产的基础上进一步超越近代哲学的视野，按照革命无产阶级的实践的要求，实现了哲学上的革命变更以及这种变更的伟大理论和现实意义，众多的马克思主义哲学论著都有相当具体的论述，我们也将专门从西方哲学的近现代转型的角度另行阐述我们在这方面所作的一些新的思索。此处仅从 19 世纪中期整个西方哲学开始发生方向转折的角度，简单提出几个有待进一步具体探索的关于马克思主义哲学的产生及其与西方哲学的现代转型的关系的问题。

第一，马克思主义哲学具有世界性意义，但其产生和发展的背景主要属于西方范围。

马克思和恩格斯是德国人，其哲学活动是在德国和欧洲的现实环境下进行的。他们必然把批判继承德国和欧洲的哲学遗产作为他们建立自己的哲学的主要理论来源。更为重要的是：马克思和恩格斯的哲学理论如同他们的整个学说一样，是以他们所处的德国和欧洲的现实社会的发展方向作为背景而提出的。马克思明确肯定任何真正的哲学都是自己时代精神的精华的体现。当他提出自己的哲学理论时，最关切的必然是使之与现实生活和实践紧密相连，而决不容许它们成为脱离现实的抽象。只有从马克思和恩格斯所处的德国和欧洲的现实社会环境以及与之相关的哲学发展的趋势出发，才能领会他们的哲学理论的真谛。尽管他们的哲学与以往及同时代的西方哲学都有着原则的区别，特别是唯有它才具有世界性意义，但这种哲学本身仍然从属于广义的西方哲学范围，与同时代的西方哲学有着极为密切的联系，其中既有对立，又有统一。

第二，马克思在哲学上的革命变更与西方哲学家所实现的现代转型同样适应了西方哲学发展的共同趋势。

马克思和恩格斯之所以能在哲学上实现革命变更，当然与他们个人作为杰出和伟大思想家的天才禀赋分不开，但更为重要的是他们敏锐地觉察了并且自觉地适应了当时西方哲学发展必然出现方向性的转换这种趋势。当时的西方社会以及与之相适应的哲学处于严重的矛盾和危机之中这种现实，促使一切关心社会和哲学进步的人们对之加以揭露和批判，并为之探索新的发展方向。事实上，这种揭露、批判和探索从 19 世纪开始，特别是 19 世纪中期以后，已越来越发展成了一种普遍的潮流。马克思和恩格斯的哲学活动在一定意义上同许多西方哲学家一样正是适应着这一普遍潮流。因此只有从西方哲学，特别是近代哲学发展这种总的趋势出发，才能认识马克思在哲学上的革命变更的历史意义。

第三，马克思在哲学上的革命变更从其基本观念来说，不仅超越了近代西方哲学，也超越了现当代西方哲学。

尽管同样是适应西方近代哲学必然转向现代哲学这种总的潮流，但马克思和恩格斯在这点上与一般西方哲学家有着原则区别。这主要在于他们是作为无产阶级的革命导师来面对这一潮流的。他们在哲学上不仅能够摆脱一般西方哲学家所无法摆脱的理论脱离实际等局限性，而且非常自觉地把为消灭资本主义旧世界、建设社会主义和共产主义新世界，并由此解放无产阶级及全人类这一伟大的实践作论证当做其哲学的根本使命。也正是这一点使他们明确地把以生产劳动为基础的革命实践，以及通过这种实践来改造世界当做其全部哲学的出发点。马克思在《关于费尔巴哈的提纲》中就对此作了非常深刻和明确的论证。《提纲》最后指出，"哲学家们只是用不同的方式**解释**世界，而问题在于**改变世界**"①。正因为如此，马克思通过革命变更建立的哲学一开始就从根本上超越了近代哲学思维方式，避免了同时代西方哲学家在这方面的局限性。这一变更也没有西方哲学的现代转型所必然包含的那种以不彻底、新旧混杂、调和折中等为特征的过渡期，因而不仅超越了以往哲学，也超越了现当代西方哲学。

第四，马克思主义哲学的发展同样是一个曲折的过程。

马克思在哲学上的革命变更超越了以往和现当代西方哲学，这只是意味着他从根本上超越了近代哲学思维方式并确立了现代哲学思维方式的根本原则，为现代哲学的发展开辟了正确道路；而并不意味着他立即就构建了马克思主义哲学的全面完整的体系，更不意味着他在 19 世纪中期就已穷尽了现当代哲学的全部真理。这一点是马克思本人和其他杰出的马克思主义者所一再强调的。作为个人，他们同其他人一样不能不受到现实客观条件和本人主观条件的限制。由于所处具体条件不同，在马克思本人不同时期之间、在马克思和恩格斯以及其他马克思主义者之

---

① 《马克思恩格斯选集》，2 版，第 4 卷，57 页。

间在哲学上都存在差异。因此，尽管马克思主义哲学的产生和发展不像西方哲学由近代到现代转化那样有一个漫长而曲折的过渡期，但仍然应当把它看做是一个不断丰富和发展的过程。而这一过程并非直线的，期间同样可能存在着种种曲折。在马克思主义哲学的发展史上，一直存在着"左"和右等各种形式的偏离它的本来意义的倾向。马克思主义哲学正是在克服这些倾向中发展的。

19世纪中期至20世纪初期西方哲学的演化是错综复杂的，从不同视野出发可以作出不同划分和解读。人们对于这一时期西方哲学出现了由近代到现代的转型（转向）以及马克思在哲学上实现了革命变更这两个重要事实，评价虽有所不同，表述方式更可能存在很大差异，却不至于否定其存在。"革命变更"和"现代转型"既有原则区别，但又密切相关。革命变更同样是在当时整个西方哲学发生哲学思维方式变更的背景下实现的，是其中最彻底的形态。如何看待"革命变更"和"现代转型"的关系，不仅是正确认识这一时期的哲学及其发展方向的关键所在，也是马克思主义者和西方哲学家为推动自己方面的哲学发展都不仅无法回避、而且必须正确对待的重要问题。

3. 对革命变更和现代转型的关系的认识中的曲折

马克思主义者和西方哲学家如何看待彼此在哲学上的变更问题，从他们互为对方时起就已存在了。在很长一段时期内，双方往往把这种联系看做外在对立关系。尽管各自都在以自己特有的方式对不再适应时代要求的近代哲学思维方式进行批判，并按照自己的特殊使命、处境和条件提出哲学发展的新方向，但彼此很少对同时代共同的哲学问题展开探讨性的对话，要么不直接涉及对方，要么在缺乏充分了解的情况下简单否定或指责对方。我们在以往的马克思主义哲学论著中较少见到对同时代西方哲学的肯定评价，而现代西方各派哲学在绝大部分时期内对马克思主义哲学要么不屑一顾，要么竭力歪曲和攻击。出现这种状况的原因很是复杂，作为双方的社会基础的无产阶级和资产阶级在政治和意识形态上的对立是决定性因素，双方在某些情况下存在的误解、曲解和偏见也多半由此而来。

（1）马克思和恩格斯为什么没有对同时代西方哲学给予肯定评价

马克思和恩格斯在实现哲学上的革命变更时，对德国古典哲学等西方近代哲学，都是既批判它们不能越出为资本主义"理性社会"辩护的阶级局限性以及最后必然陷入独断论和怀疑论、主观主义和相对主义等理论的局限性，又肯定它们在促进资产阶级反封建民主革命和资本主义经济以及思想文化发展上起过的积极作用，特别是肯定它们在理论上可能包含的唯物主义或辩证法等合理因素。然而对于与19世纪中后期流行的西方哲学，他们则很少给予肯定评价。这主要是因为他们当时认为西方资本主义制度已经腐朽没落，甚至行将灭亡，无产阶级革命在主要资本主义国家取得胜利的决战时刻即将到来。因此他们最关注的是指引革命无产阶级怎样从政治和意识形态上去进行反对资本主义的斗争，而不是去探究作为革命对象的资产阶级还能否对现存资本主义社会进行某些有效的改革，在一定程度上尚能推动社会进步，当然也不会去深入研究当时的西方哲学家是否还能够对陷入困境的近代哲学做出某种具有积极意义的改造，提出某些合理的思想，对西方哲学的进步作出新的贡献。事实上，他们对同时代西方哲学家和流派（例如孔德等人的实证主义、叔本华等人的非理性主义、朗格等人的新康德主义）的研究主要是后者对当时工人运动的损害，哲学研究直接服从于当时无产阶级的革命斗争的需要。从维护革命无产阶级的思想统一，使之不受敌对阶级在哲学和社会思想上的消极影响来说，他们抱这种态度是理所当然的。如果当时西方资本主义制度和资产阶级的统治的确不可能再存在下去，那怎么可以对与之相应的哲学等意识形态给予肯定的评价呢！

（2）马克思恩格斯与时俱进的品格

然而，尽管马克思和恩格斯在《共产党宣言》等论著中对资本主义发展的总的规律和总的趋势的揭示以及由此得出的资本主义必然灭亡、社会主义必然胜利等论断完全正确，但对于这个"灭亡"和"胜利"究竟何时发生？具体进程又怎样？他们当时掌握的材料远非充分，难以对之作出准确估计。事实上，西方资本主义后来的有些演变过程偏离了他们当年的预计。这突出地表现在他们对资本主义经过自我调整在相当长的历史时期内还有继续发展的活力估计不足，由此对当时各国资产阶级及其思想家所提出的对原有资本主义制度做出某些改造，即自我调整来暂时延续其存在进程的可能性也估计不足。然而从后来现实的历史发展过程看，资本主义的这些自我调整在一定范围和时期内确实起了缓和其矛盾，至少是延缓其灭亡的作用，甚至在某些方面能在一定程度上促使资本主义社会继续有所发展，并为过渡到社会主义和共产主义社会创造了更为有利的条件。既然如此，从理论上体现这个社会的发展的西方现当代哲学，也必然比马克思和恩格斯当年所设想的复杂得多。通过不断寻找新的发展方向和道路，它们同样能够在曲折中超越近代哲学而继续获得发展，甚至是极为重要的发展。

我们更应当看到，作为无产阶级革命导师的马克思和恩格斯，在对待理论和现实问题上一直具有与时俱进的品格，他们从来不把在19世纪中期在材料不足的情况下作出的那些预见绝对化，而是一再强调它们的相对性。他们一直在关注资本主义发展所出现的新情况，及时调整他们对无产阶级革命事业的策略。恩格斯晚年在察觉资本主义后来尚具有一定活力的事实后，就立即予以肯定，承认他和马克思在发表《共产党宣言》时对资本主义继续发展的潜力估计不足。他在《卡·马克思〈1848年至1850年的法兰西阶级斗争〉一书导言》（1895年3月6日）中谈到，在1848年爆发欧洲资产阶级革命那种情势下，"我们不可能有丝毫怀疑：伟大的决战已经开始，这个决战将在一个很长的和充满变化的革命时期中进行到底，而结局只能是无产阶级的最终胜利。……历史表明我们也曾经错了，暴露出我们当时的看法只是一个幻想。历史走得更远：它不仅打破了我们当时的错误看法，并且还完全改变了无产阶级借以进行斗争的条件。1848年的斗争方法，今天在一切方面都已经过时了。……历史表明，我们以及所有和我们有同样想法的人，都是不对的。历史清楚地表明，当时欧洲大陆经济发展的状况还远没有成熟到可以铲除资本主义生产的程度；历史用经济革命证明了这一点，从1848年起经济革命席卷了整个欧洲大陆……这一切都是以资本主义为基础的，可见这个基础在1848年还具有很大的扩展能力。"① 马克思和恩格斯对于资本主义社会后来发展中出现的股份制也作了适当肯定，指出资本主义的股份企业，也和合作工厂一样，应当被看做是由资本主义生产方式转化为联合的生产方式的过渡形式。

---

① 《马克思恩格斯选集》，2版，第4卷，509～512页。

马克思和恩格斯对西方资本主义在 19 世纪中期以后的进步的肯定实际上也蕴含着对与其相适应的这一时期哲学等西方思想文化的进步的肯定。例如恩格斯就肯定了随着资本主义的发展在道德方面的进步。"资本主义生产越发展，它就越不能采用作为它早期阶段的特征的那些小的哄骗和欺诈手段。……这些狡猾手腕在大市场上已经不合算了，那里时间就是金钱，那里商业道德必然发展到一定的水平。"① 不过，由于他们当时在哲学等思想文化领域主要工作是更为明确地阐释唯物史观等他们本人的观点以及清算对工人运动产生毒害作用的思潮，例如冒充工人领袖的杜林的所谓哲学体系。后者虽然出现在马克思恩格斯时代，但无论基本观点和理论框架都一点没有越出近代体系哲学的范围。因此恩格斯对杜林的批判实质上还是对近代哲学思维方式的批判。至于在工人运动以外流行的那些哲学流派的一般哲学理论，他们来不及较多关注和作深入研究，自然不可能对之作出具体的重新评价。而且实证主义、唯意志主义、新康德主义、生命哲学等当时流行的哲学流派虽然各以其独特方式对西方哲学的现代转型做出过某些贡献，但只是在归根到底的意义上如此。它们的直接的理论形态大都不仅仍然带有浓厚的近代唯心主义和形而上学印记，而且往往以不同形式体现资产阶级反对无产阶级革命的要求。当然很难要求实现了哲学上的革命变更的无产阶级的革命导师马克思和恩格斯去对之作出肯定。然而这并不意味着马克思和恩格斯对同时代西方哲学的评价没有随着他们对资本主义发展的重新评价而发生改变，而只是意味着他们未来得及去做这方面的工作。上面所提到的恩格斯所说"历史表明我们也曾经错了"，这既适用于他们对当时西方资本主义的估计，也适用于他们对当时的西方资产阶级哲学的估计。

（3）"左"和右的思潮对革命变更和现代转型关系的扭曲及其后果

马克思和恩格斯先后逝世后，在马克思主义和国际工人运动发展中出现过各种"左"和右的倾向。右的倾向在哲学上往往用新康德主义、马赫主义、实用主义等流派的哲学中消极方面，特别是其唯心主义来"修正"马克思主义，使之成为他们的修正主义的理论基础。"左"的倾向往往曲解了恩格斯对杜林等人、列宁对马赫主义等的批判的真实含

---

① 《马克思恩格斯选集》，2 版，第 4 卷，419 页。

义，把马克思主义的唯物主义和辩证法混同于脱离了人的现实生活和实践的近代物质实体本体论和抽象的概念辩证法，把作为马克思哲学核心的历史唯物主义混同于经济决定论或作为某种派生的理论，从而使实现了哲学上的革命变更的马克思主义哲学倒退到近代哲学的水平，并由此而在不同程度上倒向了教条主义和机械论。这两种倾向对马克思主义和工人运动的发展都产生过很大的消极作用，"左"倾教条主义的危害尤其严重。这在对待革命变更与现代转型的关系上也表现出来。

正是在"左"的思潮影响下，长期以来人们往往把马克思主义哲学与现代西方哲学简单对立起来，认为在马克思实现了哲学上的革命变更以后，只有马克思主义哲学才能体现哲学发展的前进方向，而同时代的西方哲学则只能作为马克思主义哲学的敌对力量而存在；马克思主义产生以前的西方哲学作为资产阶级革命时期的意识形态具有唯物主义和辩证法等适应现实发展需要的合理因素，在哲学发展中具有进步作用；在此之后的现代西方哲学只能作为逆历史潮流的反动资产阶级的意识形态，必然是唯心主义泛滥，形而上学猖獗，本身不再有合理因素，不可能再有积极作用；西方哲学的现代转型不是进步，而是转向腐朽没落。

这种哲学上的"左"的倾向由于有时能援引马克思主义经典作家在某些特殊情况下对同时代某些西方哲学家的个别否定性评价作为根据，特别是由于有时能获得受到"左"的影响的政治力量的支持，因而在马克思主义学术界往往居有"正统"地位，坚持这种观点被认为是坚持马克思主义。正是在这种形势下，我国对马克思主义哲学和现代西方哲学的研究长期被分离开来，后者往往被认为只能为前者提供反面材料，本身并没有积极意义，甚至还很可能产生传播反动思想的消极作用。这样后者的研究不仅受到很大限制，在很长时期内甚至被迫中断。这种"左"的倾向虽然具有坚持马克思主义的外表，但它脱离了马克思主义经典作家所再三强调的实事求是、理论联系实际、反对教条主义等根本原则，实际上背离了真正的马克思主义。

马克思早在 1842 年就指出："正确的理论必须结合具体情况并根据现存条件加以阐明和发挥。"[1] 恩格斯在《致威·桑巴特》（1895 年 3 月

---

[1] 《马克思恩格斯全集》，中文 1 版，第 27 卷，433 页，北京，人民出版社，1972。

11 日）中有一段很有名的话："马克思的整个世界观不是教义，而是方法。它提供的不是现成的教条，而是进一步研究的出发点和供这种研究使用的方法。"① 他在《致康·施米特》（1890 年 8 月 5 日）中指出："……我们的历史观首先是进行研究工作的指南，并不是按照黑格尔学派的方式构造体系的诀窍。必须重新研究全部历史，必须详细研究各种社会形态存在的条件，然后设法从这些条件中找出相应的政治、私法、美学、哲学、宗教等等的观点。"② 针对一些人把马克思的个别论点绝对化，恩格斯在《致菲·屠拉梯》（1893 年 6 月 6 日）中指出："杰维尔在许多地方把马克思的个别论点绝对化了，而马克思提出这些论点时，只是把它们看做相对的，只有在一定的条件下和一定的范围内才是正确的。"③ 用马克思和恩格斯的这些教导来看待马克思主义哲学和与现代西方哲学及它们之间的关系，最要紧的就是要从实际出发，而不要从概念出发，不要把马克思主义经典作家在特定情况下对某些同时代西方哲学流派所作的否定性评价当做全盘否定现代西方哲学的根据。

然而，上述"左"的教条主义倾向在这方面的立场与马克思和恩格斯的教导恰恰相反。按照这种倾向来研究马克思主义哲学和现代西方哲学及它们之间的关系，必将在理论上和现实上产生各种消极后果。我国现代西方哲学研究的长期严重滞后就是突出的消极后果之一。

我国学者对现代西方哲学的介绍和研究已有一百多年历史，五四时期曾达到高潮，当时马克思主义和各种西方哲学思潮的传入共同促成了对中国现代社会的变更产生深远影响的新文化运动。五四以后一段时期也还有一些学者继续从事这方面的研究，不过由于受国内外各种变化了的政治形势的影响，这种研究受到较多限制，而且与对马克思主义哲学的研究基本上是相分离的，对马克思主义哲学家很难产生明显的影响，更少有积极影响。从新中国成立以后到"文化大革命"结束前这二十多年，由于"左"的政治和意识形态的干预更大，客观地研究现代西方哲学甚至被认为是对抗马克思主义，这方面的研究实际上处于停滞状态。

---

① 《马克思恩格斯选集》，2 版，第 4 卷，742～743 页。
② 同上书，692 页。
③ 《马克思恩格斯全集》，中文 1 版，第 39 卷，79～80 页，北京，人民出版社，1974。

除了翻译出版了少量供批判参考的材料外，极少有深入研究之作，以致学界的大多数人对现代西方哲学的实际所是更加模糊。在这期间，国内发动过多次对资产阶级反动思潮的批判运动。这类批判对巩固和维护马克思主义的主导地位在一定程度上是必要的，在不少情况下也有非常积极的成果。然而几乎每次批判运动都简单地把一些现代西方哲学流派（特别是实用主义、存在主义等流派）当做被批判对象的思想理论来源，对之进行了激烈批判。大多数批判者对这些哲学流派的实际所是又并无深入研究，于是批判中无的放矢、指鹿为马的现象相当普遍。致使这类批判短期成果外表上虽然耀目，但长远的实际存在的负面影响却不容忽视。

马克思主义本来就是一种批判性学说，它公开提出在批判旧世界中创造新世界。对各种西方资产阶级哲学思潮进行批判当然是其整个批判课题中的应有之义。但批判应当是求实的，要对被批判一方的理论的实际所是有较为深刻和全面的了解，特别是要善于把它们的确存在的谬误和片面性与它们在某些方面所包含的合理内容区分开来。如果批判脱离了实际，把不应当否定的东西笼统加以否定，甚至颠倒是非，那效果必将适得其反。例如，现代西方哲学许多哲学流派在超越近代哲学思维方式上，在对一些体现现当代社会特点的新的哲学问题的提出和研究上，在体现现当代科学技术的发展上，都可能存在积极因素。如果把这些内容也简单地当做唯心主义和形而上学去批判，那不仅不能批倒对方，反而会批到马克思主义哲学自己头上，因为马克思主义哲学也应当包含这些方面的内容。不幸的是，由于受到左的教条主义的影响，多年来我国哲学界对现代西方哲学的批判一直存在这种脱离实际的倾向。这不仅妨碍对现代西方哲学的深入研究，更不利于马克思主义哲学研究的健康发展，使它在许多方面脱离实际，脱离时代和现代科学的发展，而这实际上也是对马克思主义本身的一种扭曲。

理论上的消极后果有时还会造成现实的消极后果。我国是一个以马克思主义为各项事业的指导思想的社会主义国家，如果马克思主义本身受到扭曲，那它不仅难以正常地发挥作为指导思想的作用，甚至反而会造成各种失误。"左"的倾向对我国政治、经济和思想文化等各个方面就造成过极为严重的损害，这点谁都会强烈感觉到。"左"的倾向的长期存在原因当然是多方面的。就马克思主义哲学说，对现代西方资本主义及与之相适应的哲学思潮长期采取简单否定的政策，不了解它们的发展的真实情况，从而使自己脱离了当代世界及其思想文化的最新发展，未尝不是重要原因之一。

应当指出，由于受到政治和意识形态等制约而对相异的思潮简单否定的不只是马克思主义者，类似的情况在许多现代西方哲学家那里也普遍存在。他们同样往往在对真正的马克思主义哲学无知的情况下对之横加批判，对一系列符合客观实际的马克思哲学的基本原理简单否定。这当然驳不倒马克思主义，反而使他们自己更加陷入唯心主义等歧途。

当代哲学走向：马克思主义与现代西方哲学的比较研究

在 21 世纪哲学将朝什么方向发展？将会发生哪些重大变化？这是近年来中国和西方哲学界、马克思主义者和非马克思主义者都在热烈讨论的问题。中国哲学存在的条件及其本身状况都不同于西方，它当前存在的问题和今后的走向必有不同于西方的特点。然而当代中国是面向世界的中国，中国的现代化运动与整个世界在一定程度上已融为一体。因此当代中国哲学的发展变化与西方哲学也必然有不可分割的联系。除了对马克思主义哲学本身的研究外，中国哲学研究还包含继承和发扬中国传统哲学、学习和借鉴国外哲学等诸多方面，它们都以马克思主义哲学为指导、为丰富和发展马克思主义哲学服务、并与马克思主义哲学研究融为一体。因而当代中国哲学与西方哲学的联系最突出地表现为中国的马克思主义哲学与西方哲学的联系，研究当代哲学走向最重要的就是研究马克思主义与西方哲学的走向。

马克思主义哲学当然具有世界意义，但从社会背景和理论来源来说主要是西方的产物。这一点中外哲学界都很少有争议。分歧较大的是：它与在同一社会背景和理论渊源下产生的现代西方哲学究竟是什么关系？在很长一段时期内，人们往往把被教条化和僵化的马克思主义哲学理论形态当做马克思主义哲学的本来形态，并因它在基本倾向上与现代西方哲学不同而把这两种哲学完全对立起来。马克思主义哲学家大都对现代西方哲学全盘否定；西方哲学家对马克思主义哲学也总是极端敌视。双方处于对峙局面。20世纪80年代末90年代初，国际形势剧变，马克思主义的发展遇到了重大挫折。许多西方学者就此宣告马克思主义"最终失败"。马克思主义学术界内部也有人在不同程度上动摇了原有信念。这种情况的出现要求我们既要重新考察和认识马克思主义哲学和现代西方哲学的真实所是，特别是二者的产生在西方哲学史上的真实意义；也要重新考察二者一百多年来在各自的发展中遇到的问题和困难，二者是否能够以及怎样去克服它们？二者是否还具有，或在什么条件下还具有生命力？只有对这些问题有符合实际的认识，才能对二者的前途和当代哲学的走向作出较为准确的估计。

1. 马克思主义哲学产生与西方现代哲学形成的意义

关于马克思主义哲学的产生和现代西方哲学的出现在哲学发展中的意义，我国哲学界过去作了相反的评价：前者是哲学上的革命变更，后者是从进步向反动的转化。这种情况在改革开放后已有很大改变。在邓小平建设中国特色社会主义理论的指引下，我国理论界在很大程度上纠正了"左"的教条主义和僵化倾向，对于现代西方哲学现在很少再有人简单否定。除了专业队伍外，许多专事中国传统哲学和马克思主义哲学的人士也对之作了大量研究，并在自己的工作中借鉴了有关成果。然而在这方面仍有明显的不足，特别是对马克思在哲学上的革命变更和西方哲学由近代到现代转化的真实意义还缺乏深层的探索；而没有这样的探索，既有的成就也是不牢固的，在一定条件下还可能在不同程度上出现与以往类似的片面性。

将马克思主义教条化和僵化，现在谁都反对。然而，即使在"左"的倾向占支配地位的时期，又有谁公开赞成呢？人们往往都是在维护马克思主义的名义甚至动机下将马克思主义教条化和僵化的。人们是否会将马克思主义教条化和僵化，这既取决于他们的主观愿望，更取决于他们能否以与马克思主义相一致的思维方式来理解马克思主义。在将马克思主义哲学教条化和僵化的人中，固然有它的反对者，但也有甚至更多的是它的拥护者，有的甚至是杰出的马克思主义者。然而，由于他们在某些方面未能越出近代哲学的视野，或受政治和意识形态等其他方面的制约和影响，以致不自觉地背离了马克思主义，特别是作为马克思主义哲学核心的实践原则。因此，如果对马克思在哲学上的革命变更理解片面，即使有最好的动机，也会背离马克思主义的。

对现代西方哲学不能简单否定，现在谁都同意。可是，过去也极少有人直截了当地宣称要对之简单否定。当时人们主要也只是说要用马克思主义观点对之进行分析批判，而这不能说错了。问题在于人们对现代西方哲学的理解远远离开了其实际所是。例如，当时大家都认为西方哲学从近代到现代的转化是从唯物主义向唯心主义转化，现代西方哲学的根本特征是唯心主义泛滥。实际上大多数现代西方哲学流派所要求的是超越以追究世界的物质或精神本源为目标，以心物相互独立和主客完全分离为理论前提的传统的哲学思维方式，从而除了反对唯物主义以外，也明确要求反对唯心主义。他们之反对唯物主义，并不是为了宣扬唯心主义，而是使哲学不局限于传统意义上的唯物唯心之争，而转向具有自主个性的人及其所牵涉的世界，转向人的现实生活和实践。这种转向并不意味着笼统地否定外部世界（自然界）自在地存在，而只是认为这个世界如果不与人发生牵涉，就不能成为人的现实生活和实践所及的对象（客观）世界。哲学应当成为研究人的现实生活和实践的学问，而不应当成为超越这个界限的形而上学。因此，按照传统观点来批判现代西方哲学的唯心主义和形而上学，在一定意义上可能是批判了一些它们正好要反对或超越的东西。

究竟怎样理解马克思在哲学上的革命变更和西方哲学由近代到现代的转化的真实意义？这是涉及面广泛、内容复杂且带有较大敏感性的系统工程，需要哲学界共同努力探索。我个人近年来对这方面的问题也曾反复思考，在《西方哲学的近现代转型与马克思主义哲学和当代中国哲学的发展道路（论纲）》等几篇论文中发表过一些意见。其中包括了如下两点：

第一，现代西方哲学的出现是西方哲学发展史上一次具有划时代意义的哲学思维方式的转型，主要表现为多数现代西方哲学流派都以自己特有的方式力图超越以主客心物等二分为出发点，以建立关于世界的本源、本质的理论体系为目标，以基础主义、本质主义等为理论特征的近代哲学，使哲学研究在不同程度上从抽象化的自在的自然界或绝对化的观念世界返回到人的现实生活世界。他们企图以此摆脱近代哲学的困境，为哲学的进一步发展开辟新的道路。他们的哲学总的说来更能体现这一时期西方社会各个方面发展的状况，因而具有重要的进步意义。西方哲学由近代转向现代标志着西方哲学发展到了一个新的、更高的阶段。

第二，马克思主义在哲学上所作的变更是哲学史上最具有进步性和革命性的事件。马克思主义哲学不仅比现代西方哲学更加彻底全面地超越了近代哲学的二元分立、基础主义、本质主义和思辨形而上学等倾向，而且为西方哲学的进一步发展指明了现实的道路。这具体表现在马克思不是简单地扬弃一切旧哲学，而是力图彻底打破它们由以出发的前提。他所关注的不是建立关于整个世界的严密完整的理论体系，而是直面人的现实生活和实践。他由此把实践观点当做其哲学的首要的、基本的观点；主张通过实践来充分发挥人的能动性和创造性，促进人的自由和全面发展。马克思正是通过对人的实践的意义的深刻揭示和全面阐释彻底地实现了对近代哲学的超越，实现了哲学上的革命变革。

总的说来，从批判和超越以二元分立、基础主义、本质主义等为特征、并已陷入困境的近代哲学思维方式说，从建立一种以强调人的现实生活和实践以及人的自主能动性和创造性为特征、以适应现代社会的时代精神的要求的新的哲学思维方式说，现代西方哲学和马克思主义哲学之间存在着重要的类似之处，可谓殊途同归。二者均属于现代哲学思维方式，具有某种程度的同质关系。我在上面提到的论文中对此已有较多论证，这里就不多说了。

2. 马克思主义哲学的根本特征及其发展的曲折道路

肯定马克思主义哲学的产生和西方哲学从近代到现代的转化都是具有划时代意义的哲学思维方式的变更，这并不意味着可以把二者相提并论，也不表示这种变更一劳永逸。二者在社会阶级属性和理论形态上都存在着重要区别。它们在发展中都会遇到各种问题和挑战，都需要进行新的变更。但二者的问题和挑战的性质不同，进行变更的形式和内容也不同。

马克思主义哲学是革命无产阶级的世界观和方法论的理论形态，这一点很少有人直接否定。重要的是要做到具体地，而不是抽象地看待马克思主义哲学的这种阶级属性与其具体的理论形态之间的联系，否则仍然无法正确地理解和坚持真正的马克思主义。马克思之把实践观点当做其哲学的首要的、基本的观点，正是由于他不仅是伟大的哲学家，而且是无产阶级革命的伟大导师。这二者的统一使他超越了同时代的西方哲学家无法避免的在理论与现实之间脱节的局限性，能自觉地把在哲学上的变更与无产阶级的现实的革命要求有机地结合在一起，从而使他的哲学具有高度的现实性和实践性。马克思在批判和超越西方近代哲学时，其所关注的不是像西方哲学家那样构建新的哲学体系，而是促进现实社会的改造，为其指明方向，提供指导。他在《关于费尔巴哈的提纲》最后一条中指出："哲学家们只是用不同的方式**解释**世界，而问题在于**改变**世界。"这不仅是《提纲》的结论，也可以看做是他的整个哲学的结论。马克思主义哲学的根本目标就是为无产阶级改造世界服务。因此它不把理论当做教条，而当做行动的指南；它不恪守任何与现实生活和实践相背离的抽象原则，而是把它的原则与现实生活和实践紧密联系起来，既用来指导现实生活和实践，又在现实生活和实践中受到检验；它反对并超越任何封闭、僵固的体系，自然也避免构建易于变得封闭和僵固的那种全面完整的体系，而坚持采取一种能动地面向现实生活和实践、面向未来的开放的思维方式，并由此使自己的理论不断得到丰富和发展。正因为如此，马克思主义哲学在其产生以来的一百多年中，在所涉足的各个领域都显示出强大的生命力，无论就其理论本身或在它的指导和影响下所进行的各种现实的革命和实践活动，都取得了极其光辉和伟大的成就。

马克思主义哲学的发展不可能没有曲折。早在马克思在世时就有人以颂扬他的名义曲解他的理论，以致他为了与这些人划清界限曾不得不宣称"我自己不是马克思主义者"①。在往后的一百多年中，围绕着如

---

① 《马克思恩格斯选集》，2版，第4卷，476页。

何看待马克思主义哲学，无论在马克思主义者和非马克思主义者之间还是马克思主义者内部，一直都在进行着激烈的争论，马克思的哲学也一再受到曲解。以现代西方哲学各个流派哲学家为主的非马克思主义者由于不能摆脱资产阶级的眼界，自然看不到马克思主义哲学的革命意义。尽管他们有的也力图超越西方近代哲学，甚至以某种含混的方式，在某种程度上把面向现实生活和实践当做哲学的新的方向，但他们却往往看不到马克思主义哲学对西方近代哲学的超越，特别是马克思主义的实践原则的真实意义。他们大都仍然是以近代哲学思维方式来看待马克思主义哲学，把马克思主义的唯物主义与近代唯物主义等量齐观，把马克思主义的辩证法与黑格尔的辩证法相提并论，把这些哲学存在的问题当做马克思主义的问题，并由此对之加以批判和攻击。例如，许多（甚至可以说是多数）有代表性的西方哲学家都竭力指责马克思主义哲学的"二元论"、"教条主义"。其实，马克思早在《关于费尔巴哈的提纲》等早期著作中，就已非常明确地把"实践"、"真正现实的、感性的活动"当做他的全部哲学的出发点，从而从根本上超越了唯心主义和直观的唯物主义的界限，动摇了产生"二元论"、"教条主义"的基础。

在马克思主义者内部，人们对马克思主义哲学也往往有不同看法，原因是多方面的。例如所处历史时期和社会背景上的差异都会使人对马克思主义哲学有不同的眼界，从而有不同的认识。这种不同大都是正常的现象。对马克思主义哲学的正确理解本身就需要考虑时间、地点、条件不同等多方面的因素。就对马克思主义哲学的曲解或误解来说，情况也是多样的。最常见、也最值得注意的是一些人往往按照近代哲学的思维方式来理解它。例如，把马克思对费尔巴哈的关系主要看做抛弃其人本主义而继承其唯物主义的"基本内核"；把马克思对黑格尔的关系主要看做抛弃其唯心主义而继承其辩证法的"合理内核"。费尔巴哈的人本主义唯物主义对旧唯物主义的自然主义的一定程度的克服，黑格尔的唯心主义自我意识理论对传统的先验主体性原则的超越以及对人的自由、实践性和历史性等的揭示，这些本来都为马克思所肯定和强调，成了他的哲学理论的重要思想来源。然而它们后来被许多人忽视了。他们对马克思主义哲学的理解因而往往带有某种自然主义、纯粹理性主义和非人的色彩，而这些正是马克思所竭力批判和超越的近代哲学固有的倾向。诸如此类对马克思哲学的偏离为各种形式的教条主义和机会主义倾向所进一步发展，后者对马克思主义造成了极大损害，有时使之陷入困境甚至危机。出现这种偏离的原因各有不同，需要具体分析，但脱离现实生活和实践可以说是其共同特点。

显然，马克思主义哲学在其发展过程中之遇到困难，出现曲折，不是由于它本身存在内在矛盾或片面性，而是由于人们对它作了教条主义等脱离其实际所是的理解和发挥。既然如此，为了克服这些困难和曲折，就不是超越、更不是放弃马克思主义，而是由被曲解或作了片面发挥的马克思主义返回到以现实生活和实践为出发点的真正的马克思主义。正是由于马克思主义哲学以现实生活和实践为出发点，所以它能克服由于背离现实生活和实践而造成的各种偏向和挫折，不断修正、丰富和发展自己的理论，使之在新的条件下继续具有强大的生命力。毛泽东思想克服了种种"左"右倾机会主义，引导中国革命取得了光辉胜利；邓小平建设中国特色社会主义理论批判和克服了"凡是派"等"左"的倾向，使中国社会主义建设取得了举世公认的伟大成就。他们的共同特点，就是紧紧适应中国革命和建设的现实和实践，从而克服和纠正了各种背离现实和实践的"左"的或右的倾向，创造性地发展了马克思主义。

总之，马克思在哲学上的变更并未给人们一张包治旧哲学百病的现成药方，而是指示了一条超越旧哲学建立新哲学的现实道路，这就是哲学与人的现实生活和实践紧密相连的道路。人们在这条道路上还会遇到各种险阻，受到各种干扰，甚至出现挫折和失败。但只要能紧随时代精神的脉搏，就仍然可以及时回到正确道路上来，在新的条件下获得新的发展。

3. 现代西方哲学的矛盾和危机

现代西方哲学过去被笼统地归结为帝国主义时代垄断资产阶级的反动哲学，从而对之全盘否定。这自然是片面的，要区别不同情况分别加以对待。但从整体上说，它们毕竟都未能摆脱资产阶级的狭隘眼界。这一点决定了现代西方哲学家不可能把哲学的改造与对西方资本主义的根本改造结合起来，不可能真正把现实生活和实践作为他们的哲学的出发点，从而他们的哲学必然在不同程度上与现实脱节，由此产生各种片面性，陷入各种矛盾。

与马克思主义哲学相比，现代西方各派哲学对近代哲学的超越都很不彻底，甚至自相矛盾。他们往往以不同形式重犯，甚至发展了近代哲学的某些片面性。例如在激烈抨击其思辨形而上学倾向时，自己又以新的形态去构造同样具有片面性的某种形而上学。他们对近代哲学的理性独断和绝对主义作了可谓淋漓尽致的揭露和批判，却又因忽视或贬低理性的作用而往往走向某种形式的相对主义和非理性主义。他们揭示了主客、心物等分离开来的种种弊病，特别是使人对象化和物化（异化）的弊病，强调发挥人的能动性和创造性，然而却由此走向了无视客观实际的主观主义。总的说来，西方现代哲学各个具体流派对近代哲学的超越只是在某些方面或环节上的超越，在其他方面则可能仍然徘徊于传统哲学的框架之中。只有从整个现代西方哲学的长期发展历程的角度来考察，才能谈得上它们对近代哲学的超越。换言之，马克思主义在19世纪中叶就已基本实现的哲学思维方式的变更，现代西方哲学是通过迂回曲折的道路在一个多世纪的漫长历程中在某种程度上实现的。

正因为如此，现代西方哲学在其演化过程中遇到的矛盾和挑战比马克思主义哲学要严重得多。人们常用"矛盾重重、危机四伏"来形容其境况，也并非毫无根据。过去的偏向在于将其强调过分，仿佛现代西方哲学从来都不能克服其矛盾和困境，从来都不能获得进步。这当然不符合实际。19世纪中期以来西方哲学发生了思维方式转型意义的变更，这种变更正是通过在不同程度上克服各个流派和思潮的矛盾和困境来实现的。不过，就现代西方哲学的各种具体的流派和思潮来说，由于都存在着内在矛盾，因而都不可避免地要陷入其特有的困境和危机。事实上，在现代西方哲学演化的这一百多年中，不断有哲学家惊呼所处时期的哲学陷入困境和危机，他们往往宣称自己的哲学理论的目标就是使西方哲学摆脱这种困境和危机。然而他们同样由于内在矛盾而陷入新的困境和危机，甚至很快就被别的流派和哲学家所否定，几乎没有一个哲学流派或一种哲学理论具有长远的生命力。所以在一定意义上未尝不可以说现代西方哲学是一种处于困境和危机之中的哲学。

这种状况从20世纪60年代以来表现得更为明显。随着英美分析哲学运动之衰落与欧陆现象学存在主义运动之受到挑战，现代西方哲学由于其两种主要思潮都未能摆脱自己的困境而仿佛陷入了全面的危机，西方哲学界也普遍地由此发出了克服危机、为今后哲学的发展寻找新的出路的呼声。各种新的思潮应运而生，它们的共同特征是要求不仅超越近代哲学，也超越现代哲学，特别是上述两种思潮及其对立，使哲学研究完全越出它们的界限。其中最为突出并被广泛炒作的要算所谓后现代主义（Postmodernism）。它被一些哲学家渲染为实现了哲学上的新的变更，开辟了西方哲学的新时代，但又受到另一些哲学家的激烈非议，中国哲学界对它的看法也往往大相殊异。哲学上的后现代主义究竟是一种怎样的思潮？它在西方哲学发展中究竟能起何种作用？这是我们研究当代哲学走向时必须回答的问题。笔者的意见已在其他一些地方作了较具体的论述。这里限于篇幅，仅作如下简单说明。

后现代主义哲学除了指 20 世纪 60 年代以来流行的特定思潮以外，还可以有其他各种含义。从英语 Postmodernism（德法等西语类似）一词的语义说，它可以指现代"之后"或"后期"的哲学。由于"现代"（modern）通常泛指西方"现代化"（modernization）运动开始以来的整个资本主义时代（中文通常译为"近代"），因而后现代哲学实际上就是指从笛卡儿（也可上推到文艺复兴）开始的近代哲学之后或后期（后近代）的哲学。还有一些哲学家提出后现代主义只是表示一种不同于现代主义的思维方式，而不是时间概念。同一时代的不同哲学理论有的属于现代，有的属于后现代。从西方哲学的实际发展来说，由于从 19 世纪中期以来先后出现了各种类型的批判和超越近代哲学的思潮，它们在一定程度上实现了哲学思维方式的转向，因而具有后现代（后近代）哲学的意义。

既然后现代主义的含义不是单一的，就应当按照其不同含义来看待它们的作用。

如果后现代主义被用来泛指 19 世纪中期以来整个西方以批判和超越近代哲学为特征的哲学，那对它的评价就与对现代西方哲学的评价大体一致。既然后者在其发展中陷入了困境甚至危机，那单纯给予它们一个后现代主义的新名称并不能使它们摆脱这种困境和危机。

如果后现代主义指现代西方哲学之后的哲学，或者说 20 世纪 60 年代以后兴起的当代后现代主义，那是否应当对它们作出不同于现代西方哲学的评价，要看它们在理论上是否超越了现代西方哲学的范围。从一方面说，当代后现代主义思潮的出现在一定程度上适应了对现代西方哲学的发展进行新的反思和变更的需要。他们大都对尼采以来的现代西方哲学家的理论的矛盾和缺陷进行了揭露和批判，并以开辟哲学的新方向为己任。从揭露西方传统和现代哲学的缺陷和矛盾说，他们的工作是有价值的，至少能给人以启迪。他们所提出的反体系哲学和绝对一元论、反二元分立、反人类中心论、反绝对化的理性主义和非理性主义等主张在一定程度上的确反映了现代哲学发展的一种趋势。

然而，尽管当代后现代主义者不仅要求超越近代哲学，而且要求超越现代哲学，但他们的哲学并未真正超越后者，在基本哲学思维方式上与此前的现代西方哲学并无实质区别，仍然包含着后者固有的种种矛盾，不仅如此，由于他们对近代和现代哲学的批判（特别是对所谓基础主义、本质主义、逻各斯中心主义等的批判）比此前的现代西方哲学更加走向极端，具有更为强烈的主观主义、相对主义、虚无主义、非理性主义，甚至神秘主义的倾向，因而往往使现代西方哲学本来存在的矛盾更加激化。因此他们的哲学并不能适应对西方哲学发展进行新的变更的要求，也不能真正体现西方哲学的当代走向。正因为如此，尽管它在20世纪60年代以来在西方哲学界曾轰动一时，近几年来却因受到越来越多的批评而有冷落之势。西方哲学家们纷纷在讨论如何超越后现代主义，探索摆脱哲学困境的新途径，以取代和超越它为目标的所谓后后现代主义等思潮也由之而起。

在此值得一提的是，1997年11月在美国芝加哥大学举行了一次国际性后后现代主义（After Post Modernism，简称APM）学术讨论会。会议主题正是针对后现代主义的式微而探索哲学发展的新途径。会议的发起人、芝加哥大学的根德林（Gene. Gendlin）等人会前通过互联网络组织了几个月非常热烈的通信讨论。人们通过互联网络或电子信箱几乎每天都可收到新的讨论信件。会后这种网络讨论曾继续多时。参与讨论者的哲学立场互不相同，但大都是对后现代主义的那些极端性理论提出质疑。会议发起人在广泛征求与会者的意见后于1998年2月18日通过网络发布的关于APM会议的报告显然就体现了这种倾向。例如其中指出：

> "我们继续批判现代性，但我们要超越某些后现代主义支
> 派所主张的那种任意性。我们怀疑一切确定的基础，但并不意
> 味着什么都不值得一提。"这是在芝加哥举行的 APM 会议上
> 93 位与会者……的座右铭。
>
> 虽然所有的词都带有不可避免的"形而上学"。问题显然
> 不可能、也不应当"解决"。然而，我们能否比……以非中心
> 化、不可确定性、断裂……做得更多一些呢？
>
> 我们现在所处的时期是破坏逻辑的基本原理及科学的"客
> 观性"的时期刚刚过去。我们需要一种对科学的力量和限制的
> 重新理解并找到使科学对象重新概念化的道路。借口科学无为
> 并不能改变仍然决定着我们的社会政策和制度的那些假定和价
> 值。而后哲学现在是、从来都是直接研究这些假定并探讨它们
> 怎样才能可能的学科。
>
> 关于"真理"和"客观性"的一般陈述一直是含混的。但
> 这并不是说就没有真理和客观性。我们不要单纯的多元论，而
> 可以创造出"多重真理的复合"。

报告还从科学、文化、历史、伦理、语言等各个方面对后现代主义的相
关观点提出了质疑，甚至否定，在此不再一一引述了。

上面摘引的这些话语都表明，在美国和其他西方国家，为数众多的
哲学家已企图在"后后现代主义"等旗号下超越后现代主义，对当代后
现代主义者的那些纯粹否定性、主观主义、相对主义、虚无主义观点提
出了质疑和挑战，克服后现代主义者的极端性和片面性，为陷于困境和
危机中的西方哲学的发展寻找较为合理和健全的道路。不过他们所提出
的理论并没有越出杜威、维特根斯坦、海德格尔等 20 世纪一些著名西
方哲学家早已提出的理论的范围，他们也未对自己的观点作出系统和充
分的论证，多数还只是片断之见；他们彼此之间往往存在很大差异。因
此，所谓后后现代主义还只是一种开始显露的朦胧的倾向，谈不到已为
西方哲学的发展找到了新的道路。但是，这种后后现代主义倾向的出现
毕竟可以表明：当代后现代主义者所提出的哲学发展的新道路是一条走

不通的路。

　　总之，包括后现代主义、后后现代主义等在内的现代西方哲学的各种思潮也许在某些方面对近代哲学及它们以前的现代哲学的缺陷有所揭示和克服。但由于它们本身都包含着内在矛盾，脱离了现实生活和实践，必将陷入新的困境并为其他流派所否定。现代西方哲学要超越其困境和矛盾，就必须超越它本身的范围。

4. 马克思主义哲学和现代西方哲学发展的不同结局

　　从对马克思主义哲学和现代西方哲学的上述简单比较可以看出，尽管二者在超越近代哲学上殊途同归，但由于二者无论在阶级属性或理论形态上都存在着根本性的区别，其各自的走向也必然表现出不同的特点。

　　马克思主义哲学本身并无不可克服的矛盾，它具有强劲的生命力。连萨特等一些著名的西方哲学家也肯定它是当代唯一不可超越的哲学。它今后的发展不是走向另一种与之不同的哲学，而是通过更加紧密地投入现实生活和实践，在生活和实践中不断克服偏离其本身的倾向，吸取新的经验，从而不断得到丰富和发展。邓小平建设中国特色社会主义理论是当代马克思主义发展的最高成就和最好典范。它的根本之点正是要求打破各种僵化的教条，强调立足于现实生活和实践。在当代学习和研究马克思主义首先应当学习和研究邓小平理论。在这方面，最忌讳的莫过于把邓小平理论纳入某种既定的理论框架中，或在这样的理论框架内来对之作出解释，甚至牵强附会地去建构某种邓小平理论的严密完整的体系，把本来是开放性的、充满活力的、与当代社会的时代精神息息相关的邓小平理论扭曲成封闭性的、僵化的理论。这样做的结果必然是背离邓小平理论。

　　至于当代西方哲学，近期内也许不会发生重大变更。正像它所处的西方资本主义还有一定活力一样，西方哲学的现代思维方式还没有全面彻底地展现出来，它的各种思潮和流派还会通过探索和论争自觉不自觉地进一步朝着展现，甚至完善这种思维方式的方向发展。只有马克思主义哲学才最深刻地揭示了现代哲学思维方式，走向现代哲学思维方式的最正确、也最简捷的道路是接受马克思主义。由于西方哲学家无法摆脱固有的政治和意识形态等偏见，他们不可能自觉地走这一条路。然而，既然他们至今仍然走在朝向现代哲学思维方式的道路上，他们与马克思主义哲学之间的对话必然会得到加强。他们大都不会成为马克思主义者，但他们在哲学上将会以迂回曲折的方式，在不同程度上走向与马克思主义哲学接近的道路。因此，我们在一定意义上可以说，21 世纪哲学发展的道路，将是自觉地，或者不自觉地通向与现实生活和实践紧密相连的道路，而这正是马克思为哲学所开辟的道路。

马克思哲学变革的革命性意义

马克思在哲学上实现了伟大的革命变更，这为马克思主义者以及相信马克思主义哲学的人士所一致肯定。但这一变革的含义究竟是什么？由于人们视界不同（例如从近代哲学视野出发还是从现当代哲学视野出发），观点各异（例如坚持发展着的马克思主义观点还是以往视之为正统的"马克思主义"观点），对此历来存在不同解释。近年来马哲界对马克思主义哲学从名称到其根本观点和核心内容及其在现当代的变更和发展等各方面的问题都曾进行广泛讨论。大部分哲学家特别是中青年哲学家在克服以往对马克思主义哲学的理解的片面性上取得了广泛共识。但是也有少数哲学家似乎仍然习惯于以往流行过的某些观点。例如认为马克思主义哲学只能称为辩证唯物主义和历史唯物主义，历史唯物主义只能是将辩证唯物主义运用于社会历史，不能用来指称整个马克思主义哲学；实践的观点只能是马克思主义认识论的基本观点，而不能说是整个马克思主义哲学的基本观点。究竟应当怎样看待这些问题，还需哲学界进一步讨论。我不是专业的马克思主义哲学家，但一直从西方哲学研究的角度关注着我国马克思主义哲学研究的状况。因为我国的西方哲学研究必须用正确的马克思主义观点作指导，也应为更好地理解马克思主义哲学作出贡献。也正因为如此，经过较长时期的思索，从 1996 年起，我结合与近现代西方哲学的比较研究，对马克思主义哲学的一些重要问题陆续发表过一些见解。我从来无意介入马哲界内部的各种派系争论，更从未跟随其中任何一派。我的见解主要来自我对这两种哲学所从事的比较研究。由于发觉我的见解受到某些误解和质疑，感到应当做出一定回应。本文拟从几个方面对我关于马克思在哲学上的革命变更的意义的理解重新加以阐释。

1. 马克思主义哲学的名称

关于马克思在哲学上的革命变更的基本含义，从其社会和阶级基础来说，国内外马克思主义哲学家都肯定它是马克思和恩格斯适应着无产阶级革命斗争的需要为其所制定的革命世界观，属于革命无产阶级的意识形态。从其理论形态来说，大家都肯定它是马克思和恩格斯在批判继承以黑格尔为代表的近代哲学的辩证法和以费尔巴哈为代表的近代唯物主义以及其他优秀哲学和文化遗产的基础上，将唯物主义和辩证法有机统一起来建立的一种崭新的哲学。关于马克思主义哲学作为革命无产阶级的意识形态，马克思恩格斯早已明确宣布过。凡是真正相信和拥护马克思主义的学者对此都不会存在异议。正因为这一点可谓早已为众所公认，大家在这方面的具体讨论也不多。但是，关于马克思的哲学的理论形态究竟是什么？马克思和恩格斯在批判继承以往的哲学遗产的基础上建立的新哲学究竟是什么样的哲学？大家的理解就可能有所不同，有时甚至可能存在重要的分歧。

为了与传统哲学特别是与旧唯物主义区分开来，揭示和概括他们所建立的新哲学的基本意义，马克思和恩格斯按照他们所强调的方面，在不同情况下分别称这种新哲学为"新唯物主义"、"现代唯物主义"、"实践的唯物主义"、"历史唯物主义"、"唯物辩证法"。毫无疑问，这些名称都能如实地表达马克思和恩格斯所要强调的马克思主义哲学的基本意义。但是，正是因为这些名称都有某种特指的含义，它们并不排斥在其他情况下使用其他概念，只要这些概念能表达马克思主义哲学的基本含义。

普列汉诺夫等后来的马克思主义者也正是为了在新的条件下概括马克思哲学的基本原理，提出了辩证唯物主义和历史唯物主义概念。这个概念为列宁所接受，并在他的《唯物主义和经验批判主义》等论著中作了高度肯定。其后一些苏联哲学家又纷纷对马克思主义哲学作为辩证唯物主义和历史唯物主义作了很多论证，逐渐形成了一个关于后者的主要内容的理论框架。接着斯大林在《联共（布）党史》（1938）4 章 2 节中把马克思主义哲学归结为辩证唯物主义和历史唯物主义。这个概念由此获得了更大的权威性，几乎被认为与马克思主义哲学同义，从而具有排他的地位。应当承认，辩证唯物主义和历史唯物主义这个概念由于能较全面和明确地表达马克思主义哲学的基本原理，它的提出和被采用对促进马克思主义哲学的发展和传播起过重要的积极作用。中国马克思主义者就大都是在辩证唯物主义和历史唯物主义这个名称下接受马克思主义哲学的。本文更不是对辩证唯物主义和历史唯物主义这个名称的合理性表示质疑。

但是，从马克思主义经典作家和马克思主义者对马克思主义哲学的命名的历史过程可以看出，用辩证唯物主义和历史唯物主义指称马克思主义哲学不应有排他的意义。马克思主义哲学除本身以外，不需要、也不应有排他性名称。马克思和恩格斯从来没有把他们所使用的那些名称看做是排他的，他们总是在不同背景下使用了不同的名称，而这使他们能对其哲学有更为全面、也更为深刻的表达。马克思主义哲学的这些名称（包括辩证唯物主义和历史唯物主义）如果运用适当，不仅不相互排斥，反而可以起到相互印证的作用。例如，在使用辩证唯物主义和历史唯物主义概念时如果同时肯定它就是实践的唯物主义，就能使我们更好地理解到前者的实践性，易于避免教条主义的扭曲；如果像恩格斯那样用唯物史观来表征整个马克思主义哲学，那就能促进我们更为全面和深刻地认识历史唯物主义对马克思主义哲学的决定性作用。如果在使用实践的唯物主义概念时同时肯定它就是辩证唯物主义和历史唯物主义，就能使我们更好地理解其辩证性和历史性，便于划清其与西方的各种实践哲学的界限。相反，如果把它们孤立起来，甚至看做是相互排斥的概念，那反而妨碍人们正确和全面地理解马克思主义哲学的真正含义。

对指称马克思主义哲学的概念的适用性都不应当绝对化，因为人们对它们都可以作出不同的解释。辩证唯物主义和历史唯物主义当然是一个受到最多肯定的概念，但人们完全可以在强调辩证唯物主义和历史唯物主义的名义下对它的实际所是作出面目皆非的解释。当着人们按照近代哲学思维方式来理解它，并企图为它制定无所不包的理论体系时，或者说当着人们把辩证唯物主义和历史唯物主义看做是为近代哲学家所追求的那种具有绝对意义的理论体系时，他们实际上已经开始偏离马克思的哲学的根本观点了。马克思主义队伍中"左"和右的思潮虽然大都声称拥护辩证唯物主义和历史唯物主义，但他们的理论观点实际上都偏离了马克思的哲学的真实意义。

有人援引党和国家的重要文件和领导人对马克思主义哲学的论述来证明马克思主义哲学只能称为辩证唯物主义和历史唯物主义。这种援引当然有一定根据，因为这些论述的确大都将马克思主义哲学指称为辩证唯物主义和历史唯物主义。但是，它们都是在马克思主义哲学的本来意义的前提下来使用辩证唯物主义和历史唯物主义概念的，并无排他之意。仅仅援引这些论述并不意味着人们对这些论述就有准确的认识，有时同样可能存在种种扭曲。"十年动乱"时期的极"左"派就曾竭力强调辩证唯物主义和历史唯物主义，但他们实际上严重扭曲了马克思主义哲学。因此人们是否坚持了马克思主义哲学不能仅仅由他们是否表示赞成辩证唯物主义和历史唯物主义这个名称以及能否援引经典论据来判断。

至于马克思和恩格斯本人使用过的"新唯物主义"、"现代唯物主义"、"唯物辩证法"、"历史唯物主义"、"实践的唯物主义"等概念，它们的使用同样不能绝对化。因为人们同样可能对它们作出偏离其真实意义的解释。例如，人们在使用历史唯物主义时可能将其局限于社会历史领域的唯物主义，而在使用唯物辩证法概念时可能忽略其历史性意义。事实上，一些西方马克思主义者和西方哲学家正是由此而扭曲马克思主义哲学的。

近来，有的专家可能是为了避免传统的解释的含混，突出马克思主义哲学的唯物主义的辩证性和历史性，提出马克思主义哲学是"辩证的、历史的唯物主义"。这种提法过去曾经有人提出过。我觉得这是一种较好的提法。据说有的马克思主义哲学家坚决反对，担心这会偏离辩证唯物主义和历史唯物主义概念。不过我倒是认为这种提法也许能更好地突出辩证唯物主义和历史唯物主义的真实含义。这就要求对这个名称作出更为妥善的解释，以便在哲学界能取得更多共识。我们既可以从马克思主义哲学是唯物辩证法的自然观和历史观的统一，而辩证法本身是一个历史发展过程来指称马克思主义哲学是辩证的、历史的唯物主义；又可从马克思主义哲学既是在自然和社会历史领域都坚持唯物辩证法，又深刻和科学地体现了现当代哲学所揭示的自然和社会发展的时间性和历史性等辩证法的特征，而称其为辩证的、历史的唯物主义。在此，辩证的具有历史意义，历史的具有辩证意义。我多年来所倡导的也正是这种观点。哲学界好像对前一种解释较有共识，对后一种解释似乎存在较多异议，其实这两种解释并无原则区别，只是角度有所不同，可以相互补充。

用什么名称来指称马克思主义哲学当然很是重要，但由于人们可以从不同角度来看待马克思主义哲学，或者说对马克思主义哲学可以在不同情况下强调不同的重点，因而完全可以使用不同的名称。任何形式的排他的用法都是不全面的，甚至由此可能产生某些片面性。更为重要的还是真正越出近代哲学的眼界，正确理解马克思通过实现哲学上的革命变更所建立起来的新哲学的根本意义。

2. 马克思在哲学上的革命变更的根本观点

尽管马克思的哲学变革是哲学史上最伟大的革命变更这一事实得到所有马克思主义者的认同，但究竟怎样正确认识和解释这一变革的含义，各家说法有时并不一致。关键问题是如何全面和准确地理解这一变革的根本观点。从这一变革的社会历史条件、思想和理论背景以及变革的过程都可看出，这一变革根本之点在于把社会实践的观点引入哲学，并当做哲学的根本观点。

作为革命无产阶级世界观的体现，马克思哲学的根本使命就是为革命无产阶级提供精神武器，用来指导无产阶级进行反对旧世界、建设新世界的现实斗争。为此它必须摆脱一切独断论和怀疑论的界限，把实践作为中心环节来将认识和行动、认识世界和改造世界统一起来。作为对传统哲学的扬弃，马克思在哲学上也必须在费尔巴哈以人本主义的唯物主义扬弃黑格尔唯心主义的辩证法的基础上进一步扬弃费尔巴哈，这只有将社会实践范畴当做整个哲学的基本范畴的条件下才能实现。马克思实现哲学上的革命变更的过程也正是他把现实生活和实践的观点当做哲学的基本观点的发展过程。马克思在《关于费尔巴哈的提纲》中之宣布"哲学家们只是用不同方式**解释**世界，问题在于**改变**世界"① 标志着他在哲学变革上走出了决定性的步伐，他所说的"改变世界"的观点正是现实生活和实践的观点。

从马克思哲学的理论形态来说，不管是叫它为辩证唯物主义和历史唯物主义或新唯物主义、现代唯物主义、实践的唯物主义、历史唯物主义、辩证的和历史的唯物主义，其最重要的特征都在于把唯物主义和辩证法有机地统一起来，并由此超越资产阶级思想家从来都无法真正超越的抽象思维和感性直观、绝对理性主义和狭隘经验主义等的界限，而这种统一和超越只有在强调现实生活和实践的决定作用的前提下才能实现。正因为如此，马克思明确地把唯物主义和辩证法都与人的"感性活动"，即现实生活和实践联系起来。这一点，从马克思的《关于费尔巴哈的提纲》第一条中的那段著名的话中就可看出。其中讲道："从前的一切唯物主义（包括费尔巴哈的唯物主义）的主要缺点是：对对象、现实、感性，只是从**客体**的或者**直观**的形式去理解，而不是把它们当作**感性的人的活动**，当做**实践**去理解，不是从主体方面去理解。因此，和唯物主义相反，**能动**的方面却被唯心主义抽象地发展了，当然，唯心主义是不知道现实的、感性的活动本身的。"②

马克思在此指出以往唯物主义的主要缺陷在于不是从人的感性活动的观点、实践的观点去看事物、现实，这明白无误地证明他的唯物主义的根本特点是从感性、实践的观点去看事物。他的唯物主义的出发点不是离开实践的纯粹的、自在的物质（自然），而是与物发生关系的人的现实的实践。肯定物质第一性、意识第二性，这当然是唯物主义的一条根本原则。离开了物质的先在性，人类的实践活动以及以之为基础的一

---

① 《马克思恩格斯选集》，2版，第1卷，57页，北京，人民出版社，1995。

② 同上书，54页。

切其他活动都不可能存在。但是，物质的先在性的原则得以确立又必以人的感性活动、实践为前提和中介。因为不与人的感性活动、实践发生关系的纯粹的、自在之物本身不可能与意识、精神发生关系，当然也谈不上存在对意识、精神的先在性的问题。马克思就此指出："只有当物按人的方式同人发生关系时，我们才能在实践上按人的方式同物发生关系。"① 也正因为如此，马克思一再明确地指出他不赞成那种脱离人的实践的纯粹自然主义的，或者说抽象的唯物主义，并认为后者实际上不能坚持唯物主义，反而会落入唯灵论等形式的唯心主义。正是在这种意义上，他说："抽象的唯灵论是抽象的唯物主义；抽象的唯物主义是物质的抽象的唯灵论。"② 马克思在《神圣家族》中谈到法国唯物主义被德国唯心主义所战胜的原因时也指出正是由于法国唯物主义之停留于自然主义水平。总之，不是从纯粹的、抽象的物出发，而是从人的现实生活和实践（人的感性活动）出发，这是马克思的唯物主义不同于旧唯物主义（包括费尔巴哈人本主义的唯物主义）的区别的根本之点。相对于旧唯物主义之为自然主义的唯物主义，马克思的新唯物主义是一种实践的唯物主义。

马克思的辩证法不仅与以黑格尔为最大代表的唯心辩证法根本不同，也与以往某些唯物主义哲学家理论体系中存在的辩证法因素不同。这种不同的根本之点同样在于马克思是通过人的现实的感性活动，即客观的实践来理解辩证法的，因而既能揭示主观的辩证法，又能揭示客观的辩证法，并在实践的基础上达到主客观辩证法的统一。正是这种统一使马克思的辩证法具有充分的现实性和具体性。在马克思哲学中，通过感性活动、实践对辩证法的揭示与通过感性活动、实践对物质的客观性和先在性的揭示是统一的。因此马克思的辩证法是唯物主义的辩证法，而他的唯物主义则是辩证法的唯物主义。黑格尔等唯心主义哲学家阐释的辩证法，尽管能在一定程度上具有丰富性和系统性，并因此而受到马克思恩格斯及其他杰出的马克思主义者的高度肯定。但由于他们"不知道真正现实的、感性的活动本身"，不会通过人的现实的感性活动、实

---

① 《马克思恩格斯全集》，中文1版，第42卷，124页，北京，人民出版社，1982。

② 《马克思恩格斯全集》，中文1版，第1卷，355页。

践去理解和揭示辩证法，因而他们的辩证法必然带有浓厚的思辨性，无法达到主观辩证法和客观辩证法的统一，无法使辩证法具有现实性和具体性。正因为如此，黑格尔等唯心主义哲学家尽管能胜过旧唯物主义而发展了辩证法这个能动的方面，但他们"只是抽象地发展了"。至于包括费尔巴哈在内的以往唯物主义者，虽然肯定了物质世界的客观性和先在性这个唯物主义的基本原则，但由于他们不是从社会化的人的感性活动的观点、实践的观点去看物质世界，自然无法理解和揭示物质世界的辩证法的意义。尽管有的唯物主义哲学家的思想中可能包含某些辩证法的因素，它们也只能是直观的、素朴的（如早期希腊哲学家）或者思辨的（如斯宾诺莎）、抽象的（如费尔巴哈），最后必然被唯心主义和形而上学所取代。

总之，现实生活和实践的观点是整个马克思哲学的根本观点。它不仅因强调人的实践在认识中的决定作用而具有认识论意义，而且还因强调人的实践使物质、自然的存在成为具有现实意义的存在而具有存在论（生存论）意义。它不仅因促使人与自然界的相互作用得以发生而具有自然观的意义，还因促使人在与自然的相互作用中与他人结成一定关系而具有社会历史观的意义。因此，不管是用辩证唯物主义和历史唯物主义还是用其他名称来指称马克思哲学都不能离开现实生活和实践的观点，否则都会划不清马克思的唯物主义与旧唯物主义、马克思的辩证法与黑格尔等人的辩证法的界限，都会偏离马克思哲学的真实意义，偏离马克思在哲学上的革命变更的真实意义。列宁在《唯物主义和经验批判主义》中曾提出："生活、实践的观点，应该是认识论的首要的和基本的观点。"① 这个论断曾经被一些人当做生活、实践的观点只是认识论的基本观点的理论根据。其实，无论在列宁的理论中还是其他马克思主义经典作家的理论中，认识论和唯物主义及辩证法是统一的。肯定实践在认识论中的首要和基本的意义同时也是肯定它在整个马克思主义哲学中的首要和基本的意义。

在马克思主义哲学的发展中，"左"右倾机会主义在理论上的错误都突出地表现在脱离了现实生活和实践。而坚持马克思主义正确路线的

---

① 《列宁选集》，3 版，第 2 卷，103 页，北京，人民出版社，1995。

马克思主义者的突出优点也正在他们坚持了现实生活和实践的观点。因为这个观点不是马克思主义理论中的某一特殊的观点，而是其根本观点。脱离或坚持这个观点就是从根本上脱离或坚持马克思主义。三十多年前在我国开展的关于真理标准问题的讨论之具有伟大历史意义，正在于是否肯定实践是检验真理的唯一标准所涉及的是能否坚持现实生活和实践的观点这个马克思主义哲学的根本观点。批判了"两个凡是"，肯定了真理的实践标准，就是从根本上纠正了脱离实践的方向和路线上的错误，从根本上重新肯定了马克思主义的正确方向和路线。

还要提及的是：马克思在哲学上对社会化的人的现实生活和实践的强调高度地体现了西方哲学由近代到现代发展的必然趋势。而这种趋势标志着西方哲学的发展必然出现具有划时代的意义的哲学思维方式的转型。与马克思大致同时代的一些西方哲学家也在以他们特有的方式，通过迂回曲折的道路致力于实现这种转型。而马克思在哲学上的革命变更比任何其他西方现代哲学流派更为明确、深刻地揭示了这种趋势，更为全面、彻底地实现了这种转型。关于这方面的问题，我在近些年来发表的一些论著中已作过较多论证，此处从略。

3. 马克思在哲学上的革命变更的核心内容

现实生活和实践是人与自然、人与社会、主观与客观相互作用的过程。就整个人类来说，这是一个永无止息的发生和发展的过程，因而这一过程的根本特征在于其时间性和历史性。马克思的哲学变革以现实生活和实践为其根本观点蕴含着他所建立的新哲学必然是一种肯定以人与自然、人与社会、主观与客观相互作用为根本特征的哲学，从这种相互作用都是一个历史发展过程来说，这也就是以时间性和历史性为根本特征的哲学。这种哲学由于肯定自然和社会存在的先在性而是唯物主义，这种唯物主义因与辩证法相统一而是辩证的唯物主义；而唯物辩证法是一个历史发展过程，从其以时间性和历史性为根本特征来说就是历史的唯物主义。当恩格斯谈到马克思以"关于现实的人及其历史发展的科学"[①] 来超越费尔巴哈而建立新哲学时，后者指的正是历史唯物主义。

---

① 《马克思恩格斯选集》，2 版，第 4 卷，241 页。

因为他所说的"现实的人"正是通过实践而处于一定的自然和社会环境中并与这种环境发生相互作用的人，关于这种人的"历史发展的科学"当然就是历史的唯物主义。建立历史唯物主义正是马克思的哲学变革的核心内容。

关于马克思如何从《〈黑格尔法哲学批判〉导言》和《巴黎手稿》中对家庭、市民社会、国家的分析开始，通过《关于费尔巴哈的提纲》、《德意志意识形态》等的进一步论证，发展到在《政治经济学批判》中明确提出历史唯物主义的基本理论的过程，许多学者作过非常具体而有说服力的论证。我个人在这方面并无深刻和独到的研究，不应在此重复这些论证。我试图作出的补充只是：从把西方哲学的现代转型作为参照系来看，可以发觉肯定时间性和历史性在哲学中的核心地位是现当代哲学发展的普遍趋势。如果说各派西方哲学家都只是在某一方面以不彻底的方式体现了这种趋势，马克思在哲学上的革命变更则全面而高度地体现了这种趋势，因而他的历史唯物主义在他的整个哲学中必然具有核心地位。

西方哲学由近代到现代转型的重要方面（也可以说是西方哲学发展在现当代的普遍趋势）之一是它在不同程度上企图扭转由抽象的物质（脱离与人的牵涉的自在的物质）或抽象的意识（脱离现实的观念、精神）出发去构建无所不包的关于世界图景的完整体系的潮流，超越脱离现实的形而上学（特别是理性派思辨形而上学）的近代哲学的视野，而转向超越绝对化的理性界限的人及其所牵涉的世界。就哲学所研究的存在的意义而言，这种转向在一定程度上就是从把存在当做实体、基础、本质转向当做活动、趋势和过程，后者具有明显的时间性和历史性特征。所谓科学主义思潮和人本主义思潮各派哲学在不同程度上都有这种特征。在生命哲学、现象学、存在主义、过程哲学等流派那里，这方面的特征都非常明显。例如柏格森认为真实的存在是生命之流（生命冲动），后者不是实体，而是过程，是时间的绵延；而过程、绵延也正是真实的历史性的体现。怀特海、狄尔泰、胡塞尔、海德格尔、雅斯贝尔斯、萨特、伽达默尔等人同样以各自独特的方式强调时间性和历史性是一切真实存在的根本属性。孔德的实证主义具有较多的传统体系哲学的特点，但他同样企图用人类精神（智力）的历史发展来作为建立他的实证哲学的理论支柱。从批判理性主义以降的西方科学哲学的发展史更是具有越来越强烈的历史主义特征。但是，所有这些西方思潮对过程、时间性和历史性等的强调往往偏离了唯物主义基础，脱离了现实的人的社会实践，特别是脱离了作为人的一切实践的基础，甚至使人得以作为人存在，使人类社会得以发展的生产劳动，因而实际上不可能深刻地揭示作为哲学研究的对象的人的存在及其与世界的关系的真像。他们有关这方面的理论都有很大片面性和局限性，最后必然转向唯心主义。

马克思在哲学上的革命变更与西方哲学的现代转型之具有本质区别，主要就因为马克思对人的存在及其与世界的关系作了历史唯物主义的解释。马克思深刻地揭示了人的存在及其与世界的关系的社会性和历史性。他早在《提纲》中就明确指出："人的本质并不是单个人所固有的抽象物。在其现实性上，它是一切社会关系的总和。"① 马克思所说的社会关系不是抽象的，而是具体的，即处于一定历史时代中的、以物质资料的生产关系为基础的人们之间的各种具体的联系。所以他说"抽象的个人，是属于一定的社会形式的"②。当他在《提纲》中谈论"人的感性活动"、"实践"时，其所指正是具有社会性和历史性的现实的人的活动。正是由于马克思深刻地揭示了人的存在，特别是"人的感性活动"、"实践"的社会性和历史性，使他能在唯物主义的基础上正确地揭示和解释人与世界（包括自然和社会等诸多领域）的关系，实际上就是重新正确认识作为哲学基本问题的主客心物思有之间的关系问题，实现了哲学上的革命变更。马克思的历史唯物主义当然适用于解释社会历史，它在一定意义上可以说是马克思主义的社会历史观。但是既然马克思正是由建立历史唯物主义出发而实现了哲学上的革命变更，那他的历史唯物主义就不只是狭义的社会历史观，而是他的全部哲学的核心内容。

在相当长一段时期内，人们由于受到一种长期被当做权威观点的影响，把历史唯物主义看做只是把辩证唯物主义的原理运用于社会历史领域。二者的关系是部分与整体的关系，历史唯物主义是部分，辩证唯物主义是整体，前者不能与后者相提并论。这显然是一种贬低历史唯物主义的意义的观点，这种观点近年来越来越受到哲学界许多人的质疑是可

① 《马克思恩格斯选集》，2 版，第 4 卷，56 页。
② 同上书，56 页。

以理解的。这不仅是因为马克思在哲学上首先提出的是历史唯物主义，恩格斯在《在马克思墓前的讲话》中提到的马克思在哲学上的贡献也是历史唯物主义，还因为后来的马克思主义者提出的辩证唯物主义概念实际上必须以历史唯物主义为前提。作为关于世界观、本体论的理论，马克思主义的辩证唯物主义不同于传统的唯物主义（如费尔巴哈）和唯心主义（如黑格尔）的根本之点，就在于它既不是以抽象的物质，也不是以抽象的精神为出发点，而是以生产劳动为基本形式的社会的人的实践为出发点。在马克思哲学中，人与自然的关系不是抽象的人与脱离人的抽象的自然的关系，而是社会化的人与人化的自然的关系。换言之，人被社会化，自然被人化。人与自然的关系问题的解决以人与人的关系问题的解决为前提，这些都表明历史唯物主义在整个马克思主义哲学中具有怎样的核心地位。从辩证唯物主义的原理的建立以历史唯物主义为前提，并与历史唯物主义相一致来说，二者作为世界观和本体论的理论是相互包容的，既可以说历史唯物主义具有辩证唯物主义的意义，又可以说辩证唯物主义可以纳入历史唯物主义之中。换言之，这种唯物主义是辩证的、历史的唯物主义。

4. 马克思哲学的理论体系及其与体系哲学的对立

马克思通过在哲学上的革命变更所建立的马克思主义哲学作为革命无产阶级世界观和方法论的理论形态，有着严密的内在逻辑，这意味着它必有自己的理论体系。但马克思的变更又是在反对以思辨形而上学、独断论等为特征的近代体系哲学的斗争中发生和发展起来的，与后者必然有着根本的区别。

体系与体系哲学是两个不同概念。任何一种思想、理论、学说都必有自己的逻辑系统（或者说至少是要有条理），否则持这种思想、理论等的人就无法明确说出它，其他人更无从理解它，从哲学上说就会陷入相对主义甚至虚无主义。至于体系哲学，通常是指那种将哲学的理论体系僵化、教条化和绝对化的哲学。西方近代哲学特别是那些具有思辨形而上学等特征的哲学大都具有这种倾向。

西方近代哲学的一个相当普遍而突出的特征是试图从与客体绝对分离的主体，即主观意识或者作为其普遍化和绝对化形态的理性概念（表现在唯心主义者特别是理性派形而上学家那里）出发，或者从与主体完全分离的抽象的物质（客体）出发（表现在抽象的或者说自然主义的唯物主义者那里），去构造关于整个宇宙的图景的无所不包的知识体系，这类哲学由此被称为体系哲学。由于它们被宣称为体现了一切存在的本质和知识的基础，因而被一些当代西方哲学家称为本质主义和基础主义；又由于它们声称对一切知识和科学具有始源意义和支配地位，因而往往被当做"科学的科学"。

不过我们应当看到，西方近代哲学在其发展的早期，由于强调理性（及与之相关的科学）和人的现实生活，反对基督教信仰主义和经院哲学的独断论，对当时的社会和科学的发展起过重要的推动作用。只是到后来，由于许多近代哲学家越来越企图建立严密完整的哲学体系，他们的哲学理论才越来越被绝对化和僵化，演变成了与它们原来所反对的经院哲学类似的体系哲学，从而越来越与西方现实社会和科学发展的实际脱节，与人们的现实生活和实践脱节；它们不仅不能缓解，反而往往加剧了当时西方各国的社会危机，这使它们本身也越来越陷入困境。于是，即使在资产阶级哲学界内部，它们也越来越受到尖锐的批判。19世纪中期以来兴起的"科学主义"哲学思潮以"拒斥形而上学"为旗号、"人本主义"哲学思潮以改造或重建形而上学为旗号，都竭力反对近代体系哲学倾向。他们的这种拒斥、改造和重建都标榜要改变西方近代哲学的发展方向。尽管这种改变往往具有各种片面性，毕竟在一定程度上意味着重新以与科学或现实生活和实践相结合的哲学来取代与之相反的体系哲学，因而具有一定的进步作用。

在要求反对传统形而上学（或者说反体系哲学）上，马克思与上述要求"拒斥"、"改造"或"重建"形而上学的思潮既有根本性的区别，但又有某些共同之处。一些西方哲学流派在"拒斥形而上学"、反对基础主义、本质主义等口号下不仅取消哲学对世界观、本体论问题的研究，而且也取消对认识论和方法论问题的研究，甚至对哲学本身也采取极端相对主义和虚无主义态度，也就是企图从根本上否定哲学。与此不同，马克思不仅没有忽视、更没有反对对世界观、本体论、价值论等问题的研究，反而高度重视这方面问题的研究，并且把这种研究与认识论和方法论问题的研究统一起来。他的哲学的根本目标就是为无产阶级确立革命的世界观和方法论。

但是，与许多现代西方哲学家相仿，马克思有关这方面的研究具有明显的反对作为体系哲学的传统形而上学，特别是理性派思辨形而上学的性质。马克思哲学的突出特点之一就是与这样的形而上学决裂。他在《黑格尔法哲学批判》以及和恩格斯合著的《德意志意识形态》、《神圣家族》等最有代表性的批判论著中直接批判的虽然主要是黑格尔、费尔巴哈、布鲁诺·鲍威尔、施特劳斯等人的理论，但这些人在哲学上存在的问题（特别是从绝对、自我意识或抽象的人出发建构思想体系）也正是许多近代哲学家的共同问题。因此他对黑格尔、费尔巴哈以及整个德意志意识形态的批判实际上就是对全部西方形而上学的批判。

正因为如此，当马克思对黑格尔、费尔巴哈等传统形而上学作了全面、彻底的批判，并由此出发来建立自己的新唯物主义哲学理论时，他主要是为它提出了一系列纲领性的原则，并将这些原则贯彻于现实生活的各个方面，特别是贯彻于对资本主义制度的分析和批判以及为无产阶级的革命斗争制定战略和策略等方面，而并未在此之外去建立全面完整的纯粹的哲学体系。这使他从根本上改变了黑格尔等人由于体系的需要而去杜撰某种脱离现实的理论的独断论和思辨形而上学倾向，使他的哲学始终充满了现实生活和实践的气息。这不意味着马克思不重视对于世界观和本体论问题的研究，如上所说，他的哲学的根本使命就是为革命无产阶级确立科学的世界观和方法论。问题在于：这样的世界观和方法论完全不是近代体系哲学家那种被绝对化和僵化了的无所不包的思辨体系，而是处于不断发展中、与现实生活和实践紧密相连的体系，也就是与对现实的资本主义制度的分析批判以及为无产阶级制定革命斗争的战略和策略等相联系的理论体系。马克思由此从根本上改变了对世界观和本体论问题的研究方向。他所关注的世界不是旧唯物主义者所关注的那种抽象的自然界，而是与现实的人类社会，或者说社会化的人发生关系的自然界，也就是社会化了的，或者说展现于人类社会历史过程中的、具有历史性的自然界。在马克思那里，不仅世界观、自然观和历史观是统一的，而且这种世界观、自然观和历史观与现实生活和实践是密切相关的。

马克思曾经计划写一部系统地阐述他的哲学理论的著作，但他后来并未写。对他为什么未写的具体原因，我没有作过专门考察，按说对此没有发言权。作为一种猜测，我觉得这似乎不能完全归结为他与恩格斯的分工，更不能简单地说是由于他忙于其他工作而未来得及写。为革命无产阶级制定科学的世界观和方法论是马克思理论研究的根本课题，没有比这更重要的工作了。马克思不可能放下最要紧的工作而去从事相对次要的工作。实际情况可能是：马克思后来所写的其他许多著作已经充分阐释了他要阐释的哲学原则。例如，马克思的《资本论》在直接形态上是一部划时代的经济学经典著作，但它同时实际上又是一部最具现实生活和实践特征、最具世界观和方法论意义的哲学经典著作。还有一个重要原因是：马克思在哲学上最关注的并不是去全面系统地描绘无所不包的世界观的图景，去构建严密完整的哲学理论体系，而是从哲学上关注人的现实生活和实践所牵涉的现实的世界。因此，当他提出了那些革命性的新的哲学原则以后，他的工作方向就是转向研究当时的现实社会，特别是转向研究他所代表的无产阶级在那个社会中存在和遇到的问题以及解决这些问题的道路。①

我这样说一点也不是认为马克思主义哲学没有科学的理论体系，更不是否定在新的历史条件下重新研究马克思主义哲学理论形态的重要性。过去长期流行的马克思主义哲学教科书体系中包含了大量积极的内容，对马克思主义哲学教育起过积极作用，但它们毕竟存在着许多片面性，特别是不能适应改革开放以来现实生活和实践发展的新形势。因此需要坚持马克思主义哲学的基本原理，深入研究和学习毛泽东思想、邓小平理论、"三个代表"重要思想，落实科学发展观，掌握发展着的马克思主义哲学的基本路向，编出能反映当代中国社会主义现实生活和实践要求的新的马克思主义哲学教科书。这种教科书在理论上当然应当力求做到尽可能严密和完整。我所不赞成的是把严密完整绝对化，因为它会导致僵化、封闭等弊病，反而导致背离马克思主义的原则。如果我们追求的严密完整具有开放性，特别是贯彻科学发展观的要求，那这种追求当然应当得到充分的肯定。

---

① 其实恩格斯同马克思一样摒弃脱离实际的抽象、思辨的哲学体系。他的《路德维希·费尔巴哈与德国古典哲学的终结》是对他和马克思与费尔巴哈和德国古典哲学的关系的清理，他的《反杜林论》也不是建构这样的哲学体系，而是作为对杜林等论敌的批判和回应。

马克思在哲学上的革命变更对西方现当代哲学的超越

马克思主义哲学的产生是人类哲学发展史上最伟大的革命变更。它与西方哲学的现代转型虽有共同之处，但由于二者的社会阶级基础根本不同，在理论形态上也必有原则性区别。马克思主义哲学不仅从根本上超越了包括近代哲学在内的全部西方传统哲学，彻底地克服了它们的种种片面性和局限性，而且也从根本上超越了西方现当代哲学，同样避免了它们的种种片面性和局限性。关于马克思主义哲学作为无产阶级世界观的理论形态对近代西方哲学的超越，我在其他地方已有较多论述。至于马克思主义哲学对西方现当代哲学的超越，我的一些主要观点虽然也提出过，但大都较笼统，未能作具体论证。一直打算弥补这方面的缺陷，至少能把已提出的观点说得明确一些。但这方面涉及的问题更多，也更为复杂，需要从不同层面作深入研究。其中最主要的是：既要对马克思主义哲学本身的真实意义有较为准确的把握，又要克服以往那种对现当代西方哲学各种流派与思潮的片面认识，尽可能做到对其实际所是有较为准确的了解，然后从个案和整体上分别将这两种哲学作比较研究。解决这些问题需要哲学界共同努力，我个人难于有什么突破。本文主要是基于自己对马克思在哲学上的革命变更的意义的重新认识的体会以及在编写《新编现代西方哲学》过程中所获得的对现当代西方哲学的某种程度的整体了解，来就"革命变更"对西方现当代哲学的超越提出三点初步想法。

1. 在阶级基础上对西方现当代哲学的超越

马克思在哲学上的革命变更从根本上改变了西方哲学发展的社会阶级基础，使它完全符合现当代社会发展的前进方向，从根本上超越了近代和现当代西方哲学家因阶级偏见无法摆脱的片面性和局限性。

马克思在哲学上的革命变更就其理论的社会阶级基础来说，是以作为无产阶级世界观的理论形态的新哲学来取代作为资产阶级世界观的理论形态的旧哲学，其根本目的是促进无产阶级推翻旧的资本主义社会制度、建立新的社会主义制度的革命斗争，由此实现无产阶级和全人类的彻底解放。马克思从着手在哲学上进行变更时开始，就自觉地将这一变更与领导无产阶级进行解放斗争紧密地联系在一起，使哲学变更适应现实的革命斗争即社会制度的根本变更的需要，并在后者的具体实践中得到丰富和发展。

无产阶级的彻底解放标志着从根本上改变无产阶级的地位，也就是使无产阶级不再作为无产阶级而存在，或者说消灭无产阶级本身。而这要求消灭一切奴役制度、一切阶级特权和阶级对抗，使一切人都摆脱被异化的状态，完全恢复为人本身，也就是恢复为摆脱了阶级压迫和剥削等一切奴役、具有作为人的自由和尊严、能充分发挥自己的个性的人。因为无产阶级只有使一切人完全恢复为人才能使自己完全恢复为人，换言之，无产阶级只有求得人类的解放才能使自己得到完全解放。哲学是无产阶级从事这种解放斗争的精神武器，而哲学也只有成为无产阶级的精神武器，才能摆脱各种各样的扭曲，成为真正现实的哲学。正是在这种意义上，马克思指出："哲学把无产阶级当做自己的**物质武器**，无产阶级也把哲学当做自己的**精神武器**。"[①] 他又说："德国唯一实际可能的

① 《马克思恩格斯全集》，中文1版，第1卷，467页。

解放是从宣布人本身是人的最高本质这个理论出发的解放。……在德国，不消灭**一切**奴役制，**任何一种**奴役制都不可能消灭。**彻底**的德国不**从根本上**开始进行革命，就不可能完成革命。**德国人的解放**就是**人的解放**。这个解放的**头脑**是**哲学**，它的**心脏**是**无产阶级**。"①

马克思上面两段话的最深刻的意义，就在于明确地揭示了革命的无产阶级与现实的哲学作为实现人的解放的心脏和头脑的不可分割的内在联系。革命无产阶级只有把哲学（当然只能是体现时代精神的精华的现实的哲学）作为精神武器（也就是用这样的哲学武装头脑）才能消灭一切奴役制，实现其自身和一切人的解放；哲学只有把革命无产阶级当做自己的物质武器（也就是只有由能体现一切人的解放的要求的无产阶级来掌握），才能成为起到促进人的解放作用的真正现实的哲学。马克思由此接着说："哲学不消灭无产阶级，就不能成为现实；无产阶级不把哲学变成现实，就不可能消灭自己。"② 这里的意思也正是：一种哲学如果不能成为无产阶级消灭一切奴役制，或者说使无产阶级不再成为无产阶级（而这也意味着全人类的解放）的武器，就不可能是真正具有现实意义的哲学；而无产阶级如果不彻底改造以往哲学，克服它们可能存在的各种片面性和局限性（也就是非现实性），使之成为现实的哲学，那无产阶级就不可能用它来实现消灭一切奴役制、解放自己和全人类。

马克思在哲学上实现的革命变革的上述伟大意义，是西方资产阶级哲学由近代到现当代的转型所无法比拟的。后者尽管也属于西方哲学史上具有根本性意义的思维方式转型，但它是在资本主义意识形态范围内发生的，西方哲学家们推动这次转型的动机并不是为了反对和废除资本主义制度本身，而是"改进"（改良）资本主义制度，或者说对资本主义制度作一定的自我调整，将其从已经陷入的危机和困境中暂时解脱出来。他们批判和要求取代各种形态的近代哲学的原因不是由于它们所体现的思维方式维护了资本主义制度，而是由于这种思维方式本身也已陷入了深重的危机和困境，难以起到维护已经陷入危机和困境的资本主义制度的作用。换言之，他们认为原有资本主义制度存在很多缺陷，需要进行大幅度的改造；与原有资本主义制度相适应的意识形态，特别是由

---

① 《马克思恩格斯全集》，中文 1 版，第 1 卷，467 页。
② 同上书，467 页。

近代哲学思维方式所体现的各种近代哲学同样需要作具有根本性意义的改造。

正是由于这种原因，与马克思从事对资本主义制度的革命性批判大致同时，尽管在西方各国先后出现了一大批对原有资本主义制度作了批判，甚至是作了激烈的批判的思想家，但他们的批判实际上都没有越出资本主义制度所许可的范围。有的西方思想家甚至也打着社会主义的旗号，但他们的所谓社会主义并不触动资本主义制度存在的基础，实际上不过是打着社会主义招牌的资本主义（例如某些类型的社会民主主义）。与之相适应，这一时期在西方也出现了许多对近代西方哲学采取批判，甚至是激烈批判的哲学家，他们要求对原有的近代哲学进行根本性的改造，甚至要求根本改变哲学发展的方向。但他们在哲学上的批判和改造同样始终没有越出作为资本主义意识形态的范围。从尼采到海德格尔、萨特、德里达，从罗素到维特根斯坦，从杜威到蒯因、罗蒂，几乎所有的现当代最著影响的哲学家的理论大都具有这样的共同特色。这些我们只有放在个案研究中详释了。

总之，现当代西方哲学家不管表现得多么激进，他们都未能摆脱作为资产阶级思想家的眼界和偏见，他们所肩负的社会使命与作为无产阶级革命导师的马克思有着本质的区别。因此，尽管他们在要求对近代哲学思维方式进行根本性的改造方面与马克思有着某些共同之处，但他们的理论的基本价值取向与作为革命无产阶级世界观的理论形态的马克思主义哲学仍然有着根本性的区别。他们的理论不可能被用来消灭一切奴役制、摆脱人被异化的地位、实现人的解放的工具，或者说作为恢复人作为人的最高本质的精神工具，而这意味着这些理论必然脱离以实现人的解放这个根本目标的现当代社会发展的现实要求，不能真正体现时代精神的精华。它们不能不具有很大的片面性和局限性，不可能成为真正现实的哲学。只有马克思主义哲学从本质上说是唯一完全符合现代社会的解放和人的解放的哲学，是唯一能克服各种类型的西方近现代哲学都不可避免地存在的这种戒那种片面性和局限性的哲学。

2. 在批判传统哲学上对西方现当代哲学的超越

马克思把对传统形而上学的批判与对世界观和本体论研究的改造结

合起来，避免了西方现代哲学家在批判传统哲学的形而上学时普遍存在的相对主义和虚无主义倾向。

对从柏拉图以来的西方传统形而上学，特别是对从笛卡儿到黑格尔的近代形而上学的批判和超越，无疑是现代西方哲学重要的共同特征之一，也是它们实现哲学思维方式的现代转型的一个重要方面。从孔德、斯宾塞等人肇始的"科学主义思潮"哲学家们的一个重要特征就是"拒斥形而上学"，即要求把近代形而上学对抽象（自在）的物质或精神实体、绝对化的本质和基础的研究排除在哲学研究范围之外，哲学应当研究的只限于可以为人所感觉、观察、思考的世界，即经验世界或者说认知世界。他们主张按照实证科学的精神来改造哲学。后来的科学主义思潮的哲学家的具体说法与此有所不同，但在主张哲学应当抛弃传统的形而上学、返回到人的经验和认知世界上则大体一致。

叔本华、尼采和克尔凯郭尔以来的所谓人本主义思潮哲学家虽然不笼统地把形而上学排出于哲学研究范围，但要求对传统形而上学进行根本性改造，这种改造的关键之点就在排斥后者关于抽象的物质或精神实体、绝对化的本质和基础等概念。他们大都主张把与人的生命息息相关的人的情感、意志、意向、纯粹意识作为形而上学（本体论）的出发点，由此而及整个世界。他们各人对此的具体解释往往不同，但在不把情感、意志等看作是实体而看作是活动、过程、倾向上则大体一致。例如尼采的权力意志、柏格森的生命冲动、胡塞尔的意向性、海德格尔的在、雅斯贝尔斯的超越存在、萨特的自为存在都具有这种特性。在一定意义上我们可以说他们是以活动和过程的本体论取代近代哲学的实体本体论。

西方现当代各种哲学思潮和派别都在不同程度上反对近代形而上学对抽象的物质或精神实体、绝对化的本质和具有终极和基础意义的原则的研究，而要求把它们排除在哲学研究范围之外，他们强调哲学研究应当返回到可以为实证科学所研究的世界，或者与人的现实的生存息息相关的世界；换言之，哲学应当研究与科学及与人相关的世界。他们的这种主张较之近代哲学，特别是近代哲学的思辨形而上学无疑具有一定的合理性和积极性。他们有关这方面的学说作为西方哲学现代转型的一个重要方面很是值得我们研究。

　　然而，西方现当代哲学家在反对近代形而上学的确严重存在的缺陷，并提出了一些有积极意义的见解时，不少人由于走向极端而陷入了另一种形态的片面性：否定了哲学作为世界观的意义，或者把这种意义主观主义和相对主义化。科学主义流派因反对把对世界观和本体论的研究归结为（或主要当做）对抽象的物质或精神实体的追问而根本否定世界观和本体论问题在哲学研究中的意义，也就是对哲学中世界观和本体论研究采取虚无主义态度。他们中某些人甚至由此进一步否定了（或者是怀疑）不以人为转移的物质世界的客观存在，这样他们必然在不同程度上走向主观唯心主义和不可知论。意志主义、生命哲学、现象学等人本主义思潮的哲学家把哲学研究归结为与客观世界相分离意志、非理性的生命、纯粹意识、意向性等等的存在的研究，同样在不同意义上排除甚至否定了不以人的意志为转移的客观物质世界的存在，至少是把他们所强调的意志、意识、生命等世界同这个世界完全割裂开来了。他们由此在不同意义上落入了具有唯意志主义、非理性主义、相对主义等特征的主观主义。

　　这种对哲学作为世界观和本体论理论的虚无主义、主观主义、相对主义和非理性主义倾向在西方当代某些后现代主义哲学家那里表现得最为突出，他们甚至由此进一步要从根本上取消哲学。由于他们过分走向极端，即使在西方哲学界中也已引起了不少非议。一些较严肃的科学主义哲学家原来就力图避免对世界观和形而上学问题采取极端态度，试图另建一种符合现代要求的形而上学；一些人本主义思潮的哲学家在重建形而上学时也力图尽可能冲淡非理性主义、相对主义等色彩。最近几十年来，特别是最近几年来，在西方哲学界中不断响起了超越后现代、重新思考世界观和形而上学问题的呼声。这种呼声中究竟包含了多少真理，那是一个有待研究的问题，但它们至少可以表明，自古以来哲学对形而上的追求，或者说哲学作为一门关于世界观的学问，是不可能被取消的。正确的道路是既反对和超越那种脱离实际、脱离人的现实生活和实践的形而上学，把哲学对世界观的研究建立在客观实际的基础上，特别是建立在人的现实生活和实践的基础上。由于无法摆脱资产阶级的偏见和突破资本主义意识形态这个大的思想框架的界限，西方哲学家无法真正走上这条道路。他们无法从根本上认识西方近代哲学的失误，也无法从根本上找到走出西方近代哲学思维方式的界限的道路。马克思在哲学上的革命变更的伟大历史意义就在于他开辟了这样的道路。

马克思对传统形而上学关于离开人的自在（抽象）的自然界和绝对的观念世界的理论（无论是旧唯物主义的自然主义的形而上学还是唯心主义的主体性形而上学）同样作了尖锐的批判，但他并没有由此简单否定对世界观和本体论问题的研究的意义，而只是把这种研究由面向脱离现实的人的自在（抽象）的自然界或观念世界改造为面向人的现实生活世界。后者就是人（而且是社会化即处于各种现实的社会关系中的人）生活于其中、与之发生关系的世界，或者说人化（社会化）的世界。这样的世界仍然是不以人的意识为转移、并有其自身发展的规律性的客观世界。在唯物主义和唯心主义的对立中，马克思明确地站在唯物主义立场上，只是这种唯物主义已不是马克思所说的旧唯物主义者的那种"敌视人"的唯物主义，而是与人的现实生活和实践有着紧密联系、体现了人对自然的关注、从而也使自然在人面前显得栩栩如生的唯物主义。这是一种既扬弃了传统形而上学、又批判地继承了其中的辩证法的合理因素的唯物主义；这是一种既肯定了自然界对人的先在性，但又超越了纯粹的先在性、而同时又肯定了人对自然界的影响的唯物主义。换言之，自然的先在性是通过人对自然的积极影响而显现出来的，这种唯物主义由此具有"人道主义"意义。当马克思把他的唯物主义说成是一种人道主义时，他的用意正是以此与那种"敌视人"、即把人的牵涉排除在外的纯粹自然主义的唯物主义区分开来。他的人道主义的人指的正是处于现实社会关系中的人。这种人道主义与他后来更为明确地阐述的历史唯物主义是一致的，而与西方哲学家那种既排除自然的先在性、又排除人的社会性的抽象的人道主义根本不同。

值得注意的是，马克思非常明确地把作为他的世界观理论的唯物主义与他所关注的以共产主义为目标的现实社会变更紧密联系在一起。早在《1844年经济学哲学手稿》中，他在肯定共产主义"是人向自身、向社会的（即人的）人的复归"时，同时又把这种复归与人和自然以及人和人之间的矛盾的真正解决联系起来。他说："这种共产主义，作为完成了的自然主义，等于人道主义，而作为完成了的人道主义，等于自然主义。它是人和自然之间、人和人之间的矛盾的真正解决，是存在和本质、对象化和自我确证、自由和必然、个体和类之间的斗争的真正解决。"① 马克思在此说"完成了的自然主义",指的是与人发生牵涉、受到人的作用和影响、适应人的目的、即已人化了的自然主义,所以它"等于人道主义"。至于"完成了的人道主义",指的是解决了人(当然是指社会化的人)与自然之间的矛盾的人道主义,或者说它是已越出了人本身的界限,使人与其所处的自然界联系在一起的人道主义,所以它"等于自然主义"。总之,在马克思眼中,共产主义就是人与自然、人与人等等之间的矛盾的解决,而解决这些矛盾也正是他的作为世界观的哲学的使命。这些"矛盾"和"斗争"的真正解决既蕴含着对近代唯物主义的纯粹自然主义的扬弃(通过将自然主义和人道主义统一起来)和将主客、自由必然等绝对对立的扬弃,也蕴含着对人的复归这个共产主义的目标。

为了进一步理解马克思对传统形而上学和本体论的批判以及他在建立新的世界观理论时怎样将自然主义和人道主义(科学精神和人文精神)、哲学理论和共产主义的实践结合在一起,重新温习一下他在《神圣家族》中《对法国唯物主义的批判的战斗》一节中的一些话是很有意义的。例如他在其中谈道:"被法国启蒙运动特别是18世纪的**法国唯物主义**所击败的17世纪的**形而上学**,在**德国哲学**中,特别是在19世纪的**德国思辨哲学**中,曾有过胜利的和富有内容的复辟。在黑格尔天才地把17世纪的形而上学同后来的一切形而上学及德国唯心主义结合起来并建立了一个形而上学的包罗万象的王国之后,对**思辨的形而上学**和**一切形而上学**的进攻,就像在18世纪那样,又跟对神学的进攻再次配合起来。这种形而上学将永远屈服于现在为思辨本身的活动所完善化并和**人道主义**相吻合的**唯物主义**。费尔巴哈在理论方面体现了和人道主义相吻合的唯物主义,而法国和英国的**社会主义**和**共产主义**则在**实践**方面体现了这种唯物主义。"②

在此,马克思高度肯定了法国启蒙运动和唯物主义在反对思辨形而上学上的贡献,又指出了它们的局限性,正是由于有这种局限性,才有19世纪德国思辨哲学的**"胜利的和富有内容的复辟"**。在黑格尔建立了

① 《马克思恩格斯全集》,中文1版,第42卷,120页。
② 《马克思恩格斯全集》,中文1版,第2卷,159~160页。

一个集 17 世纪以来的形而上学的大成的无所不包的思辨形而上学体系后，欧洲哲学的发展就完全转向了反对这种与神学合而为一的形而上学的斗争。在"这种形而上学将永远屈服于现在为思辨本身的活动所完善化并和**人道主义**相吻合的**唯物主义**"这句极为重要的话中，唯物主义"为思辨本身的活动所完善化"，意思主要是指德国唯心主义在其"胜利和富有内容的复辟"中对 18 世纪唯物主义的推进，其中最重要的自然是其辩证法对唯物主义的积极影响，后者使唯物主义脱离了纯粹自然主义的界限、而具有肯定自然与人发生相互作用的意义，即具有人道主义的意义，或者说它是一种人道主义（人本主义）的唯物主义。而马克思对唯物主义之"和人道主义相吻合"的肯定表明他认为唯物主义应当是一种蕴含着人与自然的相互作用、因而具有"人道主义"意义的唯物主义。他分别从理论和实践方面对费尔巴哈和法英社会主义和共产主义的批判性的肯定表明他企图在克服了他们的片面性的基础上将唯物主义的哲学理论和共产主义的实践斗争结合在一起。

马克思对传统形而上学和本体论的这种批判，特别是他由此进一步提出的新的哲学理论，既超越了西方近代哲学，又超越了西方现当代哲学。

3. 在转向现实生活和实践上对西方现当代哲学的超越

马克思在历史唯物主义基础上把生活和实践的观点当做其哲学的基本观点，克服了西方哲学家在转向生活和实践道路上的唯心主义倾向。

以不同的方式在不同程度上强调哲学关注的中心不应是脱离人的牵涉的抽象的物质或精神实体，而应是人及其牵涉的现实世界之间各种层次和各个方面的联系，特别是它们的变化和发展的动态过程，是西方现当代哲学不同于近代哲学的重要方面之一。有的现当代西方哲学家和哲学流派还通过对这些变化和发展的强调而在一定程度上直接或间接地肯定人的现实生活和实践在哲学研究中的关键作用。例如，尼采、杜威、怀特海、胡塞尔、海德格尔、维特根斯坦等众多现当代西方哲学中最有代表性的人物都以各自不同的方式、用不同名称强调了哲学应当从脱离了与人的牵涉的永恒、抽象和自在的世界（不管这是纯粹的物质世界还是精神世界）回到活生生的、具体的人的现实生活世界（经验世界、现象世界、日常语言世界等等），而这种向生活世界的回归又往往蕴含着人与世界的关系是一种能动与被动、作用与被作用、创造与更新的关系，其中蕴含着对人的现实生活和实践及其历史性的强调。他们在这方面对近代哲学的批判以及他们各自提出的理论往往是对近代哲学的超越，也往往包含着某些（有时甚至是非常重要的）积极因素。马克思主义者不仅不应简单对之否定，而应当有效地借鉴，以利于马克思主义哲学的丰富和发展。

但是，西方现当代哲学家在这些方面对近代哲学的超越仍然是在资本主义意识形态范围内的超越。他们既无法摆脱资产阶级的狭隘眼光，又无法摆脱上面谈到的在世界观和本体论理论上的片面性和局限性。

前者使他们无法正确认识、甚至必然扭曲人与人之间的社会阶级关系，无法正确理解人的社会性和历史发展，因而也无法真正按照人的现实生活和实践的本来意义对之作出正确解释。例如，尼采和杜威等人都反对按照近代哲学的主体性形而上学，特别是理性派思辨形而上学的观点来解释人与他人及世界的关系。然而他们仍然局限于从人的生命和意识属性来理解人。尼采把人看作是权力意志（权力意志仍然是一种生命意志）的体现，杜威把人看作是一种特殊的生命有机体。作为资产阶级思想家，他们不懂得，甚至也不可能去思考人如何通过生产劳动使自己成为与一般动物根本不同的动物，如何通过生产劳动而与其他人发生交往、形成以生产关系为基础的人与人之间的各种社会关系，并由此推动社会历史的发展。正是由于他们不懂得生产劳动作为人类实践的基本形式的意义，尽管他们很是强调人的实践及由实践决定的人的能动性和创造性，他们所理解的实践就成了一个没有确定性、可以随意作出解释的概念，任何一种意识活动和下意识活动都可以纳入实践概念中（例如杜威就把实践等同于经验，而经验包含了一切意识和下意识的活动）。

后者最突出的问题是他们大都忽视，甚至割裂了人所牵涉的各种意义上的生活世界与不以人为转移的客观物质世界（自在世界）之间的不可分割的联系。他们大都不同于古典的唯心主义者，并不否定外部世界自在地存在，更不会说这个世界是人的意识的产物。诸如人类出现以前地球是否存在的问题对他们说是不成问题的问题，没有谁会否认。一些人（例如实用主义者）甚至还肯定意识是作为特殊物质即人脑的产物。然而，他们往往由于人所牵涉、面对的世界受制于人的视界（也就是被人化），不是自在世界本身，于是就忽视甚至否定后者对人的认识、人的现实生活和实践的意义。尽管他们许多人肯定甚至强调现实生活世界是他们的哲学的出发点和基础，有的人还承认现实生活世界的规律性。但是他们不敢明确承认、有时甚至还否定这些规律性本身的客观实在性，以它们只能由人来发现和表述为理由而将它们归结为人的主观假设和选择、设计。现实生活世界在现当代西方哲学家那里是一个极为模糊的概念。有的人可能对之作出较为客观的解释，有的人则归根到底倒向各种形式的主观主义，甚至唯意志主义。

上述两种情况也可以说是现当代西方哲学家在转向现实生活和实践上存在很大局限性的阶级根源和认识根源。二者又是密切相关、互为表里的，构成了它们在取得对人与世界、主观与客观等等之间的关系的正确解释上不可逾越的障碍。这里最关键的问题是西方哲学家由于其阶级偏见并不真正理解人的社会性，不能正确理解人的社会实践的意义和作用。因为主观主义和唯心主义等等的存在及它们与客观主义（求实态度）和唯物主义的对立，其最后根源是离开或未能正确对待实践，因而也只有通过正确解决对社会实践的正确认识才能得到克服。马克思指出："我们看到，主观主义和客观主义，唯灵主义和唯物主义，活动和受动，只是在社会状态中才失去它们彼此间的对立，并从而失去它们作为这样的对立面的存在；我们看到，理论的对立本身的解决，只有通过实践的方式，只有借助于人的实践力量，才是可能的；因此，这种对立的解决不只是认识的任务，而是一个现实生活的任务，而哲学未能解决这个任务，正因为哲学把这仅仅看作理论的任务。"①

马克思在有关这些问题上对西方哲学家的具有根本性意义的超越，主要就表现在他正确地解决了上述问题，而他之所以能如此，就在于他作为无产阶级革命家，把哲学上的主客心物关系等等理论问题与无产阶级的现实生活和革命斗争紧密地联系起来。马克思从分析作为一切实践形态的基础的生产劳动的内在矛盾、性质及其对人的生存和历史发展的

---

① 《马克思恩格斯全集》，中文1版，第42卷，127页。

决定性意义出发，建立了历史唯物主义，不仅为正确解决主客心物等哲学问题、也为无产阶级正确地认识自己的处境、使命和斗争方向提供了正确的世界观和方法论，实现了人类哲学发展上最伟大的革命变更。马克思把生活和实践的观点当做他的哲学的基本观点，这表面上看起来与一些西方哲学家没有多大不同。因为他们之中有的人（例如杜威和其他实用主义哲学家）也一再明确表示应当把生活和实践的问题放在哲学的首位，甚至称他们的哲学是生活哲学、实践哲学。然而，正如我们上面曾提到的，他们的阶级偏见使他们不懂得物质资料的生产劳动作为人类实践的基本形态的决定性意义，从而不懂得、更不接受马克思由此出发建立的历史唯物主义，不能按照历史唯物主义的原则来正确、全面地对生活和实践作出解释。他们只能从人和世界的某一层面、环节和角度去解释人的实践及人与世界的关系，而不可能从整体上对之作出正确解释。马克思从人的社会实践出发早已解决的问题在西方哲学家那里一直是困惑，是无法解决甚至无法理解的"自在之物"。

如何正确认识生活和实践的观点是马克思主义哲学的根本观点，马克思又如何用这种观点克服西方哲学家在这方面的片面性和局限性，这是需要作更为深入、全面论证的问题。目前我国哲学界在这方面还有较多争论。但不管怎样说，能否在坚持历史唯物主义的前提下强调生活和实践的观点的核心作用，应当看作是能否坚持马克思主义哲学的根本性标志。

马克思在哲学上对西方现当代哲学的超越既可以从他的哲学的社会历史背景和功能方面来考察，又可以从其理论内容的各个方面来考察。尽管马克思哲学的基本理论倾向在他从民主主义者转化为共产主义者初期就已基本确立了，但他本人及恩格斯等其他无产阶级的革命导师和领袖以及众多的马克思主义者和马克思主义哲学家后来对马克思主义哲学又作了重大的发展，这些发展往往同时又是对西方现当代哲学的超越。要较为全面和系统地揭示马克思主义哲学对现代西方哲学的超越，就需要具体地研究一百多年来马克思主义哲学的发展历程，特别是要将这种发展与无产阶级革命斗争的发展（包括其成功和所遇到的挫折）结合起来加以研究，并从各种不同层面上将它们与现代西方哲学的发展作比较研究。这些就不是本文所能具体企及的了。

刘放桐 卷

中　篇

西方哲学现代转型的产生和发展概况

西方哲学的革命变更和
现代转型的社会历史背景

    在分析马克思在哲学上的革命变更与西方哲学从近代到现代的转型时，我曾明确提出二者虽有原则区别，但在超越近代哲学思维方式、转向现代哲学思维方式上也有重要的共同之处。我从历史和理论背景等方面对此作过一些论证。由于重点关注的是革命变更和现代转型本身，对二者的共同和特殊背景都说得较为笼统，需要进一步阐释。二者的共同背景的直接表现是西方近代哲学已越来越陷入严重的困境和深刻的危机之中，如果不在具有整体性意义的思维方式上进行革命性的变更或根本性的转型，就不可能进一步发展，甚至发生倒退，并由此变成科学和文化，特别是社会发展的阻力。而近代哲学陷入这种困境和危机的原因也正在 19 世纪西方社会历史、自然科学和思想文化等诸多方面的发展都突破了近代哲学思维方式的界限，要求建立与之相应的哲学思维方式。关于自然科学发展方面的情况，我在《西方哲学现代转型的科学背景》①　一文中已

---

① 载《江海学刊》，2006（3）。

作了论述，本文主要对变更和转型的社会历史背景问题进一步作些分析。这方面的历史材料早已为众多哲学和历史论著中反复陈述。我在此重提这些众所周知的材料，是试图说明它们不仅是马克思在哲学上的革命变更的重要背景，在一定意义上也是西方哲学从近代到现代转型的重要背景。

1. 19 世纪上半期西方社会的变更及其对哲学等思想文化变更的影响

马克思在哲学上的革命变更与西方哲学家在哲学上实现的现代转型大体上都发生在 19 世纪。革命变更和现代转型都有一个准备过程，在研究马克思主义哲学史和西方现代哲学史时应当分别加以考察。但作为革命变更和现代转型的转折点的时期都在 19 世纪中期，二者的社会历史背景都是 19 世纪西方社会历史条件，特别是社会阶级关系的变更。尽管这种变更对二者有不同意义，但这种变更对二者的发生都有决定性的影响却是不容否定的事实。

从西方社会历史发展来说，19 世纪是一个社会制度和社会关系都发生了激烈动荡的极为重要的世纪。这特别表现在西方各国大都在不同程度上处于由封建主义到资本主义的决定性的转折过程中。在此以前，资本主义在这些国家都已有几个世纪的孕育和成长的历史。在资本主义最早兴起的英国，早在 1688 年就进行过一场非暴力的"光荣革命"。它实际上是以向封建贵族妥协的方式进行的资产阶级政治革命。这一革命的直接积极后果是为资本主义产业革命（或称工业革命）的兴起开辟了道路，促使英国资本主义发展远远走在西方各国前面。1793～1815 年，英国在英法战争中取得胜利，由此在工业和海上贸易方面进一步占据支配地位。但在 1789～1794 年法国大革命爆发以前，西方各国从总体上说在政治上还处于封建贵族的统治之下。资本主义发展较晚的德国甚至尚没有改变长期存在的严重的封建割据状态，未能形成为一个统一的民族国家。资本主义在西方各国虽然都已有一定发展，但还未形成一个具有统一市场的资本主义世界。

然而 18 世纪末法国大革命的爆发不仅标志着法国资产阶级正式走上政治舞台，确立了资本主义在法国的主导地位，为法国继英国之后进行产业革命创造了必要的前提，而且对先行的英国和后起的德国资本主义的发展都产生了重要的促进作用，由此使西欧各国先后正式进入资本主义时代。正是在法国革命的鼓舞下，因实行产业革命而壮大起来的英国资产阶级的政治要求有了进一步的增长，在19世纪二三十年代推动了有利于资产阶级参政的选举制度和议会的改革；长期处于封建割据状态的德国也开始出现了通过资本主义革命实现统一的曙光。正如恩格斯所指出的，法国革命"像霹雳一样击中了这个叫德国的混乱的世界"①。软弱的德国资产阶级在很长一段时期内在行动上不敢发动革命，但他们在思想上已开始想望革命。18世纪末和19世纪上半期出现的德国古典哲学正是从哲学理论上体现了德国资产阶级的革命要求，是法国革命的德国的理论形态。1848年在德国终于发生了资产阶级的革命。尽管革命以向容克地主所代表的封建贵族投降而告终，但德国毕竟也由此在经济上走上了独特的资本主义发展道路。

在此还应当简单提一下美国的情况。美国是一个以英国等欧洲移民为主组成的年轻的国家，在1776年独立以前是英国的殖民地。欧洲移民包括了封建贵族和贫民等不同阶级和阶层的人士。正像在欧洲一样，在此封建贵族也曾占支配地位，新兴的资产阶级同样具有反封建的任务。但是北美的封建根基毕竟没有欧洲深厚，在19世纪60年代以北方的资产阶级为一方、以南方的封建领主为一方所进行的国内战争，即著名的"南北战争"（1861～1865）后，新兴资产阶级越来越牢固地取得了政权，并由此开创了所谓美国式的资本主义发展道路。

资本主义制度的确立，特别是与之相伴随的产业革命的进行，使西方各国社会生产力在不长的历史时期内取得了比以往许多世纪都大得多的发展。与封建专制制度相比，资本主义制度的确立无疑意味着社会发展上的重大进步。致力于反封建的革命的新兴资产阶级自然也在一定程度上体现了先进生产力和社会其他各个方面发展的前进方向。

但与此同时，资本主义所固有的矛盾，特别是生产社会性和生产资料及劳动产品私人占有这个基本矛盾同样会随着资本主义的发展而越来越激化。这突出地表现在作为占有者的资产阶级与作为劳动者的无产阶

---

① 《马克思恩格斯全集》，中文1版，第2卷，633～634页。

级的矛盾越来越激化。如果说在反封建的斗争中，无产阶级尚未形成为独立的阶级力量，而只能充当资产阶级的同盟军，二者之间的矛盾尚不是社会的主要矛盾；那么，在资本主义业已确立以后，面对着外表上标榜自由平等、实质上比以往剥削和压迫都更为深重的资本主义的奴役制度，无产阶级越来越发觉为了求得自身的解放，既要反对封建专制制度，更要反对代之而起的资本主义制度。他们必须发展成为一支与资产阶级处于直接对立地位的独立的阶级力量。至于资产阶级，为了巩固自己的既得利益，最重要的已不是反封建，而是反对与资本主义制度处于直接对立地位的无产阶级。这样资产阶级和无产阶级的矛盾就必然上升为社会的主要矛盾，它与旧有的社会矛盾相互交织，使这一时期西方各国的社会矛盾和冲突呈现出错综复杂的状态。

上述情况在英法德美等国都先后出现，只是各国的具体表现有所不同。在资本主义政治革命最早发生、产业革命最早进行的英国，资产阶级尽管在 19 世纪上半期还曾就选举制度和议会制度等的改革提出了进一步的要求，但面对着在 19 世纪三四十年代的"宪章运动"中争取普选权和提高工资等要求的无产阶级的越来越迅猛的解放运动，他们更宁肯与封建贵族妥协，对无产阶级的斗争进行残酷镇压。日益尖锐的劳资矛盾和冲突在整个 19 世纪一直都体现着英国社会的基本动向。法国资产阶级在大革命后期即已为革命浪潮的进一步发展而惊恐不安，导致了1799 年路易·波拿巴发动的雾月反革命政变，出现了封建王朝的复辟。在整个 19 世纪，法国一直处于复辟与反复辟的过程之中。封建复辟者与资产阶级反复辟者在与工人阶级对抗上是一致的，这激起了工人阶级的反抗，从 1831 年、1834 年里昂工人的两次武装起义发展到 1871 年发生的具有无产阶级的第一次武装起义性质的巴黎公社的革命，使这个世纪也成了法国无产阶级走向革命的世纪。至于德国，资产阶级在反封建上表现得更为软弱，尽管他们也企图实现国家的统一，并在此基础上求得资本主义的发展，但他们害怕工人阶级远甚于害怕封建贵族，宁愿对后者屈膝投降，而在反对和镇压工人阶级的革命要求上则更为残酷。这突出地表现在他们在著名的 1844 年西里西亚织工起义中以及后来在1848 年的资产阶级民主革命中都与封建贵族相勾结来镇压无产阶级。而这反过来使德国工人运动把反对封建贵族和资产阶级的斗争结合起来，革命立场表现得更为坚定。正如恩格斯指出的，当法国无产阶级的斗争因巴黎公社革命失败而受到严重挫折时，德国工人则"处于无产阶级斗争的前列"[1]。美国在南北战争后扫除了封建农奴制，资本主义因取得了决定性的胜利而得到飞速发展，资产阶级和无产阶级的矛盾也转化成了国内主要社会矛盾。

19世纪英法德美等西方各国社会制度和阶级关系的这种变化，必然对包括哲学在内的思想文化的各个领域产生深刻的影响。其中最重要的是：作为适应资本主义制度和资产阶级要求的以理性主义和理性批判为旗号的理论体系，在因资本主义制度的确立而达到了顶点（德国古典哲学的兴盛，特别是黑格尔哲学体系一度占有德国哲学中的主导地位就是其标志）后，由于与变更了的现实社会的状况严重冲突而越来越失去昔日的光辉，特别是它的虚幻性和欺骗性的日益暴露而失去了存在的合理性。

在资产阶级准备和进行革命的时代，适应着他们反对封建专制及其意识形态的需要，他们的思想家大都竭力讴歌理性，并以理性为工具对以往的一切社会形式和国家形式、一切传统观念，都作了无情的批判，把它们"当做是不合理的东西而扔到垃圾堆里去了"。在他们看来，"一切都必须在理性的法庭面前为自己的存在作辩护或者放弃存在的权利。思维着的悟性成了衡量一切的唯一尺度。"[2] 正是对理性和理性批判的这种肯定和颂扬，使他们在哲学和其他思想文化领域取得了具有划时代意义的成就。在理性主义旗帜下实现的所谓认识论的转向是西方哲学在近代发展中的一次重大变更，标志着西方哲学发展到了一个新的阶段。

然而，西方近代思想家所讴歌的理性一开始就因为不能越出资产阶级的狭隘眼界而不能不存在严重的局限性。正像恩格斯所指出的："现在我们知道，这个理性王国不过是资产阶级的理想化的王国；永恒的正义在资产阶级的司法中得到实现；平等归结为法律面前的资产阶级的平等；被宣布为最主要人权之一的是资产阶级的所有权；而理性的国家、

---

① 《马克思恩格斯选集》，2版，第2卷，636页，北京，人民出版社，1995。

② 《马克思恩格斯选集》，2版，第3卷，355～356页，北京，人民出版社，1995。

卢梭的社会契约在实践中表现为，而且也只能表现为资产阶级的民主共和国。18 世纪的伟大思想家们，也和他们的一切先驱者一样，没有能够超出他们自己的时代所给予他们的限制。"①

以倡导理性为特色的近代思想家的局限性在理论形态上突出地表现为把仅仅是作为人的意识和精神状态的形式之一、从而必然存在很大局限性的理性（主要是作为认识理性或者说理论理性）绝对化和理想化，以为只要依据这样的理性，不仅可以建立起关于整个世界的完美无缺而绝对可靠的理论体系，掌握全部真理，还可以据以解决资本主义现实社会存在的一切问题，将这样的社会建成为一个完美无缺的理想社会。对理性的这种绝对化和理想化导致了理性的独断和对理性的迷信。而这反而使本来对人的认识和实践有着重要积极作用的理性既偏离了人的意识和精神的现实的认识功能，又与西方社会的现实发展脱节。这样的理性当然不能解决哲学和认识发展的问题，又不能解决西方社会发展的现实问题。事实上，以尊重理性为标榜的西方思想家和哲学家的理论在理论和现实层面都存在着严重的矛盾，甚至由此陷入严重的困境和危机。恩格斯在谈到资本主义的"理性社会"的真实状况时指出："和启蒙学者的华美的诺言比起来，由'理性的胜利'建立起来的社会制度和政治制度竟是一幅令人极度失望的讽刺画。"②

用被绝对化的理性来论证的资本主义制度及与之相应的思想文化必然导致的矛盾早在 17～18 世纪就已出现，意大利哲学家维科、法国哲学家帕斯卡尔等一些敏锐的思想家也早已有所揭示。不过当时西方各国尚处于资本主义发展的成长期，人们往往还只是把这种矛盾现象当做成长中的个别特例，并未引起充分的重视，至于克服这种矛盾的现实手段，更未为当时的思想家所认真思考和探索。在 19 世纪初期，德国哲学家叔本华和丹麦哲学家克尔恺郭尔对以黑格尔为代表的西方理性主义传统及其所论证的社会都作了激烈的批判。他们后来被许多西方哲学家公认为是现代哲学的先驱。但在他们自己的时代，他们的理论并未产生显著的影响，甚至很少为人所知。19 世纪上半期先后在法国和英国出现的孔德和密尔等人的实证主义对启蒙思想家倡导的理性并未笼统反

---

① 《马克思恩格斯选集》，2 版，第 3 卷，356 页。
② 同上书，607 页。

对，但对以黑格尔为代表的绝对理性主义同样采取批判态度。他们要求用实证事实取代抽象的理性原则作为人的认识和行动的标准。他们的主张在当时就已产生了一定影响，但真正作为一种广泛的思潮产生影响则是19世纪中下期的事。

在此我们还应当提一下19世纪上半期在英法等国出现的空想社会主义思潮。他们对资产阶级学者所倡导的理性主义的片面性和欺骗性也作了尖锐的批判，对摆脱资本主义剥削和压迫的未来的美好社会作了不少有价值的描绘。但是他们不理解资本主义社会发展的规律和无产阶级的历史使命，他们把对未来美好社会的实现寄托于伟大人物的设计和主观想象。恩格斯由此指出，空想社会主义这种"不成熟的理论，是同不成熟的资本主义生产状况、不成熟的阶级状况相适应的"[①]。

从19世纪上半期起，特别是随着1825年英国第一次爆发经济危机，由资本主义的固有矛盾所导致的这种危机后来在资本主义各国定期爆发。这种危机既暴露了资本主义制度给广大无产阶级所造成的深重灾难，也暴露了资本主义制度本身的腐朽和走向没落的趋势。这种状况既激起无产阶级对用理性主义包装起来的资本主义理想社会完全失望，越来越认识到有必要进一步开展反对资本主义的斗争。代表无产阶级利益的思想家正是由此去探索推翻资本主义制度、建立共产主义新社会的道路，为无产阶级制定革命的世界观，并进一步探索制定正确的革命斗争的战略和策略。马克思在哲学上实现革命变更正是为他们的这种探索奠定理论基础。关于这方面的问题，在马克思主义哲学界早有共识，此处无须多谈。

我想在此补充指出的是：19世纪上半期以来以理性为旗号的资本主义固有矛盾的暴露及其所陷入的困境和危机，也使资产阶级中越来越多的人察觉到了现存的资本主义社会秩序已难以为继。为了挽救资本主义，必须在不动摇其根本制度的前提下对之进行某种程度的调整和改造。一些较敏锐的资产阶级思想家也正由此去探索改造和维护资本主义的途径，建立相关的理论。在哲学上突出地表现为在一定程度上要求批判和超越作为近代资本主义制度的理论基础的绝对化了的理性主义。事

---

① 《马克思恩格斯选集》，2版，第3卷，724页。

实上，正是从这个时候起，无论在先行的英法两国还是在后起的德国，对近代西方理性主义哲学体系的反思和改造，甚至带有不同程度的否定性的批判越来越成了广泛的思潮。由于各国的具体历史条件不同，特别是无产阶级反对资产阶级的斗争条件不同，原有的文化传统和现实的思想文化发展的趋势不同，各国社会的变更应当朝什么方向走？各国的思想文化应当采取怎样的新的形式也都表现得各不相同。但是，在要求超越用理性主义包装起来的原有的资本主义制度上，在要求超越按不同方式构建起来的理性主义哲学体系上，则有着重要的共同之处。正是这种共同之处促使西方哲学家开始寻找新的哲学方向，在不同程度上准备进行由近代哲学到现代的转向。西方哲学的现代转型与马克思在哲学上的革命变更有着原则性的区别，这点在任何情况下都不能忽视。但我们也必须按照马克思主义的求实的原则，肯定在超越脱离实际的绝对理性主义等近代哲学思维方式的局限性上，革命变更和现代转型毕竟存在着重要的共同之处。而这种共同之处主要在于二者有上述共同的社会历史背景，或者说，共同的社会历史背景使这两种哲学都必然各以自己的方式在哲学上实现某种变更。

2. 19 世纪中期以后资本主义发展形态的变化及其对哲学等思想文化的影响

在认识马克思在哲学上的革命变更和西方哲学家实现的哲学上的现代转型的历史背景时，特别需要关注欧洲 1848 年革命、1871 年德国统一以及巴黎公社革命等具有标志性的事件对西方资本主义及国际共产主义运动的发展所产生的深刻和广泛的影响，因为后者对包括马克思主义哲学在内的整个西方哲学的变更和发展产生了深刻和广泛的影响。

1848 年前后西方资产阶级，特别是尚未实现资本主义政治革命的德国资产阶级既想望进行这种革命，又因害怕当时已兴起的工人阶级彻底消灭剥削和压迫的革命要求而向封建贵族妥协甚至屈膝投降。与此大体上相适应，在哲学上出现了既要求变更，特别是反对与封建专制有着内在联系的绝对理性主义和独断论，又表现出动摇和折中甚至倒退的思潮。当时在德国开始露头的非理性主义思潮就是这样。它批判了绝对理性主义许多的确存在的弊端，但同时又往往走向相对主义和虚无主义，甚至宗教神秘主义。类似的思潮在英法美等国也在不同程度上存在。例如在英法两国流行的实证主义本来是以强调科学和科学方法为己任的，但他们在理论上仍然在一定程度上追求建立近代哲学那种无所不包的理论体系，甚至向传统宗教妥协，公开主张调和科学与宗教、理性与信仰。至于这些国家中（特别是法国）普遍存在的折中主义，甚至复辟唯灵论等宗教唯心主义的思潮，则更为突出地体现了这一时期西方哲学发展新旧交替和前进中又存在倒退的特色。这些我们在具体考察当时德英法美等国的哲学时都会发觉充分的例证。这种情况正是西方哲学由近代到现代的转型的曲折过程的体现。

这一时期的欧洲工人阶级已由资产阶级反封建的同盟军逐渐发展成一支既反对封建势力又反对资产阶级，并由此争取自身和全人类的彻底解放的独立的阶级力量，或者说已由自在阶级发展成了自为阶级，列宁把 1848 年 6 月法国工人的起义称为"无产阶级和资产阶级之间的第一次伟大的国内战争"[①]。马克思和恩格斯正是适应着无产阶级的革命斗争的需要建立了马克思主义学说，特别是无产阶级在政治和意识形态领域与资产阶级进行革命对抗的理论。他们在《共产党宣言》等许多论著中都明确指出资本主义连同一切剥削和压迫制度都应当彻底推翻和消灭，一种没有剥削和压迫、能保证人的彻底解放和全面发展的新社会，即共产主义社会必将出现。他们把自己的全部精力，特别是他们的全部理论创造奉献给推翻资本主义制度、建立共产主义新制度的崇高和伟大的事业。也正因为如此，马克思和恩格斯这一时期在建立和论证自己的理论时，总是把各种资产阶级的思潮，特别是同时代那些涉及现实的政治运动的思潮当做敌对阶级的意识形态而给予坚定的揭露和批判。在无产阶级和资产阶级处于你死我活的尖锐对立的时期，为了坚持和贯彻无产阶级的革命立场和新唯物主义（实践的唯物主义、唯物史观、唯物辩证法）的哲学路线，他们也只能采取这种态度。至于资本主义制度是否经过自我调节还有一定的发展余地，资产阶级学说在某些方面是否还可能存在现实和合理的因素，这在当时并无明显的征兆，因此必然难以引起、事实上也很少引起他们的特别关注。

---

① 《列宁全集》，中文 1 版，第 29 卷，276 页，北京，人民出版社，1961。

1871 年以后，西方各国资产阶级民主革命的激荡时期已经过去，无产阶级反对资本主义的革命斗争也在巴黎公社起义失败后落入低潮。西方资本主义进入了一个相对"和平发展"的时期。如果以第一次世界大战爆发为其终点，它持续了四十多年。其间西方各国资本主义经济都获得了飞速的发展。例如，德国在 1871 年统一后产业革命迅速兴起，由此从一个封建割据的落后国家发展为一个发达的资本主义强国。美国在经历南北战争后扫清了封建障碍，社会生产力获得了飞速发展，一跃取代英国而居于资本主义各国之首。西方资本主义经济在这一段时期普遍而迅速地发展，说明资本主义在经过一定的改革和调整后还继续存在较大的活力。对于西方资本主义社会在 19 世纪下半期以来的变化，马克思和恩格斯都有所揭示。恩格斯在《卡·马克思〈1848 年至 1850 年的法兰西阶级斗争〉一书导言》（1895 年 3 月 6 日）中更是将欧洲各国资本主义 19 世纪下半期的发展情况和 40 年代的情况作了对比，明确地肯定了资本主义仍然存在的发展余地以及这种发展为通向新的社会制度创造了更好的条件。

作为社会意识形态的思想文化的发展大体上总是与社会经济的发展相适应，因此这一时期西方各国的思想文化也同样能表现出一定活力。尽管随着代表新的先进阶级无产阶级的革命世界观的马克思主义哲学的产生，资产阶级哲学已不能再代表西方哲学发展的前进方向，但这并不意味着它们已全面走向腐朽没落而不可能存在某些积极因素，在某些情况下，它们还能适应着社会、经济科学技术等条件的变更而出现相应的变更，因而能取得新的进步。

19 世纪下半期西方哲学发展的事实也正是如此。当时西方资本主义各国发展中出现的种种新情况不仅引起了作为无产阶级革命导师的马克思和恩格斯的密切关注，也引起了归根结底体现了西方资产阶级要求的西方学者的密切关注。他们从各自不同立场出发重新研究西方资本主义社会的矛盾及其可能的发展，总结在对待和处理这些矛盾上的方案和经验教训，并由此出发探索未来社会发展的方向及可能和应当采取的对策。这些当然会直接影响到他们的哲学取向，并在一定程度上决定了这一时期西方哲学在发展形态上必然具有一些与以往哲学不同的特性。这种特性突出地表现在对思辨和严密完整的理论体系的沉湎让位于对现实问题的解决，对抽象原则的强调让位于行动方策的制定，对不变的基础和本质的寻求被代之以对现实生活和实践的关注，而这些都体现了由近代哲学向现代哲学的转向。

正是适应着这一时期西方资产阶级在相对"和平"的条件下发展资本主义的要求，西方各国许多学者在哲学上强化了对与早期资本主义相应的传统理性主义的批判，叔本华、克尔恺郭尔、孔德等人在19世纪上半期早已提出的一些反传统形而上学的见解这时得到广泛流行，并为他们的一些后继者所发挥。例如，尼采、柏格森和德奥法各种类型的生命哲学家对非理性主义的发挥，马赫主义者对实证主义的发挥，都表现出了更明显的反思辨形而上学和强调现实生活和实践的特色。与此相适应，这一时期许多西方哲学家纷纷由对超越的物质实体和精神实体的追问而转向对现实的物质和精神对象及其不断流变的过程的描述，各种类型的进化论由以盛行；由对抽象的理性概念的思辨转向对人的现实生活和实践的关注，各种关于哲学应以实践和行动为中心的理论层出不穷；由个体化的主体性转向超越个人界限的社会化的主体间性，以个性代替普遍人性、以具有独特个性的个人之间的社会交往代替封闭的个体的主张得到相当普遍的认同。这些转向都具有由近代哲学转向现代哲学的意义。当时在英法德美等国的哲学中都有一些流派和哲学家具有诸如此类的转化的倾向。尽管就个别哲学流派和个别哲学家来说这类转向往往并不明确，其中往往混杂着种种与之相反的倾向，表现出这一时期的哲学作为近现代过渡时期的哲学必然具有的新旧混杂、调和折中等不彻底的特性。但这种不彻底性并不意味着当时的西方哲学发展中不存在向新的哲学思维方式转向的倾向。

上面曾经提到，由于把当时的资产阶级看做是与无产阶级处于你死我活的敌对状态等特殊历史原因，直到巴黎公社时代，马克思和恩格斯对于西方哲学中出现的与对现存资本主义改革和调整相关的现象尚没有特意肯定，更没有充分强调。但他们对于当时许多西方哲学家越来越鄙弃建构以康德和黑格尔为代表的那种关于整个世界的理性主义的哲学体系，而更加关注现实生活这种变更还是有所察觉。恩格斯在谈到1848年后德国哲学中的状况时指出："随着1848年革命的爆发而来的是，'有教养的德国'抛弃了理论，转入了实践的领域。……但是思辨在多大程度上离开哲学家的书房而在证券交易所内筑起自己的殿堂，有教养的德国也就在多大程度上失去了在德国最深沉的政治屈辱时代曾经是德国的光荣的伟大理论兴趣——那种不管所得成果在实践上是否能实现，不管它是否违反警章都照样致力于纯粹科学研究的兴趣。"① 尽管恩格斯是从贬义的角度来谈论当时德国哲学领域内所发生的这种变更的，但这毕竟从一个角度揭示了当时的德国哲学与以德国古典哲学为代表的传统形而上学决裂的相当普遍的倾向。

值得注意的是，马克思和恩格斯后来对这一时期资本主义发展中出现的新现象作了认真的研究和反思，对他们关于资本主义的命运和无产阶级革命的前途的学说作了新的阐释，对个别不完全符合后来的现实发展情况的原有观点作了某些改变，并由此对他们在哲学上实现的革命变更的内容作了更为符合现实发展的阐释。关于这方面的问题，我在其他地方已作过较多阐释，这里只简单地提出如下几点：第一，马克思和恩格斯敏锐地察觉了 19 世纪中下期西方资本主义所发生的重大变化，特别是西方各国从整体上已经确立了资本主义秩序，由此引起社会矛盾和社会关系发生了深刻变化。第二，马克思和恩格斯对巴黎公社以后资本主义的较长期和平发展的现象作了深刻的研究，分析了机器大工业的出现所导致的积极和消极后果，特别是指出了随着资本的积聚和集中建立起来的联合的生产方式打破了原有的资本主义私有制的界限，为过渡到未来的公有制社会创造了更为有利的前提。第三，马克思和恩格斯以与时俱进的态度重新审视了他们在 19 世纪 40 年代提出的关于资本主义发展的前途和消灭资本主义的结论，在坚持基本观点的前提下对具体途径和时机的说法作了重要的补充和修正。第四，马克思和恩格斯这一时期不仅进一步发展了他们自己的唯物辩证法（唯物史观、实践的唯物主义），对同一时期的资产阶级在哲学上也可能取得积极进展也有所提示。恩格斯说："资本主义生产越发展，它就越不能采用作为它早期阶段的特征的那些小的哄骗和欺诈手段。……这些狡猾手腕在大市场上已经不合算了，那里时间就是金钱，那里商业道德必然发展到一定的水平。"② 这一点在一定意义上就是肯定同时代的资产阶级在道德理论上可能取得

---

① 《马克思恩格斯选集》，2 版，第 4 卷，257～258 页。
② 同上书，419 页。

进步。

　　总的说来，马克思在哲学上的革命变更和西方哲学的现代转型都是一个曲折而复杂的过程。这一过程既要受到自然科学的发展、哲学等思想文化本身的发展等的制约，更要受到社会历史条件，即西方资本主义现实社会发展过程各个方面的制约。社会历史条件的复杂性和曲折性在很大程度上决定了革命变更和现代转型同样存在相应的复杂性和曲折性。对于马克思主义哲学发展中的复杂性和曲折性，马克思主义者通过批判右倾修正主义和"左"倾教条主义等偏离马克思主义的思潮，特别是通过对共产主义运动中的一些重要成败的总结，不断取得了新的认识。对于与马克思主义哲学处于同时代的西方哲学发展的复杂性，在马克思主义学者中也越来越引起了关注，以往简单否定的情况已不多见，扎实的个案研究成果显著。然而，如何从重新认识19世纪中期以来西方各国资本主义发展的复杂性来更全面、具体地认识与之相应的西方现代哲学发展的复杂性，还有待学界作出新的努力。

　　最后应当提到：在认识马克思在哲学上的革命变更以及西方哲学的现代转型的社会历史背景时，必须将其与阶级背景（根源）既联系又区别开来。任何一种哲学的变更和进步都有其特定的社会历史根源和认识论根源，这两种根源又都是诸种条件的复杂的统一。人们在谈论哲学的社会历史根源时往往特别强调其中的阶级根源无疑是合理的，因为社会历史根源的确突出而集中地表现为阶级根源。在哲学研究中如果忽视了这一点，就无法掌握所研究的哲学的本质，因为在同样的社会历史条件下，不同阶级的人们的世界观、人生观、价值观、方法论等诸多方面必然有很大差异。但也不能把社会历史根源简单地归结为阶级根源，把一切社会历史现象直接地或简单地归结为阶级现象。社会历史根源比阶级根源要广泛得多。每一社会历史时代都有着多方面的、复杂的内容。作为社会构成的经济基础和上层建筑，作为社会生产方式的生产力和生产关系，本身也都包含着复杂的内容，不能简单用阶级关系来概括。即使就阶级关系来说，也不能简单地归结为阶级对立关系。同处一个历史时代的不同阶级都要在不同程度上受到这一时代的社会、经济、思想文化等各种共同的条件的制约。这些其实都属于历史唯物主义的重要原则，在认识马克思在哲学上的革命变更和西方哲学的现代转型时同样应当依据这些原则。这两种哲学变更是在同一社会历史时代发生的变更，历史时代发展的大趋势决定了 19 世纪是西方哲学酝酿并实际发生具有划时代意义的哲学思维方式变更的世纪。革命变更和现代转型都是在这种大趋势下发生的，因而它们之间在某些方面必然相通，即存在共同之处。但革命变更和现代转型又有原则区别，它们是在不同的阶级背景下发生的。总之，西方近现代历史时代变更的大背景决定了整个西方近现代哲学变更的大趋势，无产阶级和资产阶级对变更西方社会的不同要求决定了马克思在哲学上的革命变更和西方哲学家进行的现代哲学转型具有不同方向。

马克思的哲学变革的特殊背景与费尔巴哈的中介作用

马克思在哲学上的革命变更和西方哲学家在哲学上进行的从近代到现代的转型都发生于西方社会，都是对西方传统哲学的继承和超越，又大致上处于同一历史时代，因此二者无论从社会历史背景和理论背景方面说都必然存在着密切的联系和重要的共同之处。但是这两种哲学分属革命无产阶级和失去革命性的资产阶级的思想体系，二者必然存在着原则性的区别，同样的历史时代和理论背景在某些方面对二者必然具有不同的意义。关于二者的共同之处，我们已另有阐释。①为了更具体地理解马克思在哲学上的革命变更的独特意义，我们还需要关注并明确这一变更对这一时期的社会历史背景和理论背景的特殊的依存关系。本文从马克思哲学产生的社会历史条件的特殊性以及马克思哲学产生的理论来源与费尔巴哈的中介作用两方面加以分析。

① 参见《西方哲学现代转型的科学背景》，载《江海学刊》，2006（3）。《西方哲学的革命变更和现代转型的社会历史背景》，载《学术月刊》，2007（6）。

1. 马克思的哲学变革的特殊背景

马克思的哲学既然是无产阶级革命世界观的理论形态，其产生必然以无产阶级发展成为一个具有高度的革命自觉性的阶级、能够深刻地意识到自己的阶级使命、从而能够形成革命世界观为根本条件。因此，为了理解马克思的哲学变革的社会历史条件的特殊性，最为关键的是全面理解无产阶级怎样发展成为一个意识到了自己的阶级使命的革命阶级。

无产阶级是与资产阶级相对立而存在的。从资产阶级由一般的市民等级发展成为一个占有生产资料和劳动产品的剥削阶级时起，作为它的对立面的被剥削阶级无产阶级就已产生了。马克思和恩格斯指出："随着资产阶级即资本的发展，无产阶级即现代工人阶级也在同一程度上得到发展。"[①] 资产阶级本身是一个长期发展过程的产物，是生产方式和交换方式的一系列变革的产物。与此相适应，无产阶级在与资产阶级的斗争中形成为一个独立的阶级同样经历了一个长期的过程。

当无产者作为个别的工人或者某一工厂和某一地区的工人与资产阶级作斗争时，他们实际上还未正式形成为一个独立的阶级。在这个阶段上，"工人的大规模集结，还不是他们自己联合的结果，而是资产阶级联合的结果，当时资产阶级为了达到自己的政治目的必须而且暂时还能够把整个无产阶级发动起来"[②]。尽管当时无产阶级已是资产阶级的对立面，但是他们自己还未能联合起来去进行反对资产阶级的斗争，而是被资产阶级联合起来去反对封建专制等资产阶级的敌人。这意味着无产阶级还只是充当资产阶级反封建的同盟军，而尚未发展成为以反对资产阶级和资本主义制度、建立消灭剥削和压迫的新的社会制度为自己的使命的独立的阶级力量；还只是一个"自在"的阶级，而不是"自为"的阶级。他们当然还不可能形成革命的世界观，更不可能产生体现这种世界观的理论形态。无产阶级之发展成为一个意识到自己的阶级使命的自为的阶级，既要有社会政治方面的条件，又要有经济和物质方面的条件。

所谓社会政治方面的条件是欧洲各国资本主义制度正式确立、资产

---

① 《马克思恩格斯选集》，2 版，第 1 卷，278～279 页。
② 同上书，280 页。

阶级成为统治阶级。因为在这种情况下，资产阶级已不再需要利用无产阶级作为同盟军去反对封建势力，而仅仅把他们当做为自己创造所攫取的物质财富的工具，也就是使资本最大限度地增殖的工具。为了使经济上的剥削得以顺利进行，他们还需要从政治上对无产阶级进行压迫。资产阶级对无产阶级的这种剥削和压迫必然激起无产阶级的阶级醒觉，越来越意识到自己和资产阶级在阶级地位和利益上的根本对立。历史的事实也正是如此。在英法德等国先后进行资产阶级的革命、各国的资产阶级在不同程度上成了统治阶级以后，那里的社会阶级斗争主要地都表现为无产阶级反对资产阶级的斗争，而且这种斗争尽管还带有很大的自发性，但又越来越具有明显的政治意义。例如，在我们上面提到的 19 世纪三四十年代英国的宪章运动、1831 年和 1834 年法国里昂工人的起义以及 1844 年德国西里西亚的工人起义中，无产阶级都提出了自己的独立的政治要求，发出了消灭私有制的呼声，并为此进行了有组织的大规模的斗争。这是无产阶级走向成为自觉的革命阶级的重要标志。

所谓经济和物质方面的条件是资本主义制度正式确立以后产业革命在西方各国的普遍兴起以及与之相随的机器大工业的出现。正是产业革命从根本上动摇了以手工技术为基础的工场手工业，开辟了以工厂制度为主的机器大工业的时代，后者集中地体现了资本主义的内在矛盾。正是机器大工业的社会化大生产使资本主义的生产力获得了飞速的发展，使它在不到一百年内创造出的财富超过了以往历史时代的总和。然而在资本主义私有制的条件下，这些财富却被资产阶级占为己有，而用自己的劳动创造财富的工人却反而受到这些财富的制约。他们的劳动被异化了。劳资之间的矛盾必然激化。还应当看到，产业革命所导致的机器大工业的出现不仅使工人人数大大增加，而且使他们越来越超出了仅仅作为个人的地位，使他们越来越在共同的阶级地位以及反对资产阶级的剥削和压迫的共同要求下联合起来，这使以往那种个别工人和资本家之间的冲突越来越发展成为无产阶级和资产阶级两个阶级之间的阶级斗争。

无产阶级形成为独立的、自为的阶级的政治和经济条件是相互依存的。如果资本主义制度没有确立、资产阶级没有发展成为一个统治阶级，就无法推动产业革命，无法使资本主义在经济上获得前所未有的进步。反过来说，如果没有产业革命所导致的资本主义在经济上的进步，资本主义制度就难以巩固，资产阶级与封建势力争夺统治权的斗争就不可能取得最后胜利，资产阶级难以成为一个真正的统治阶级。资产阶级在政治和经济上所取得的空前的胜利意味着他们对无产阶级的剥削和压迫也空前加剧，而这在同样程度上促进了无产阶级反对资产阶级的剥削和压迫的斗争，促进了他们的阶级醒觉，并由此形成彻底批判资本主义旧世界、建设没有剥削和压迫的新世界的革命世界观。

无产阶级为了建立批判旧世界、建设新世界的革命世界观，除了要对自己的阶级地位和生存条件以及资本主义制度的内在矛盾有深刻认识外，还要有对整个社会历史发展趋势的深刻认识。19 世纪 30 年代以后欧洲资本主义社会所发生的变革，特别是由产业革命所导致的统一的资本主义世界市场的建立和国际交往的扩大，打破了以往一直存在的民族和地域的局限性和狭隘性，大大地开阔了人们的社会和历史视野，而这为无产阶级认识历史发展的客观规律提供了现实的条件。

欧洲各国资本主义制度的确立和产业革命的开展以及由此导致的无产阶级的醒觉和他们反对资本主义的斗争的发展既是统一的，又存在某些不平衡性。就资产阶级革命和产业革命的历史进程来说，英国开始最早，法国紧随其后，德国则明显滞后。尽管在 19 世纪 30 年代也已开始了产业革命，但软弱的德国资产阶级直至 1848 年才在工人运动的强大推动下发动了以妥协投降为结局的政治革命。与德国资产阶级的软弱形成鲜明对照，德国无产阶级成了当时欧洲工人运动的先锋队，德国也由此成为欧洲无产阶级革命运动的中心。这种状况决定了德国无产阶级能最早形成革命的世界观。作为这种世界观的理论体现的马克思主义哲学也由此以德国为故乡。

2. 马克思哲学产生的理论来源与费尔巴哈的中介作用

德国能成为马克思主义哲学的故乡，除了上述特定的政治和经济条件外，还有思想文化特别是哲学本身发展的条件。马克思主义哲学作为无产阶级革命世界观的理论形态，其思想内容必然以体现这种革命世界观、总结无产阶级革命斗争的经验、揭示无产阶级的阶级使命为根本取向。而为了使这种取向具有科学的理论形态，既能全面地体现时代精神的动向，又能深刻地体现西方甚至整个人类哲学发展的必然趋势，马克思主义哲学除了总结当代自然科学和社会科学的成就外，还必须批判地继承以往哲学发展的全部丰富的遗产。由于以黑格尔和费尔巴哈为代表的 19 世纪德国哲学集近代西方哲学之大成，这在很大程度上为马克思实现哲学上的革命变更准备了充分的理论前提。列宁在他的著名的《马克思主义的三个来源和三个组成部分》一文中指出："马克思的全部天才正是在于他回答了人类先进思想已经提出的种种问题。他的学说的产生正是哲学、政治经济学和社会主义极伟大的代表人物的学说的直接继续。"① 列宁所说的哲学上的"伟大代表"指的正是黑格尔和费尔巴哈。事实上，列宁在上文中对马克思怎样批判地继承了以黑格尔和费尔巴哈为代表的德国古典哲学、以亚当·斯密、大卫·李嘉图为代表的英国古典经济学以及英法空想社会主义作了精辟的分析。由于这是人所共知的，我们就不在此更多引述了。

列宁所讲的三个来源当然是马克思主义产生的三个主要的来源，但也应当看到，主要来源并不是全部来源。马克思的哲学、政治经济学和科学社会主义学说中还有其他许多来源，甚至是相当重要的来源。马克思在哲学上就继承了古希腊哲学以来西方哲学的全部最优秀的成果。例如他早在《博士论文》中就已揭示了伊壁鸠鲁的原子偏离学说的深刻意义。后来他在《神圣家族》、《德意志意识形态》等论著中对笛卡儿以来的近代哲学的优缺点作了精辟的分析，对洛克以来的政治哲学特别是卢梭关于平等和自由等激进的政治学说给予了高度评价。应当提到，马克思对梯叶利、基佐、米涅等法国"复辟时期"（1815～1830）的一批历史学家对英雄史观的批判和对人民群众的作用的强调以及他们的历史决定论和阶级斗争等学说都作了充分的肯定。此外，马克思还深深受到欧洲古典文艺思潮，特别是法德启蒙思想家和浪漫派作家的作品中所显示出来的那种深厚的人文主义精神的感染。还应当提到，马克思后期对美洲的关注、对东方社会的深刻研究更表明他的视野远远超越了欧洲的界限。这一切都说明我们应当从更广泛的视野来看待马克思的学说，特别

---

① 《列宁选集》，3 版，第 2 卷，309 页。

是他的哲学思想的理论来源。

我国学者撰写的许多马克思主义哲学和哲学史论著对马克思的哲学思想的理论来源，特别是马克思对黑格尔的辩证法和费尔巴哈的唯物主义的批判继承，都作了相当具体的阐释。我没有新的具体补充，也不想过多重复大家都讲过的那些话。下面只拟结合学习恩格斯和列宁的有关论述，就费尔巴哈哲学作为马克思的哲学变革的理论来源的中介作用表示一些想法。这部分是考虑到我国哲学界对费尔巴哈哲学的评价似乎还存在一定分歧。

从马克思的哲学变革的思想准备来说，他参加青年黑格尔派是一个重要环节。在此以前，马克思接受过康德和费希特哲学，但当时他尚未明确揭示他们在肯定主体的能动性上的合理性，他们的理论对他也未立即产生明显的积极影响。青年黑格尔派则在如下两点上当时就得到了马克思的肯定。一是割断了黑格尔的绝对理性与宗教神学的联系，由此使理性从天国转向人间；二是强调了作为普遍理性的人的自我意识的创造性，由此体现了黑格尔的辩证法对能动作用的强调。这两点对马克思后来实现哲学上的革命变更显然起了促进作用。

青年黑格尔派把自我意识作为纯粹精神活动的唯心主义却又是马克思实现哲学上的革命变更的障碍，而这一障碍在很大程度上为费尔巴哈排除了。恩格斯指出："对现存宗教进行斗争的实践需要，把大批最坚决的青年黑格尔分子推回到英国和法国的唯物主义。他们在这里跟自己的学派的体系发生了冲突。"① 这种返回中最突出的人物是费尔巴哈。恩格斯后来谈到，费尔巴哈"在好些方面是黑格尔哲学和我们的观点之间的中间环节"，在马克思和恩格斯的哲学的根本性的转折期，费尔巴哈对他们的影响"比黑格尔以后任何其他哲学家都大"②。马克思和恩格斯从青年黑格尔派走向费尔巴哈，可以说是他们实现哲学上的革命变更的最重要的思想准备。

马克思和恩格斯之高度肯定费尔巴哈，直接原因是费尔巴哈把黑格尔的唯心主义抛在一边，"它直截了当地使唯物主义重新登上王座"③。

---

① 《马克思恩格斯选集》，2 版，第 4 卷，221 页。
② 同上书，211～212 页。
③ 同上书，222 页。

恩格斯和列宁对此都作过明确的论述，许多马克思主义哲学史论著也是这样阐释的。我对此毫无异议。但我体会到，无论是恩格斯还是列宁，都认为费尔巴哈不只是简单恢复18世纪的唯物主义，而是在吸取以黑格尔为代表的德国唯心主义辩证法的基础上，或者说是在吸取法国唯物主义被德国唯心主义所战胜的教训的基础上而恢复唯物主义的。

列宁在《马克思主义的三个来源和三个组成部分》一文中说："马克思并没有停止在18世纪的唯物主义上，而是把哲学向前推进了。他用德国古典哲学的成果，特别是黑格尔体系（它又导致了费尔巴哈的唯物主义）的成果丰富了哲学。这些成果中主要的就是辩证法，即最完整最深刻最无片面性的关于发展的学说……"①

列宁说"马克思并没有停止在18世纪的唯物主义上"，是指马克思并未停留于肯定18世纪的法国唯物主义者所明确肯定的唯物主义的一般原则。如果马克思只是坚持唯物主义的一般原则，那难以谈得上"把哲学向前推进"。列宁在此所特别强调的是马克思"用德国古典哲学的成果，特别是黑格尔体系（它又导致了费尔巴哈的唯物主义）的成果丰富了哲学"，并指出"这些成果中主要的就是**辩证法**"。这意味着没有黑格尔体系的丰富成果，没有辩证法，就不可能产生费尔巴哈的唯物主义。反过来说，如果费尔巴哈没有吸取法国唯物主义被黑格尔等德国唯心主义战胜的教训，他不可能真正驳倒黑格尔，不可能"使唯物主义重新登上王座"。

因此，费尔巴哈哲学作为马克思哲学的理论来源的作用，在于费尔巴哈不只是重新肯定了唯物主义的一般原则，而是在吸取18世纪唯物主义被黑格尔的辩证法驳倒的教训的基础上恢复了唯物主义的权威。尽管费尔巴哈未能把唯物主义和辩证法统一起来，但他毕竟超越了18世纪的停留于纯粹自然主义的唯物主义的界限，后者的根本缺陷在于使唯物主义完全脱离现实的人的存在（生成）及其活动（实践），使唯物主义抽象化了，使它必然被德国唯心主义所战胜。费尔巴哈在批判黑格尔唯心主义的体系时在一定程度上吸取了其中关于发展和变化的辩证法的成分。他用人本主义取代自然主义实际上已蕴含着承认人的生存和实践

---

① 《列宁选集》，3版，第2卷，310页。

对于肯定唯物主义一般原则的不可或缺的意义。这一点从其代表作《未来哲学原理》的"引言"就可看出。其中明确提到："未来哲学应有的任务，就是将哲学从'僵死的精神'境界重新引导到有血有肉的、活生生的境界，使它从美满的神圣的虚幻的精神乐园下降到多灾多难的现实人间。"①　费尔巴哈在此所主张的"有血有肉的、活生生的境界"、"多灾多难的现实人间"都蕴含着自然界的人化意义，与被马克思形容为"敌视人"的机械唯物主义，或者说自然主义的唯物主义显然有所不同。

如果我们较具体地分析费尔巴哈哲学的理论取向，可以更明显地看到这一点。

费尔巴哈原来属于青年黑格尔派，他在批判青年黑格尔派的纯粹自我意识的始源性的唯心主义并与之决裂时，保留了其中对主体的能动性的肯定。他不是笼统地否定自我意识以及一般理性，包括黑格尔的理性的存在的合理性，而只是要求将自我意识、理性归属于以自然为根据、具有自然属性的人，也就是把自我意识、理性归结为人的存在的属性。在他看来，"旧哲学的自我意识是与人分离的，乃是一种无实在性的抽象。人才是自我意识"②。"只有人才是费希特的'自我'的根据和基础，才是莱布尼茨的'单子'的根据和基础，才是'绝对'的根据和基础。"③　这意味着只要不离开人的存在而是归属于人的存在，那费希特的"自我"、莱布尼茨的"单子"、黑格尔的"绝对"具有的那种能动性，就都是可以肯定的。

正是基于这种认识，当费尔巴哈克服青年黑格尔派的唯心主义而转向唯物主义时，他不是简单地返回到那种仅仅肯定自然界的首要性而忽视其与人的联系的自然主义的唯物主义（17 世纪英国和 18 世纪法国唯物主义以及与费尔巴哈同时代的德国庸俗唯物主义都属于这种唯物主义）。为了与他们划清界限，费尔巴哈甚至避免使用唯物主义这个名词，而把他的哲学叫做人本学。这固然反映出他没有看到唯物主义的一般原则和其纯粹自然主义的表现形式之间的区别，但这毕竟体现了他既企图克服唯心主义、又企图与自然主义的唯物主义区分开来的基本哲学倾

---

①　《费尔巴哈哲学著作选集》，120 页，上海，三联书店，1959。
②　同上书，117 页。
③　同上书，118 页。

向。费尔巴哈明确肯定作为其哲学核心的人的存在以自然为基础，认为"自然是与存在没有区别的实体……自然是人的根据"①。他将人作为哲学的核心蕴含着肯定自然的实在性。所以他说"新哲学将人连同作为人的基础的自然当做哲学唯一的、普遍的、最高的对象"②。这无疑意味着他肯定了自然界作为一切存在的基础的唯物主义基本原则。但费尔巴哈同时又肯定人具有自我意识等超越单纯的自然属性的精神属性，后者意味着人是具有能动性的存在。人是自然（物质、肉体）和精神的统一，是"一切对立和矛盾、一切主动的和被动的东西、精神的和感性的东西、政治的和社会的东西的实际上的（并非想象是的）绝对同一"③。物质和精神、思维和存在也只有在人所实现的统一中才有现实意义。"思维与存在的统一，只有在将人理解为这个统一的基础和主体的时候，才有意义，才是真理。"④ 换言之，只有人这种同时具有物质和精神属性的存在才能将它们统一起来，并使它们具有现实意义。"具有现实性的现实事物或作为现实的东西的现实事物，乃是作为感性对象的现实事物，乃是感性事物。"⑤ 如果脱离了与人的存在的联系，无论是物质世界、自然界还是意识和精神世界，都只能是抽象的、没有现实意义的存在。

费尔巴哈这种把人当做哲学的出发点、通过人或者说通过人的感性活动来统一思维和存在、精神和自然界的对立的观点，显然超越了近代哲学中把二者割裂开来，并各执一端的自然主义的唯物主义和各种形式的唯心主义。他的这种超越在一定程度上体现了西方哲学从近代到现代的转向的基本趋势，这一趋势的重要特征之一是使哲学由脱离了人的纯粹的、实体性的自然或精神转向处于活动和过程中的人。因此费尔巴哈的人本主义的唯物主义在一定程度上（当然也只是在一定程度上）已有超越近代哲学思维方式的界限的表现。在一定意义上我们可以把他看做是一个处于向现代转向过程中的哲学家。

---

① 《费尔巴哈哲学著作选集》，116 页。
② 同上书，184 页。
③ 同上书，116 页。
④ 同上书，181 页。
⑤ 同上书，166 页。

也正因为如此，马克思和恩格斯在脱离黑格尔学派以后，不是去简单恢复法国自然主义的唯物主义，而是倒向费尔巴哈的人本主义的唯物主义。马克思对以德国古典哲学为顶点的传统哲学的批判继承在一定意义上是以对费尔巴哈的这种思想的批判继承为前提的。因此，马克思对黑格尔的辩证法等传统哲学的批判继承与对费尔巴哈的人本主义的唯物主义的批判继承是一个内在地统一的过程。在一定意义上可以说，费尔巴哈哲学是马克思实现他的哲学变革的中介和桥梁。

马克思走向费尔巴哈意味着他已为进一步进行哲学上的革命变更作了重要的理论准备。但为了在这种准备的基础上实现哲学上的革命变革，他们必须克服费尔巴哈由于脱离现实生活和实践而必然存在的严重的局限性，立足于人的现实生活和实践，建立与无产阶级的现实革命运动相统一的新的哲学理论。这一过程是他们在 19 世纪 40 年代在《〈黑格尔法哲学批判〉导言》、《1844 年经济学哲学手稿》、《关于费尔巴哈的提纲》、《神圣家族》、《德意志意识形态》、《共产党宣言》等论著中完成的。

西方哲学的近现代转型与
道德和价值观念的变更

　　西方哲学在近现代之交特别是 20 世纪以来
发生过具有思维方式转型意义的变更，这一点早
已为西方哲学界以不同方式所一再强调。尽管各
派哲学家对此的具体说法不一，但他们几乎都对
以主客、心物、思有等二元分立为出发点、以本
质主义和基础主义为特征、以体系哲学为表现形
式的近代主体性形而上学提出了严重挑战。西方
哲学界关于西方哲学在近现代之交的变更的各种
说法已受到中国哲学界越来越大的注意。尽管大
家在这方面也还远未达成共识，但很少有人否定
西方哲学发生了重大变更这一事实。大家的意见
分歧主要在于如何认识和评价这种变更。为此需
要进行多层次、多方面的探讨。我个人认为这种
变更不是局部的、特定范围的变更，而是西方哲
学发展中哲学思维模式在整体上的转型。我对这
方面的一些具体看法已在近年来发表的几篇文章
特别是《西方哲学的近现代转型与马克思主义哲
学和当代中国哲学的发展道路（论纲）》一文中
已经提出。本文准备继续讨论这种变更在道德和
价值观念方面的影响。

　　道德观念及相关的价值观念是整个哲学的组成部分，它们的变化在很大程度上从属于哲学观念的变化。如果可以肯定西方哲学在近现代之交发生了具有思维方式转型意义的变更，那也应当肯定道德和价值领域也发生了相应的变更。这种变更本身又包含了多方面的内容，其中道德和评价主体由个体本位趋向超越个体本位、道德和评价标准由个人主义趋向超越个人主义是诸多变更中最重要的方面。这是因为，同整个哲学一样，道德和价值的主体是人，道德所涉及的是人的行为原则和规范，而价值则是客体对作为主体的人的意义，即作为主体的人对其对象的评价和态度。道德和价值观念的变化在一定意义上取决于作为其主体的人的存在状况的变化。西方道德和价值观念在近现代的变更从一个方面说正是通过对以个体本位和个人主义为特征的近代主体性形而上学的超越而发生的。本文将就此提出一些看法。

1. 主体性形而上学与个体本位和个人主义

　　在西方近代哲学中，作为主体的人基本上是被当做个体而存在，即具有独立人格的个人，人作为主体表现为个体主体。笛卡儿从"我思"出发建立其整个形而上学哲学体系开了近代哲学中将主体性原则当做哲学基本原则的先河。唯物主义和唯心主义、经验论和唯理论等众多哲学派别尽管在理论形态上彼此不同甚至相互对立，但在肯定主体性原则上则大体一致。这表现在他们大都把主体作为具有确定和独立存在意义的实体，即有别于（相对于）客体（对象）、与客体相分离，以至处于对立地位的实体；把解决这样的主体与其客体的关系（也就是心物、思有等的关系）问题当做哲学的基本问题。这是近代哲学的基本模式，即所谓认识论模式或者说主体性形而上学思维模式。许多现当代西方哲学家经常谈论和批判的所谓基础主义、本质主义等都以上述意义下的主客二元分立为前提，从而也都属这种哲学思维模式。

　　这种主体性形而上学思维模式在道德和价值上的突出表现就是个体本位和个人主义被当做一切道德和价值观念的基础和出发点。一切道德和价值行为以及对道德与价值的选择、评价都通过个人来实现，都以是否符合特定的个人的目的、需要和利益为标准。这一时期西方的道德和价值理论像整个哲学一样形形色色。按照对待道德行为的不同目的，或者说对待快乐和幸福、利益和需要的不同态度，可划分为功利论和道义论两种主要类型，它们之间彼此纷争不息。例如以边沁、穆勒为代表的功利论和以康德为代表的道义论往往处于对立地位。但由于他们在哲学思维模式上都未能越出主体性形而上学的范围，他们在道德和价值问题上自然也都无法越出以个体本位和个人主义为基础的范围。

关于功利论思想家把个体本位和个人主义作为其理论的基础和出发点，这在学术界大概不会有多大异议。因为这些思想家大都直截了当地宣扬个人主义。大家在这方面的分歧主要在于如何理解他们所说的个人主义的含义。然而，能够说以康德为代表的道义论伦理学也是对个体本位和个人主义原则的肯定吗？

从康德把道德行为及其评价准则作为一种理想的行为和准则来说，他的道义论并不支持个体本位和个人主义。康德将人置于哲学的核心地位，他的哲学上的"哥白尼变革"的根本含义就是认为哲学不应以客体（对象）为中心，而应以主体（人）为中心。他因此被认为是由笛卡儿肇始的近代主体性形而上学的完成者。但与笛卡儿等人不同，康德把人二重化了，即把人的现实存在和理想存在区分开来。前者为自然的人，后者为道德的人。他认为人作为一种自然物（生物品种）有追求快乐和幸福的自然要求；但人同时又有超出自然要求而追求道德完善的目的。人由此具有双重本性，即"自然人性"和"道德人性"①。自然人性是人作为个体存在的本性，道德人性则超越了人的个体存在的界限而成为其族类存在的本性。康德的道义论所涉及的人正是作为族类存在的人，即追求道德完善、具有"道德人性"的人。正像他认为实践理性高于理论理性一样，作为族类存在的人的道德人性也高于作为个体存在的人的自然人性。他甚至提出人的个体存在应为族类的道德理想的实现做出牺牲。当康德宣称应当把人当做目的而不当做手段时，他所谓的人是指作为族类的人；至于作为个体的人，则通过他们对各自的利益的追逐而成为实现族类的目的的工具。从这种意义上说，康德的道义论显然超越于功利论所主张的个体本位和个人主义。

然而，正是由于康德把其所强调的道德理想作为人的族类的目标，

---

① 参见［德］康德：《历史理性批判文集》，70页，北京，商务印书馆，1990。

他的道义论所涉及的就不是现实生活中的人的道德行为和评价准则。对于后者，他的观点实际上与功利论者并无本质区别。他承认人在此是由其"自然人性"所支配、作为追求自身的快乐和幸福的个体而存在。人的这种自然人性是以"自私自利"为特征的人的"动物性倾向"。尽管人作为族类存在可以超越自然人性，但不能违背自然人性。[①] 自然人性虽然是"恶"的来源，但在历史发展上有积极作用，为了达到善必须通过恶。历史发展就是从恶开始，以善告终。"恶"是一种偏离普遍立法而追逐个人利益的个体性。它推动人充分发挥其潜能。换言之，个人为追逐自己利益的努力以及他们为此展开的斗争是使人的潜能得以充分发挥的动力，也是推动人朝着至善的方向前进的动力。康德就此把恶当做是实现至善的工具。

康德的道义论由于强调对人的个体存在的超越和道德理想，因此表现出与边沁、穆勒等人的功利论不同的特征。但就对近代西方现实社会中人的道德和价值准则来说，他同样肯定是由个体本位和个人主义所支配，因此二者可谓殊途同归。

与近代哲学中的主体性形而上学相应的伦理学上的个体本位和个人主义原则，从根本上说是适应了当时西方各国业已建立的市场经济体制的要求，后者得以实行的基本前提正是对个体本位和个人主义原则的肯定。例如，为了使人们在商品市场上的交换活动得以具体运作，每一商品或劳务的所有者都必须有独立的人格，能自主地走向市场并自由地与其他所有者进行交换；他们在市场交换中是平等的，一切尊卑、贵贱、长幼、上下等关系均被置后；他们在商品生产和交换活动中可以充分发挥自己的能动性，进行自由竞争，允许"优胜劣汰"；等等。所有这些都从不同角度上肯定了个体本位和个人主义原则。只要实行市场经济，就必须从各个方面（包括哲学、政治、法律、道德等）维护这种原则。正因为如此，这一时期西方学者们提出了各种各样关于哲学、伦理学、社会政治等方面的理论，他们彼此之间往往争论不休，但归根结底都肯定个体本位和个人主义原则。

然而，在肯定个体本位和个人主义的前提下实行的市场经济包含着

---

① 参见［德］康德：《历史理性批判文集》，70 页注，北京，商务印书馆，1990。

作为商品所有者的人与人之间深刻的矛盾和冲突。如果在贯彻这些原则时不对之作出某些限制，就会把动物界弱肉强食的法则移入人类社会，片面发挥自私、贪婪、虚伪、欺诈、残暴等人性的"恶"的方面。尽管如康德和黑格尔等人所说"恶"是历史发展的重要动力，但如果不对其加以限制，就会出现霍布斯所谓"人对人是狼"的局面。而这意味着整个社会必然处于严重的动乱状态，当然谈不到市场经济和整个社会的发展。这就需要从各个方面对个体本位和个人主义等原则加以限制，使每一个人在生产、交换以及一切社会活动中都遵循一定的行为规则，承担一定的义务，服从各种社会制约和监督。这些规则和制约既有属于强制性的法律，又有非强制性的道德。而法律和道德又是密切相关、互为表里的。从道德的角度说这意味着需要提出这样一些理论，它们从维护上述市场经济的前提出发制定出道德规范体系，而后者正是对个体本位和个人主义原则的某种限制。

事实上，近代西方的各种伦理学说在肯定并论证个体本位和个人主义的原则时，几乎都从不同方面、在不同程度上对其有所限制。康德的道义论固然强调了对个体本位和个人主义原则的超越，边沁、穆勒等人的功利论也并未将这些原则绝对化。例如，他们虽然都把个人追求当做其理论的出发点，但不仅不赞赏、反而竭力反对狭隘的利己主义，倡导某种形式的利他主义，认为个人如果不关心他人的利益，自己的利益也得不到保障，因而利己必先利他。人的行为善恶的标准不只是能否给个人带来幸福，还要看能否给社会上大多数人带来幸福。穆勒明确地说："我必须再声明，功用主义所认为行为上是非标准的幸福并不是行为者一己的幸福，乃是一切与这行为有关的人的幸福。"[①] 马克思和恩格斯也指出"功利论一开始就带有公益论的性质"[②]。为了使人们都按上述道德原则行动，西方学者们都主张建立行为的社会制约体系。因为尽管利己必先利他符合人的理性要求，但这并不是每一个人都能认识到，即使认识到了也未必都能自觉遵行。这种制约是多方面的。除了政治、法

---

① 参见［英］密尔（穆勒）：《功用主义》，18页，北京，商务印书馆，1957。

② 《马克思和恩格斯全集》，中文1版，第3卷，484页，北京，人民出版社，1960。

律、宗教等制约外，道德制约同样具有重要作用。

总的说来，无论持功利论还是道义论，西方伦理学家都必须使其理论体现市场经济对道德的双重要求：既要为个人的功利追求作道德上的辩护；又要对这种追求有所约束和限制，使其符合具有社会性的道德规范，以此从道德上为这种追求营造一种相对稳定的社会秩序。这意味着要求他们既要把自己的理论建立在个体本位和个人主义的基础上，又要对后者有所限制和超越。

2. 现代西方思潮对主体性形而上学与个体本位和个人主义的超越

不过，在 20 世纪特别是在 19 世纪下半期以前，以自由竞争为特征的西方市场经济体制的内在矛盾还没有充分暴露。在哲学领域中，以主客、心物二分为特征的主体性形而上学还居于主导地位。与此相适应，在道德领域内，个体本位和个人主义原则虽然已有所限制，但还没有受到严重挑战，最为集中地体现了这种原则的功利论在各种伦理思潮中还能占有上风。19 世纪下半期以来，特别是 20 世纪以来，西方资本主义制度发生了深刻变化。经济危机及与之相连的西方社会各种社会矛盾的激化，使以自由竞争为特征的原有资本主义秩序受到了激烈冲击。过去被奉为神圣的个体本位和个人主义原则也越来越暴露了其严重局限性，甚至成了加剧社会矛盾和冲突的重要根源。例如外表上的平等竞争造成了个人之间财富分配事实上的极不平等，社会两极分化比以往更为激烈。这些都必然使原有的西方哲学及道德和价值观念受到动摇。

20 世纪初以来西方哲学发展中最引人注目的变化之一是对近代主体性形而上学的批判成了哲学中的普遍潮流。无论是欧陆哲学家或英美哲学家，大都把批判和超越近代哲学中的主体性原则当做其理论的重要组成部分。

现象学运动以及与之相关的存在主义无疑是 20 世纪欧陆哲学的主流，而它们都以批判主体性形而上学为主要特征。胡塞尔和梅洛·庞蒂都明确摒弃个体主体，要求代之以交互主体，以主体间性来取代主体性。所谓交互主体，指的是自我与他人以及客体处于共在关系中的主体。他们都认为主体不能是孤立的、原子式的、不受约束的自我存在，而只能是一定社会环境中的存在。对主体（自我）的肯定意味着同时对他人和环境（客体）的肯定。海德格尔同样明确地排斥传统的个体主体概念。他肯定"此在"的基本存在结构是"在世"，也就是个人不能孤立地、单独地存在，而总是处于一世界中，与他人及事物不可分割，同时出现、同时在此。他后期对"在的真理"的谈论，特别是对所谓"人类中心论"的批判以及世界四重结构（天、地、人、神）论的提出都是直接针对以主客二分为特征的主体性形而上学而发，并由此要求达到主客融合以至"天人合一"。

20世纪中期在英美哲学中居主导地位的分析哲学虽然大都没有像欧陆哲学那样深入和具体地研究如何超越个体主体而达到交互主体（或者说由主体性转向主体间性）的问题。作为其早期表现形态的逻辑原子主义和逻辑实证主义甚至还是主体性形而上学的独特的表现形式。但作为分析哲学的理论的重要基石的反形而上学纲领内在地包含着对以主客二分为前提的主体性形而上学的否定。在分析哲学后来的发展中，越来越多的人接受了交互主体和主体间性的概念。在被当做美国哲学象征的实用主义哲学中，这种反主体性形而上学的倾向就更加突出了。詹姆士和杜威都非常明确地否定孤立的、离开客体（包括作为客体的他人）而独立存在的主体概念，认为应当把主客、心物看成为不可分割的、统一的过程。作为他们整个哲学核心的经验指的正是这种过程，这与近代主体性形而上学所谈论的作为个人的主观意识状态的经验有着本质区别。杜威甚至把这种统一的过程与人的现实生活和实践联系起来，并由此把他的哲学当做生活和实践哲学。

20世纪以来西方哲学家对主体性形而上学的批判在道德领域内的主要表现就是他们对个体本位和个人主义原则越来越采取批判态度，主张进一步对之加以限制和超越。

在各种西方哲学和伦理思潮中，实用主义被公认为最能体现近代功利论的个体本位和个人主义传统的流派。然而这一流派的哲学家却公开要求对这一原则作出重大改造。杜威的有关论述就是非常突出的例证。

杜威对功利论的评价的确高于对其他近代伦理学派，他认为功利论肯定了人对现实生活的快乐和幸福的追求，强调了法规和制度要服从人的现实需要，并支持与此相关的各种改革。然而他对作为功利论理论基础的个人主义却采取了批判态度。他明确反对利己主义和享乐主义意义上的个人主义，认为功利论的主要缺陷正在于未能摆脱这种含义下的个人主义。因为它肯定的不是追求快乐和幸福的行为本身，而是作为这种行为的结果的快乐和幸福之物。这样就使快乐和幸福成了可以占有和享用的东西。追求快乐和幸福不是去进行创造，而是获取创造的结果。"它为如下倾向作了理智的确认：'实业'不是充当社会服务的手段和个人创造力发展的机会，而是积累私人享乐资料的途径。"① 杜威指责功利论在这一点上与旧式的"粗鄙的个人主义"如出一辙。至于功利论者有时也要求把谋求社会和多数人的快乐和幸福放在首位，杜威是肯定的，并认为这正是它的最值得赞扬之处。所以他说功利论的"最大功绩是把社会福利作为最高标准而引入人的思想里"②。

　　杜威没有因为反对利己主义和享乐主义意义上的个人主义而否定任何形式的个人主义。他认为个人主义不是一个固定不变的概念，它在不同历史时代可以有不同的表现形式。③ 以利己主义、享乐主义为特征的旧式个人主义已不符合现代的历史潮流，现在应当建立和倡导一种不以获取个人私利，而以服务于社会的不断改造和进步为宗旨的新型个人主义。其基本特点是尊重个人的人格和个性，最大限度地发挥其创造性和主动精神，把个人对快乐和幸福的追求寓于创造快乐和幸福这种道德行为（活动）本身之中，而不是获取创造活动的结果，因为后者总是与占有、享用联系在一起。杜威还就此提出，为了克服旧式个人主义、建立

---

　　① John Dewey, *The Middle Works*, Volume 12, Southern Illinois University Press, 1988, p. 184.

　　② 同上书，181 页。

　　③ 个人主义（Individualism）在西方是一个相当古老的概念。古希腊思想家就提到过个人主义与集体主义的对立。著名的民主派政治家伯利克里（Pericles）被认为是个人主义的代表。其个人主义是指尊重每一个人选择自己的思想和行为的权利。（"如果我们邻居选择他自己要走的路，我们觉得并无必要对他说三道四。"）并无自私自利的含义，倒是与利他主义有一定联系。柏拉图被认为是集体主义的代表，其集体主义实际上是指整体主义。在近代西方，英国古典派经济学家亚当·斯密和边沁从理论上系统地论证了个人主义思想。据美国社会学家 A. 哈耶克考证，Individualism 一词同社会主义一词一样，最早是由圣西门主义者提出的。在美国，R.W. 爱默生在 1835 年左右第一次使用了这个词。他们都没有把个人主义当做利己主义。

新型个人主义，单单把少数人对私利的追逐扩大为多数人的追逐，或者进一步倡导慷慨、善意和利他主义，都无济于事；重要的是要"改造社会，促进造就新型的个人"①。

杜威没有也不可能进一步说明在西方资本主义社会条件下怎样造就新型的个人，没有也不可能说明在这种社会制度下的个人怎么能在撇开个人得失的前提下把自己的创造活动本身当做其道德行为的标准。他的新个人主义及整个道德和价值观念都有很大抽象性。但他的观点与功利论等近代伦理学的道德和价值观念毕竟有重大区别。应当提及的是：上述观点是他在各个时期的许多论著中反复阐述的，体现了他在这一方面的基本理论倾向，而这种倾向在一定程度上可以说是现代西方伦理学中一种相当普遍的倾向。

事实上，当杜威等实用主义哲学家在批判和超越功利论等的个体本位和个人主义原则时，其他一些学派的理论家也在以各自特有的方式做着类似的工作。

在欧洲大陆，现象学与存在主义运动的代表们尽管大都把揭示个人存在的意义当做其全部哲学和伦理学研究的出发点，但其目标却是对孤立的个人的超越。胡塞尔之返回到"生活世界"在一定意义上就是超越他的先验现象学的主观主义，因为他的"生活世界"是个人与他人及世界共在的世界。海德格尔建立所谓"始源性伦理学"的主旨也正在于超越"此在"作为个体主体存在的意义而确立人与世界浑然一体的生存关系。后者从根本上排除了道德和价值观上的个体本位和功利论意义上的个人主义。雅斯贝尔斯关于自由、交往和新人道主义的理论对超越个体本位和个人主义作了更为清晰的论述。例如他非常强调个人自由，但认为这种自由以交往或者说个人对自己的超越为前提。

其实，即使是被当做宣扬极端个人主义的典型而被广泛批判的萨特，也主要不是在利己主义和享乐主义意义上来理解个人主义。他的确说过一些关于个人与他人势不两立、人们彼此之间的关系是"主奴关系"等具有极端个人主义色彩的话；他强调人具有绝对自由，可以自由选择、自我设计、谋划和造就，以至把人的存在与其自由视为同义，这

---

① ［美］杜威：《新旧个人主义》，参见 J. J. McDermott 编：《杜威著作选集》，英文版，615、612 页，1981。

些无疑也具有浓厚的个人主义倾向。因此人们对他的指责和批判不无根据。但如果对萨特的理论作较具体的分析，就会发觉在某些方面对他同样存在误解。

例如，萨特一般不是从利害关系，而是从主客关系来谈论个人与他人势不两立：当个人被别人当做对象时自己就失去了主体地位，如果作为主体存在就必然把他人作为自己的对象。个人之间都彼此把自己当做主体、把他人当做对象。在自己的目光中，他人是自己的奴隶（对象）；在他人的目光中，自己就被变成奴隶了。更为重要的是：萨特不是肯定而是激烈否定这种主奴关系。他的哲学的主旨之一就在于消除这种主奴关系。又如，当萨特谈到个人具有绝对自由时，他并不是指个人在现实生活中可以随心所欲，而是指个人只要有意识活动、作为自为而存在，那不管处于何种条件下、面临何种可能性，他都要为自己如何对待所处条件和可能性作出某种选择，即使不选择也仍然是作了选择，那就是选择了不选择。自由指的就是这种选择行为本身，因而是绝对的。至于处于现实生活中的个人，萨特则肯定其自由只能是相对的，因为它们必然要受到各种具体条件的制约。萨特后期甚至强调个人自由要服从历史情境，肯定"历史总体性在任何特定时刻都是决定我们的力量"①。再如，萨特总是把个人的自由选择与其所承担的道德责任联系起来。他一再强调，个人在作出任何一个选择时，要既对自己、又对他人和世界负责。个人不仅应关心自己的命运，也应关心他人和全人类的命运。"对每一个人来说，他每发生一事，都好象整个人类在用两眼盯着他，要他用他的行为来指导自身。"②

在有长远的经验论和功利论传统的英语世界，要求超越功利论等的个体本位和个人主义原则的呼声也不绝于耳。19 世纪末和 20 世纪初的边际效用说和新古典经济学等功利论的后继者对近代功利论的修正的主要之点就在于企图冲淡和超越后者的个人主义。在 20 世纪初，英国哲学家摩尔在其著名的《伦理学原理》（1903）中对功利论等自然主义伦理思潮的片面性进行了系统的驳斥，由此而开创了与分析哲学有密切关

① ［法］萨特：《共产党人与和平》，英文版，80 页，纽约，1968。
② ［法］萨特：《存在主义是一种人道主义》，参见《存在主义哲学》，340 页，北京，商务印书馆，1963。

系的元伦理学思潮。后者的一个最主要的特征就是要求超越单纯现实功利而转向对具有普遍和绝对意义的善的追求。

还值得一提的是：英语世界一些倾向理性主义或非理性主义和直觉主义的伦理学家都明确地批判传统功利论，认为它过分强调人的行为的经验效果而忽视或轻视应尽的道德义务、贪恋物质的享受和占有而忽视精神上的高尚理想。他们在不同程度上要求道德规范具有使人们的行为服从某种超经验、超现实利害的准则的意义，强调道德义务的应然性质。在这方面，他们往往进一步发挥了康德的道义论对个体本位和个人主义的超越的思想。如果说在道义论和功利论的争论中过去往往是功利论占上风的话，最近几十年来道义论似乎更占上风。哈佛大学教授罗尔斯（John Rawls）在其著名的《正义论》（1971）中所倡导的社会正义论在西方学术界产生了广泛影响。它的基本倾向就是把是否合乎"正义"不仅当做个人行为的道德评价标准，也当做判断法律、政治和社会制度以及各种思想理论的是非的根本标准。它主张保障个人的基本自由平等权利，但又特别强调要把社会整体利益置于个人利益之上，要求尽可能缩小人们在收入、地位上的差距，使处于社会下层的人能获得最大限度的利益。尽管罗尔斯的这种理论倾向受到了他在哈佛的较年轻的同事诺齐克（Robert Nozick）等一些更接近西方个人主义和自由主义传统的学者的反对，但诺齐克也不得不要求人们的行为必须遵守某些共同程序（普遍规则），不侵犯和损害他人的自由平等权利。

在现代西方，各种哲学和伦理思潮（欧陆和英美、理性主义和非理性主义、"人本主义"和"科学主义"等）之间往往存在着很大差异，彼此在许多问题上纷争不断。但在坚持还是批判和超越近代主体性形而上学及与之相关的个体本位和个人主义上，它们最后往往能得出大体类似的结论，可谓殊途同归。可见这种批判和超越已不是在个别思想家、个别哲学和伦理学派或个别国家那里偶然发生的情况，而是在现代西方主要哲学和伦理思潮中相当普遍存在的倾向。正因为如此，我们可以说，在西方各国，与哲学上对主体性形而上学的批判相适应，在道德和价值观念上对个体本位和个人主义的批判和超越已汇成了一种具有时代特征意义的广泛的潮流。

3. 如何看待各种西方思潮对个体本位和个人主义的超越

20 世纪以来西方哲学家对主体性形而上学的批判并不是笼统地否定，事实上也不可能否定主体以及主客关系的存在，他们所作的只是对主体和主客关系的性质作了新的解释。对于多数流派说，主要的是以交互主体取代个体主体，以主体间性（主体交互性）取代主体性，以主客的相互作用（生活、实践、过程）代替主客互为独立的实体，以主客不可分割的统一取代主客分离。就合理性、科学性和彻底性来说，西方哲学中的这种变化当然远逊于马克思主义在哲学上的革命变革，但它毕竟不是个别哲学观点上的变化，而是哲学思维方式的变更。

20 世纪以来西方道德和价值观念或者说伦理学上的变更与此大体相似。许多现代伦理学家对近代伦理学的个体本位和个人主义原则作了不少批判。但是他们并没有也不可能完全否定这些原则。西方现当代社会如同近代一样是以资本主义市场经济体制为基础的社会，而这种经济体制与个体本位和个人主义原则有着必然联系。因此继近代伦理学而起的西方现当代伦理学从根本上说仍然不能不建立在个体本位和个人主义基础上。但是，由于西方市场经济体制和整个西方社会在这一时期毕竟都发生了重大变化，与之相应的西方道德和价值观念在表现形态上也必然要发生重大变化。个体本位的个体往往被扩大了，在一定意义上可以说成了与群体、集团相统一的个体；个人主义也往往主要被解释为倡导充分发挥人的个性和能动性、保障人的自由和尊严，以此实现个人的价值；它要求维护个人的合法权益，但这不仅不能损害、反而应当增进集体和社会利益。这当然是对近代伦理学的批判和超越。尽管它们受到很大限制，仍然应当看做是道德和价值观念上的重大变化。

但是，我们也应当看到，现代西方各国在经济、社会政治和思想文化等各方面的情况都是非常复杂的。在哲学上及道德和价值观念上也从来没有单一的倾向和思潮。与上述这种倾向迥然相异的情况随处可见。现代西方社会毕竟还是以私有制为基础的资本主义社会，资产阶级个人主义的世界观和人生观还支配着大多数人的头脑。尽管在利己主义和享乐主义意义下的个人主义人生观由于必然引起严重的社会冲突而受到有识之士（特别是学术界）广泛的谴责，并由此而产生了要求超越这种人生观的广泛的呼声。然而，只要作为这种人生观的客观基础的资本主义制度没有消灭，即使出现更多和更合理的要求超越这种个人主义的新的哲学和道德思潮，它们也无法阻止西方社会里的大量个人仍然坚持这种意义下的个人主义的立场。正因为如此，在现代西方各国，极端个人主义、利己主义、享乐主义、道德相对主义和虚无主义等倾向不仅还很有市场，在许多情况下甚至还泛滥成灾。即使是在西方学术界，宣扬这样的世界观和人生观的哲学家和伦理学家也还大有人在。这种情况告诉我们，无论是对于西方世界的现实的道德状况还是那里的道德和价值思潮，必须抱着马克思主义的批判态度，要心怀警惕，防止受到它们的消极影响。

既然如此，上面所提出的关于现代西方在道德和价值观念上出现了对传统观念的超越是否会与西方各国的现实状况相抵触呢？不会。因为这两种情况作为两种不同的倾向在西方各国是同时存在的。一方面，就西方社会作为以私有制为基础的资本主义社会来说，必然会出现极端个人主义、利己主义、享乐主义等泛滥成灾的局面。另一方面，这种腐朽的道德和价值观念所导致的矛盾和危机已对资本主义制度的存在本身造成了严重冲击，因而引起了许多有识之士的严重关注，并从各种不同角度纷纷提出超越这种道德和价值观念的主张。如果说前者是一种保守的、失去了历史必然性、从而必将被取代的倾向，后者则在一定程度上体现了一种进步的、合乎历史发展潮流的倾向。对我们说，重要的是善于识别这两种不同的倾向，采取不同的态度。对前者，要善于防患和批判；对后者，要敢于肯定和借鉴。尽管它们远非完善，其中还可能包含着种种谬误，但毕竟可以为我们摆脱利己主义和享乐主义等意义上的个人主义道德观和价值观、建立新型的道德和价值观提供有益的启示。

西方哲学的近现代转型与
西方宗教及其哲学的变更

1. 问题的提出

如果可以肯定西方哲学在近现代之交特别是
20 世纪以来发生了具有思维方式转型意义的变
更，那么是否也可以肯定西方的宗教观念特别是
作为其最高理论形态的宗教哲学，也发生了相应
的重要变更？从过去长期流行的观点看似乎难以
作出肯定结论。因为这种观点认为宗教只能是出
于幻想和欺骗，它意味着迷信和愚昧，是反科
学、反理性的，因而只能起麻醉人们意志的消极
作用。说它在近现代之交能发生具有积极意义的
变更自然显得背理。然而，如果考虑到西方宗
教，特别是宗教哲学与整个西方哲学具有不可分
割的联系，二者相互渗透，对它们作出相反的评
价在理论和逻辑上存在困难。更重要的是：如果
考虑到宗教与当代西方社会各方面的联系及其所
具有的多方面的实际影响，简单否认它发生过具
有积极意义的变更也缺乏充分的说服力。

宗教今天在西方社会依然是影响最广的意识
形态。只要想到西方国家大多数人都是教徒（主

要是各种派系的基督教徒），西方社会的几乎一切领域都渗透着宗教影响，就不难明白，为了深入了解和正确对待西方社会和西方国家的人民，认真研究和正确评价西方的宗教是何等重要。对于西方国家具有高度发达的科学技术，谁也不会怀疑；关于西方国家人民一般说来具有较高的教育和道德素质，也一再为人们所公开谈论。为什么在这种情况下，向来被认为是反科学并与迷信和愚昧联系在一起的宗教还能在那里存在并有广泛影响呢？为什么那里的人民大都仍然对宗教肃然起敬？为什么不少卓越的科学家和智慧之士同时又是教徒甚至是虔诚的教徒，难道他们都仅仅是受骗吗？

对这些问题的思考使我们感到对现代西方宗教及其哲学的传统观念是不够全面的。这当然不意味着要简单否定过去被引为经典的那些关于宗教的理论，而只是认为，对于在西方现代社会中宗教的性质和功能是否发生了某些变化，这些变化是否可能具有某种积极意义等问题，不应当简单否定，而应当重新认真加以研究，以便通过讨论得出较为恰当的结论。

对于现代西方宗教及其变化，可以而且必须从理论和实证等不同层次上进行研究。下面我主要是从宗教和哲学的关系，特别是西方宗教及其哲学在近现代之交的变化与这一时期整个西方哲学的变化的联系的角度来说一些想法。

2. 宗教和哲学的关系及二者长期存在的根据和条件

宗教和哲学是两种不同的意识形态。它们都是人的意识对世界的某种反映。哲学是以概念的形式表现（反映）世界，宗教则是以表象（包括幻觉）的形式表现（反映）世界；哲学从本质上说是通过理性思维来建立，宗教则总是与信仰联系在一起，而信仰往往是非理性或超理性的；哲学一般都具有某种合理性和直接现实性，而宗教却往往是对这种合理性和直接现实性的扭曲或超越。正像马克思和恩格斯所指出的："在宗教中，人们把自己的经验世界变成一种只是在思想中的、想象中的本质，这个本质作为某种异物与人们对立着。"[1] 因此宗教和哲学之

---

① 《马克思恩格斯全集》，中文1版，第1卷，170页。

间存在着重大区别，不能相互取代或混同。

然而，尽管宗教和哲学都有各种不同的表现形式，它们归根结底都以有关宇宙人生的根本问题为研究对象，都以获得人生指导、表达人的理想和对世界的看法为主要目标；而作为认识和意识形式的表象和概念、非理性和理性本来就是相互渗透的。因此宗教和哲学必然相通。正像概念是从表象发展起来而又高于表象一样，哲学最初起源于宗教，后来从宗教中分离出来并超越了宗教。马克思指出："哲学最初在意识形态的宗教形式中形成，从而一方面它消灭宗教本身，另一方面从它的积极内容说来，它自己还只在这个理想化的、化为思想的宗教领域内活动。"① 同样，宗教信仰虽然主要是以表象形式表现出来，但表象的形成离不开概念和理性，而宗教理论也需要用理性来论证，因而它们也离不开哲学。

宗教和哲学作为意识形态在研究的对象、方法和目标上的这种异同关系，使二者在现实形态上必然随着所处社会历史条件的不同时而相互联结甚至融合在一起，时而又相互分离甚至相互对立。这种联结和分离、融合和对立的状况主要表现在整个社会范围内宗教和哲学这两种意识形态的关系中，有时也表现在某些哲学和宗教派别或思想家的理论体系中。我们在各个历史时期都可看到，有的哲学家把宗教理论当做其整个哲学理论的组成部分，有的神学家把哲学理论当做其整个宗教理论的组成部分；也有的则将二者分离甚至对立起来。

整个社会范围内宗教和哲学这两种意识形态的联结与分离、融合与对立的状况在西方历史上往往相互交织。就它们在各个历史时期所处的地位说也往往是此起彼落。在欧洲中世纪，宗教成了占统治地位的意识形态，哲学被当做神学的婢女而失去了独立地位。文艺复兴以后，哲学的地位开始得到恢复，一些激进的西方思想家（例如 18 世纪法国启蒙思想家）甚至把宗教当做纯粹的荒谬和欺骗而对之采取近乎全盘否定的态度。然而，正像哲学未因中世纪天主教会的高压而被完全扼杀一样，宗教也未因启蒙思想家的尖锐批判而销声匿迹。在近现代之交，特别是 20 世纪以来，西方宗教和哲学都遇到过严重的挑战和危机。从"左"

---

① 《马克思恩格斯全集》，中文 1 版，第 26 卷 I，26 页，北京，人民出版社，1972。

的方面和右的方面提出要求取消传统宗教或哲学的声音时有所闻。然而宗教和哲学在经历了深刻的变更以后，又都以新的形态出现并在西方现实社会生活中各自产生其影响。

宗教和哲学之所以都具有长久的生命力，是因为无论是在以往时代或现当代，人们都有解决宇宙人生的奥秘等世界观（形而上学、终极关怀等）问题的精神渴求，而宗教和哲学正是对这种问题进行探索的两种最普遍的意识形态。人的精神存在既有理性的方面，又有非理性（超理性）的方面。哲学大都是以理性形式来回答宇宙人生问题，宗教在回答这方面的问题时则往往超越了理性范围。正像理性不能取代非理性一样，在解决宇宙人生问题上，哲学也不能取代宗教。反之亦然。上述宗教和哲学的结合和分离状况说明它们既密切相关，又各有其独特性。不管是在历史上还是在现代社会，它们都各有其存在的理由，不能相互取代。

就各种特定的、具体的宗教和哲学理论（特别是那些带有极端主观任意性特征的哲学和带有明显的迷信和蒙昧主义特征的宗教）来说，由于它们存在种种缺陷，不能适应变化和发展了的社会和时代的要求，因而需要加以改造或者被其他哲学和宗教所取代。但就宗教和哲学作为两种重要的社会意识形态来说，只要社会上的人们仍有解决上述宇宙人生问题的渴求而又没有找到满足这种渴求的其他更为适当的意识形式，它们就都有其存在的理由。就宗教作为一种对自然和社会的异己力量的盲目崇拜的意识来说，只要这样的异己力量存在，它也必然存在。所以恩格斯说，"宗教反映活动的事实基础……继续存在，而且宗教反映本身也同它一起继续存在"①。

尽管宗教和哲学在现代社会都还有存在的理由，但这都以它们能适应变化了的历史条件为转移，而这意味着它们必须在形式和内容上都发生相应的变更。

近现代之交以来，特别是 20 世纪以来，各个知识部门已进一步分化出来并形成为与此相应的各门独立的具体学科，它们从根本上摆脱了对传统哲学的依赖地位。更为重要的是：这些学科特别是各门自然科学

---

① 《马克思恩格斯选集》，2 版，第 3 卷，668 页。

都获得了飞速的发展，它们对人所面对的现实世界，特别是自然事物和过程的本来面目都不断作出了新的、具有革命性的揭示。这极大地开阔了人们的眼界，促使人们从根本上改变了对于现实世界本身以及人与世界的关系的看法。在哲学上，以二元分立为出发点、以建立无所不包的关于世界的体系为目标的西方近代哲学不仅受到了严重的冲击，而且可以说已从根本上被动摇。正是在这种情况下，马克思主义产生了并实现了哲学上的革命变更。与此相适应，西方哲学本身也不得不进行根本性的改造和转型，由此形成了在许多方面超越了传统哲学的界限的新的哲学思潮和流派。

促使西方哲学发生这种变更的背景对西方宗教同样也产生了强烈影响，使之必然发生相应的变更。在对基督教的上帝观念和《圣经》的解释、宗教的性质和功能、信仰的动机和要求，以至基督教与其他宗教及其他意识形态的关系等几乎一切方面，传统的立场与现代科学的伟大发现及西方现代社会的现实都发生了严重的冲突。例如，在天文学等现代自然科学的最新发现已大大加深了人们对宇宙的认识的条件下，传统的基督教的上帝创世说就不可能原封不动了。在哲学和各门人文和社会科学摆脱了传统形而上学的眼界、从对绝对理性和抽象概念的追求而转向人的现实生活和实践的条件下，传统基督教对现实生活和世界的鄙弃态度不能不有较大的改变。正因为如此，与19世纪中期以来特别是20世纪以来西方哲学发展中出现方向性的转换同时，西方宗教领域也在若明若暗地出现重大的变更。这种变更的广度和深度也许只有文艺复兴时期的宗教改革可以与之相比。

由于宗教和哲学在研究对象、方法和目标等方面密切相关，它们在近现代的变更也必然密切相关，这种相关性最突出地表现在宗教哲学的变更上。一方面，由于宗教哲学在一定意义上可以说是宗教观念在理论上的集中表现，因此现代西方宗教哲学的变更在很大程度上体现了现代西方宗教观念的变更。另一方面，现代西方宗教哲学又是整个现代西方哲学的组成部分，它的变更在一定程度上又从属于现代西方哲学的变更。这样，现代西方宗教哲学就成了沟通现代西方哲学和宗教的桥梁。

3. 基督教和西方哲学的融合与现代西方宗教哲学

现代西方各国的宗教形形色色，除基督教外，佛教、伊斯兰教等世界性宗教在此都有较大流传，各种地区性、民族性的宗教更是多种多样，还有其他各种类型的宗教（例如各种邪教）。从所有宗教归根结底都要涉及有关宇宙人生的根本问题来说，这些宗教当然也都有自己的哲学观点。但它们有的没有与包括哲学在内的西方文化融为一体，难以形成在西方有广泛影响的宗教哲学思潮；有的发生作用的范围较窄，或者没有形成完整的理论体系。唯有在西方文化中孕育成长起来、并在西方各种宗教中占有主导地位的基督教，不仅形成了最完整的宗教理论体系，也形成了相当完整的哲学理论体系，还以各种不同方式在不同程度和意义上与其他宗教（甚至包括那些与基督教处于对立地位的宗教）相联系或发生影响。因此基督教哲学最能体现西方宗教及其哲学的基本倾向，这在历史上和现当代都是如此。

基督教包括了众多的派系，除了天主教和新教外，东正教在一些国家（特别是斯拉夫语系各国）也有重要影响。在近现代，这三者当中又都形成了众多支系。这些派系大都有本派特色的神学和相应的哲学理论。因此，与基督教相关的现代西方神学和哲学可谓五花八门。对它们可以按照不同的标准作出不同的划分。例如，就它们作为神学来说，根据教派的不同可划分为天主教神学、新教神学、东正教神学以及与基督教有密切关系的犹太神学；根据对传统神学的态度的不同可划分为正统派神学、新正统派神学、现代派神学、自由派神学；还可以根据理论特色和目标不同作出其他划分（例如有所谓希望神学、解放神学、过程神学），等等。这些冠以神学名称的派系由于大都具有哲学含义，在一定意义上也可以看做是哲学派系。有时宗教学家们为了更强调其理论的哲学意义，可能不称其为神学，而称其为哲学，或者在神学以外另建哲学。例如，天主教除了正宗的神学外，还有与之相适应的新托马斯主义等哲学派别，而新教神学家们也提出了人格主义等具有更多世俗哲学色彩的学派。

不管按照什么标准来划分，也不管这些神学和宗教哲学派别冠以什么名称，它们都既有作为宗教理论的意义，又有作为哲学理论的意义。只不过有的较多地表现为神学，有的较多地表现为哲学。也就是作为宗教理论和哲学理论的比重各有不同，在作为这二者的融合上则是一致的。特别需要指出的是：就它们的哲学理论或宗教理论的哲学意义说，它们总是与同一时期流行的世俗哲学思潮存在着密切联系，成为后者的组成部分。

基督教哲学作为宗教理论和哲学理论的这种融合在一定程度上体现了西方各国宗教文化与世俗文化的融合，以致我们在一定意义上可以说，基督教哲学不仅体现了西方宗教哲学的基本倾向，也体现了整个西方哲学和文化的基本倾向。

从历史上说，欧洲中世纪的文化无疑处于基督教神学及其哲学（经院哲学）支配下。继文艺复兴时期以反传统天主教为特征的宗教改革和人文主义运动而起的各种近代哲学和文化思潮也无不受到基督教，特别是改革后形成的新教的强烈影响。即使是那些对基督教采取激烈批判态度的启蒙思想家，其本人的理论体系中也往往有基督教影响的烙印。所以马克斯·韦伯等西方思想家不无理由地把包括哲学在内的西方资本主义文化称之为渗透着新教伦理精神的文化。撇开基督教，对哲学等西方其他意识形态就难以有全面和准确的理解。而基督教在各个时期的确立、更新改造和发展也不能离开哲学等其他西方思想文化。例如，基督教之在中世纪形成自己完整的理论体系就是得益于被重新解释的柏拉图特别是亚里士多德的哲学理论；它在其后的演变和发展也都与各个时期的哲学密切相关；甚至那些激烈批驳基督教的哲学家的理论有时也成了促使基督教进行某种形式的改造的推动力。

以基督教哲学为主的西方宗教哲学与整个西方哲学和文化的这种相互渗透和交融的关系在现代西方依然存在。西方宗教在近现代之交的变更就受到了这一时期哲学变更的推动，而后者有时也是在对原有宗教理论作出某种新的解释的形式下实现的，以致某些宗教理论的改革家同时又是哲学变更的代表人物。德国天主教神学家施莱尔马赫就是一个典型的例子。他被公认为是现代哲学解释学的先驱，而他对哲学解释学的贡献正是通过他对圣经解释学的改造而实现的。作为神学家，他反对正统派和理性派神学，强调宗教出于人的内心感觉以及人在这种感觉中与上帝的融合，而这也正与他对传统哲学的批判态度相一致。

在西方哲学和宗教近现代之交的转化过程中，哲学变更与宗教变更相互交织，哲学家与神学家角色互换的情况是相当普遍地存在的。一些对西方哲学近现代转型发生过重要影响的哲学家对西方宗教近现代之间的变更也发生过重要影响。对于现代西方哲学，人们为了研究的方便有时将其划分为所谓"人本主义"和"科学主义"（或者欧陆哲学和英美哲学）等思潮。而上述哲学和神学、哲学家和神学家相互交融的情况在这些思潮中同样存在。

例如，在存在主义等现代西方"人本主义"哲学思潮的形成和发展中，克尔恺郭尔和尼采被认为是两位最重要的先驱，而他们却在不同意义上又是基督教近现代转向的推动者。

克尔恺郭尔明确地把上帝的存在与人的个人存在统一起来，认为个人的发展过程就是朝向上帝的过程，个人在其发展的最高阶段（宗教阶段）与上帝直接交往。换言之，上帝就处于人本身的生活的发展过程之中。尽管在近现代转向时期西方思想史上克尔恺郭尔作为宗教神学家的地位大概逊于他作为哲学家的地位，但在用现代哲学的眼光来解释西方宗教并推动后者也发生转向上，他无疑是一个相当重要的人物。至少可以说，他的有关思想是后来基督教现代派和自由派神学的重要理论来源。反过来说，他对现代哲学转向的推动是在重新解释传统基督教的形式下实现的。

尼采哲学从其直接意义上说是激烈反基督教的。他把苏格拉底以来的西方理性主义文化归结为基督教文化，对之作了无情的鞭挞。他以"上帝已死"的著名论断表达了他对传统基督教的根本否定。然而尼采只是否定了被绝对化、实体化、处于彼岸世界的上帝，而没有否定人对信念、理想和超越性的追求。他提出要以现实世界的"超人"取代彼岸世界的上帝。尽管他的"超人"概念有着多种含义，但最主要的含义是作为人的信念、理想、能动性和超越性或者说"权力意志"的人格化。尼采哲学的提出既推动了西方哲学的发展由对思辨形而上学的构建转向对现实性、能动性和实践性的强调，又促使基督教在新的条件下改变自己的形态，例如越来越强调上帝作为理想、超越性、活动和过程的意义。

又如，孔德被认为是现代西方"科学主义"哲学思潮的开创者之一。他不仅要求在实证科学基础上建立实证哲学，用来取代传统的思辨形而上学；而且要求在同一基础上建立实证宗教，用来取代传统的基督教。实证宗教就是他所谓的"人道教"，其基本特点是以对处于现实世界的"人类"本身的信仰来代替对处于彼岸世界的上帝的信仰。不过孔德的人道教在外表上仍竭力模仿基督教。例如他为人道教制定了独特的教阶制度（包括圣徒和各级僧侣）、洗礼、礼拜、祈祷、圣餐等宗教仪式，并要求建立人道教教堂；作为信仰对象的"人类"也带有很大的抽象性和神秘色彩。这说明他并未能摆脱基督教的影响。但他之把信仰的对象由处于彼岸世界的上帝转向现实世界的人类却推动了一些西方宗教神学家和哲学家对传统基督教的上帝观念的改造：把作为人本身的异化的产物而推向彼岸世界的"上帝"重新拉回到现实的人间。后来美国实用主义哲学家詹姆士、杜威等人把上帝当做服务于人的目的的有用的假设在一定意义上可以说是这种倾向的进一步发展。

总之，以基督教及其哲学为主体的现代西方宗教及其哲学的形成和发展与整个现代西方哲学的形成和发展是一致的。如果撇开现代西方哲学的变更，就无法理解现代西方宗教及其变更的意义。同样，撇开现代西方宗教及其变更，也无法全面理解现代西方哲学变更的广泛内容。

4. 现代西方宗教哲学对传统宗教观念和宗教哲学的超越

西方宗教及其哲学在现代所经历的变更与整个现代西方哲学的变更大体上是一致的。这也只是大体上的一致。宗教毕竟不同于哲学，而宗教哲学也必以相应的宗教教义为理论基础，因此它们的理论方向、具体表现形式及社会功能都有不同于一般（世俗）哲学的特点。在分析和评价现代西方宗教及其哲学所发生的变更时，既要考虑到它们与世俗哲学的共性，又要考虑到它们作为宗教哲学的特性。另外，在现代西方宗教哲学内部甚至在基督教哲学内部，还有各种派系之分。它们在从近代向现代的转化上的表现也彼此有别。因此对西方宗教及其哲学在近现代之交的变更，既要有整体上的研究，更要有对具体派系的个案研究。

如何从整体上看待西方宗教及其哲学在现代的变更，这也正如对整个现代西方哲学变更的评价一样需要作多层次、多向度的探索。无论从理论倾向还是社会作用上说，这种变更中无疑包含了消极的方面。我国学术界以往对它们所作的许多批判并非都是无的放矢。然而，如果可以肯定从整体上说西方哲学在近现代之交特别是 20 世纪以来发生了具有思维方式转型意义的变更，那也应当肯定与之存在相互渗透和交融关系的西方的宗教观念，特别是作为其最高理论形态的宗教哲学，也会以其独特的方式实现具有积极意义的变更。正如西方现代哲学在一些方面超越了近代哲学一样，西方现代宗教及其哲学也实现了大体类似的超越。这些超越主要表现在如下几个方面。

第一，西方宗教哲学既然主要属于各种类型的基督教哲学，当然都必以基督教所信仰的上帝的存在及其至高无上作为其全部理论的基础。这决定了它们不能像某些世俗哲学那样公开拒斥形而上学和对最高和终极存在的追求。尽管如此，一些西方宗教哲学家和神学家仍然通过对上帝等概念的含义作出新解释而使之具有某些超越传统形而上学的意义。正像一些世俗哲学家不把"存在"看做是脱离现实存在的"绝对"一样，他们中有的人（特别是与现代派和自由派神学家）也认为上帝不是凌驾于人之上的绝对，而是与人共在，或者说上帝就生活于人本身之中；上帝与人的关系不是创造与被创造的关系，而是"我"与"你"的对话关系；上帝不是人格化的、处于彼岸世界的造物主，而是某种超越现实生活的有限性的无限性和完满性，或者说某种具有崇高品格的道德理想。一些仍然打着正统主义旗号的宗教哲学家和神学家在这方面虽然出言较为谨慎，但也往往以某种间接的方式对原有上帝概念作了类似的改变。例如美国新正统派神学家蒂利希就企图以所谓终极关怀来代替对上帝的偶像崇拜。而他所谓终极关怀指的实际上是人类超越自己的有限性和直接性而趋向无限性和完满性的企求，是人本身无条件地追寻存在的价值和意义的思想与活动。一些与实用主义哲学有关的宗教神学家甚至接受了关于上帝是有用的假设的观念。

第二，近代的宗教哲学正像近代形而上学一样可谓是一种基础主义或者说实体本体论。上帝是创造一切实体的最高实体，本身不可能被创造，从而是永恒的，超历史和时间的；上帝是推动宇宙一切事物运动变化的根源，但本身不可能被推动，从而是不动的推动者。不少现代西方宗教哲学家和神学家也越来越倾向于超越甚至抛弃这种观点，而把一些强调运动变化、强调历史性和时间性的西方哲学家的理论引入神学领域。例如，天主教现代派神学家往往援引柏格森关于生命冲动和变的学说，把上帝当做永不停息的创造进化这种行为本身。怀特海的过程哲学被一些神学家发展成了过程神学。它认为上帝就是一种能动的和现实的过程，或者说一种面向完满的永无止息的创造力。正是这种创造力的活动，自然界、人类社会就和上帝结合成了一个有生命力的统一体。与此相适应，不少宗教学家和宗教哲学家把现代西方哲学中一些强调生活和实践的哲学流派的观点移用于解释宗教信仰，也就是认为信仰的目标不是达到那绝对的上帝，而是通过不断的创造活动，即生活和实践去追求超越性和完满性，在精神和道德上使自己不断净化。

第三，近代的宗教哲学正像理性派形而上学一样是一种用思辨理性建构起来的体系，具有强烈的绝对主义和独断论倾向。圣经和教会信条被当做最高真理，是衡量一切其他领域理论的真理性的绝对标准。这种绝对主义和独断论虽然早已为不少近代西方思想家所批驳，但只有到了现代，随着它们（特别是作为它们的理论根据的思辨理性）在哲学领域的根本动摇，才在宗教神学领域也受到严重的怀疑。一些较激进的宗教哲学家和神学家纷纷表示了对传统基督教教义及其所依托的思辨理性的怀疑，针锋相对地提出了一些具有相对主义、多元论和非理性主义色彩的理论。在这方面，各种类型的现代派神学，特别是与近几十年来在西方各国颇为时髦的后现代哲学相适应的所谓后现代神学表现得最为突出。他们要求推翻传统基督教所确认的种种绝对权威，主张个人按照自己的信念，特别是非理性的生命和内心体验去追求宗教的真理。他们认为基督教的真理不是绝对的、静止不变的，更不是仅由教会来解释的；而是由个人参与不断地创造和完善的。由于这种反绝对主义和独断论的风浪十分强烈，以致罗马天主教会（以 1962～1965 年梵二会议为转折点）也不得不对其绝对权威面孔有所收敛，在一定程度上承认"异端"、"异教"的真理性，宣布为历史上受到迫害的布鲁诺、伽利略等人平反，并表示愿意与不同宗教信仰的人（包括马克思主义者等无神论者）进行平等对话。

第四，与现代西方世俗哲学中对近代哲学中的主体性形而上学，特别是片面化的人道主义和个人主义理论的超越相适应，在现代西方宗教哲学中也出现了通过重新解释上帝和基督教教义的含义而既超越传统神道主义、又超越主体性形而上学意义下的人道主义的倾向。一些宗教哲学家和神学家一方面认为，真正的人性是真正的宗教的前提，尊重人的尊严和基本价值（人道）是对宗教的基本要求，想要体现真正的宗教性就必须体现出人性。他们往往由此把对上帝的超越性的肯定与对人的全面发展（特别是人的自由和尊严）的强调结合起来，把上帝作为最高目的、终极关怀与将人当做目的而不当做手段的要求结合起来。另一方面他们又认为，对人性特别是人的自由和尊严的肯定要与对超越性的追求结合起来，也就是要超越人作为个体的界限，把个人与他人和社会、人与人所面对的世界（自然界）统一起来。他们由此把宣扬作为有限的个人对无限的上帝的臣服与倡导个人利益服从整体和社会利益结合起来，把宣扬基督教关于人与人之间的友爱和同情与超越极端的个人主义和利己主义、倡导为他人和社会作出奉献的精神结合起来。

西方现代宗教及其哲学对传统宗教及其哲学的超越还可以从其他角度来说明。例如，以往的基督教特别是传统的天主教信仰的目标是把人的注意力引向彼岸世界，而现代西方宗教越来越表现出关注人的现实生活的倾向。实用主义对生活和实践的强调、现象学和存在主义关于向生活世界的回归以及其他各种倡导现实生活的哲学理论在现代西方宗教哲学中都在不同程度上得到了反响。与此相适应，基督教鼓吹盲从和迷信的倾向越来越冲淡了，而鼓励人们追求高尚理想、为人们提供现实的人生指导的意义加强了。又如，基督教的道德说教以往大都是为不合理的社会制度做辩护，归根结底是保护阶级压迫和剥削，维护富人的利益；而现在这种倾向似乎已开始有所改变，有时甚至表现出了对资本主义制度的超越和对穷人命运的关切的倾向。当代西方的社会制度无疑仍然是以阶级剥削和压迫为基础的制度，然而，正是在基督教道德的熏陶下，许多有产阶级的人士居然也能做到把为社会做奉献当做实现其人生价值的主要目标（例如，亿万富翁把其财产主要用于慈善等社会福利事业的做法已相当普遍）。这些也都说明，西方基督教及其哲学在现代的确发生了不少值得我们认真加以研究的变更。这里不再一一论及了。

总的说来，正像整个西方哲学近现代之间的转折是一种根本性的思维方式的变更一样，西方宗教及其哲学在近现代之间的变更也越来越显示出它是一种具有根本性意义的信仰方式的变更。这主要表现在：西方基督教的上帝观念的含义变了，上帝在世界上的地位变了，上帝与人的关系变了；更为重要的是：信仰上帝的目标也变了。对于许多人来说，信仰上帝已越来越不是为了达到与现实世界脱离的彼岸世界，或求得作为彼岸世界的绝对力量的上帝的拯救；而是被当做人对自身的有限性的超越，对人的全面发展、完满性或者说崇高的道德理想和最高目的的追求。这种变更当然还远没有完成，甚至还只是一种开始显露的倾向，但它在某些情况下可以说已是一种清晰可见的倾向。

当然，对现代西方宗教及其哲学所发生的变更的积极方面的强调，只是相对于以往对它们的全盘否定而发，而绝不应当走向另一个极端而对之全盘肯定。我们不应忘记，宗教从本质上说是一种以幻想的形式（从而也是以歪曲的形式）表现世界的意识形态，如果不对之采取批判的态度，必然使人放弃科学和理性，导致盲从和迷信。这样势必在政治、思想道德等各个方面都造成十分有害的后果。

美国哲学发展的特殊性及其近代变更

　　美国哲学是西方哲学的组成部分，对它的评价与对整个西方哲学的评价应当大体一致。但是美国哲学又是西方哲学的一个特殊部分，其产生和发展的条件与英德法等欧洲国家既有重要的共同之处，又有不容忽视的差异。这种差异势必影响到对它们的评价，有时这种影响还相当显著。许多欧洲哲学家不无根据地嘲笑美国哲学肤浅和缺乏原创性。由于特定的政治和意识形态等复杂的原因，一些马克思主义哲学家在相当长时期内也往往只关注美国哲学确实存在的负面意义。然而，尽管美国哲学在体系性和原创性上不如英德法等国哲学，但它作为美国立国的主要精神支柱却又促使美国资本主义的发展得以后来居上，在政治、经济、军事、科学技术等方面在西方各国中都处于明显强势地位，使美国成了当今世界头号发达国家。出现这种情况的原因是多方面的，不能仅仅用哲学发展来解释，但也不能否认在促进社会各个方面的发展上，美国哲学较欧洲哲学确有明显优势。还应当看到，美国是各种现当代西方哲学发生影响的主要场所。即使是那些发源于欧洲国家的哲学思潮，也往往只有在美国获得广泛流传后才能获得世界性意义。这就要求我们从与整个西方近现代哲学发展趋势相比较的角度来重新研究美国哲学的特殊性及其与其他西方国家哲学的联系。这种研究不仅能促进我们揭示美国近现代哲学发展的实际所是及其与美国社会发展的联系，也能促使我们更好地认识现当代西方哲学及其与现当代西方社会发展的联系，从而对它们作出更为适当的评价。

1. 美国立国的背景及美国哲学发展的特殊性

（1）美国之作为后起的资本主义国家

在西方世界，与具有较为悠久历史和文化传统的英法德等欧洲各国相比，美国是一个后起的国家。在 16 世纪初第一批欧洲移民到达北美新大陆以前，印第安人早已在那里繁衍生息。但他们当时还处在部落集居阶段，远未形成统一的民族国家；而这时的欧洲各国在经历了具有反封建意义的文艺复兴运动后，已开始在不同程度上先后走上资本主义发展道路。欧洲各国向美洲的移民本身就具有资本向外扩张（占有殖民地、开辟新的市场和原料来源、加速原始资本积累）的意义。欧洲和美洲社会和文化发展的这种巨大差距，使欧洲移民在进入新大陆后得以较为顺利地以征服者的姿态成为那里的殖民统治者。英国人踏上北美大陆晚于法荷等国，但英国走上资本主义发展的道路较早，其对外扩张与对殖民地的占据都能较好地与资本主义的发展相适应，因而在向北美移民特别是在占有和经营殖民地上得以后来居上。经过 17 世纪上半期的多次移民以及与法荷等国的争夺，英国占有了北美最大数量的殖民地，由英王委任或认可的总督分别管理。随着在政治、经济等各方面的发展，它们都在不同程度上与宗主国英国的统治发生了越来越尖锐的利害冲突，到 18 世纪中叶，在富兰克林、杰弗逊等启蒙思想家的倡导下，各殖民地的人民展开了反对英国的封建殖民统治的斗争，并建立起了殖民地联盟，后来的美国就是通过联盟所进行的摆脱英国统治的独立战争而在 1776 年正式建立起来的。这意味着美国作为一个国家存在的历史迄今只有两百多年，如果从欧洲移民开始成批进入北美算起，也不足四百年。

（2）美国社会政治和思想文化发展的后发性

美国资本主义的后发性决定了其社会政治和思想文化等方面发展的

特殊性，美国之由以欧洲为主的世界各地的移民构成及其建国历史的短暂，决定了美国的社会经济和政治制度及与之相适应的包括哲学在内的思想文化的发展必然具有一些与其他各国都有所不同的特色。这突出地表现在所有这些方面都几乎是移民们从"空地"上从新建立起来的，都具有明显的后发性性质；而这种后发性性质使它在所有这些方面都既可现成地吸取欧洲各国先行的经验，又可从欧洲各国的各种挫折以及矛盾和冲突中吸取教训，做到更有适应性和进步性，因而其发展往往能更为快速。

就社会经济和政治制度说，尽管移民中不乏封建制度甚至奴隶制度的维护者，但多数人对它们都持反对态度，而较为赞同或者毋宁说更为适应当时欧洲正在形成中的资本主义生产关系。对走向后者，他们可借鉴英国等欧洲各国在这方面的经验教训，因而也较为顺利。他们在反对封建等级和专制制度、建立资本主义制度等方面同样遇到阻力，但与欧洲各国也有所不同。这是因为北美原来并没有强大的封建势力，而当时的移民，除了少数人属于欧洲的保守和反动阶层（例如由英国派往北美的统治者）企图把欧洲的封建等级制移植到北美外，大多数人是随着旧的农业社会的解体而出现的破产农民和随着经济危机的出现而处于失业等困境的手工业者和工人，还有的是受到封建专制制度的政治迫害的部分上层人士以及受到英国国教迫害的广大清教徒。这些人来到北美后大都希望在此从新建立的国家和社会应当尽可能避免他们在故国所受到的种种压制。因此，尽管北美走上资本主义发展的道路步的是英国等欧洲国家的后尘，却能在一定程度上避免欧洲各国在这方面的某些不彻底性，特别是相对顺利地克服封建专制制度的阻碍，使资本主义在此获得更为快速的发展。

包括哲学在内的思想文化在北美的发展情况与此相适应。当欧洲移民来到北美时，他们不仅带来了在当时是较为先进的资本主义生产方式，也带来了与之相适应的思想文化。事实上美国的哲学发展无论就其基本方向或主要思潮来说都与欧洲各国大体一致。其中最突出的是个人主义倾向和宗教情怀。个人主义倾向是与商品经济的兴起直接相关的。因为商品经济以买方和卖方在商品市场上具有独立身份，即作为个体主体来进行等价交换为前提。不肯定个人在市场上的独立地位就不可能有市场经济。正因为如此，从文艺复兴时期开始，个人主义思潮就以不同形式在欧洲各国流行。当欧洲移民来到北美时，由于他们带来的主要是商品经济制度，因此个人主义自然一开始就成了这里的主要思想潮流。由于欧洲商品经济制度下的个人主义思潮一开始就依靠宗教伦理来调节，当个人主义成了北美的主要思潮时，宗教情怀在此也必然广为传播。在17世纪北美作为英国的殖民地的时代，最为流行的意识形态起初主要就是在加尔文教教义影响下原在英国形成的清教神学，这与移民中有大量为逃避英国国教压制而来到北美的清教徒这一情况相关。后来清教神学本身虽然衰落，但它所播下的宗教情怀却在美国产生了根深蒂固的影响，以致与个人主义一道成了后来整个美国思想文化的主要因素。它们对美国社会各方面的发展都有深刻影响。

另外，在英国发生过重要影响的牛顿的科学和哲学思想、洛克的哲学和政治思想以及与宗教有着密切联系的贝克莱哲学也传入到了北美。到了18世纪，北美反对英国的殖民主义和要求独立的思潮得到越来越强大的发展，与之相适应，以倡导天赋人权并以自由、平等、博爱等为口号的欧洲各国的启蒙思潮，特别是法国启蒙思想家和唯物主义者的理论在此受到了越来越广泛的欢迎。正是在其直接影响下，产生了与北美具体情况更相适应，特别是与北美争取独立的运动相适应的启蒙思潮。18世纪70年代前后美国独立运动的许多代表人物（如富兰克林、杰弗逊、潘恩等人）同时又是当时最有代表性的启蒙思想家。从18世纪末到19世纪上半期，德国古典哲学在欧洲哲学中占有突出地位，美国哲学中的德国因素也由此越来越显著。19世纪中期以来在欧洲哲学的发展上发生了重要的方向性的转折，产生了许多要求超越欧洲哲学原有传统，特别是反对与绝对理性主义、思辨形而上学有着密切联系的传统哲学的哲学思潮和流派。这些哲学思潮和流派大都也流传到了美国，有的甚至还成了美国的主要哲学流派。例如，与进化论的流行有着密切联系的实证主义（特别是斯宾塞的实证主义）、与在新的条件下对德国古典哲学重新解释的新康德主义和新黑格尔主义（绝对唯心主义）、与对生命现象的新解释相关的德法的生命哲学，以及各种类型的实在主义以及宗教哲学在美国不仅都有不同程度的影响，而且也都有其重要代表人物。20世纪在美国流行的哲学流派（例如曾长期占领美国哲学讲坛支配地位的各种类型的分析哲学）也大都源于欧洲。即使是在美国本国产生的人格主义、实用主义等流派，也同样具有欧洲思想的渊源。因此在一定意义上可以说美国哲学是欧洲哲学的翻版和继续。

（3）美国哲学发展的特殊性

然而，美国哲学的发展毕竟有不同于欧洲之处。美国建国的历史不长，它的哲学不可能具有欧洲哲学那样深厚的历史底蕴，较难产生具有完整理论体系的原创性理论。但也正因为美国历史不长，它的资本主义发展较少受到沉重的历史包袱的拖累，在哲学上也较少受到封闭、僵固的理论体系的桎梏。尽管在美国流行的哲学流派大都发源于英德法等欧洲国家，但当它们被移植到美国后，往往能在不同程度上摆脱在这些国家较难摆脱的封闭、僵固和绝对化的理论框架，适应美国这个较为开放的社会的要求而进行某些改造。这主要表现为冲淡某些哲学的思辨性和绝对性、能在较大程度上使之具有面向现实生活和实践以及各种变更的特色。无论是从殖民地时期到 19 世纪中期以前的近代哲学发展时期或在此之后的现代转型时期，情况都是如此。例如，从殖民地时期到美国建国后，美国哲学大都有相当深厚的宗教情怀，各种哲学流派大都打上了宗教烙印，这使直接形态的唯物主义和无神论很难在此立足，更难在这方面建立完整的理论体系。但与欧洲相比，美国的宗教大都具有较多世俗化倾向，在强调启示和信仰的同时大都又容忍甚至肯定理性和科学的作用，在鼓吹天国幸福时又强调尘世生活的价值。这些都使美国哲学能有较多的现实性和实在性。到 19 世纪中后期，以康德、黑格尔为代表的德国唯心主义传入美国，但它们在此也有了新的特色，例如对德国的思辨形而上学作了某些改造，特别是对黑格尔的绝对概念重新作了解释，使之能具有更多肯定个体的作用等特征，甚至使之与美国思想文化中一开始就显得特别突出的个人主义和自由主义倾向相结合。至于在美国产生的人格主义特别是实用主义，则更加明显地具有以反对思辨形而上学和绝对理性主义为特征的体系哲学的倾向以及强调现实生活和实践的品格，从而更加能够超越近代哲学、具有现代哲学的特色。

还应当看到，由于美国是一个以欧洲各国为主的世界各地的移民组成的国家。这些移民带去了世界各地的传统文化。由各种传统文化融合而成的新文化又是对这些文化传统本身的否定，任何一种传统都失去了作为判断标准的意义。这使美国文化必然具有多元的特色。在哲学上也是如此。一些在欧洲和其他国家中彼此尖锐对立的哲学流派流传到美国以后往往能彼此相容甚至相互融合。例如，以黑格尔为代表的德国的思辨唯心主义能与英国经验主义传统的哲学相融合。这具体表现在以罗伊斯为代表的美国绝对唯心主义（新黑格尔主义）在不少方面具有经验主义特征，以致后来与实用主义等经验主义传统的哲学流派合流。在适应美国资本主义发展需要这个大前提下各种哲学流派和思潮新旧混杂、多元并立、相互融合，这大概可以说属于美国哲学发展不同于其他西方国家的重要特征。

美国哲学发展的上述特征决定了它在近代和现代转型过程中既与欧洲各国大体上同步，又有某些独特之处。这里既包含了美国哲学的弱点，又包含了美国哲学的优势，二者在近代转型和现代转型中都有体现。

2. 西方哲学的近代转型及其在美国的表现

从古希腊以来，西方哲学适应着西方社会的政治经济和思想文化等方面的变迁经历了一个复杂的发展过程，出现过多次具有划时代意义的理论形态的变更，也可以说是哲学思维方式的转向、转型。美国哲学是西方哲学的组成部分，以西方哲学为理论渊源，必然随着整个西方哲学的变更而发生变更。由于美国哲学本身的发展短暂，其所直接经历的变更限于西方哲学的近代和现代转向。美国哲学发展的特征突出地表现在其近代和现代转向中，对美国哲学发展的评价也应当主要依据对其近代和现代转向的评价。本文限于阐释美国哲学的近代转型，关于美国哲学的现代转型，我将结合评价皮尔士、杜威等人的哲学另行阐释。

（1）西方哲学的近代转型

关于西方哲学的近代和现代变更（转型）的具体内容以及它们的理论和现实意义，我的看法在《新编现代西方哲学》、《马克思主义与西方哲学的现当代走向》等论著中已反复作了阐释。此处再简单提及西方哲学的近代转型，并由此进一步说明这种转型在美国的表现。

西方哲学的近代转向是随着西方商品经济（市场经济）体制和资本主义制度的形成而发生的。其主要特点是哲学的基础由凌驾于人和宇宙万物之上的神转向作为独立主体的人及其世界，由神的启示（或者说对神的盲目信仰）转向人所固有的理性（知性、理智）。哲学的基本问题由此突出地表现为主体与其周围世界（客体）的关系问题，也就是精神和物质、心和物、思维和存在的关系问题。这个基本问题的第一方面涉及心和物的区分以及二者的主从关系，即何者为第一性并构成世界的基础，通常当做是世界观问题；第二方面涉及主体是否可以认识以及如何认识和对待周围世界（对象），这就是认识论的问题。哲学基本问题的这两个方面密切相关。离开世界的基础和本质就谈不到对世界的认识；而没有对世界的正确认识也无法确定世界的基础和本质。哲学的这两个方面早就存在，但它们只有到了近代才明确地提出并区分开来。关于这些，恩格斯在《费尔巴哈与德国古典哲学的终结》中作过非常明确的论述。我们在此仅提出如下两点：第一，哲学基本问题及其两个方面，特别是其第二方面的明确提出及与之相关的对理性的权威的肯定，正是以所谓认识论转向为主要标志的西方哲学的近代转型的核心内容。尽管在此之前的哲学也已有认识论的内容，但无论在以素朴的猜测为依据的古代还是以启示和信仰为依归的中世纪，都不可能有科学的认识论，后者只有在肯定了人类理性本身的权威的近代才可能真正建立起来。第二，西方哲学的近代转型不仅为西方近代哲学的发展开辟了道路，也为西方近代社会的发展创造了必要条件。因为这种转型确立了由独立的个人所体现的主体的地位，而这一点正是资本主义市场经济得以建立和以近代实验自然科学为核心的科学认识得以发展的必要前提。因此，无论从西方哲学本身的发展来说还是从它对西方社会的发展的促进来说，对其近代转型都应当而且必须予以肯定。

（2）西方哲学的近代转型在美国的体现

西方哲学的近代转型在欧洲各国经历了从文艺复兴开始到德国古典哲学形成的漫长过程，美国在很大程度上则是继承欧洲哲学变更的这些结果，并在阻力相对较少的情况下使之与现实社会的变更有较好的结合。

美国到1776年才正式成为一个独立国家。当17、18世纪英法等欧洲国家随着资本主义市场经济体制的形成而开始在哲学上进行以认识论转向为核心的向近代的转型时，北美大陆尚处于以英国为主的欧洲国家的殖民地的时期。它在哲学等思想文化上正如在政治上一样还不得不从属于英国等宗主国。当时可以说还没有真正意义上的北美哲学，而只有从欧洲输入到北美的哲学。这些从欧洲输入的哲学中固然包含了在欧洲仍然存在并还有一定影响的前近代（Premodern）哲学，但大部分是在欧洲新近出现、流行较广的哲学，大体上属于近代哲学范围。因此可以说美国哲学是从近代哲学开始的，美国哲学的近代转型即寓于美国哲学的形成之中。

如果说 18 世纪仍处于近代转型期的欧洲哲学还有继续批判以中世纪哲学为主的前近代哲学，特别是反对前近代哲学复辟的任务，在北美这样的任务就不是很迫切和突出。尽管北美哲学中也存在近代哲学与前近代哲学的冲突，但由于前近代哲学在此没有产生过强大影响，无法与日益强大的近代哲学思潮相抗衡。因此以近代哲学来反对前近代哲学不可能成为当时美国哲学冲突中的主要内容。从整体上说，欧洲国家那种具有冲突性甚至对抗性的由前近代到近代的转型过程在美国毋宁说表现为近代哲学与美国现实相结合的成长过程，而这是一个相对平和的过程。在美国哲学中当然也存在近代和前近代的冲突，但这种冲突大都能通过使前近代哲学实现某种程度近代化的改造来克服，一般不会导致激烈对抗。当时美国哲学家的主要任务是怎样使从欧洲输入的近代哲学能更好地适应北美的现实环境，符合美国社会各方面发展的需要。这样近代哲学在美国的成长过程就必然具有一些不同于欧洲哲学近代转型的特色。我们在上面论述美国哲学发展的特殊性时已经谈及。这里再从近代转型的角度作些说明。

第一，欧洲哲学的近代转型与以理性反对盲目的宗教信仰、使哲学从作为神学的附庸下解放出来成为独立的学科的斗争密切相关。从文艺复兴时期的人文主义和宗教改革运动到 18 世纪法国唯物主义和无神论运动都表现出了这种特征。对西方哲学的认识论转向具有标志意义的笛卡儿哲学尽管不敢触动上帝的权威，但笛卡儿在谈论认识论问题时完全撇开了上帝，而只诉诸人本身固有的理性能力。与此不同，美国哲学以清教等宗教文化为开端，18 世纪才从宗教中分离出来，后来也一直与宗教保持着某种联系。因此，在美国近代哲学的形成和发展过程中，宗教与其说是其桎梏，不如说是其助产士。在此自然难以出现作为哲学的重要基础的科学和理性与宗教直接相对峙的情况，而毋宁说二者在一定范围内能相互融合。一般说来，宗教在此具有很大世俗性，容许发展科学和理性。这是因为在美国流行的宗教基本上是在欧洲经过宗教改革以后出现的宗教。它所倡导的世界观、人生观、价值观尽管仍然存在很大的保守性，但毕竟大都能符合新兴资产阶级建立和发展其世俗生活的要求。这种宗教的发展与资本主义的发展在一定程度上能够相适应，特别是为后者提供了必要的道德基础。

这当然不是说在美国近代哲学中没有反对宗教的斗争。事实上，以富兰克林（Benjamin Franklin，1706—1790）、杰弗逊（Thomas Jefferson，1743—1826）和潘恩（Thomas Paine，1737—1809）等为代表的美国启蒙思想家正像欧洲启蒙思想家一样把反对宗教当做他们的思想理论活动的重要组成部分。但是，他们也往往是在自然神论等宗教形式下来反对那些不适应美国资本主义发展的传统宗教的影响，而不是笼统地排斥宗教。其中潘恩最有代表性，他在反传统宗教方面也显得更是坚决。他的名著《理性的时代》（*The Age of Reason*）的主旨就是从自然神论的立场来反对传统宗教，被西方学界认为是"自然神论的宣言"。潘恩认为"在政治制度的革命以后会跟着来一个宗教制度的革命"[1]。他写这部书的主要目的正是推动美法英等国的宗教变更。在传统的宗教意识的影响还很强烈、无神论和唯物主义还不易为广大群众所接受的年代，潘恩为宗教制度革命所定的目标只能是批判扼杀人性、人权并与封建专制主义相勾结的传统的宗教，建立一种不干预社会生活和人的行动、尊重人的理性的新宗教。自然神论在欧洲早已为牛顿等人所提出，自然神论承认上帝存在，但不是传统宗教中的上帝，而是作为宇宙的第一因的上帝。潘恩认为"人可以和上帝的名称联系在一起的惟一的观念就是关于第一原因的观念，即一切事物的原因"[2]。认识这种上帝不是依靠圣经和教会的信条，而是依靠人的理性。"人惟有依靠理性才能发现上帝，离开了理性，他将什么东西也不能了解。"[3] 潘恩由此对各种

---

① ［美］潘恩：《理性的时代》，2页，上海，上海人民出版社，1959。

② 同上书，25页。

③ 同上书，25页。

教会所传播的传统宗教，特别是以圣经为根据的基督教作了猛烈的攻击，宣布"我不相信犹太教会、罗马教会、希腊教会、土耳其教会、基督教和我所知道的任何教会所宣布的信条。我自己的头脑就是我自己的教会。"① 潘恩的这种自然神论立场当然存在着很大的不彻底性，但它适应了美国的根深蒂固的宗教环境，在保持宗教的形式的前提下对传统宗教进行了很大改造，使它能适应美国当时的科学和社会发展的要求。其实，不仅潘恩等启蒙思想家如此，当时在美国流行的其他哲学流派大都也有这种倾向。如果说新教伦理促进了欧洲哲学的近代转型，那么在自然神论等形式下对传统宗教的改造则适应了美国哲学的近代转型。

第二，正像我们上面曾提到的，欧洲哲学的近代转型意味着哲学的基础由凌驾于人和宇宙万物之上的上帝转向作为独立主体的人及其世界、由上帝的启示和盲目信仰转向人所固有的理性。哲学的基本问题由此突出地表现为主客、心物等的关系问题。这一时期的哲学家们都企图从反对和取代中世纪的神学和经院哲学的形而上学体系出发建构出包括关于宇宙人生以及认识和方法等在内的无所不包的新的形而上学体系，以适应被当做理性社会的新的资本主义社会的要求。从笛卡儿到黑格尔，欧洲近代哲学中有着唯物主义和唯心主义、经验论和唯理论等不同哲学思潮和流派。他们对主客、心物关系的解释各不相同，有时甚至直接相反，但他们都企图建构这样的理论体系。因此近代欧洲哲学表现为一种体系哲学。由于各种哲学体系都企图穷究世界的基础和万物的本质，因此这时的体系哲学又表现为基础主义和本质主义。这种情况对美国近代哲学也必然产生深刻的影响。从美国哲学开始从清教神学中分离出来的时候起，就企图建构这样的体系。被认为是北美最早的哲学家的塞缪尔·约翰逊（Samuel Johnson，1696—1772）和乔纳森·爱德华兹（Jonathan Edwards，1703—1758）就是这样。例如爱德华兹企图把清教教义与柏拉图主义、信仰与理性、宗教与科学融合在一起，由此建构出了一个在北美殖民地时期最为庞大的神学—哲学体系。后来的美国哲学家同样如此。

但是，与欧洲相比，由于美国哲学缺乏欧洲哲学那种深厚的历史底

---

① ［美］潘恩：《理性的时代》，2 页。

蕴，特别是由于美国哲学所面临的主要任务不是像欧洲哲学那样首先反对和取代中世纪神学和经院哲学那种形而上学体系，而是促进解决推翻殖民统治、在空地上建设资本主义新社会的任务。美国哲学对现实问题的关注远远超过纯粹的理论思辨。尽管哲学家们受欧洲近代哲学的影响也企图建构形而上学体系，但他们任何这样的构建都受到对现实问题的关注的制约。正因为如此，在近代美国占主导地位的那些思想家，特别是他们之中最杰出的代表人物富兰克林、杰弗逊和潘恩等启蒙思想家都未能像从笛卡儿到黑格尔等欧洲哲学家那样建立严密完整的哲学理论体系。例如，富兰克林的启蒙思想具体贯彻在他的社会政治和科学活动中。由于忙于这些方面的活动，他没有像传统哲学家那样写出系统的哲学论著，只有大量论文和书信。除了早期少数几篇具有较为专门的哲学意义外，其余大都属于较为通俗的时评和政论。因此人们主要只能从他的这些具体的活动和通俗的论说中去把握他的哲学的基本倾向。就理论层面来说，富兰克林的启蒙思想主要在于他赞同和发挥英国特别是法国启蒙思想家的理论，并使之适应美国的清教思想的传统。这特别表现在他利用欧洲启蒙思想家的自然神论的思想来改造传统宗教，强调信仰自由；利用自然科学的成果来强调理性的权威，反对宗教蒙昧主义；将当时美国流行清教道德观念的世俗化，使之与资产阶级个人主义道德观的结合。美国哲学家维因认为富兰克林是一个过渡期的人物。他的双脚立于传统宗教和道德的土地上，双手在处理时下的公众问题，而头脑却面对着现代科学和哲学的使命。[①] 杰弗逊的情况更是如此。作为美国 1776年《独立宣言》的主要执笔人、美国独立后最重要的政治活动家之一（先后担任国务卿和两任总统），社会政治活动占有了他大部分精力。他虽然深受笛卡儿、洛克、爱尔维修、卡巴尼斯等近代英法哲学家的思想影响，但未能写出系统的哲学论著，更未建立完整的哲学体系，他的具有启蒙意义的哲学观点主要正是体现在他的社会政治活动中，特别是体现在他关于社会、政治、伦理、宗教等各方面的大量论述以及他的许多政论、社会政治决策和演说及通讯中。其中《独立宣言》更具有标志性意义，被认为是关于美国普遍自由的大宪章。相对说来，潘恩的理论活

---

① Cf. *American Philosophy*, edited by Ralph B Winn, New York, 1955, p.236.

动较多。他的《常识》（1776）、《人权》（1791～1792）和《理性的时代》（1794～1796）三书构成了一个统一整体。但涉及的大体上也局限于一般启蒙思潮所关注的理性与信仰、宗教与科学以及社会政治、伦理等方面，不同于欧洲近代的形而上学哲学体系。以爱默生（Ralph Waldo Emerson，1803—1882）为代表的先验唯心主义以及与自然科学的发展相关的各种实在论和唯物主义哲学思潮具有更多的本来意义上的哲学的含义，但它们在美国也未能建立像在欧洲那样的相对完整的哲学理论体系。爱默生本人首先是一位杰出的作家和诗人，而不是严格意义上的哲学家。

美国近代哲学之缺乏像欧洲哲学那种庞大的形而上学理论体系也与其产生和流行的时代形而上学体系哲学已开始陷入困境相关。因为以笛卡儿、霍布斯、斯宾诺莎和莱布尼茨为代表的形而上学体系在 18 世纪不仅已受到法国唯物主义者的坚定批判，也受到休谟的公开质疑。在现成形式下已不可能得到广泛流行。而驳倒 18 世纪具有自然主义色彩的唯物主义的德国唯心主义到 19 世纪中期以后才传到美国，而这时这种形而上学（例如黑格尔的绝对唯心主义体系）在欧洲也已随着现代转型的出现而开始解体。以欧洲哲学为主要理论来源的美国近代哲学自然再难以产生像欧洲那样的体系哲学。

第三，欧洲哲学的近代转型是对中世纪宗教神学和经院哲学的超越，它之以现实世界的人及其固有的理性取代天国的神及其启示蕴含着对人的现实生活和实践的某种肯定。文艺复兴时期的思想家以及 18 世纪法国启蒙思想家和唯物主义者的最突出的特色就是对人的现实生活的关注。欧洲近代哲学之陷入绝对理性主义以及与之相关的独断论，成为脱离实际的思辨形而上学，经历了一个反复的过程，只是到以黑格尔为代表的德国古典唯心主义哲学中才达到了其典型形态。尽管德国古典唯心主义哲学（特别是黑格尔哲学）也不是纯粹的思辨形而上学，其中也富有生活和实践的内容，但它毕竟是包含着重重矛盾和危机的绝对理性主义的典型形态。

欧洲的思辨唯心主义当然也会影响到美国，但是这是发生在 19 世纪中期以后，也就是西方哲学出现现代转型之后。在 18 世纪和 19 世纪上半期的美国哲学中，占主导地位的仍然是我们上面提到的那种把社会政治和自然科学等现实问题放在首位的启蒙主义思潮。由于美国启蒙主义的形成和发展大体上没有思辨形而上学的背景，在很大程度上能摆脱其影响。其实，从殖民地时期到美国独立战争之后，美国哲学的核心问题就是在"空地"上建立北美社会，并在借鉴欧洲资本主义建设的经验教训的基础上更好地在美国建立更为"健全"的资本主义制度。社会政治经济等现实问题必然成为哲学所最关注的问题。思想文化领域的发展也必然直接围绕着这些现实问题，甚至向来与现实距离较大的宗教在美国也比在其他国家有更多的世俗意义，像近代欧洲那种思辨形而上学很难在美国立足。正因为如此，不仅以关注现实的社会政治问题为特征的启蒙思潮成了当时美国最具影响的思潮，一些具有思辨意义的哲学也必须向现实靠拢。到 19 世纪中期，在美国曾出现过以康德、黑格尔等为旗号的思辨唯心主义运动，特别是绝对唯心主义运动。但是，美国的绝对唯心主义往往与英国经验主义甚至苏格兰的实在论结合在一起，在很大程度上冲淡了德国绝对唯心主义那种对绝对的思辨性解释。更值得注意的是：美国的思辨唯心主义者同样强调对现实问题的关注。例如，对美国绝对唯心主义思潮的形成具有标志性意义的圣路易学派的一些代表人物大都积极参与现实的社会政治活动，其领袖布罗克迈尔（Henry Conrad Brokmeyer，1828—1906）同时又是积极的政治活动家。当南北战争爆发时，他毅然弃学从军。其实这一派成员的共同目标并非在美国构建思辨唯心主义哲学体系，而是企图利用黑格尔的哲学来实现美国社会的改造。这突出地表现在他们最为重视黑格尔的社会哲学与他们的时代美国社会所面对的问题和挑战的关系，并由此而强调黑格尔的《法哲学》和《历史哲学》的意义。集美国绝对唯心主义之大成的罗伊斯的哲学不仅有别于黑格尔本人的哲学，也有别于英国的绝对唯心主义，而具有更多强调实践和行动的意义，以致后来与实用主义相融合。由于罗伊斯哲学已显然属于现代哲学的范围，我们在此就不具体涉及了。

还应当注意的是：在 19 世纪美国哲学发展中，认识论和方法论的问题往往成了其哲学理论体系的核心问题，而人的行动和实践又往往是其认识论和方法论的归宿。欧洲那种关于物质自然或绝对精神的哲学在美国往往被人的哲学所取代。实用主义突出地表现了这种特色。由于这也是属于美国哲学现代转型的范围，在此也不具体涉及了。

　　美国的特殊的社会历史和思想文化发展的条件，使美国哲学的近代转型有一些不同于欧洲的特征。其中最重要的是美国资本主义发展的后发性所决定的美国近代哲学发展的后发性。这种后发性使得美国哲学的确缺乏英德法等欧洲哲学那种原创性，未能构建出在欧洲以之为骄傲的那种深刻严密的哲学体系。从对整个西方哲学本身的发展来说，近代美国哲学的贡献毋庸讳言逊于欧洲。但是，在美国哲学的这种劣势中同时又包含了其优势。不拘泥于形而上学体系的构建而对外来哲学兼收并蓄，并使之促进现实生活问题的解决，使美国近代哲学具有更大的现实性和实践性的品格，对促进美国社会各方面的发展起了重要的推动作用。正如我们一开始就提到的，美国资本主义发展之所以能后来居上，美国之所以能发展成为头号资本主义强国，与美国哲学的这种现实性和实践性密切相关；发源于欧洲的哲学只有在美国获得广泛流传后才能获得世界性意义，原因也正在其现实性和实践性往往只有在美国才能获得更好的检验。因此，在我们的西方哲学研究中，不仅不应当忽视对美国哲学的研究，反而应加强这种研究。

　　但是，美国哲学毕竟是整个西方哲学的一部分，而且以欧洲哲学为主要理论来源，对美国哲学的研究不能脱离对欧洲哲学的研究。美国哲学的近代转型归根到底与欧洲哲学的近代转型一致，服从西方哲学的近代转型的一般规律。它们之间的差别主要只是表现形态和重点的差别。在我们关注美国哲学近代转型的特征时同时应当关注它与整个西方哲学的近代转型的本质上的一致。

皮尔士与美国哲学的现代转型

在美国哲学发展由近代到现代的转化中，以皮尔士为创始人的实用主义具有特别重要的地位。这一方面是因为新黑格尔主义、人格主义等一些在美国先起的哲学流派后来大都转向实用主义，而在实用主义出现之后从欧洲传入美国的一些哲学流派也各以其独特方式体现了实用主义某一方面的特征。因此实用主义的发展在一定意义上可以体现美国哲学的发展。另一方面是因为实用主义在理论上最能体现美国哲学由近代转向现代的要求。实用主义哲学家大都公开宣称要超越和改造西方近代哲学的形而上学思维方式，反对将心物、主客、思有等的二分绝对化，拒绝对关于世界的基础、本质等传统哲学的基本问题作出回答，要求抛弃各种声称具有普遍和绝对意义的哲学体系。他们大都把哲学的主要任务归结为制定科学的认识论和方法论，把哲学和科学研究的对象限定于人的现实生活和经验所及的世界，也就是由自在世界转向人化（经验）世界。实践和行动概念在实用主义哲学中具有主导地位。尽管他们对生活、实践等的解释存在着严重的片面性，与马克思主义关于这方面的理论有着原则的区别，但毕竟体现了现代哲学的基本倾向。

在经典实用主义哲学的发展中，皮尔士和杜威代表了两个不同时期。皮尔士处于近现代哲学转型的过渡期，他的哲学具有更多新旧混杂的特征，杜威则扬弃了旧的哲学而较为全面地转向了现代哲学。对他们两人的个案分析可以帮助我们较为具体地了解美国哲学中近现代转型的过程。本文拟通过对皮尔士哲学加以阐释来考察美国哲学近现代转型的过渡期的特色。

1. 皮尔士其人及其哲学的基本倾向

皮尔士（Charles Sanders Peirce，1839—1914）不仅是美国哲学史上最具影响力的哲学家之一，也是美国整个思想史上最受肯定的学者之一。他不仅是最具原创性的哲学家，也是杰出的逻辑学家和数学家，对天文学、物理学、化学、生理学、心理学、计量学、大地测量学、药物学、科学史等各门自然科学以及语言学、符号学、修辞学、人类学、数理经济学等人文和社会科学也都有很高造诣。美国著名的皮尔士研究学者费希（Max H. Fisch）在发表于皮尔士网站的一篇文章中谈道："美国迄今为止所出现的最有原创性、最为博学的人是谁？无疑是查尔士·皮尔士。因为任何其次的人物都与他相距很远，以至不值一提。"①

皮尔士被公认为美国实用主义的创始人。詹姆士于 1898 年在伯克利加州大学所作《哲学概念与实际效果》的讲演中首次正式将"实用主义"（Pragmatism）一词引入文献，他在其中讲到"皮尔士原则"和皮尔士的"实际主义和实用主义原则"②，并说这是他早在 70 年代就在剑桥、即设在哈佛的形而上学俱乐部听皮尔士阐述的。不过皮尔士直至 1902 年给鲍德温（Baldwin）的《心理学哲学辞典》撰写的《实用主义》条目时才使用 Pragmatism 这个词。杜威 1916 年在《皮尔士的实用

---

① Max H. Fisch in Sebeok，*The Play of Musement*，webmaster@peirce. org.

② *The Writings of William James*，edited by John. McDermott，Chicago University Press，1977，p. 348.

主义》一文中谈到，实用主义的"名称和观念都是由皮尔士先生所提供的"①。皮尔士在哲学上的建树不止是提出实用主义，他对关系逻辑、符号学、真理和意义等问题的研究使他受到后来的逻辑经验主义者、语言分析哲学家、实在论者，甚至现象学家的重视，被当做他们的理论先驱。

但皮尔士又是一位因存在种种思想矛盾而引起争议的人物。批判和超越笛卡儿以来的西方体系哲学、建立以实践和过程为核心的哲学是他的思想的主旋律，但他早就企图建立一个统一各门学科的广泛的理论体系（尽管他未能完成）；他接受了康德先验论的某些思想，却又竭力批判康德的不彻底性；在逻辑学上他既接受和发展了布尔（G. Boole）和德摩根（A. De Morgen）等人开创的符号逻辑，把逻辑学当做关于符号之间的联系的纯形式科学，又接受了经验派哲学家的心理主义逻辑及康德的先验逻辑；他既提出不要使科学服从信念，而只服从实验，又承认宗教高于科学。加拿大哲学家高治就皮尔士的这种思想矛盾指出，在皮尔士著作中"提出的见解很难彼此调和。许多地方对于同一对象提出了相互对立的观点。例如……科学方法被宣布是确定信念的唯一可靠的方法。然而感觉又是伦理学、宗教和实际生活的最后权威。又如他肯定哲学是以观察为基础的实证科学，如果其概念不是根据其实验结果来确定，就没有意义。然而皮尔士在其形而上学中又得出了不以观察为根据、而只用观察这个词进行思辨的结论。"② 皮尔士的诸如此类的思想矛盾，正是他作为处于西方哲学转型期的具有创新精神的哲学家必然存在的新旧思想矛盾的表现。当时许多西方哲学家（例如尼采）都在不同程度上存在这种矛盾。皮尔士哲学的主要意义正在于他在超越旧的哲学思维模式的界限、建立符合现代时代精神的新哲学上迈出了重要的步伐。

皮尔士虽是实用主义的创始人，但又不是纯粹和狭隘的实用主义者。他在 70 年代以前主要致力于关系逻辑的研究，具有明显的反心理

---

① John Dewey, *The Middle Works*, Volume 10, Southern Illinois University Press, 1985, p. 71.

② T. A. Goudge, *The thought of C. S. Peirce*, Toronto and London, 1950, pp. 2-3.

主义倾向，尚不是实用主义者。他的实用主义思想是 19 世纪 70 年代提出的。他当时发表的《信念的确定》和《怎样使我们的观念清晰》两文被公认为是他的实用主义的代表作。后来他对其实用主义思想还有所发挥，但他始终未把实用主义当做庸人们所理解的实利主义，而主要是当做一种使科学概念清楚明白的方法。80 年代后期起，他主要致力于建立包括有本体论的广泛的哲学体系，这与一般实用主义也不一致。由于嫌詹姆士、特别是当时一些作家对实用主义的解释偏离了他的原意，为了与他们有所区别，他于 1905 年 4 月把他的理论改称为"实效主义"（Pragmaticism），并说这个名称丑陋不堪，不会再被人拐骗了（6.482）。①

2. 对笛卡儿哲学传统的批判与实践哲学

同西方近现代哲学转型期企图开辟哲学发展新方向的其他哲学家一样，皮尔士把对笛卡儿哲学传统的批判当做其哲学探索的重要出发点。他早在 1868 年就在《逻辑规律有效性的基础》等文章中指出笛卡儿主义是人类精神活动的障碍，要求对它的一些基本哲学概念重新审视，使哲学发展走上新的道路。

笛卡儿哲学在西方哲学史上的主要意义在于它在理性主义旗帜下推动了西方哲学的认识论转向。中世纪的经院哲学把理性置于信仰之下，人们不是依靠理性和知识而是按照宗教信仰来规范自己的行动。笛卡儿以普遍怀疑为手段对信仰的权威发动了挑战，并要求人们凭借自己生而固有（天赋）的理性能力、运用理性推理的方法去建立无所不包的、确定的、绝对可靠的知识体系。笛卡儿以后的许多西方哲学家的具体理论各有特点，但在要求从少数毋庸置疑的基本原理或观念出发来建立确定和可靠的知识体系上则大体上走的是笛卡儿所开辟的道路。这条道路就是被许多现代西方哲学家称为基础主义的道路。皮尔士是较早察觉到笛

---

① *Collected Papers of Charles Sanders Peirce*，8 vols，Edited by Charles Hartshorne，Paul Weiss and Arthur Burks（Harvard University Press，Cambridge，Massachusetts，1931—1958）。以下凡引用是本文集，仅在引文后注明其卷数和段数，如 6.482 即为 6 卷 482 段，不另加注。

卡儿哲学这种具有为基础主义奠基意义的西方重要的哲学家之一。他由此把笛卡儿看做近代哲学之父，认为大部分近代哲学家都是以不同的方式效法笛卡儿。因此他对笛卡儿主义的批判在一定意义上就是对整个近代哲学传统、特别是基础主义传统的批判。尽管有些西方哲学家不赞成皮尔士对笛卡儿的批判，但当他们自己以及其他一些人批判笛卡儿时，却仍然不得不直接或间接地援引皮尔士。

皮尔士对笛卡儿传统的批判主要有如下两个方面。

首先，他认为作为笛卡儿哲学出发点的普遍怀疑实际上不能成立，只能看成是一种虚构。在人们的具体的和现实的认识过程中必然存在着没有正当理由加以怀疑的东西，不应对一切都加以怀疑，人们应当做的是进入到具有共同性的合理的探索过程之中，而不是去怀疑那些没有正当理由加以怀疑的东西。离开具体和现实的认识过程而去作普遍怀疑是一种非时间性的认识方式，它没有越出同一自我的范围。所以他说："我们不能从完全的怀疑开始"，"不要佯装对我们在内心并不怀疑的东西在哲学上加以怀疑"，普遍怀疑"完全是一种自我欺骗，而不是真正的怀疑"（5.265）。在人的认识和行动中不能仅仅是怀疑，而必需有一定的信念，要将认识和行动看做是一个具体和现实的探索过程，也就是肯定它的现实性和时间性。

其次，皮尔士认为被笛卡儿当做唯一不能怀疑的"我思"未能越出自我的狭隘范围，由之出发来肯定知识和观念的确定性和绝对可靠性意味着认为个体意识的直观具有确定性和绝对可靠性，认为"凡我清楚地确信的任何东西就是真的"（5.265）。皮尔士否定知识和观念具有这样的确定性和绝对可靠性。他认为个人并不是一种孤立的、确定的存在，而是处于"共同体"，即社会中的存在，处于行动和实践过程中的存在。人的知识也不可能是孤立的个人的自我确认，而只能是人们之间在不同条件和因素下进行商讨的过程，也就是共同体中进行的不断的探索。在科学研究中，不同领域的研究有不同的结果，它们彼此支持，并以此拓展自己的范围。真理并不只是个人的事情，而是一个社会过程。经院哲学尚且肯定在圣人和教会中的各种商讨，而笛卡儿则将真理归结为超越共同体的自我的确认，把自明性当做第一原理，因而在这方面反而倒退了。

皮尔士在批判笛卡儿传统时之援引中世纪经院哲学不是全盘否定笛卡儿以来近代西方哲学发展所取得的进步，更不是要求从笛卡儿倒退到经院哲学。他只是认为笛卡儿没有从批判经院哲学中得出正确结论，反而抛弃了经院哲学中本来存在的关于现实的人类精神活动的多样性的因素，而后者则超越了绝对理性主义的局限性。

总的说来，皮尔士对笛卡儿传统的批判主要是反对其认识论的直观性和绝对性，特别是反对把知识看做个人作为主体的自我确定，而强调应当将其看做是"共同体"中充满活力的不断商讨的过程，即具有现实性和社会性的实践和探索过程。知识并非确定的、绝对化的和终极的东西，而只能存在于这样的探索过程之中，不断受到否定和批判。皮尔士认为，笛卡儿主义的关键所在简单说来就是以确定性的知识体系取代具体现实的展开过程，各种反笛卡儿主义的共同之处则在反对其对确定性的追求。他自己反对笛卡儿主义的主要之点也正在于此。

皮尔士企图由此实现其对传统哲学的改造，将其从有关确定性的知识论转向有关现实性的实践论，也就是将以认识论为中心的传统形而上学改造为一种强调探索和实践过程的实践哲学。他所要论证的正是人类探索的现实过程，也就是从科学和理性出发具体探索展开这一过程所需要的各种现实要求。换言之，不是去探究这一过程的具有确定性的标准，而是探究这一过程是如何现实地展开的。而这正是他的实用主义实践观的基本含义。他对西方近代哲学的态度以及他自己的全部哲学理论在不同程度上都体现了这种基本思想倾向。

3. 对康德先验论的符号学改造

在西方哲学家中，皮尔士研究得最多、受到影响最大的哲学家是康德，他提出实用主义思想正是受到康德的启发。康德在《纯粹理性批判》中提出了关于意见、知识和信仰（信念）的关系问题，认为人们一般是根据其知识来行动，但经常存在着这样的情况：我们没有获得真正的知识，而问题又比较重要，不能依据意见来解决，在这个时候就需要确定信念。例如医生对病势危殆的病人必须作出处置，但又不知其究竟患何病，这时他就依据症状作出某种诊断，并把它当做仿佛就是正确的诊断，据此进行治疗。康德把这种构成一定行动的实际使用方策的偶然信念称为实用的（pragmatisch）信念。① 这种信念的正确性的标准只有一个：治疗上的实际成功。在此康德所谓"实用"与"经验"和"实验"同义。康德还在《实践理性批判》中确立了"实用的"和"实践的"（praktisch）二者之间的区别。前者指技巧和技术规则，这些规则适用于经验，需要行动和实践检验；后者指先验的道德律。人们不依赖任何实验和行动就能对之表示确信，或者说，它无关于试验的类型是否能够获得坚实的基础。皮尔士不赞同康德分裂理论理性和实践理性的基本观点。他认为他的"新理论的最突出的特征是它肯定在理性认识和人类目的之间存在着不可分割的联系"②。但皮尔士却从康德关于"实用的信念"以及"实用"和"实践"的区别得到启发。也正因为如此，尽管他所要建立的是一种超越传统体系哲学界限的实践哲学，但他拒绝称其为"实践主义"（practicism 或 practicalism），而宁肯称其为实用主义或实效主义。

皮尔士的实效主义与康德关于实用的思想虽有密切联系，但又有重要区别。康德尽管提出了"实用的信念"等观点，他对经验、实验等的解释以及他的整个认识理论也都局限于现象范围，否定了人的经验和知识是对外部世界的描绘；但康德在肯定先验意识活动的能动作用时并没有否定自在之物的存在及其对经验的影响，也没有否定获得具有普遍性和必然性的知识的可能性。皮尔士不满意康德的这种矛盾立场。他曾谈道："我所非常崇敬的康德无非是一个有些含混的实用主义者……但是，自在之物既不能被指出，又不能被发现，从而不能用任何命题来指称它，也谈不到它的真假。因此，关于它的一切指称都必须当做无意义的累赘而加以抛弃……康德像任何其他人一样看待空间、时间和他的范畴，从不怀疑它们的客观性。他之把它们限制于可能的经验是一般意义上的实用主义，而实效主义者完全像康德一样承认这些概念中的精神成分，不过是……较之康德，他以某种不同方式更为明确地确定了这种成分怎样来之于个人的精神……这种既批判批判哲学又承认其对康德的接近的常识主义，肯定有一定理由称自己为批判的常识主义。"（5.525）皮尔士

---

① 参见［德］康德：《纯粹理性批判》，561页，上海，三联书店，1957。

② John Dewey, *The Middle Works*, Volume 10, p. 72.

在此所谓批判的常识主义指的正是他的实用主义或者说实效主义。

值得指出的是，康德在理论理性领域虽然用先验逻辑取代了洛克和休谟的知识心理学，但是他的探究方法仍是与意识的综合统一相关联。他用包括直观、想象、知性和理性等意识的先天综合取代了休谟等人的心理联想，但仍然停留于意识的范围。皮尔士看到了康德对洛克和休谟的超越，也看到了康德在追求普遍性和先天性时并未超越意识和经验的范围，而这也正是皮尔士本人的理论的基本倾向。皮尔士1871年在谈到自己的实在论之后写道："实际上，康德所谓的哥白尼式转向，准确地讲，乃是从关于实在的唯名论观点到实在论观点的过渡。认为实在对象是由心灵决定的，这一观点乃是康德哲学之本质。而这无非是认为，任何概念和直观都必然地进入到关于某个对象的经验中，它们并不是短暂的和偶然的，相反都具有客观有效性……"（8.15）正是按照上述观点，皮尔士在1868和1878年用康德关于综合判断的最高原理来回答综合判断如何可能的问题。"无论我的经验的真理性如何普遍……却都与经验的条件不可分割。"（2.691；5.332）

皮尔士肯定了康德的先验主义对洛克和休谟的心理联想主义的超越，也肯定了康德用经验综合来解决普遍和必然的问题，但他企图从康德仍然存在的心理主义中解脱出来，或者说使逻辑和整个认识进一步超越作为心理主义表现形态的个体的意识活动的界限。他提出达到这一目标的主要途径是用他所创立的符号学对康德的先验逻辑加以改造。

如果说康德的先验主义是用先验的感性直观和知性范畴来建构逻辑和认识的统一性，皮尔士则是借助符号的统一性来建构逻辑和认识的统一性。皮尔士著作中经常谈到的"一致性统一体"概念指的不是自我意识中客观的观念统一体，而是主体间对客体的表达的语义学上的一致性，后者是通过符号达到的。这种一致性也只有在符号解释的维度上才能确定。皮尔士在1866年说："我们发现，任何判断都受某一个一致性条件的支配；它的诸因素必定能形成一个统一体，这个一致性统一体属于我们所有的判断，因而可以说是属于我们的；或者不如说我们是属于它的，因为它属于全体人类的判断。"①

---

① 转引自［德］阿佩尔：《哲学的改造》，96页，上海，上海译文出版社，1994。

由此可见，皮尔士所求的一致性统一性超越了自我意识的个体的统一性。他要在符号的一致性中寻求人的意识的统一性。人的思想，甚至人的存在本身都是通过符号来表达的。"意识是一个模糊的术语……有时意识常指'我思'，或者思想中的统一体；但这个统一体无非是一致性，或对一致性的认知。一致性属于每个符号，就它是一个符号而言……无论如何决没有人的什么意识因素不能在语词中找到相应的东西……人使用的语词或符号就是人本身……人这个有机体只是思想的一个工具。而人的同一性在于他的行为和思想的一致性。"[①] 皮尔士由这种一致性概念进一步提出了无限的共同体概念。主体间的统一性正是通过这种无限的共同体达到的。

皮尔士对康德先验逻辑的这种符号学改造对美国哲学由近代到现代的转化产生了深远的影响。莫里斯所提出的实用主义符号学是美国实用主义发展上的重要的一环，在超越近代哲学的实体性形而上学上起了推动作用。这种符号学的具体含义虽然与皮尔士所指有很大不同，但它的形成受到皮尔士的直接启发。当代分析哲学中关于通过逻辑句法和逻辑语义学来解决传统哲学的种种问题的那些学派的主张同样可以在皮尔士的符号学中找到理论来源。人们甚至可以说，皮尔士的符号学开了现代西方科学逻辑分析的先河。

4. 信念和方法

皮尔士的实用主义把一切知识都归结为"实用的"信念，其作用是成为人们行动的工具。他也企图建立一个包括本体论、知识论和范畴论等在内的完整的哲学体系，但这不同于康德等人的形而上学体系。他的实用主义"本身并不是关于形而上学的学说，不试图确定事物的任何真理性。它只是一种发现现实的词和抽象概念的意义的方法。"（5.464）这也就是使人们的思想、概念清楚明白的逻辑技巧和方法。实用主义就是一种科学逻辑或者说科学方法论，用来分析词、概念、思想或者说符号的意义，使它们能成为人们确定信念、采取行动以达到目的的工具。关于怎样确定信念的问题以及为了确定信念而澄清概念、思想的意义问

---

① 转引自［德］阿佩尔：《哲学的改造》，97 页。

题是皮尔士实用主义探讨的主要问题。

皮尔士关于确定信念的理论强调人的行动对人的生存的作用。任何人为了求得生存，必须采取一定行动，而为了有效地行动，必须有一些有效的行为规则或习惯，它们确定人在一定条件下应怎样行动才能获得预期的效果。这些行为规则或习惯如果被人接受，就成了他们的信念。"真正的信念或意见是人们借以准备行动的东西。"（2.148）"不同的信念由它们所引起的不同的行为方式而区分开来。"（5.398）反过来说，人们只要有了确定的信念，就可以采取行动。人的行动所依赖的是确定的信念，而思想、观念能否成为人们确定的信念，并不在于它们是否是真理，而在于它们能否引起人们的行动并在行动中获得预期效果。"只要达到了确定的信念，我们就满足了，至于信念是真是假，那是不相干的。"（5.375）不同的观念如都能引起行动并能导致同样的效果，都应予以肯定。皮尔士后期没有像前期那样强调行动的重要性，而更强调"具体的合理性"。但是这种变化只是着重点不同。正如杜威指出的，皮尔士后期著作中的具体的合理性，"指的是一种通过行动实现的存在中的变化"①。

皮尔士认为，哲学的使命就是确定信念。一切与确定信念无关、不能引起人们的行动的东西，都不应包含在真正的哲学之内。"思维的整个机能在于引起行为习惯，而与思维相关、但与它们的目的无关的一切，则是思维的累赘，而不是它们的部分。"（5.400）皮尔士实用主义作为一种科学方法论可以说是一种确定信念的方法论。其主要内容就是通过提出和确证假说等探索来摆脱怀疑状态，达到确定信念。探索的过程就是从怀疑到确定信念的过程。皮尔士说："思维活动是由怀疑所引起的那种刺激所激起的。当达到信念时便终止了。而达到信念是思维的唯一机能。"（5.394）皮尔士的方法论被认为是一种从怀疑到确定信念的探索理论。

皮尔士把怀疑当做其探索理论的起点，但他既不同意休谟把怀疑当做人的认识的最后界限，也不同意笛卡儿把怀疑当做主观的假定。他认为这些都不是人们在现实生活中的怀疑。后者应当看做是缺乏或失去信

---

① John Dewey, *The Middle Works*, Volume 10, p. 77.

念、无法采取行动的不平稳状态，是人的行为的停顿或者说受到阻碍的状态，犹豫不决和彷徨不定的状态。而人们之缺乏或失去信念，是由于他们面临着新的经验事实或者说出现了新的环境。

皮尔士对作为怀疑的原因的人的行为受阻作了广义的解释。受阻既可以是人的实际行动上的，也可以是理智和心理上的。例如由理论困难所引起的意见冲突、行为的想象的阻碍也可以成为怀疑的原因。这一点与皮尔士对关系逻辑的形式主义解释相关。由怀疑到信念的探索过程在他那里有时表现为符号逻辑的演算过程，不一定与人们的实际行动直接相关。当皮尔士谈论人适应其环境的行动时，也包含了这种逻辑演算行动。

究竟怎样通过探索使人摆脱疑难、确立信念呢？这是皮尔士作为方法论的探索理论所要解决的根本问题。他在这方面的立场超越了近代思辨形而上学的界限。这表现在他强调探索要有客观依据，避免主观偏见；他反对脱离实际的直觉主义和独断论，主张尊重经验和科学。他说："哲学在方法上应当仿效成功的科学，只从可以仔细考查的明确的前提出发，依赖它的多种不同的验证，而不是依赖个人的决定。"[1] 正因为如此，他虽然一再强调作为信念的观念必须是清楚明白的，但不同意笛卡儿和莱布尼茨对此所作的解释。他指责笛卡儿把清楚明白归结为源于反省的心理上的一致性，忽视了那些看来清楚明白的东西实际上可能并不如此。莱布尼茨通过逻辑定义的途径把普遍性和必然性作为清楚明白的标准虽有可取之处，但同笛卡儿一样停留于心灵内部，没有涉及外在的经验事实，实际上仍然无法达到真正的清楚明白。

但是，皮尔士的立场却又存在很大局限性。他在解释事实和经验时往往无视其客观基础。被他当做观念的清楚明白的标准的往往并非客观事实，而是观念对人产生的实际效果。从评价确定信念的方法来说，皮尔士认为重要的不是它们是否符合客观实际，而只是它们能否引起人们的行为习惯，能否产生预期的效果。只要能够做到这样，就意味着可以成为确定信念的方法。他说："只要怀疑最后停止了，不管用什么方法，思考的目的也就达到了。"（7.324）皮尔士的这种说法的主观主义倾向显而易见。

---

① *The Philosophy of Peirce. Selected Writings*，edited by J. Buchler, New York, 1955，p. 229.

皮尔士的这种矛盾立场突出地表现在他对确定信念的具体方法的论述上。他在《信念的确定》一文中提到确定信念有四种方法：固执的方法、权威的方法（强迫的方法）、先验的方法（倾向性、理性方法）、科学的方法（探索、研究、推理方法）。他倡导科学方法，对前三种为传统哲学所奉行的方法则持批评态度。众多论述皮尔士的论著和教材对这几种方法都有介绍。我们在此只简单提及他的科学方法。

皮尔士认为科学方法是确定信念的最好方法。它既排斥主观偏见，又反对盲目崇拜权威，而只依据不受个人意识影响的外部永恒因素，即现实的，或者说实在的事实。它以肯定外部世界的现实存在为前提，肯定探索的任务就在于解释和描绘实在的事物。他说：科学方法的"基本假设"在于："存在着现实事物，它们的特点完全不以我们对它们的意见为转移。这些现实永远按照永恒的规律作用于我们的感官……我们能够通过讨论来确定事物实际上和真正是什么。每一个人只要有充分的经验和思考，就可得出同样真实的结论。"（5.384）

皮尔士还认为，只要依据科学方法，具有不同信念的人最后终将取得一致的意见。他由此强调科学方法的社会性。它的有效性并不在于它对个人的特殊效果，而在于它具有普遍意义，能够获得社会的认同。杜威就皮尔士的这种观点指出：与詹姆士相比，"皮尔士更为明确地肯定社会因素。皮尔士所感兴趣的实质上是从事研究的人都同意利用可为所有的人应用的方法。由于需要有社会的同意，由于没有这种社会的同意固执的方法就会从外部起瓦解作用，这使人类最终不得不越来越广泛地利用科学方法。"①

皮尔士科学方法还有一个重要特点，那就是强调进化和进步，反对保守和停滞。达尔文的物种进化理论、莱伊尔②的地质结构进化理论对他都产生了重要影响。皮尔士虽然反对黑格尔的思辨形而上学，但肯定了黑格尔关于进步和进化的思想。他使进化的思想超越特定的领域，肯定整个宇宙都是进化的产物。即使是那些特别稳定、可以称之为自然规

---

① John Dewey, *The Middle Works*，Volume 10，p. 77.
② Charles Lyell（1797—1875），英国地质学家，曾任英国皇家学会主席，提出地球的现状是各种自然力长期、缓慢作用的结果，可以从地球的现状了解其过去。

律的自然习惯本身也是进化的，可以而且应当成为探索的对象。

皮尔士在科学方法上之强调进步和进化，使他必然反对把科学探索的成果以及这种探索方法凝固化和绝对化，这突出地表现在他由此提出的可错论（fallibilism）上。这一理论认为，用科学方法所得出的任何结论、信念都可能发生错误而被推翻，都处于不断修正和发展的过程中。那些已确立了的真理只能在某种程度上可以被认为是真理，它们的提出必然受到特定的时间和条件的限制，需要随着所处时间和条件的改变而加以改变。任何一种可以称为真理的假设都需要改进；任何信念的确定性都相对于其证据，随着新的证据的发现而需要修正。任何经验的陈述都不是绝对可靠的最后证实，甚至逻辑和数学的研究也并不排除错误的可能性。皮尔士指出："存在着三种我们所绝对不能达到的事物……即绝对的确定性、绝对的精确性、绝对的普遍性。"（1.141）皮尔士由此反对科学研究中的故步自封，要求"不要阻塞探索的道路"。他反对崇拜权威，主张自由讨论和自由研究，以便取得科学研究的不断进步。这使他的可错论与认识论上的悲观主义和怀疑主义毫不相干。他明确指出，任何具有现实意义的问题在原则上都是可以得到解答的。至少不能说它们不能回答。他对于某些形态的独断论和怀疑论还作了种种批判，认为它们是科学探索的主要障碍（5.416）。

但是皮尔士在否定绝对确定性、绝对精确性和绝对普遍性时往往走向了另一个极端。他由以往独断论把必然性绝对化、排斥偶然性而走向否定必然性，只承认偶然性。他说："如果你试图证实任何自然规律，那你就会发现，你的观察越是精确，它们就肯定会表明不正常地偏离了规律……如果尽可能向后追溯它们的原因，你就会不得不承认，它们总是出于任意决定或偶然性。"（6.45）"如果你更深刻地反省，你就会看到，偶然性是我们未知的东西的原因的唯一名称。"（6.54）皮尔士不懂得、或者说没有去思考相对与绝对、偶然与必然的辩证关系。他由当时科学发展（特别是他所熟悉的概率论和统计规律）证明了相对性和偶然性的普遍存在，证明了科学结论和信念的暂时性和可错性，把一切都当做纯粹相对的、偶然的东西，而这可能导致他所并不赞成的相对主义和怀疑论。

总的说来，皮尔士的科学方法不仅具有客观因素，其对独断论和怀疑论的批判与对进步和进化的强调，是对近代哲学思维方式的一种超越。这既是他作为一个杰出的科学家对当时自然科学中所实际运用的认识方法的总结和概括，也是他作为一个敏锐的哲学家对西方哲学的现代转型所作的一定揭示。但是他的理论存在很大的局限性。例如他对现实、实在的理解，没有超越当时已相当盛行的实证主义的现象主义的范围。尽管如此，皮尔士的理论对杜威等后起的哲学家进一步实现西方哲学的现代转型仍然提供了重要的启示。

5. 意义和真理

皮尔士的科学方法论与其意义理论密切相关。科学方法的任务是确定信念，信念总是以思想、观念、判断的形式存在，它们的意义必须清楚明白。皮尔士的意义理论的主要内容就是澄明思想、观念等的意义。这一理论在皮尔士整个实用主义哲学中具有重要地位。杜威曾谈到，皮尔士把实效主义"这个名词的含义局限于确定诸种名词，或更确切地说，诸种命题的意义。这种理论本身并不是关于试验，或真理，或命题的理论。因此，他最早的论文的标题是'怎样使我们的观念清楚明白'。在他后期的著作中，当他把这个名词当做一种真理论时，他企图用受到更大限制的实效主义来指称他本来的特殊意义。"[1] 一些西方哲学家认为，强调意义理论甚于强调真理论是皮尔士实用主义不同于詹姆士等人的主要表现之一。杜威就明确指出"即使是就命题的意义来说，皮尔士的实效主义与詹姆士等人的实用主义也存在着明显的区别"[2]。

皮尔士和詹姆士的这种区别主要表现在詹姆士强调命题的意义在于所引起的行为的特殊结果。詹姆士在《哲学概念和实际效果》中谈到，"任何哲学命题的有效意义，总是可以见诸某种特殊的后果，见诸我们未来的实践经验中，不管是能动的还是被动的；关键之点在于这种经验必然是特殊的这个事实，而不在于它必然是能动的这个事实。"[3] 皮尔士强调的则不是特殊的效果，而是实践和行动，以及由此得出的具有一般意义的命题。在他看来，对命题的断定实际上所预示的必然只是对一

---

① John Dewey, *The Middle Works*, Volume 10, p. 72.

② Ibid., p. 72.

③ *The Writings of William James*, edited by John. McDermott，1977，Chicago University Press，p. 349.

切实验现象的一般描述，这不可能只是单纯的现在，而必需引向未来，每一命题的理性的意义在于未来。正如杜威指出的，"皮尔士更加强调实践（或行动），而不是特殊的东西。事实上，他把重点转向了一般。……意义既同一于未来，又同一于一般。"皮尔士"把意义同一于习惯的形成，或者说，具有尽可能最大的一般性、可以运用于最广大范围的特殊性的行为方式的形成"①。

皮尔士之强调意义理论甚于强调真理论以及他不把意义的确定局限于获得特殊效果，使他避免了詹姆士等人那种把"有用就是真理"当做根本信条可能存在的庸人习气。

皮尔士的意义理论与其符号学相关。他认为观念、命题或判断的意义都是通过相应的符号表现出来的，并为此制定了一套符号学体系，后者对西方现代哲学中符号学思潮的兴起产生了重要影响。但他在这方面没有明确而一致的论述。本文有限的篇幅无法对其作出具体阐释。

在此需要提到的是：不管皮尔士如何用符号来阐释观念、命题等的意义，如果他仅仅停留于符号关系，那他都无法使其符号具有与其所指对象相适应的意义。为了使意义具有实际内容，必须提出一种实际的意义标准。皮尔士认为这种意义标准不是它的特殊的实际效果，而是它可能引起的实际效果的总和。为了获得概念的意义，"人们就要考虑从这一概念的真理必然得出什么样的可以设想的实际效果。这些效果的总和将构成这个概念的全部意义"（5.9）。皮尔士的这种观点是他的意义理论的一个根本观点，也正是著名的所谓"皮尔士原则"的根本观点。

皮尔士认为，任何一个名词的意义是由指出一定属性的一个陈述来给予的。这一陈述（逻辑解释）与这一名词等值。但是，由这个陈述所指示的属性不是随便某一种属性，而是可感觉的属性。"我们关于任何事物的观念就是它的感性后果的观念。"（5.401）因此一个名词之具有意义，就在于它可以由描述可感觉的属性的其他名词来确定。例如，"硬"这个名词所以有意义，是因为它等值于"不可为许多其他东西所刺破"（5.403），后者正是一个可感觉的经验命题。皮尔士企图把这种经验证实的原则扩大到一切名词和命题。不仅关于事物的性质和具体事

① John Dewey，*The Middle Works*，Volume 10，p. 73.

物的名词应当由经验来证实，关于一般（共相）的名词也应由经验证实。总之，可感觉的实际效果是一切名词之是否具有意义的根本标准。

皮尔士没有把对象所产生的实际效果与对象本身区别开来，没有把在认识论上对象相对于主体而存在与本体论上对象具有不依赖于主体的客观内容明确区分开来。他一再宣称关于效果的概念是对象的完整概念。其实，二者是有区别的。引起效果的对象不以人的感觉、意识为转移，而效果则是由人所感知和体验到的，具有很大主观性，即使是皮尔士所强调的那种具有普遍性和一般性的效果的总和也不例外。把对象本身等同于其所引起的效果，对对象的解释往往会产生片面性。

皮尔士的意义理论还有一个重要特点，即他非常强调作为意义标准的可感觉效果应从行动和实践中去把握，感觉效果就是引起行动和实践的效果。这使他的观点带有行动主义特色。他有时干脆把意义标准归结为人们的行为习惯，认为凡是能引起一定的行为习惯的就是有意义的。他说："习惯就是逻辑解释的本质。"（5.486）"对一个概念的最完备的说明在于对这个概念所必然引起的习惯的描述。"（5.491）"一个事物的意义简单说来就是它所涉及的习惯。"（5.400）也正是在这种行动主义的基础上，皮尔士提出了为后来的操作主义者所发挥并作为其理论基础的观点：一个概念或命题的意义在于一套与之相应的操作。就是说，人们不能只是静观地去考察关于某一名词的可感觉的实际效果，而应当通过采取相应的行为、操作，并从这些行为和操作中去感受其实际效果。获得关于某一对象的意义的过程是一系列相应的行为的过程，一套相应的操作过程。

总的说来，皮尔士上述意义理论与个别实用主义者真理观上的主观唯心主义和市侩主义的确有所不同。但是，由于他在对符号、实际效果等的解释上经常陷于混乱，因此他也并未正确地解决概念、命题等的意义问题，有时甚至倒向主观主义方面。

虽然皮尔士对意义理论的强调甚于真理论，但这只意味着他不满意于传统形而上学的真理论及詹姆士等人那种具有庸人习气的真理论，而不意味着他笼统地否定真理论。他的意义理论实际上是对真理论的一种特殊表述，因为它的任务正是澄清被当做真理的概念的意义；而他的科学方法的目标也正在获得实在的知识，达到真理。"逻辑是关于真理、

真理的性质及发现真理的方法的学说。"（7.321）

　　作为一个严肃的自然科学家，皮尔士经常企图对真理问题作出比较客观的回答。他一再强调真理与实在一致，不以个别人或某些人的判断、思想为转移。他对一些露骨的主观主义的真理观还曾加以非议。他的确定信念的方法同时也是确定真理的方法，而他只主张以实在为依据的科学方法。当他像其他实用主义者那样把对人的效用、满足当做真理的标准时，他往往企图用科学方法去加以限制。例如他说："费迪南·席勒先生告诉我们，他和詹姆士肯定真的纯粹就是满足的。这是没有疑问的。但是，说满足并没有把话说全。满足什么目的呢？"（5.552）皮尔士认为这就是用科学方法排除了怀疑。一种信念如果只是使人在感情上得到满足那还不是真的信念，只有能用科学方法证明才是真的（6.485）。

　　但是，皮尔士对真理的实在性的肯定和主观任意性的否定都没有脱离将可感觉的效果、信念作为观念的意义和真理性的标准这条由他所确立的实用主义的根本原则。他认为真理独立于个别人或某些人的思想，但并不独立于一般思想。真理是通过不断地探索而为大家一致承认的观念。他有时把真理等同于人们对于对象的信念，这种信念既不是体现作为个人的纯粹的主观意识状态，也不是体现主观意识以外的客观条件，而是体现为将二者联系起来的符号。人们在真理问题上的统一性就在于用符号表达的信念上的一致性。除此以外，并不需要其他客观根据。他说："如果我们的术语'真理'和'虚妄'的意义是指可以根据怀疑和信念给它们下定义……那一切都好；在这种情况下，你所谈的只是关于怀疑和信念。但是如果你所理解的真理和虚妄不是用某种方式根据怀疑和信念来下定义的某种东西，那你说的就是关于实体，关于它们的存在，你一点也不可能知道，应当用奥卡姆剃刀将它们剃光。"（5.416）皮尔士在此把实体当做真理的累赘，把可以表现为可感觉的实际效果的信念当做真理的根本内容。他甚至说："你无论如何不能不相信的东西严格说来不是错误的观念，换言之，对你说，它是绝对真理。"（5.419）这样，信念就成了区分真理与谬误的标准。

　　皮尔士作为美国哲学现代转型的开拓性人物及其思想矛盾还突出地表现在他对取代传统形而上学的所谓科学的形而上学的构建以及与之相

关的所谓偶然论（Tychism）、连续论（Synechism）和爱情论（Agapism）的论证上。考虑到他有关这方面的理论超出了他的实用主义的范围，我们在《新编现代西方哲学》等论著中已经作过较具体的论述，本文就从略了。

总的说来，皮尔士的哲学是一个复杂和矛盾的体系，其中包含了各种不同的甚至相互抵触的观点。他在许多方面都超越了近代哲学思维方式和界限，为西方哲学的现代转型作了重要的理论准备。这种转型的一些主要内容在皮尔士哲学中都有所体现。但是，皮尔士哲学中又保留着近代哲学思维方式的明显痕迹，他在批判传统形而上学时又企图构建形而上学的体系突出地表现了这一点。不同的现代哲学流派均既可从中找到自己所需要的因素，又可发现与自己的理论相抵触的观念。正因为如此，实用主义等许多现代西方哲学流派的思想家对他既有热烈的赞扬，又有尖锐的批评。皮尔士无疑是 19 世纪下半期以来敢于突破近代哲学思维方式、竭力企图为哲学的发展开辟新的道路的西方伟大哲学家之一，但他也像尼采等人一样未能完全摆脱近代形而上学传统的界限。

德国哲学的现代转型

在西方近代哲学向现代哲学的转化上，我国哲学界中曾长期流行着一种简单化的观点，即认为西方近代哲学是资本主义处于上升时期的哲学，即体现西方资产阶级处于革命时期的哲学，具有唯物主义和辩证法的合理因素；而西方现代哲学则是资本主义处于腐朽没落时期的哲学，即西方资产阶级失去了革命性的时期的哲学，只能是宣扬唯心主义和形而上学。因而西方哲学由近代到现代的转化只能是由唯物主义转向唯心主义、由辩证法转向形而上学、由进步转向反动。这种观点尽管也能找到一定的历史和理论根据，但如果将其普遍化和绝对化，就会背离 19 世纪中期以来西方资本主义一百多年来尽管出现严重危机、但又仍在继续发展的实际状况，也会背离这一时期的西方哲学尽管存在严重的失误，但也毕竟在一定程度上体现这一时期社会和科学发展的实际状况。改革开放以来，我国学者大都在不同程度上克服了以往的片面性，对现代西方哲学作了适当肯定。在经过十多年的认真研究和思索以后，我个人从 20 世纪 90 年代中期起就明确提出：西方现代哲学取代近代哲学是西方哲学发展史上一次新的重要的转型，它超越了近代西方哲学的一系列局限性，使西方哲学发展到了一个新的、更高的阶段；西方哲学的现代转型与马克思在哲学上的革命变更无论在阶级基础上或理论形态上都有原则的区别，但在超越西方近代哲学的局限性、转向现代哲学思维方式上，二者又有重要的共同之处。这种观点无疑与几十年来流行的传统观点大不相同。提出这种观点不能单靠勇气，而要提出充分的论证。十多年来，我在一系列论著中、特别是在《新编现代西方哲学》（2000）和《马克思主义与西方哲学的现当代走向》（2001）两书中作了系统的论证。我十多年前提出的观点目前似乎已经得到了哲学界中大部分人的认可，但也仍然有人反对。为了使我的论证更有历史和理论根据，"十五"期间我作了一个《哲学上的革命变更与现代转型》的课题，通过阐释 19 世纪的西方哲学史来具体论证我的观点。本文即是取自该书稿德国篇的梗概。

1. 德国哲学的现代转型

（1）德国是近现代哲学冲突的中心

在欧洲哲学从近代到现代的转型中，德国哲学起了独特的作用。这是因为从康德到黑格尔的德国古典哲学既是对西方近代哲学的总结和发展，又包含了往后产生的大部分西方哲学的重要理论来源，甚至成了这些哲学流派得以产生的契机。德国古典唯心主义的创始人康德是西方哲学史上一个具有转折性地位的人物。他的哥白尼变更为西方哲学由近代到现代的变更作出了重要的思想准备。德国古典唯心主义的最大和最后代表黑格尔的哲学集近代理性派思辨形而上学之大成，近代哲学思维方式的矛盾在黑格尔哲学中表现得特别突出，各种现代哲学流派和思潮对近代哲学思维方式的批判和超越往往突出地表现为对黑格尔的绝对理性主义的批判和超越。但黑格尔哲学中的辩证法集中地体现了西方近代唯心主义对能动性的发挥，后者与绝对理性主义和思辨形而上学相冲突，而这一点后来被许多西方哲学流派在不同程度上所利用，促进了它们向现代哲学的转型。德国由此成了西方近现代哲学冲突的重要中心，甚至是许多这类冲突的发源地。英、法、美等国近现代哲学的冲突的理论来源在许多情况下与德国哲学的发展状况直接或间接相关。正因为如此，德国作为以康德和黑格尔为代表的古典哲学的故乡在很大程度上也是许多在对近代哲学的批判中产生的现代哲学流派的故乡。

（2）黑格尔学派的分裂与德国理性主义的解体

1831 年黑格尔逝世以前的 19 世纪上半期尚是德国古典唯心主义哲学的盛期。黑格尔哲学由于集近代理性主义体系之大成并得到普鲁士官方的扶持而在德国哲学领域中占有毋庸置疑的主导地位。黑格尔逝世以后，随着德国资产阶级革命形势的发展，黑格尔哲学的内在矛盾越来越显得突出。由于对黑格尔哲学的取舍不同，黑格尔学派发生了分裂。其中右派（老年黑格尔派）维护普鲁士国家所代表的封建等级制度。他们往往利用和发挥了黑格尔哲学的保守方面，特别是将黑格尔的绝对唯心主义与基督教神学统一起来。左派（青年黑格尔派）属于资产阶级激进派，对封建专制制度及作为其思想支柱的基督教采取批判态度。他们往往利用了黑格尔哲学的某些积极方面，特别是强调作为主体的人的自主和能动作用。

青年黑格尔派对黑格尔哲学的改造突出地表现在他们大都以人的自我意识代替黑格尔的绝对精神（宇宙精神）当做哲学的出发点。如果说老年黑格尔派强调的是被当做宇宙精神化身的神，青年黑格尔派强调的则是作为自我意识的体现者的人。尽管青年黑格尔派关于自我意识是人的本质的观点仍停留于唯心主义范围，但这毕竟使哲学由天国转向了人间，由基督教的天国中的上帝转向尘世中的个人。这种转向的政治意义在于使哲学由维护封建专制的工具变成了论证资产阶级的自由民主的手段，适应了当时德国资产阶级开始成长的革命要求。其对哲学本身的意义在于使哲学摆脱绝对理性的束缚，为面向具有丰富个性，特别是能动性的人开辟了道路。由于由绝对化的理性转向具有能动性的人是西方近代哲学向现代哲学的转型的重要内容之一，青年黑格尔派的这一转变对于促进德国哲学的现代转型自然具有重要意义。值得特别指出的是：具有反封建专制意义的反对基督教的斗争使以费尔巴哈为代表的青年黑格尔派中的激进分子摆脱了关于自我意识的唯心主义立场而转向了将人的存在与自然界的存在结合起来的人本学唯物主义。尽管费尔巴哈本人由于脱离现实的工人运动而未能使他的人本学唯物主义进一步发展成为一种与人的现实生活和实践相结合的新哲学，但他的哲学后来仍然成了马克思和恩格斯由批判继承黑格尔哲学出发来实现哲学上的革命变更、建立他们的新哲学的重要理论中介。

理性主义当然是近代德国哲学中的重要传统，但并非唯一的传统。莱辛、赫尔德、席勒、歌德等德国启蒙思想家的理论在张扬启蒙理性的同时大都又超越了纯粹理性的界限。康德明确地把理论理性和实践理性区分开来并强调实践理性高于理论理性，这为从哲学上超越纯粹理性的局限性而转向情感和意志等非理性的方面准备了必要的理论前提。费希特和谢林发展了康德哲学的这种倾向。谢林后期的哲学就因为在这方面所作的重要发挥而一再被一些具有非理性主义倾向的现代哲学家所称道。与黑格尔大致同时代的叔本华更是提出了一套完整的非理性主义和唯意志主义哲学理论，自觉地将其与黑格尔所代表的理性主义对立起来。其实，即使是黑格尔的绝对理性主义的理论体系中也包含了非常丰富的生活内容，后者明显地超越了传统认识论意义上的理性的范围。德国哲学中这种超越纯粹理性范围而转向非理性领域的传统与理性主义的传统是同时存在的，当纯粹理性主义的传统的内在矛盾在一定条件下被激化、以致出现危机和困境的时候，这种超越理性主义的传统就会凸显出来。19 世纪中期正是德国哲学中理性主义传统遇到危机和困境的时期，非理性主义传统很自然地被拥向前台。

（3）19 世纪中后期德国的社会变更导致的哲学变更

如果说黑格尔学派的解体还只是意味着德国哲学中的理性主义传统在理论层面上出现动摇的话，那么 1848 年德国资产阶级革命的失败则成了 19 世纪德国哲学发展中的一个重要转折点。在 1848 年以前，随着资本主义的发展，一向软弱的德国资产阶级毕竟越来越有了革命的要求，对以理性主义为特征的启蒙思潮也抱有幻想。因此他们在哲学上并未笼统地排斥理性主义传统，对当时德国出现的叔本华等人的非理性主义哲学思潮，甚至还不屑一顾。黑格尔学派虽然分裂，但并未解体；无论是青年黑格尔派还是老年黑格尔派都还在一定程度上保持着黑格尔的理性主义倾向。

1848 年革命失败后，德国资产阶级不再有与封建专制制度决裂的勇气，而宁愿与其妥协，在其庇护下求得资本主义经济的发展，甚至与之相勾结来共同对付当时已成长为独立的阶级力量的无产阶级的革命运动。在哲学等思想文化领域内，他们对启蒙理性已完全失去信任。他们最为关注的不是建立理性主义的哲学体系，而是尽可能获取更多的现实的经济利益。古典哲学的理性主义传统由之失去社会基础，黑格尔学派此时不只是分裂，而且进一步解体。从各种不同角度对黑格尔及古典理性主义哲学的批判之风由之兴起，原来受到嘲弄的叔本华等人的唯意志主义和非理性主义倒是突然受到欢迎。由于体现这一时期的资产阶级要求的思想家归根到底必然站在与无产阶级相对立的地位，因此他们对黑格尔和其他西方古典哲学的批判不仅与无产阶级的革命导师马克思和恩格斯所作的批判迥然相异，而且往往根本对立。尽管他们的这些批判不能不在一定程度上适应西方近代哲学转向现代哲学这个历史大趋势，但这种适应必然同时存在着对这种历史趋势的扭曲，有时甚至是严重的扭曲。因此1848年以后的一段时期内，德国哲学总的说来处于不景气、甚至混乱的状态之下。恩格斯说过："随着1848年革命而来的是，'有教养'的德国抛弃了理论，转入了实践的领域……但是思辨在多大程度上离开哲学家的书房而在证券交易所筑起自己的殿堂，有教养的德国也就在多大程度上失去了在德国最深沉的政治屈辱时代曾经是德国的光荣的伟大理论兴趣——那种不管所得成果在实践上是否能实现，不管它是否违反警章都照样致力于纯粹科学研究的兴趣。"[1] 恩格斯的这段话生动地描述了当时德国哲学中原有理性主义传统的失落状态。

以1871年普法战争为转折点，德国历史开始进入了一个新的时期。普鲁士在战争中的胜利促使它最终统一了德国，确立了容克地主统治下的德国资本主义发展的独特道路。法国在战争中的失败极度地加剧了国内的阶级对抗，巴黎工人奋起进行了武装起义，建立了全世界第一个无产阶级革命政权——巴黎公社。然而由于种种历史原因，巴黎公社还是被资产阶级很快镇压下去。欧洲无产阶级的革命运动由此暂时进入低潮，而资本主义则进入了一个没有重大革命动荡的"和平发展"时期。在产业革命的推动下，各国资本主义经济都得到了飞速发展，德国更是后来居上，成了一个可以向英法挑战的资本主义强国。这种历史条件使德国哲学在发展趋势上必然发生新的变更。德国资产阶级在1848年革

---

① 《马克思恩格斯选集》，2版，第4卷，257~258页。

命失败后的那种消极悲观心态不复存在，取而代之的是积极主动的扩张。对传统理性主义的批判和超越尚是当时哲学的主要倾向，但此时的非理性主义不再具有叔本华那种对生命和生存的消极悲观的气息，而更为倾向于强调生命的创造性和能动性，当时凸显的尼采哲学突出地体现了这种倾向。更为重要的是：此时的非理性主义哲学家已在很大程度上超越了早期非理性主义对非理性的解释的抽象性，纷纷开始从不同视角、特别是文化和历史的视角对人的生存和价值作出较为具体的研究。这特别表现在新康德主义的历史文化学派以及与生命哲学相关的一些哲学派别越来越明确地把历史文化等"精神科学"和自然科学的研究方法区分开来，企图由此更为深刻地揭示生命的价值和意义。

（4）自然科学的革命对德国哲学的现代转型的影响

19 世纪自然科学的发展、特别是达尔文进化论在德国的传播以及迈尔（Robert Mayer，1814—1878）等人对能量守恒和转化定律的表述和证实，从根本上动摇了以黑格尔的自然哲学为集中表现的思辨形而上学的自然概念，关于自然的研究越来越从思辨形而上学的束缚下解放出来，成了具有独立地位的科学，而这反过来对思辨形而上学产生了极大的冲击，甚至在一定程度上改变了哲学发展的方向。在自然科学新成就的基础上改造哲学成了当时德国哲学发展中一种不可抗拒的趋势。各种哲学流派都必须对自然科学的新成就作出自己的解释，表明自己的态度；哲学中的所谓"科学主义思潮"也由此兴起，甚至还形成了不同形式的科学哲学。其中值得注意的是复活旧唯物主义的自然主义的庸俗唯物主义和发展了英法实证主义思潮的马赫主义以及新康德主义中的认识论学派。庸俗唯物主义简单地把精神和意识归结为物质的产物，看不到精神和意识的本质区别和能动作用。在这方面他们还不如被德国唯心主义所战胜的 18 世纪法国唯物主义，更不如同时代的费尔巴哈的人本学的唯物主义，与马克思主义的唯物主义更不能相提并论。它们的理论本身在西方哲学发展上很难说有什么进步。但是，它们毕竟还是用当时自然科学的成果批驳了曾经占据德国哲学主导地位的唯心主义，对促进在此以后的哲学发展摆脱思辨形而上学的影响以及西方哲学由近代到现代的转型还是具有某些积极作用。其中毕希纳的思想中甚至还包含了某些符合现代哲学精神的辩证法因素。新康德主义中的认识论派别，特别是马赫主义作为英法实证主义在新的条件下的继续已不满足于简单地把哲学建立在实证科学的基础上，而是适应自然科学的新变更，特别是物理学的变更而越来越使各派哲学摆脱传统的实体本体论，转向对自然事物的变化、发展、分化、变异、转化、生长和过程的强调。他们依然重视认识论和方法论问题的研究，但进一步摆脱了传统的经验主义和理性主义等的局限性，强调认识过程中各种因素的相互渗透和连续性，特别是强调发挥人的能动性。这些都意味着他们在转向现代哲学思维方式的方向。

在谈论 19 世纪后期德国自然科学的发展对哲学发展的影响时，还必须提及生物学、生理学和心理学等有关生命的科学的兴起对哲学变更的促进。生命哲学思潮当时在德国的出现和发展正是这种影响的集中表现。

在 19 世纪中后期的德国哲学中，对实体性的唯物主义和唯心主义等传统形而上学采取批判态度已成了一种相当普遍的潮流，但也仍然有一些哲学家试图以新的形式（特别是轻实体、重过程的形式）重新构建形而上学的体系，其中包括接近唯物主义的实在论体系，但更多的是唯心主义的体系。洛采的目的论和人格主义的唯心主义，新康德主义（特别是其历史文化学派）以及对 20 世纪哲学产生过较大影响的生命哲学思潮都表现出了这种倾向。不过他们的哲学与传统形而上学有重要区别。这突出地表现在他们大都反对传统形而上学的绝对理性主义，与当时出现的非理性主义哲学思潮往往有相当密切的联系。

总的说来，1871 年以后的较长一段时期是德国资本主义获得空前发展的时期，也是 19 世纪中期以来德国哲学由近代到现代的转型获得迅速发展的一段时期。当时出现的众多哲学派别尽管存在种种片面性，但毕竟从不同侧面体现了西方哲学发展中的一种前进的运动。

（5）马克思和恩格斯对 19 世纪德国哲学变更的评价

如何评价 19 世纪中期以后的德国哲学？这是一个非常复杂的问题。这一时期正是马克思和恩格斯在哲学上实现革命变更的时期。由这一变革所建立的马克思主义哲学成了革命无产阶级进行反对资本主义制度的斗争的精神武器。这种斗争的需要使包括马克思和恩格斯在内的马克思主义者对于同一时期的资产阶级哲学必然采取针锋相对的批判态度。正因为如此，他们在这一时期的著作中，对这些哲学流派，特别是叔本华的唯意志主义、朗格等人的新康德主义以及毕希纳等人的庸俗唯物主义，大都作了否定性的评价。但是，19世纪下半期西方各国，特别是德国资本主义在产业革命的推动下所获得的飞速发展，使马克思和恩格斯后来不仅察觉到、而且指出了西方资本主义还有很大的发展余地。他们为此还明确指出应当在坚持无产阶级革命的根本目标的同时在某些方面改变无产阶级革命斗争的策略。这当然意味着对于同一时期的西方哲学也应重新进行评价。事实上恩格斯晚年就已指出了当时资本主义在道德等意识形态方面的进步。他说："资本主义生产越发展，它就越不能采用作为它早期阶段的特征的那些小的哄骗和欺诈手段……这些狡猾手腕在大市场上已经不合算了，那里时间就是金钱，那里商业道德必然发展到一定的水平。"① 道德与哲学密切相关，道德领域的进步在一定程度上蕴含着哲学上的进步。只是由于特殊的历史原因，马克思和恩格斯在这方面的工作未来得及展开。② 在其后相当长的历史时期内，由于无产阶级与资产阶级之间以及共产主义运动内部之间的各种矛盾和斗争的复杂性，对如何评价与马克思主义哲学同时代的西方哲学流派，包括19世纪中期以来的德国哲学流派的问题，在马克思主义者中未能进行充分和深入讨论，简单否定的倾向往往居于主导地位。虽然西方国家的一些马克思主义者早已尝试过对现代西方哲学的重新评价，但他们的工作在占主流地位的马克思主义者中并未引起重视，甚至受到批判。只有随着冷战的结束，特别是"左"的思潮得到克服，对与马克思主义哲学同时代的西方哲学的评价问题才重新引起马克思主义者的重视。

2. 德国哲学现代转型中的三种思潮

19世纪中期至20世纪初在德国产生和流传的哲学流派和思潮极为庞杂，它们大都具有独特的倾向性，也大都在不同程度上具有从近代到

---

① 《马克思恩格斯选集》，2版，第4卷，419页，1995。
② 关于马克思和恩格斯为什么对同时代的西方哲学家的理论从政治上作否定评价，我在《也谈马克思主义经典作家对现代西方哲学的否定性评价》中作了具体详细的阐述。载《学术月刊》，2002（8）；《中国社会科学文摘》，2002（6）。

现代转型的共性。我们在下面对三种影响较大的思潮的一般情况再作简单介绍。至于这些哲学思潮的具体的理论内涵，我们在《西方近现代过渡时期哲学》（人民出版社，2009）一书中有较为详细的阐释，本文从略。

（1）对理性的批判与非理性主义哲学思潮的出现

在人的精神生活中非理性因素的存在及其与理性的关系问题是西方哲学史上一个古老的问题。从非理性作为人的精神生活中的个别的因素来说，在西方思想发展的最初阶段就已有所显示。在原始宗教和神话中，理性和非理性处于直接同一状态。荷马史诗既体现了理性的智慧，又迸发出超越理性界限的生命的激情。苏格拉底、柏拉图和亚里士多德等古希腊哲学家既展现了古希腊哲学理性的辉煌，也初步论述了意志、欲望、激情等非理性的精神对人的行为的支配。柏拉图把人的灵魂（精神）分为理智、激情和欲望三部分，并分别对它们的含义及相互关系作了较具体的分析。亚里士多德进一步强调了理智必须伴以激情才具有生命力。如果说他们都是在理性前提下来谈论非理性的话，晚期希腊和罗马哲学中的一些流派、特别是新柏拉图主义就是把非理性置于理性之上了。普罗提诺当做万物本源的"太一"就是一种超越理性的意志的存在。在欧洲中世纪的精神生活中，信仰占据绝对支配的地位。信仰不仅是超理性的，有时甚至是反理性的，因而信仰主义往往可以掩盖着某种形式的非理性主义。奥古斯丁就在信仰主义旗号下明确地把非理性的意志当做其他一切精神活动的基础。文艺复兴以来的欧洲近代哲学使理性主义正式登上了哲学的王座，以致人们把这一时代称为理性的时代。然而，即使在这一时代，仍有不少哲学家探索、肯定，甚至在不同程度上强调了意志和非理性因素在精神生活中的作用。例如在英国哲学家中，霍布斯就着重分析过人的行为与意志和欲望的关系；休谟分析过理智怎样服从激情、欲望和意志。在法国，帕斯卡尔和卢梭都对一系列有关人的本能、情感和意志的问题提出了超越当时占统治地位的理性主义的界限的论点，并对后者进行了公开的挑战。我们上面曾谈到，在德国古典唯心主义哲学中，康德、费希特和谢林哲学都有较多非理性主义成分。甚至集古典理性主义之大成的黑格尔哲学中同样包含了丰富的非理性的内容。

　　西方哲学史上的非理性主义思想无疑是作为哲学思潮的非理性主义的不可或缺的思想来源。不过，就它们本身来说，不管表现的程度（例如只是一般地承认和肯定还是强调非理性的作用）和方式（例如是公开的还是隐含的）如何，基本上都只是作为某种哲学中的一种成分或倾向而存在，尚无完整的思想体系。个别哲学家（例如帕斯卡尔）虽然在这方面有较完整的理论，但也只是夹杂在理性主义浪潮中的几滴水花，未能形成独立的哲学流派和思潮。非理性主义作为一种具有较完整的理论体系、并在整个哲学发展中具有较大影响的哲学思潮，是随着 19 世纪中期西方近代哲学走向终结、整个西方哲学的发展发生了重大的方向性转折、对传统理性主义的批判在西方各国已发展成为一股相当普遍和强大的浪潮的背景下形成的。

　　我们之前已作过较多论证，在此补充的只是：由于理性主义在德国表现得最为突出，黑格尔哲学被公认为近代西方理性主义思潮的顶峰，以对黑格尔哲学的批判为标志的对传统理性主义的批判在德国进行得最为激烈，因而非理性主义思潮也以德国为中心。德国哲学家叔本华被公认为这一思潮的主要奠基人之一，他所提出的生活意志论也正是作为哲学思潮的非理性主义的最初形态。著名英国哲学家罗素说："有许多现代的哲学家……以这种或那种形式主张过意志至上说……这是在我们这时代哲学气质所引起的最显著的变化。这种气质由卢梭和康德作下了准备，不过是叔本华以纯粹的形式宣布的。"[1] 与叔本华大致同一时代，在德国思想影响下丹麦哲学家和神学家克尔恺郭尔从孤独的、非理性的个人出发对黑格尔理性主义的批判创造了非理性主义思潮的另一种形态，他们都对现代西方的非理性主义哲学思潮产生了重大影响。

　　非理性主义哲学思潮的出现之所以成为德国哲学的现代转型的标志，主要就在它系统地揭露和批判了以黑格尔哲学为顶点的近代哲学将理性绝对化所导致的种种片面性，并在此基础上超越了绝对理性主义的界限。这种超越并不是简单否定理性在人类认识中的作用，在人所经验到的现象世界领域、特别是实证科学领域，理性仍然被认为是不可或缺的工具；它只是认为在理性领域之外还存在着情感、意志等非理性的存

_____

　　① ［英］罗素：《西方哲学史》下，310～311 页，北京，商务印书馆，1981。

在领域，后者更具有始源性的意义，能对前者起支配作用。由于非理性主义哲学家大都强调非理性的存在（如叔本华的生命意志、尼采的权力意志、克尔恺郭尔的孤独的个人）的能动作用和不受被绝对化的理性的制约，并由此强调了人的生活和行动的意义，他们也由此在一定程度上超越了传统形而上学必然导致的独断论或怀疑论的界限。因此，非理性主义哲学思潮对传统形而上学和绝对理性主义的批判和超越不局限于认识论的个别环节，而扩大到认识论转向以来的整个近代哲学研究领域，因而具有新的哲学转向的意义。但是，德国非理性主义哲学家对传统理性主义的超越存在着很大的局限性。尽管他们对传统形而上学和绝对理性主义的片面性的批判以及非理性领域的揭示都存在着某些合理性，但他们由此把非理性的领域绝对化和神秘化，由此走向了唯意志主义、相对主义和神秘主义。因此，19世纪德国非理性主义哲学家所实现的从近代到现代的哲学转型只能说是一种倾向性，而不具有真正的现实性。

（2）19世纪德国的科学哲学思潮

在西方哲学从近代到现代的转化的过程中，自然科学的发展起过非常重要的作用。这一点在德国表现得特别突出。当时西方各国科学技术的迅猛发展（例如能量守恒与转化定律、达尔文进化论、细胞学说，以及生理学和心理学等学科的一系列重大发现）使哲学家们对近代思辨形而上学越来越产生怀疑，对哲学的对象、任务、方法、未来走向等一系列重大问题不能不作出新的回答。这种情况使19世纪中期以后在德国产生的那些哲学流派大都与当时西方自然科学的发展有着一定联系。非理性主义哲学家虽然强调哲学超越科学的界限，但并不笼统否定科学，他们肯定理性在科学领域的支配作用，而这必然导致在科学领域排斥思辨形而上学。洛采等企图在新的条件下复活形而上学的哲学家同样肯定自然科学在认识外部世界上的不可或缺的作用，他们的形而上学由此与近代实体性的形而上学有着重要区别。新康德主义中的认识论学派在一定程度上更是具有科学主义，或者说科学哲学的特征。更值得注意的是：在德国还有一些受到自然科学发展的直接影响、往往援引自然科学的发展来论证甚至构建其哲学理论的哲学流派。福格特、摩莱肖特、毕希纳、海克尔、赫尔姆霍兹、奥斯特瓦尔德、马赫等一批思想家正是基于自然科学的新的进展，各自从不同的角度提出了观点各异的哲学学说。这种立足于自然科学的一系列成果去反对脱离实际的思辨哲学和神学的倾向在当时的德国形成了一种相当广泛的哲学思潮。从这一思潮的哲学家大都强调实证自然科学对哲学的规范作用来说，可以把它看做是一种科学主义思潮或者说科学哲学思潮，在这方面，它们与以拒斥传统形而上学为突出特征的英法实证主义有着很大的类似。赫尔姆霍兹、奥斯特瓦尔德、马赫等人的哲学在西方各国往往被公认为继承了实证主义的传统，是实证主义的一种衍生形态。但他们往往称自己的哲学是一种科学的实在主义。他们的哲学的现代倾向及其局限性与整个实证主义传统的哲学家大体一致。福格特、摩莱肖特、毕希纳等人的哲学推崇实证自然科学，坚持唯物主义立场。只是有时把唯物主义庸俗化了，往往倒退到了纯粹的自然主义。海克尔的一元论是一种自然科学的唯物主义，但它同样具有自然主义的特色。这类实在主义和自然主义从其把自然科学当做哲学的基础说往往表现为科学主义。从他们停留于自然主义的角度说，他们的哲学大体上也仍然停留于近代哲学的范围。但是这些人大都反对传统的思辨形而上学，其中毕希纳等人在能量守恒和转化学说和进化论等自然科学伟大发现的影响下肯定了自然事物发展的辩证法有所揭示。毕希纳甚至就此对恩格斯在《反杜林论》中有关物质与运动的论述表示赞同。这些又使他们的理论中融入了某些现代哲学的因素。

（3）形而上学的复兴与新康德主义思潮的兴起

在 19 世纪中后期的德国哲学中，与非理性主义和科学哲学或实证主义思潮相关的流派占有突出地位。它们大都从不同方面、在不同程度上体现了西方哲学由近代到现代的转化的特征，特别是大都具有反对近代哲学中脱离现实的形而上学的倾向。但是，从形而上学作为对世界的整体的探究，或者说作为世界观意义的哲学来说，任何哲学思潮和流派归根到底都难以超越形而上学。上述非理性主义思潮的各种流派虽然超越了绝对理性主义的形而上学，但往往倒向意志主义等其他形式的形而上学。叔本华、尼采等人的哲学突出地表现了这一点；与自然科学的发展相关的实证主义和自然主义等流派在竭力批判绝对理性主义的形而上学时却往往在不同程度上接近休谟的经验主义式或康德的先验主义式的形而上学。新康德主义中的先验逻辑学派、马赫主义和各种名目的实在主义派别大体上就是这样。事实上，在 19 世纪中后期德国哲学中，那些反形而上学的潮流中又都在不同程度上存在着某种形式的形而上学倾向。不过，这种形而上学大都不强调、甚至在一定程度上排斥具有始源性意义的存在的实体性，或者说往往表现为非实体性的形而上学。

除了归根到底都保留着作为世界观的形而上学的上述类型的哲学派别外，19 世纪中后期的德国一直都有一些公开要求恢复和重建形而上学的哲学家。他们与上面两种思潮既有相当密切的联系，又大都与绝对理性主义、宗教唯心主义等传统形而上学保持某种联系。他们不是简单地要求复活传统形而上学，而往往试图对传统形而上学作出某些与当代科学文化的发展的趋势，特别是当代哲学发展的总的趋势相适应的改造。例如，将他们所构建的形而上学与当代自然科学的某些领域（例如数学和物理领域或者生命科学领域）联系起来，在肯定这些科学部门的成就的同时，通过对它们作出某种特殊的反思和解释，使它们能与他们构建的形而上学相适应，作为对这种形而上学的论证，甚至利用这些科学来形成其形而上学理论。因此，要求恢复形而上学的思潮与利用自然科学的最新成就来改造或维护形而上学的思潮往往是相互交织的，而这正体现了从近代哲学到现代哲学转型的性质。

在 19 世纪中后期的德国公开要求恢复或重建形而上学的哲学派别中，以恢复康德的唯心主义为主要特征的新康德主义的影响最为广泛和深远，这在中外哲学界几乎为人所共知。与早期新康德主义大致同时、并与新康德主义有一定联系的洛采哲学可谓是这一时期德国哲学中要求恢复形而上学倾向的典型形态。洛采不同意尼采等人对从柏拉图到黑格尔的理性派哲学的彻底摧毁，而企图将德国哲学中从费希特到黑格尔的唯心主义传统与反对这一传统的赫尔巴特和费希纳等人的哲学结合起来，构建了一个机械论的自然观和目的论的宗教观统一的人格主义一元论体系。这个体系的突出特点正在其调和折中近现代哲学的不同倾向，对往后德国和英美哲学都有较大影响。在 19 世纪后期和 20 世纪初，生命哲学思潮在德法等国盛行。这种思潮与当时西方各国与生命相关的科学（继生物学之后，当时生理学和心理学也有了长足的发展）有密切联系，但它们并未由此构建出一种科学哲学，而是利用有关生命的科学当时远不够成熟，特别是它们与数学和自然科学的差别，来构建一种既超越传统形而上学，又超出数理等自然科学的界限的形而上学。

英国哲学的现代转型

1. 英国哲学的现代转型综述

在西方各国中，英国是最早走上资本主义发展道路的国家，在哲学上也是由以信仰为基础的中世纪经院哲学转向以理性为基础的近代哲学最早的国家。英国哲学中重视世俗生活和经验的传统在一定意义上也正是超越中世纪信仰主义、迈向近代理性主义的传统。尽管法国哲学家笛卡儿由于明确地提出了理性主义的哲学体系而被公认为是近代理性主义的奠基人，但是比笛卡儿稍早的英国哲学家弗兰西斯·培根提出的经验主义原则，特别是他的与实验自然科学相适应的科学方法论和认识论也正是与信仰主义相对立的广义的理性主义理论。马克思之把培根称为"英国唯物主义和整个现代实验科学的真正始祖"[1]，同时也蕴含着把培根看做是广义的近代理性主义的始祖。培根和笛卡儿以后的近代英国和法国哲学的发展是相互影响和交织的。马克思在《神圣家

----

① 《马克思恩格斯全集》，中文1版，第2卷，163页。

族》中对 17 世纪英国哲学家霍布斯和洛克的哲学如何影响 18 世纪的法国唯物主义以及这些唯物主义如何影响 19 世纪法国和英国的空想社会主义和共产主义就作过精辟和著名的分析。但是英国哲学和法国哲学毕竟各有特色。例如法国哲学家大都强调理智和情感的作用，英国哲学家则往往把经验和实验放在第一位。这种不同对后来两国哲学实现由近代到现代的转型产生过重要的影响。

我们在一系列论著中对 19 世纪中期以来西方哲学由近代到现代的转型从理论上已作过较多论证。这一转型并不是突然发生的，它在西方各国都有较长时期的准备过程。从历史年代说，这一准备过程在英国发生得最早。这与英国资本主义发展得最早、资本主义的内在矛盾也暴露得最早密切相关。1825 年在英国出现的资本主义的经济危机也是整个资本主义世界的第一次经济危机，而这也正是资本主义制度的内在矛盾开始暴露的标志。在此以后，继英国之后走上了产业革命道路的法国和德国也先后出现经济危机。这些经济危机暴露了以资本主义制度作为社会化身的近代理性主义体系哲学开始遇到了危机。西方哲学为了求得进一步发展，必须对原有的哲学思维方式加以质疑，寻觅新的道路。

早在 18 世纪，当休谟把洛克和贝克莱的经验主义贯彻到底，并由此合乎逻辑地提出他的怀疑论时，就已相当明确地揭示了作为体系哲学的近代理性派形而上学的矛盾。与古代怀疑论之走向虚无主义不同，休谟怀疑论主要是对绝对化的理性主义及与之相关的独断论的怀疑，这在一定意义上就是对以近代哲学为集中表现的传统哲学思维方式的怀疑，其目标是使哲学回到人的经验所体现的现实世界中来。休谟在《人类理解研究》一书最后说了一段特别有名的话："我们如果手里拿起一本书来，例如神学书或经院哲学书，那我们就可以问，其中包含着数和量方面的任何抽象的推论么？没有。其中包含着关于实在事实和存在的任何的经验推论么？没有。那么我们可以把它放在烈火里，因为它所包含的没有别的，只有诡辩和幻想。"① 这段话不仅是对 17～18 世纪欧洲理性派思辨形而上学的否定，也是对一切传统形而上学的否定。正因为如

① ［英］休谟：《人类理解研究》，138 页，北京，商务印书馆，1957。

此，休谟哲学后来一再为各种形式的实证主义哲学家所引证，被他们当做自己的反形而上学哲学的重要理论支柱。休谟生活和活动于欧洲启蒙主义思潮盛行的时代，广义地说可以将他归属于启蒙思想家之列。他当然不是现代哲学家，但他的独特的怀疑论的提出，却为以反形而上学哲学思维方式为主要特征的现代哲学思维方式的形成并取代近代形而上学思维方式创造了必要的理论前提。

英国近代哲学的经验主义传统在一定程度上具有反形而上学的意义，但只有发展到休谟这种意义才得到较为明确的发挥。休谟的怀疑论对以 17 世纪剑桥的柏拉图主义为代表的英国哲学中的思辨唯心主义传统产生了重大冲击。正因为如此，尽管在休谟以后的英国哲学中没有很快产生具有明显的现代哲学思维方式特征的哲学派别，但在 18 世纪末和 19 世纪上半期这段时期内，当以黑格尔为最大代表的理性派思辨形而上学在德国空前得势时，在英国却没有出现有重大影响的传统的形而上学哲学体系。当时以李德（Thomas. Reid，1710—1796）为首的苏格兰常识学派及其他一些哲学家（包括一些宗教唯心主义哲学家）从各种不同角度对休谟主义进行过批判，但这类批判大都未能超越传统形而上学的眼界。与康德沿着休谟怀疑论脚步对传统形而上学的进一步批判所产生的影响相比要逊色得多，有的批判（如一些宗教唯心主义哲学家的批判）甚至可以说是哲学发展上的倒退。19 世纪上半期，汉密尔顿（1788—1859）等哲学家，特别是柯勒律治等一些受到康德哲学影响的英国浪漫主义文学家也加入了批判休谟主义的行列。他们的哲学和文学活动对促进德国唯心主义 19 世纪中后期在英国的流行起了重要的推动作用，但他们的唯心主义与其所继承的德国唯心主义有所区别，在不同程度上具有从近代到现代转型的意义。不过，柯勒律治等人的影响主要是在文学领域，他们的理论在英国哲学中并未引起多大波澜。总的说来，在休谟以后、实证主义思潮兴起以前，英国哲学中没有出现过有重大影响的哲学流派。

正像休谟后期由形而上学先后转向了道德、政治、经济和历史一样，在他以后的英国的思想文化领域内，形而上学的研究往往让位于政治、经济、历史，特别是文学等与现实生活有着更为密切的联系的学科的研究。19 世纪末的英国学者梅尔茨在其著名的《19 世纪欧洲思想史》

中有这样一段话："从逻辑观点向历史观点的转变可以在上世纪英国文献中追踪到，这种变化的典型人物是休谟。他从洛克和贝克莱著作中涉及的形而上学问题出发，被它们引导到研究道德的、政治的和经济的问题，最后投身于研究历史。在他生涯结束的时候，英国文献中政治和历史的著作已像他的生涯开始时形而上学和神学的著作一样常见。"① 梅尔茨不是英国哲学发展中的重要人物，但他这段描述毕竟揭示了休谟以后英国哲学在研究的问题、领域和方向上都发生了重要的变化的事实。英国哲学发展中这种向政治、经济、道德、历史以及与之相关的文学等领域的转向在一定意义上可以看做是由重视抽象思辨转向重视现实生活和实践，而这和研究重点的变化可以说是从近代到现代的转向的先声。

19 世纪中期到 20 世纪初英国哲学的发展大致可以划分为前后两个阶段。前阶段的哲学主要就是在古典经济学、功利主义伦理学和进化论等科学思潮的直接影响下形成并与之融为一体的实证主义运动，以约翰·密尔和斯宾塞为主要代表。尽管这一运动有时在形式上也有建立哲学体系的企图，斯宾塞的综合哲学就被许多人当做是 19 世纪英国哲学中最大的哲学体系，但由于引入了不断进化和变更的思想并将其作为整个哲学体系的主轴，实证主义的哲学体系就成了一种开放的体系。它们对休谟哲学中早已存在的反形而上学倾向作了明确和系统的发挥，甚至被认为对现代哲学的反形而上学倾向起了重要的开拓作用。然而这一思潮中严重存在的现象主义和相对主义倾向往往使它们在理论和现实上都陷入困境，这为与之相反的哲学思潮的出现留下了余地。

在后一阶段，即 19 世纪后期，作为对实证主义的现象主义和相对主义的回应，在 19 世纪上半期就已以浪漫主义文学运动形式出现的输入从康德到黑格尔的德国唯心主义的运动这时正式形成为一种强势的哲学运动。其中以格林、布拉德雷和鲍桑葵为代表的绝对唯心主义在一段时期内在英国哲学中甚至占据主导地位。由于这种绝对唯心主义继承了黑格尔绝对唯心主义的许多观点，但又用传统和同时代的一些哲学理论（特别是康德、费希特等德国唯心主义和传统的英国哲学）对之进行了改造，因此有时哲学史家们往往称其为新黑格尔主义。与浪漫主义文学

---

① ［英］梅尔茨：《19世纪欧洲思想史》第 1 卷，42 页，北京，商务印书馆，1999。

运动，特别是实证主义哲学家关注现实问题不同，英国绝对唯心主义哲学家是学院派哲学家，其理论具有较多思辨形而上学的色彩。但是即使是这种绝对唯心主义也与集理性派形而上学大成的黑格尔的绝对唯心主义有了很大的改变。他们在反对经验派哲学家时往往也接受了后者对经验和个体性的强调。在一定意义上倒毋宁说他们的理论是绝对理性主义和经验主义、近代哲学和现代哲学的一种混杂，充满着内在矛盾。到20世纪初期，当罗素、摩尔等以更具有现代哲学精神的语言分析哲学来对英国的绝对唯心主义进行反叛、并揭露其内在矛盾时，这种绝对唯心主义很快就越来越衰落下去。而这一切都表明，19世纪中期以来英国哲学中的错综复杂的情况正是它处于近代哲学和现代哲学新旧交替的表现。

2. 实证主义哲学思潮的兴起

在休谟以后英国哲学发展的转向中最值得注意的是以约翰·密尔和斯宾塞为主要代表的实证主义哲学思潮的兴起。这一思潮既继承了以休谟为代表的英国经验主义传统，但又超越了这个传统。从思想文化和科学发展背景说，这一思潮的兴起与以亚当·斯密和大卫·李嘉图为代表的英国古典经济学；以边沁为代表的功利主义政治哲学和伦理学；以达尔文、赫胥黎为代表的进化论思潮以及以休厄尔（1794—1866）为代表的更为广义的"科学主义"思潮的兴起有着密切的联系。因为它们从不同方面促进了19世纪中期开始的英国哲学领域出现的抛弃传统形而上学、转向具有更多现代哲学特征的哲学的变更。实证主义的基本理论早已为法国哲学家孔德在19世纪30年代提出。但孔德的理论当时在法国并未产生多大影响。通过约翰·密尔等人传入英国后，由于它适应了英国的经验主义哲学传统，又与古典经济学、功利主义和进化论等思潮相汇合，却很快形成了一种在英国哲学中占主导地位的思潮。在经过一代人的时间、并在英国获得了丰富和发展后，才得以重新传入法国，足见当时的英国才是实证主义的温床。

在英国实证主义思潮的形成中，以休谟为最主要代表的经验主义传统无疑起了极为重要的作用。这点我们在上面已作过论述，此处仅简单提及几种与实证主义相关的思想文化思潮。

以亚当·斯密（1723—1790）和大卫·李嘉图（1772—1823）为代表的英国古典政治经济学被认为是马克思主义的重要理论来源之一。这一点在马克思主义学术界早已得到公认。我们这里要提出的是：古典政治经济学的形成直接促进了英国实证主义哲学思潮的兴起。

亚当·斯密原是格拉斯哥大学的逻辑学和道德哲学教授，早年曾以出版《道德情操理论》（1759）而著名。本书的核心思想是把人类利己心当做理论的出发点，但又强调社会感情，或者说同情是道德的基础。后来他离开大学、转向社会，从上述道德原则出发，并在法国重农学派经济学的影响下转向经济问题的研究。他在 1776 年出版了其传世之作《国民财富的性质和原因的研究》（中译本简称《国富论》）。其中最早论证了政治经济学的主要内容，揭示了资本主义的经济体系的内在联系，肯定劳动是财富的源泉和价值的尺度，由此初步提出了劳动价值论。李嘉图在斯密的基础上进一步完善了劳动价值论。这一理论后来为马克思所竭力称道并加以批判地改造，进一步提出了作为马克思学说的重要组成部分之一的剩余价值学说。斯密和李嘉图对政治经济学基本原理的阐释在西方经济学发展上具有开创性意义，但它同时具有重要的哲学意义。这是因为斯密和李嘉图等人把经济研究与关于人的社会关系的道德、政治等方面的研究统一起来。更为重要的是：他们使经济研究从作为体系哲学的形而上学中剥离出来，成为独立的学科。这虽然限制了作为形而上学的哲学的范围，却又是对哲学作为对人的现实生活和实践的研究的一种拓展。对人的社会关系的研究从此由观念领域推向社会的生产、交换、分配、消费等现实领域。这使哲学研究具有更为丰富的现实内容。总的说来，斯密和李嘉图之创立政治经济学推动了把哲学研究由抽象的形而上学的研究转向对现实社会问题的研究。这不仅为实证主义思潮在反形而上学的前提下将各门学科的研究变成实证科学的研究开辟了道路，在一定意义上也为后来马克思由对一般哲学的研究转向政治经济学等现实问题的研究作出了先行的探索。

以耶勒密·边沁（1748—1832）为最大代表的功利主义政治哲学和伦理学思潮是休谟以后英国哲学中一种最主要思潮。从哲学思维方式上来说，这一思潮最突出的特点也正在它继承了休谟后期对政治、经济、道德等现实问题的关注，进一步把它们当做哲学研究的核心问题。在整个休谟哲学中，关于人的自然本性以及认识的范围和界限等认识论问题还处于中心地位，他后期对政治、经济、道德等现实问题的关注也还停留于学理层面。然而，在边沁那里，认识论问题就处于次要地位了，他在这方面也没有什么新的建树，而他对上述现实问题所关注的也不是有关它们的一般理论，而是从改革的观点出发对被大家接受的道德观念以及法律和政治制度提供判断的标准，也就是如何推动这些领域的变更。著名的英国哲学史家考普尔斯顿（Frederick Copleston）说："也许我们可以援引马克思的著名论断，说休谟所关心的主要是认识世界，而边沁所关心的主要是改造世界。"①

功利主义哲学家之把哲学由抽象思辨领域移入现实生活和实践领域与他们对功利主义理论的宣传和推动既有密切联系，又有明显差异。如果说前者对西方哲学实现由近代到现代的转型起了先驱的作用，后者主要是适应和维护当时英国资产阶级在革命动荡年代的利益，具有明显的阶级辩护性。这里最大的历史背景是 18 世纪末的法国大革命。这一革命在英国也引起了程度不同的革命浪潮。边沁的功利主义是以主张进行法律和刑法等的现实改革作为激进思潮出现的。但他既不要求改变保守的英国宪法，也不要求实行彻底的资产阶级民主制。他所关心的是立法者和统治者如何去寻求共同的善，实际上也就是资产阶级所要求的稳定和秩序。由于他的主张得不到统治者的支持，他指责他们自私。甚至由此主张在实行其他变更以前先要实行政治变更。在保守派面前他的主张显得激进。然而，边沁所有的改革和变更的核心都基于他对功利，或者说效用的肯定。而这种肯定正是对当时资产阶级在 1688 年妥协的政治革命后的阶级利益的肯定，因为最大限度地获得自己的功利正是他们所最需要的。

功利主义并非边沁独创。功利（效用、功效、效用）一词源于拉丁文 utilitas。休谟在《道德原理研究》中就曾宣称"公共的功利是正义的唯一来源"②。18 世纪法国哲学家爱尔维修在这方面也有过类似的论证。边沁接受和发挥了前辈思想家的这些观念，他把功利等同于效用，

---

① Frederick Copleston, *A History of philosophy*, Volume Ⅷ, London，1956，pp. 2-3.

② Ibid. , p. 4.

而效用应是带来快乐和防止痛苦的事物。功利原则就是求乐避苦的规则，运用功利原则可以科学地在道德上确定什么是正当的。边沁将其作为一条行为的基本准则，扩大运用于政治、法律、伦理等几乎一切社会领域，正是在这种意义上他被当做功利主义的创始人。如果说休谟强调的还是公共功利，边沁强调的则是个人功利。他认为只有对个人的效用，或者说个人利益的满足才是一切效用得以存在的基本前提。功利主义和个人主义在边沁哲学中是高度统一的。边沁也使用在英国哲学中已为霍奇森（Francis Hutcheson，1694—1747）等人提出的"最大多数人的最大幸福"是行为的最好的准则这种提法，但他认为为了获得最大多数人的最大利益，首先必须保证每一个人的利益。政府、社会都应当首先保护个人利益。正因为如此，边沁主张自由竞争，反对近代思想家、特别是启蒙思想家中盛行的自然法学说和社会契约论，反对政府对经济的干预。边沁的这些观点后来受到杜威等许多企图超越旧式的个人主义和功利主义的哲学家的尖锐批判，但也为一些所谓新自由主义者所利用。

边沁开创的功利主义在英国发展成了一场广泛的运动，经济学家李嘉图，人口论者马尔萨斯（Thomas Robert Malthus，1766—1834）、实证主义哲学家詹姆士·密尔和约翰·密尔父子以及斯宾塞等人大体上都可以归入这一思潮。到 19 世纪下半期，英国伦理学家西季威克（Henry Sidgwick，1838—1900）对这一思潮作了全面的发挥。这些思想家的理论各有特点，但他们大体上都是把实证主义当做其哲学基础。

以达尔文（Charles Robert Darwin，1809—1882）为最主要代表的进化论的兴起是 19 世纪自然科学的划时代性成就。恩格斯把它当做影响唯物辩证法的世界观产生的三大发现之一。而实证主义哲学家也往往把进化论当做自己论证自己的理论的科学根据。进化论的诞生地是英国，它在英国也具有更为突出的影响。

关于进化的思想在西方哲学史上是与关于发展变化的思想相伴随的。黑格尔的辩证法涉及了进化在发展中的作用。19 世纪初，法国自然科学家拉马克（1744—1829）在他的《动物学的哲学》（1809）一书中最早提出进化论概念，认为物种在外在环境影响下可能发生变异，而巩固起来的变异转化成了遗传，他的观点的提出对关于物种不变的形而上学观点产生了很大冲击，但是拉马克未能对他的观点作出科学的论证。

达尔文在进化论发展上的突出地位在于他超越了一般的猜测，而以他多年收集的大量经验材料为依据。在他的划时代的著作《物种起源》（1859）一书中第一次对生物进化中遗传、变异、自然选择等方面都作出了具体的论证，明确提出了以自然选择为基础的进化学说。其基本含义从本书的全名（"通过自然选择的物种起源，或在生存斗争中的适者生存"）就可看出。达尔文肯定物种不是永恒的，而是可以变异的，现今存在的种是通过自然选择从其他原来存在的种中产生的，高级和复杂的物种是通过变异、遗传和自然选择从低级和简单的物种进化而来的。它们都不是特创的。达尔文的这种观点无疑是对唯心主义的特创论、目的论的有力批判。他在后来出版的《动物和植物在家养下的变异》（1868）、《人类起源及性的选择》（1871）等书中对人工选择、性选择以及人类起源等问题作了具体的论证。他由此奠定了进化论的科学基础。

达尔文进化论的哲学意义从破的方面说是给了唯心主义和思辨形而上学的自然观以沉重的打击，由此也给了各种形式的独断的和僵化的思想方法以沉重的打击。从立的方面说是从科学上肯定了强调一切事物都处于进化过程中即变化和发展过程中的思想方法，肯定了一切都要以可以证实的经验事实为根据，而不是以抽象的思辨为根据。进化论的这种精神既与19世纪兴起的整个实证自然科学的精神完全一致，它当然超越了当时英国的功利主义和实证主义思潮的范围，但与它们又有着重要的思想联系。达尔文的理论在自然科学家中找到了大量同盟者，而这些自然科学家在哲学上往往倾向于实证主义。以英国解剖学家、古生物学家赫胥黎（1825—1895）为代表的一些学者公开站在达尔文主义方面，对当时许多唯心主义哲学家和神学家对达尔文的攻击作了坚定的驳斥，捍卫了达尔文学说。赫胥黎是第一个提出不可知论这个名称的人。在他那里，不可知论并非消极的怀疑论，而是对独断论和宗教等绝对主义的怀疑。他认为人们的认识只能及于经验范围，或者说现象范围，超越这一范围的物质实体、灵魂和上帝则是不可知的。但他又肯定经验和现象的现实性。这种矛盾的观点与当时的实证主义思潮很是接近。以密尔、斯宾塞为代表的一些实证主义哲学家虽然并非自然科学家，但毕竟是打着维护和尊重自然科学的旗号，而他们都是相当自觉地将实证主义哲学同进化论联系在一起。斯宾塞不是真正意义上的自然科学家，但在倡导进化论上与达尔文却相互影响。他甚至在达尔文以前就提出了"适者生存"的观点。因此，进化论思潮在 19 世纪中期的英国当然是一种科学思潮，但它是一种与实证主义哲学思潮相互影响的科学思潮。

3. 唯心主义哲学思潮在英国的复兴

哲学的发展从来不是单一的。早在实证主义思潮 19 世纪中期在英国哲学中占据主导地位以前，另一种哲学思潮、即与柏拉图以及基督教传统密切相关的唯心主义思潮就已重新悄然出现。尽管经验主义在英国哲学中长期占有优势，但与基督教客观唯心主义相联系的思潮也一直存在。17 世纪著名的剑桥柏拉图学派在当时英国哲学中就曾一度夺得主导地位。虽然在经受休谟等人的批判以后这类哲学迅速式微，但这并不意味着它们已失去存在的根基。英国毕竟是一个遵循基督教传统的国家。尽管英国国教与罗马天主教会之间存在某些矛盾，但它仍然是基督教中的一个支派，恪守着传统的基督教的基本教义。这种传统必然为具有客观唯心主义特色的哲学的生长留下适宜的土壤。这表现在一当占支配地位的经验主义传统的哲学陷入了某种片面性或遇到某种困难时，就会被与之相异的具有客观唯心主义特色的哲学所察觉和利用，据以对之提出挑战。19 世纪中后期英国哲学发展的情况正是如此。如果说 19 世纪中前期对以休谟为代表的英国的经验主义传统提出挑战的主要还是与哲学相关的浪漫主义文学运动等思潮的话，到 19 世纪下半期特别是 70 年代以后，随着英国社会发展中出现了强调国家和社会整体的作用的潮流，在哲学本身的范围内也出现了与之相适应的绝对唯心主义思潮，并迅速在英国哲学中特别是在英国讲坛哲学中一度取得主导地位。格林、布拉德雷和鲍桑葵是这一思潮中最有代表性的人物。他们的理论与以密尔、斯宾塞为代表的实证主义思潮直接相对立。这突出地表现在他们批判了密尔和斯宾塞等人的哲学理论的相对主义、现象主义、不可知论以及政治和伦理理论上的功利主义、个人主义和自由主义。如果说密尔、斯宾塞等人的哲学具有较明显的反传统形而上学的特色的话，19 世纪下半期英国的绝对唯心主义却具有明显的维护形而上学的倾向。这种倾向无疑具有保守的性质。但是绝对唯心主义在英国的出现并不是英国哲学发展中简单的倒退。因为格林、布拉德雷和鲍桑葵等人除了继承了剑桥的柏拉图派等英国哲学中的唯心主义传统外，还借鉴了从康德到黑格尔的德国唯心主义。由于德国唯心主义具有战胜 17～18 世纪形而上学的辩证法等合理因素，甚至在某些方面体现了现代哲学发展的方向，因而使 19 世纪下半期在英国兴起的唯心主义也具有某些前进的因素。还应当看到，他们在批判实证主义等思潮的理论时也不是对它们简单否定，而毋宁说是用德国唯心主义对它们进行了改造。因此他们在某些方面能从与实证主义不同的角度体现西方哲学从近代到现代的转向。

在 19 世纪英国哲学的发展中，最早对传统的经验主义及其各种弊端加以批判并对其后英国哲学特别是唯心主义哲学的兴起产生过较大影响的不是狭义的哲学流派，而是具有哲学意义的文学思潮。19 世纪上半期以浪漫主义为主的文学思潮的哲学倾向在一定程度上体现了当时英国哲学向唯心主义的转向。英国浪漫主义是 18 世纪末至 19 世纪上半期欧洲浪漫主义思潮的重要组成部分。其主要代表有被称为"湖畔派"诗人的威廉·华兹华斯（1770—1850）和萨缪尔·柯勒律治（1772—1834）以及具有强烈反统治阶级的政治倾向的乔治·拜伦（1788—1824）和帕西·雪莱（1792—1822）等人。卡莱尔（1795—1881）虽然不是严格意义上的浪漫主义文学家，而更多地被认为是历史学家，但他的思想与当时英国的文学思潮在一些方面有重要的相似之处。

19 世纪后期的英国文学思潮既继承了文艺复兴时期以来的人文主义传统，又超越了 17～18 世纪的机械唯物主义和启蒙主义倾向。它与这一时期在哲学上开始露头的超越近代经验主义和绝对理性主义的思潮相适应，甚至可以说是这种哲学思潮的一种重要的表现形式。这主要表现在这种思潮的代表人物不赞成仅仅简单地关注外部世界的经验主义和机械主义，主张把外部世界和内心世界融为一体，强调揭示人的内心生活的价值；他们也不赞成绝对理性主义，主张关注人的情感意志和人的个性的充分发挥；他们大都不赞成边沁及其后继者对功利主义和自由放任主义的鼓吹，但仍然强调要从整体对自由的桎梏中争取个人的自由和解放。如何解除人的个性的发展受到的种种压抑，如何摆脱人生可能遭遇的种种失望和悲剧，往往成了他们谈论和创作的重要主题。从哲学的理论来源来说，英国的浪漫主义等文学思潮除了继承了英国哲学传统中的有关成分外，还受到康德以及康德以后的费希特、谢林和黑格尔等德国唯心主义的影响，康德关于主体的能动性和创造作用以及实践理性高于理论理性的思想更是为他们所竭力称赞。应当指出的是：19世纪英国的文学思潮并不是一个单一的思潮。甚至同一个作家的思想也充满着种种矛盾，他们更未建立哪怕是相对完整的哲学体系。我们只是大体上能说他们的活动在一定程度上能体现当时唯心主义哲学发展的动向。

在19世纪英国哲学的发展中，格林（1836—1882）起了从整体上推动由传统经验主义转向德国唯心主义的作用。在格林以前，尽管有汉密尔顿、柯勒律治、卡莱尔等人输入康德、黑格尔等德国唯心主义哲学，并使其与英国传统的唯心主义相融合，从而在英国掀起了复兴唯心主义的波澜。但是那时传统的经验主义在英国哲学中仍然占有支配地位。格林的作用除了输入和介绍康德以来的德国唯心主义、并使之与英国传统的唯心主义相融合外，还在于他对洛克和休谟以来的英国传统经验主义、19世纪以来边沁和密尔等人的功利主义以及斯宾塞和赫胥黎等人的进化论存在的种种局限性和片面性都进行了揭露和批判，而这极大地促进了唯心主义在英国的复兴。一些西方哲学家甚至认为，格林在批判经验主义时比他阐释唯心主义时更加得心应手。在一定程度上可以说，格林的工作促进了唯心主义思潮不仅在英国得以击败经验主义的统治，在某些情况下甚至反而能占据主导地位。

格林无疑是英国绝对唯心主义的重要开拓者，绝对唯心主义的一些基本观点在他的哲学中可见端倪，但他的理论中还存在较多矛盾，其中康德的影响也许更甚于黑格尔。他未能建立相对完整的绝对唯心主义体系，而这种体系是由布拉德雷完成的，鲍桑葵则对之又有新的发展。

弗兰西斯·赫尔伯特·布拉德雷（1846—1924）不仅建构了英国绝对唯心主义的较为完整的理论体系，而且使之发展达到了其鼎盛期，在英国哲学界一度获得支配地位。布拉德雷也因此被人们誉为"康德以后最伟大的哲学家"、"哲学家中的哲学家"。由于布拉德雷强调"绝对"的作用，人们往往将他与黑格尔联系起来。但他不是纯粹的黑格尔主义者，他的思想还打上了明显的康德哲学痕迹，他关于实在与现象的区分、思想只能认识现象等观点就与康德哲学相关。布拉德雷的辩证法与黑格尔的辩证法完全不同，而与巴门尼德、芝诺的辩证法一致。根据逻辑的同一性原理和不矛盾性原理，他们都认为现象充满矛盾，所以现象都不是实在，布拉德雷也因此获得了"近代的芝诺"的名声。作为英国哲学家，他的哲学并未明显背离英国的传统哲学。他的直接经验概念与19世纪上半叶英国的浪漫主义思潮联系相当密切，而他对经验主义的批判和对观念独立性的强调与英国剑桥柏拉图主义一致。布拉德雷哲学可说是糅合了古希腊哲学、康德哲学、黑格尔哲学和英国剑桥柏拉图主义唯理论传统和浪漫主义思潮等多种哲学资源形成的一个独特的哲学体系。

伯纳德·鲍桑葵（1848—1923）是继格林和布拉德雷之后19世纪英国绝对唯心主义的主要代表，他的哲学活动涉及形而上学、认识论、逻辑学、伦理学、美学、社会和政治哲学等诸多领域。鲍桑葵在哲学上与格林和布拉德雷一样体现了19世纪下半期至20世纪初英国哲学中那种新旧交替的混杂状况。他明显地受到黑格尔及其学派的影响，又接受了康德、卢梭以及柏拉图和亚里士多德等希腊思想家的一些观念。他反对边沁、密尔、斯宾塞等人的经验主义、自由主义和功利主义，但他的理论中又有后者的印记。对于同一时期在欧陆已经露头的早期现象学和分析哲学等新的哲学思潮他也有所了解，尤其是对克罗齐等意大利新黑格尔主义较为熟悉。他在其许多著作中都力图寻找各种不同哲学流派的共同点，但他的理论的内在矛盾20世纪早期在学术界内外都引起了批评和争论。总的说来，在把绝对当做最高的实在，认为整个世界的统一性在于绝对这个唯心主义的根本观点上，鲍桑葵同格林、布拉德雷等人大体一致。但他既反对格林过分强调与思想和关系相应的整体性而忽视了与直接性相应的个体性，也反对布拉德雷把整体性（绝对）和个体性，特别是现象和实在割裂开并对立起来。他试图把这些对立的东西统一起来。但由于他是在绝对唯心主义基础上追求这种统一，因而他的哲学在总体上并未真正越出格林和布拉德雷等人的范围，也未真正克服他们的局限性。正因为如此，他在后来的影响也逊于布拉德雷，他在绝对唯心主义前提下对个体性原则的论证以及他的社会政治理论对19～20世纪之交英国哲学的发展有较大影响。

西方现当代哲学发展的
一般趋势

　　改革开放政策要求面向现代化、面向世界、面向未来。这三个面向密切相关、彼此蕴含。面向世界的目标主要就是更好地实现社会主义现代化，更好地促进未来的发展。面向世界的范围当然广泛，其中面向早已实现了现代化的西方发达国家显然居于重要地位。这种面向包含对这些国家的政治、经济、科学技术、文化等各个方面的全面深入的认识。哲学在一定意义上是对所有这些方面的总结和概括，在一定程度上能够体现这些方面发展的基本倾向。为了更好地做到面向世界，很有必要了解西方各国现当代哲学的发展趋势。

　　现当代西方哲学派系庞杂多变，各派理论彼此相异甚至对立，不仅持不同哲学立场的人对之看法不同，即使是立场相近的人，例如在马克思主义者内部，由于视界不同，也可能有不同结论。但这不意味着它们没有任何确定性。它们毕竟是其所处时代的产物，与西方现当代社会发展的方向大体相适应。循着后者的轨迹，可以在貌似千差万别的西方哲学理论后面发现它们的不同层次的共性。有的共性使一些哲学家形成为某种特定的哲学流派，有的共性使一些哲学流派形成为某种有较大普遍性的哲学思潮，更高层次的共性则体现整个西方现当代哲学发展的主要趋势。后者表面上看来很是抽象，其实它们作为对各种哲学流派和思潮的共性的概括具有非常丰富的内容。如果我们抱着求实的态度对之加以探究，获得关于它们的较为准确的认识，那对我们较为准确地认识和理解西方现当代哲学，认识和理解它们与现当代马克思主义哲学发展的联系，以及认识与之相关的西方社会的各个方面，都将是很有意义的。关于西方现当代哲学的各种哲学流派和思潮的历史演变过程，我们在《新编现代西方哲学》中已有较为具体和系统的评介，此处限于在此基础上探讨西方现当代哲学发展的主要趋势。

1. 20 世纪西方的社会变更的复杂性与哲学的现代转型的曲折历程

20 世纪西方哲学发展遇到了一系列新的矛盾和挑战、陷入了新的困境和危机，但其向现代转型的过程仍获得了新的进展。正像以认识论的转向为标志形成的近代哲学思维方式在其发展过程中历经曲折和反复一样，西方哲学在"语言的转向"、"后形而上学转向"、"生活和实践的转向"等名目下进行的向现代哲学思维方式的转型同样存在种种片面性，不时出现停滞和倒退。但转型过程仍在继续，许多哲学家仍在探索哲学发展的前进道路。

从整个世界历史发展的特征来说，20 世纪可以说是一个矛盾错综复杂、革命时起时落的世纪。西方各国已由近代自由资本主义转向现代垄断资本主义。资本主义所固有的矛盾在国内外都进一步激化，由此在经济、政治等各个方面造成了尖锐的阶级对抗。从国内说，它们在某些情况下使无产阶级反对资产阶级的斗争发展成了旨在推翻资本主义制度和资产阶级反动统治的革命，其中以俄国的十月革命影响最为深远。从国际上说，各国资产阶级为着自己的利益而在各方面展开了激烈争夺，第一次和第二次世界大战正因此而发生。

资本主义的这种深刻和不可调和的内外矛盾和危机本应导致它走向灭亡，促使社会主义走向全面胜利。事实上，随着第二次世界大战后社会主义阵营的形成和壮大，曾经出现过实现这种前景的大好形势。然而这种形势后来却发生了不应有的逆转。原因是多方面的。一方面，苏联等一些原社会主义国家领导人由偏离、扭曲作为指导思想的马克思主义发展到公开抛弃和反对马克思主义，使这些国家由社会主义蜕化为资本主义，使一度强大的社会主义阵营由变质而瓦解。另一方面，资本主义各国为了缓和阶级和民族等矛盾，在许多方面都致力于自我调整和改革（从罗斯福新政到当代社会改良主义都是如此）。尽管它们不可能医治好资本主义的痼疾，毕竟使本来早已处于风雨飘摇的资本主义社会暂时能获得一定生机，在新的科技革命推动下，在某些情况下甚至能表现出一定繁荣景象。

这些现象的出现要求我们认识社会主义必然胜利和资本主义必然灭亡这一历史规律在实现过程中的复杂性和曲折性。从哲学上说，则要求我们既重新认识作为社会主义理论基础的马克思主义哲学，特别是对它的各种偏离和扭曲造成的严重后果；也重新认识现当代西方哲学，看到它们既处于深刻的矛盾和困境中，又为了适应资本主义制度自我调整的需要而在理论上作出了某些变更，因而得以重新具有某些活力。

马克思主义者对社会主义以及作为社会主义事业的指导思想的马克思主义哲学都应当有坚定的信念。上述逆转现象不过是社会主义发展道路上的暂时性挫折，并非社会主义本身的失败；也不是作为其意识形态的马克思主义哲学的缺陷。然而我们毕竟为这些挫折付出了沉重的代价，应当认真对之加以分析和研究，从中吸取经验教训，作为前车之鉴。在哲学上最重要的是努力做到善于区分马克思哲学的本来意义及对它的各种扭曲和误解。

马克思主义的产生实现了哲学上的革命变更。然而，对于这一变更的真实意义，从马克思主义产生之日起就有人抱着各种目的对之加以曲解。为了与那些打着拥护他的旗号来曲解他的学说的人划清界限，马克思本人当时只好宣布自己"不是马克思主义者"①。马克思逝世后，在社会主义和工人运动内部更是形成了各种曲解马克思理论的思潮。其中"左"的教条主义由于以"正统派"面貌出现，造成的损害更大。他们

---

① 参见《马克思恩格斯选集》，2版，第4卷，695页。

从多方面曲解马克思的理论，特别是按照马克思本人所批判和超越的近代哲学思维方式来解释马克思的哲学，把马克思从人的现实社会生活和实践出发建立的唯物主义，即历史唯物主义曲解为具有独断论（教条主义）和自然主义特征的近代唯物主义。值得提到的是：尽管马克思一再教导人们不要把他的理论当做教条，而只当做行动的指南，而这种曲解的关键之点却正是把马克思的理论当做教条，使之脱离现实生活和实践，从而在拥护马克思主义的名义下严重损害、在某些情况下甚至断送了社会主义革命和建设的事业。因此如何正确认识并区分马克思主义的本来意义和对它的各种形式的扭曲，就成了我们真正坚持马克思主义、并在其指导下取得胜利的关键。在新的世纪中，面对着各种新情况、新问题，如何做到进一步坚持和发展马克思主义哲学、避免对它的各种误解和扭曲，我们更需不懈地作出努力。

对于与马克思主义哲学处于同一时代的西方哲学，过去对它们的评价主要是否定性的。这不无根据。马克思主义哲学的产生标志着无产阶级已由自在阶级成长为自觉地进行反对资本主义、建立社会主义新社会的革命斗争的自为阶级；而同一时期的西方哲学作为成了革命对象的资产阶级的意识形态，作为马克思主义哲学的对立面，往往具有保守甚至反动的特征。事实上，在马克思主义哲学产生以来的一百多年中，西方各国一直都存在反对马克思主义哲学的反动哲学思潮。其中有的在表现形态上不仅与马克思主义哲学所体现的现代哲学思维方式不相容，甚至可能是早已为不少进步的近代哲学家所批判的陈旧哲学的复活。例如在英美德意等国出现过的某些具有独断论和唯意志论特征的哲学后来成了法西斯等右翼反动势力利用的工具。对于西方现当代哲学的这种反动方面，我们当然不应忽视。

然而，哲学毕竟是远离经济基础的意识形态，具有相对独立性，对西方现当代哲学不能仅仅用那里的阶级斗争来解释。尽管不是所有的哲学都能体现时代精神的精华，但时代精神的内容是多方面的，那些多少具有较大社会影响的哲学总是能在不同程度上体现时代精神的某些方面。西方现当代哲学也是如此。从 19 世纪中期以来，西方资本主义社会（包括社会生活、思想文化和科学技术等各个方面）发生了一系列重大变化，使在历史上曾起过重大进步作用的近代哲学遇到了一系列矛盾，甚至陷入危机。西方哲学为了继续发展并能对社会生活的各个方面起到推动作用，必须在哲学思维方式上进行具有根本性意义的改造。马克思在哲学上的革命变更正是在这种条件下发生的，而这种条件也促使马克思主义哲学以外的西方哲学发生相应的转型，即向现代哲学思维方式的转型。在 20 世纪，这一转型过程仍在继续。

对于现当代资本主义由于实行自我调整而能暂时缓和危机和困境，并获得一定的发展空间，许多马克思主义者过去长期估计不足，因而他们关于西方资本主义的概念与西方资本主义的现实发展往往脱节。在哲学上也有类似情况。许多马克思主义哲学家对于西方现当代西方哲学较之近代哲学所发生的变化的性质的认识，也往往脱离后者的实际所是。在很长一段时期内，大部分人都把这一变化简单地归结为转向更加极端的唯心主义和形而上学，关于现当代西方哲学的特征是"唯心主义泛滥、形而上学猖獗"的说法由此流行。改革开放以后，这种近乎全盘否定式的态度有很大改变，越来越多的人肯定现当代西方哲学中存在合理因素。

当前的主要问题是：究竟怎样看待这种合理因素。例如：是去寻找并肯定近代哲学思维方式视野下的那些唯物主义和辩证法等因素呢？还是去发现和评判它们可能包含的符合现代哲学思维方式的因素（例如它们对近代哲学的思辨形而上学、绝对理性主义和独断论、抽象的自然主义等片面性和局限性的超越，它们之以交互主体代替个体主体、以主体间性代替主体性、以主客相互作用和统一代表主客分离，特别是以人的现实生活世界代替抽象的自在的自然界和观念世界）？而这取决于究竟怎样理解马克思的哲学，特别是其唯物主义的实际所是。如果仍然按照近代哲学思维方式来理解马克思主义哲学，那即使有对现代西方哲学作出求实评价的愿望，也会事与愿违。因为西方现当代哲学的一个相当普遍的特点是反对近代哲学思维方式，势必与按照近代哲学思维方式理解的"马克思主义哲学"相冲突。如果按照现代哲学思维方式来理解马克思主义哲学，那就会发现它在一些方面与西方现当代哲学有某些共同之处。

当然，在充分肯定西方现当代哲学的积极和合理因素时，也要注意防止以新的形式走向另一个极端：划不清马克思主义哲学和西方现当代哲学的界限、对后者遇到的矛盾和困境认识不够，甚至盲目地跟着其脚步走。尽管目前这种倾向并不突出，但如果我们在研究西方现当代哲学时缺乏马克思主义指导，或者对马克思主义的实际所是缺乏正确理解，在这方面是容易迷失方向的。

总之，西方哲学进入向现代哲学思维方式转型以来，在各个方面都有重大的进步。但是较之马克思主义哲学的发展，它的各个派别走的都是一条更加曲折的道路。他们不断地遇到新的问题、新的矛盾和新的挑战，不断地陷入新的困境和危机。他们之间的各种争论以及各种哲学流派的此消彼长，归根到底都是在为摆脱困境和危机、寻找新的出路而作的探索。当代西方哲学的图景总的说来可以说是在不断地探索、不断地寻找新的出路的图景。在他们的这些探索中，可以说是真理与谬误并在、进步与倒退共在。马克思主义者应当充分关注他们的这些探索，从中吸取经验教训。

2. 从反形而上学转向重建形而上学

对传统哲学的本体论和形而上学（二者意义相交，但又有差别，此处暂撇开其差别）的批判和拒斥，曾经是划分近代和现代西方哲学界限的重要标志之一，有的现代西方哲学家和哲学派别（特别是那些强调哲学与科学的联系的"科学主义"派别）甚至把拒斥一切形而上学当做其哲学的出发点，以致人们在一定意义上可以说现代哲学思维方式的形成意味着传统形而上学和本体论的终结，因为前者必然是对后者的一种超越。当海德格尔在谈到马克思完成了"对形而上学的颠倒"① 时，他的意思正是指马克思对传统哲学作了根本性的批判和超越。德里达等其他当代西方哲学家也有类似的说法。

究竟什么是对传统形而上学的拒斥或超越（颠倒），不同西方哲学流派的具体解释有所不同。"科学主义"（实证主义）思潮的哲学家着重于哲学和科学的划界。他们继承了休谟早就提出过的思想：如果一种理论经不起数学和逻辑检验，或者不能由经验事实证明，那就是无用的形而上学。他们主张按照科学的模式来改造哲学，一切与科学方法相悖的

---

① 《哲学的终结和思的任务》，参见《海德格尔选集》下，1244页，上海，三联书店，1996。

哲学理论都应当看做是无用的形而上学而摈弃于科学的哲学之外。当然，不是所有强调现代自然科学的西方哲学派别都笼统地要摈弃一切形而上学。在各种形态的实在主义思潮中有的就保留着某些形而上学色彩。例如流行于 20 世纪上半期的美国自然主义思潮（广义地说杜威等人的经验自然主义也属其内）就具有形而上学倾向。

"人本主义"哲学思潮的哲学家同样反对传统形而上学，也同样要求将哲学与科学区分开来。但是他们并不笼统地拒斥形而上学，而是要求对之加以改造。他们大都认为新的形而上学，或者说新的本体论应当关注的不是作为绝对的本质或实体的存在，而应当是对存在的显现、过程，或者说生存。他们由此反对实体本体论及与之相关的基础主义、本质主义。我们在从尼采到胡塞尔和海德格尔等人那里可以很方便地找到有关这方面的大量论述。生命哲学家柏格森的一些论述更具有典型意义。

在当代西方哲学家中，在反对传统形而上学和本体论上有些人更加"彻底"，以后期维特根斯坦为代表的日常语言哲学家就是这样。在他们那里，哲学问题被归结为语言的用法问题，除此以外一无所有。以罗蒂为代表的所谓新实用主义；以福柯、德里达为代表的所谓解构主义以及将他们包括在内、但范围更广的当代后现代主义，有时就更加走向极端，以致对以往全部哲学几乎采取纯粹的虚无主义态度，有的人公开要求取消哲学。

究竟应当怎样看待西方现当代哲学中批判和拒斥形而上学的思潮，这是一个需要作具体分析的问题。从这种批判和拒斥的目标是针对传统哲学，特别是近代哲学中被绝对化和狭隘化的理性主义，以便摆脱后者所必然具有的思辨性和独断性，促进哲学和科学领域内的思想解放来说，应当肯定它们可能起到一定的积极作用。近代哲学的理性主义精神本来是与科学精神和人文精神相统一的。近代早期（特别是文艺复兴时期）的思想家对理性的倡导，目标就是把人和自然从基督教神学和经院哲学的禁锢下解放出来。他们对理性本身以及运用理性对人和自然的解释都是丰富多彩的。然而在往后的发展中，理性越来越被狭隘化和绝对化，成了具有独断性的思辨理性，凌驾于现实的自然和人之上。以这样的理性构建的哲学被当做"科学的科学"，具有判定科学的是非的无上权威，而人则沦落为这种理性形而上学体系中的一个环节，或者成为理性的工具。这种理性形而上学既成了科学进一步发展的桎梏，又成了人的现实生活，特别是人的自由的枷锁。因此，现当代西方哲学家之群起反对和拒斥这样的形而上学在一定意义上不能不说是一种进步现象。他们在这方面的工作与马克思对德意志意识形态等旧的意识形态的批判显然存在共同之处。

问题是：许多现当代西方哲学家在反对传统哲学的形而上学和与之相关的实体本体论、以便把科学和人从它们的束缚下解放出来时，却往往使科学和人失去了其立足的根基。他们在排除绝对化和抽象化的物质和精神实体时却由此排除了现实存在的物质和精神的关系。科学虽然不再受形而上学的束缚，成了实证（经验）科学，但科学也由此失去了它与客观存在的现实世界的联系。科学规律的名称犹在，但已不是指不以人的经验为转移的客观规律，它们由此被主观主义化、相对主义化，甚至虚无主义化了（例如认为科学只是假设、游戏规则、操作方法等）。至于作为主体的人的存在虽然被许多人一再强调，但由于同样脱离了客观和现实的物质的联系、特别是由于过分强调了人的自由和个性，把人当做孤立的个人，使人的自由和个性脱离了对现实社会关系的依赖，人的存在因此失去了现实性和客观性，在许多情况下甚至被归结为纯粹意识、纯粹主观性。既然科学与人都失去了现实性和客观性，以这样的科学或人为出发点的哲学也必然被主观主义、相对主义和虚无主义化。这样现当代西方哲学家在反对和拒斥西方近代哲学的片面性和局限性时却又陷入了另一种片面性和局限性。

对于在批判和超越近代西方哲学的片面性和局限性时走向另一个极端，特别是陷入相对主义和虚无主义等困境，一些较为求实的现当代西方哲学家也有所感。他们越来越发觉如果继续这样走下去，一切科学（包括自然科学和人文社会科学）和哲学（包括他们自己哲学）理论都会由于缺乏任何确定性而无法成立，社会的政治和道德秩序由于缺乏确定的规则和规范而难以维系。更无法避免的是：从古代以来，哲学所必然蕴含的对具有绝对、无限、永恒意义的理想的形而上的追求都将被完全排斥，哲学作为关于世界观、人生观和价值观的理论意义将被完全否定。这不仅对人的生活的理想、价值和信念等的关注以及对于善和美的追求造成极大的损害，对人的现实生活和实践、对科学技术的发展也同样极为不利。德国杰出的物理学家和哲学家海森堡就曾高度评价人们对于"绝对"、"超越"等形而上的追求的意义，甚至认为它是德国在各个方面兴盛的原因。他说："德国之所以在科学和艺术方面作出改变世界的贡献（这使我们情不自禁地想起黑格尔和马克思、普朗克和爱因斯坦、贝多芬和舒伯特）正是由于对绝对的热爱，由于对它们的终极原则的追寻。"①

随着简单地拒斥形而上学的缺陷越来越明显暴露，西方哲学界中陆续发出了重建形而上学的呼声。除了现象学、存在主义等"人本主义"思潮的哲学家早已较普遍地提出过要重建与传统形而上学不同的新形而上学外，一些有"科学主义"倾向的哲学家也早已在不同程度上意识到不宜坚持简单拒斥的立场。例如皮尔士、詹姆士和杜威等实用主义哲学家在摒弃传统形而上学、把实用主义当做一种方法论时又都企图重建另一种形而上学。最近几十年来，这种重建形而上学的呼声越来越高了。新实用主义、科学实在论等当代科学主义哲学流派更是明确提出要重新研究形而上学问题，甚至表示要重建一种形而上学来作为其哲学的理论基础。蒯因所提出的所谓"本体论承诺"在当代西方哲学界就曾引起过相当广泛的反响，被认为是对分析哲学传统的一种重要超越。斯特劳森提出的所谓描述形而上学理论一改以往分析哲学只注意分析语言的细节的倾向，而转向对概念框架和思想结构的系统的研究，这被认为在很大程度上改变了以往分析哲学对本体论和形而上学的简单否定态度。

值得注意的是：在西方哲学界提出和赞成重建形而上学的，现在已不只是个别哲学家或哲学流派，而已发展成为一种广泛的潮流。它不仅存在于一般哲学领域，在伦理学、美学和社会哲学等各个较专门的领域都有所表现。这些哲学家们大都表示他们不是要回到传统的本体论和形而上学上去，而是要建立一种新形而上学。后者既可避免现代反形而上学思潮所往往陷入的相对主义和虚无主义，又可避免传统形而上学的绝对主义和独断论。

究竟怎样重建形而上学呢？各派哲学家的回答不同。具有"人本主

---

① ［德］海森堡：《物理学及其他——科学生涯的回顾》，英文版，186 页，1971。

义"倾向的哲学家致力于建立一种与人的存在及其活动相关、以人为中心的本体论，个别人甚至径直称其为人学本体论。另一些哲学家在建立其新的形而上学时并不直接涉及人，但其所指归根到底离不开人。例如语言分析学派的哲学家大都把哲学问题归结为语言问题，甚至把 20 世纪以来西方哲学的转向归结为语言的转向。然而语言总是人的语言，虽然可以摆脱对个别人的依赖，却不能摆脱对人作为类的存在的依赖。西方哲学中的所谓语言的转向虽然被标榜为是对传统主体性形而上学的超越，归根到底仍是向人，即主体的回归。不过这不是回到个体主体，而是回到群体（类）主体，不是回到单纯的主体性，而是回到主体间性。也还有一些哲学家企图走其他道路。总的说来，尽管他们之间存在着重要区别，但在强调不能简单地回到传统的形而上学上则大体一致。

许多当代西方哲学家由简单地否定和摒弃作为哲学的形而上学转向要求在新的基础上重建形而上学，说明他们多少已认识到对哲学不能采取纯粹主观主义、相对主义和虚无主义态度，这当然是值得肯定的；他们之主张把哲学回归到人也不无道理，因为作为哲学理论的世界观和人生观只能是属于人的。问题在于有的人往往把人看做是孤立的个人，甚至是作为纯粹意识的人。由这样的人出发建立的作为世界观和人生观的形而上学必然脱离人的存在的现实基础，显然不能作为人生的指导，也无法摆脱主观主义、相对主义和虚无主义等片面性。

但也应当看到，不是多数、更不是所有现当代西方哲学家都简单地把人归结为孤立的个人或纯粹意识的人、并由此去构建新的形而上学。例如杜威、海德格尔、萨特等一些著名哲学家在强调个人的同时又试图把个人与集体、社会联系起来，甚至还在一定程度上肯定个人对后者的依赖，这使他们由人的存在出发建立的新形而上学或新本体论具有某些现实性和客观性色彩。尽管由于他们并未正确地解决个人、集体和社会的关系问题，使他们的理论必然存在很大片面性，但也不宜简单地把他们归结为唯心主义。

另外，还有一些左翼或对西方社会采取批判态度的哲学家，特别是卢卡奇等某些西方马克思主义者，在建立其新的哲学理论时往往援引马克思。他们对马克思理论的解释与所谓正统派模式（特别是斯大林模式）的解释有很大不同。他们一般都突出马克思的历史唯物主义，在对历史唯物主义的阐释上不无是处。但是他们往往不接受、甚至否定辩证唯物主义，认为它不符合马克思对纯粹自然主义的批判。卢卡奇就认为马克思的本体论只能是社会存在本体论，而不是辩证唯物主义可能意味的自然本体论。他们对马克思主义的这类解释既包含了对马克思的曲解，但在某些方面却又击中了教条主义解释的某些弊端。究竟如何认识和对待这些人的理论，他们对马克思理论的解释与马克思理论的本来意义究竟有什么区别，这涉及我们如何正确认识和坚持马克思主义的大是大非问题，很是值得作深入系统的研究。

3. 从纯粹抽象思辨在不同意义上转向现实生活

哲学是否能以自己独特的方式面向现实生活，特别是能否体现现实社会生活发展的前进方向，是它能否具有生命力的关键所在。关于哲学面向现实生活的问题也因此一直成了先进哲学家们关注的核心问题。从中世纪哲学向近代哲学的转向、由近代哲学向现代哲学的转向，在一定意义上都是向现实生活的转向。文艺复兴时代的哲学家之要求将哲学由彼岸的天国回到现实的人间，现当代哲学家对近代哲学的绝对理性主义等思辨形而上学的批判，其主旨都是使哲学面向现实生活。尽管西方现当代哲学派系庞杂，各派理论互不相同，但那些最有影响的哲学家大都以不同方式、在不同程度上把转向现实生活当做其理论的出发点或归宿。胡塞尔之提出哲学回到生活世界，海德格尔之强调"在世"的"在"的意义，维特根斯坦之转向日常语言，杜威之强调经验就是生活，虽然各有其独特含义，但在要求摆脱以往哲学的抽象性和思辨性，使哲学转向人所处的现实世界和所经历的现实生活上则有着很大的一致。

然而，西方现当代各派哲学之转向现实生活和实践走的是一条曲折的道路。他们大都以批判近代哲学脱离现实生活和实践为自己理论的出发点，但这些批判都有很大片面性和局限性，在批判他人脱离现实生活和实践时自己往往又以另外的方式走上了类似的道路。原因各有不同，从一般认识根源说，都与哲学作为一种独特的人类精神活动的特点有关。因为哲学总是企图从整体上来观察和认识人及其所处的世界。为了对人和世界有更为清晰和完整的了解，它往往必须暂时偏离具体和现实的事物及人的日常生活，而这种偏离一旦超越了一定限度，必然造成哲学脱离客观实际和人的现实生活的结局。西方哲学家作为资产阶级哲学家的阶级局限性也使他们必然有这样的结局，这一点是近代哲学陷入思辨形而上学和绝对理性主义的主要原因。许多现当代西方哲学家虽然揭示过并企图克服近代哲学的这类弊病，却又出于同样的原因自己又犯了类似的错误。

在科学主义哲学思潮中分析哲学学派曾占有重要地位，在其发展初期，他们竭力揭露传统哲学的独断性和思辨性，指责它们严重脱离实际。他们具体分析了传统哲学所使用的许多概念、理论和用以表达的语言，认为它们不仅含混、空泛、言之无物，而且晦涩、累赘，对人的现实生活和实践没有实际意义，应当代之以具有清晰、准确、简洁等特征的科学语言。他们要求对传统哲学进行根本性改造，也就是用科学方法来重构、重建哲学。这种主张当时曾使人耳目一新，首先在科学界得到了普遍响应，接着在哲学界也产生了深刻影响，形成了一种流传极广的思潮。然而在其后来的发展中，由于把语言分析绝对化，以致越来越具有他们本来所反对的抽象化和思辨化倾向。逻辑分析学派之企图用逻辑语言（或者物理语言）来当做一切科学和知识的语言，并由此统一科学，就是这种抽象化和思辨化倾向的突出例证。这种企图很快就遭到失败，以致使这一学派的哲学越来越转化成仅仅为少数哲学教授们所关注的学院派哲学。有的分析哲学家也企图将他们所建构的逻辑语言运用于现代科学技术特别是信息技术，这种运用有时的确具有重要的实践效能。然而当他们从事这方面的研究时，他们的活动也就转化成了科学技术活动，不再具有直接的哲学意义。日常语言哲学学派外表上显得很是接近和关注人的日常生活。然而他们实际上往往既不懂得人的存在的社会性和历史性，又不懂得语言的社会性和历史性，必然使语言脱离了使用语言的人的现实生活和实践。他们之把哲学的功能归结为日常语言分析在一定程度上意味着把哲学研究变成了玩弄语言和文字游戏，这当然同样脱离人的现实生活。

以面向本真的人为主旨的存在主义等流派原本是以关注人的现实生活为己任的。对于近代体系哲学简单地把人归结为抽象的自然体系或纯粹的概念体系中的一环，他们作了激烈批判，认为这必然限制个人自由和个性解放，妨碍个人发挥其能动性，而他们则主张从这种僵固的体系中解放人。这些主张不无是处。然而他们之过分强调个人自由和个性解放、以致将其作为全部哲学的出发点就片面了。他们虽然大都并不赞成、更不维护明显的主观唯心主义和极端个人主义，并各以自己的方式肯定个人不能脱离集体和社会而存在。然而他们大都只是从个人与他人共在（例如以群体，或类主体代替个体主体，以主体间性代替主体性）等角度来作论证，把复杂的人的社会关系简单化，并未因此正确解决个人与集体和社会的关系，有时甚至从消极的意义上把后二者当做是对个人的限制。个人的存在仍然被抽象化和绝对化了，与现实生活和实践脱节。他们的理论不仅不能指引人们找到解决现实问题的正确道路，反而往往使人误入歧途，最后必然同样被人唾弃。例如在 20 世纪 60 年代，西方各国许多青年学生很是受到鼓吹个人绝对自由和反抗资本主义现实的萨特等人的存在主义的影响，并在其鼓舞下发起过对资本主义社会进行反抗的运动。这种脱离现实的哲学根本不可能为青年学生找到从事现实斗争的正确道路，尽管他们有很高的斗争热情，最后仍然归于失败。而斗争的失败不仅使他们抛弃了这种哲学，而且大大地打击了他们参与现实斗争的积极性，不少人因此回避政治、脱离现实，以致反过来接受了以与现实生活脱节为特征的结构主义以及各种形式的保守主义（特别是所谓新保守主义）。

总之，无论是科学主义思潮还是人本主义思潮、欧陆哲学还是英美哲学，都由强调现实生活和实践而反过来走上了重新脱离现实生活和实践的道路。正像近代哲学由此陷入危机和困境一样，现当代西方哲学同样由此陷入了危机和困境。为了能够继续起到作为当代资本主义意识形态的作用、甚至仅仅为了继续生存，它们都必须想法重新回到与现实生活和实践相结合的道路上来。

正因为如此，最近一些年来，在西方哲学界中不断重新响起了转向现实生活的呼声。一些哲学家对于那些具有极端主观主义、非理性主义、相对主义、虚无主义等特征的思潮越来越采取批判态度。20 世纪 60 年代以后一段时期，具有这类特征的后现代主义曾一度成为时髦，甚至被某些人视为体现了当代西方哲学的方向。然而，当这种思潮对西方社会的各种现实问题不仅未能提出任何可行的解决之策，反而加剧了人们的思想混乱以后，它的市场就变得越来越狭窄了。许多严肃的哲学家不屑于谈论后现代主义。在原来被认为是后现代主义代表人物的哲学家中，有的人（例如福柯）不承认自己属于后现代主义；有的人（例如利奥塔）对其所主张的后现代主义的所指作了澄清，排除了某些极端化的含义；有的人（例如美国一批所谓建设性后现代主义者）虽然保留后现代主义的名称，但赋予它以不同的意义；有的人（例如哈贝马斯）则直接而明确地批判后现代主义。正是由于后现代主义风光不再，以致一些西方哲学家在谈论应当走向"后后现代主义"（post-postmodernism，或 after-postmodernism）。尽管他们对"后后现代主义"之所是并无具体和确定的论证，更未达成共识，但他们在否定那些具有极端主观主义、非理性主义、相对主义、虚无主义等特征的思潮上大体是一致的。而这意味着他们都在不同程度上意识到要摆脱西方哲学发展的困境，必须走面向现实生活的道路。

与这种要求转向现实生活的倾向相适应，在西方哲学界，过去被忽视甚至被否定的应用哲学和哲学的应用化问题越来越引起哲学家的注意。这既表现在一些哲学家又在重新探讨哲学的基础理论研究（或者说"元哲学"研究）与应用哲学的关系问题，又表现在社会哲学、政治哲学、历史哲学、法哲学、道德哲学、经济和技术哲学、环境和生态哲学、女性主义哲学等涉及现实社会生活的各个具体领域的哲学研究得到了很大发展。各派哲学在对认识论和方法论等传统哲学问题的研究中也越来越注重它们在科学技术和现实生活中的应用。例如，最近二十多年来，对古老的心智（mind）哲学问题的研究成了西方哲学家研究中的热点问题。它涉及神经和脑科学、生理学、应用心理学、语言学、逻辑学、计算机科学等许多具体和应用科学领域，往往具有应用认知科学的意义。即使是那些专事较为抽象的所谓"元"问题的哲学家也同样在考虑如何尽可能避免与现实距离过远的问题。

究竟如何使哲学面向现实生活和实践？哲学应当在什么意义以及何种限度和范围内面向现实生活和实践？对这些问题西方哲学家们目前也还是众说纷纭，他们还在探索。但以某种方式把面向现实生活和实践当做哲学研究的方向，已得到了越来越多的哲学家的认同。

面向现实生活和实践，促进各种现实问题的解决和现实生活的发展，这正是哲学的生命力的源泉。任何一种哲学如果脱离了现实生活，最后必然走向没落。现代西方哲学的形成和发展已有一百多年历史。其间遇到了种种困难和挫折，经历了种种矛盾和危机。主要原因正在于它们在不同方面偏离了西方社会发展的前进方向这个最基本的现实。正像当代西方资本主义为了继续存在必须不断从各方面作出自我调整一样，作为其意识形态的哲学为了能继续发挥其社会使命，并由此而获得新的生机，也不得不继续在这方面作出调整。当代西方社会是一个科学技术高度发达、社会生产力有了极大提高的社会，它在一定程度上为人的全面发展开辟了新的前景，也对哲学提出了新的要求。然而，许多西方哲学家也承认，当代西方哲学的发展陷入了新的困境和危机之中，其主要原因就在于它未能超越资本主义所固有的矛盾和危机，无法做到体现当代社会发展的前进方向。西方哲学的发展是由此走向其尽头，还是能再次摆脱困境，获得新的生机，这在很大程度上取决于它能否对自己作出新的调整，重新面向实际、重新面向生活，以便适应当代社会发展的新的要求。除此以外，别无其他道路。而这也正是当前西方哲学出现转向现实生活的呼声的根本原因。

4. 全球化浪潮与各种不同哲学派别和思潮的对话和沟通

全球化是当前国内外学术界、经济界甚至政界都极为关注的热点问题之一。尽管全球化概念流行起来不算很久，但全球化这种现象却早已随着资本主义市场经济体制的兴起而开始出现。马克思和恩格斯早在《德意志意识形态》，特别是《共产党宣言》中就曾指出资本的扩张如何造就世界市场，使生产和消费都日趋世界化。经济上的这种世界化又促进其他方面也世界化，例如在输出商品的同时也输出西方资产阶级的政治、哲学、道德和宗教等观念。作为对西方资产阶级的反抗，全世界无产者和受压迫的人们也越来越团结起来，形成了另一种性质的世界化。马克思由此把共产主义的实现看做是"世界历史性的存在"，一百多年来的世界史可以说是涉及众多领域的不同性质、不同程度的世界化，即全球化的历史。

这一百多年来世界化的历史进程是十分曲折的，不同时期具有不同的特征。与以往任何历史时代相比，甚至与在政治、经济、科学技术等各个方面都发生了一系列重大的、具有革命性转折意义的变更的 19～20 世纪之交相比，第二次世界大战以后的几十年来，特别是最近二十多年来，随着跨国公司的兴起及其在经济、政治等各方面的影响的不断扩张，特别是以信息技术为代表的新的科技革命的出现，全球化进程的势头显得空前强劲，并在各个方面都打上了深刻的烙印，在西方各国的哲学发展上也明显地表现出相应的特征。

资本主义的市场经济从它开始发展时起就具有超越地域和国界的趋向，与之相适应的哲学等资本主义的思想文化的发展也同样如此，这从欧洲近代哲学的发展就可看出。尽管当时欧洲哲学有英国经验论和大陆唯理论等之分，它们各自继承了不同的哲学传统，在理论形态上有明显区别。然而它们却又相互渗透。霍布斯的机械论明显受到笛卡儿的影响，而洛克的经验论成了爱尔维修等法国唯物主义的重要理论来源。即使是当时相对闭塞的德国，其哲学也同样具有明显的英法根源。休谟对康德的哲学道路产生了决定性的影响，卢梭的思想受到黑格尔的高度肯定。这些都是马克思早就指出过的不争事实。而这些哲学在当时就与这些国家的商品一道传入到了它们的势力所及的一切地方。总之，尽管西方资本主义各国的哲学都具有自己的民族特色，但它们一开始就同时具有资本所及的世界特色。在与资本主义制度相适应上，各种不同的哲学思潮是融合在一起的。

西方现当代哲学的发展状况同样如此。从外表上看，与近代哲学相比，西方现当代哲学更显得派系纷呈，派系之间有时显得势不两立。对此人们可以举出许多例证。例如，关于以欧洲大陆为主要阵地的人本主义哲学思潮和以英美等英语国家为主要阵地的科学主义哲学思潮在某些情况下处于相互对立的地位，这在西方哲学界曾经得到相当普遍的认可。这不只是由于二者在某些理论观点、甚至基本理论框架上有明显的差别和对立，他们所研究和谈论的问题以及要求达到的目标有时也可以说互不相干。海德格尔之主张哲学的使命是澄明"在"的意义与维特根斯坦把哲学研究归结为语言游戏就大不相同。正因为如此，当前在西方各国，一些哲学家仍在强调这种对立，甚至认为二者之间依然难以找到共同语言。

然而，这两种哲学思潮及其他思潮和流派之间的差别主要也只是表层意义的，或者某些具体和特殊观点上的差别。在体现当代西方哲学发展的总体方向上它们有很大一致。这突出地表现在它们都以各自不同方式超越了近代哲学思维方式，在不同程度上实现了西方哲学向现代的转型。我在其他一些论著中对此已有较多议论。这里只补充一点：众多的现当代哲学思潮和派别对近代哲学思维方式的超越，说明他们在一定程度上都能从某一方面体现现代哲学思维方式，至少说明他们实际上并非势不两立，而是具有某种一致性，而这使他们在各种具体理论上也能够沟通和展开对话。

也正因为如此，关于人本主义和科学主义、英美哲学和欧陆哲学之间势不两立的传统观点最近一些年来受到了越来越多的人士的怀疑。无论在欧陆或英美都已有一些哲学家在作出将它们结合起来并超越它们的对立的努力。例如，当代哲学解释学的主要代表、法国哲学家利科就不仅企图将解释学、现象学和精神分析学融汇在一起，而且特别重视研究和借鉴分析哲学的成果（如奥斯汀、斯特劳森和塞尔的言语行为理论）。他认为，为了使自己的哲学研究赶上时代的潮流，必须学会将欧陆的话语和语言理论同英美的语义学结合起来。著名美国哲学家罗蒂的所谓后哲学文化更是超越欧陆哲学和英美哲学的对立的一个突出例证。尽管罗蒂对哲学的虚无主义态度即使在西方哲学家中也遭到非议，但就他关于超越两种主要哲学思潮的主张来说，却在一定程度上表现了当代西方哲学的一种重要趋势。这两种思潮各从一个方面对传统哲学作了超越和扬弃，但要从整体上超越和扬弃传统哲学，使哲学更能适应和推动现代社会的发展，就必须进一步超越和扬弃这两种思潮的对立，从而这种超越和扬弃体现了当代西方哲学的一种具有进步意义的趋势。

上面谈到，当代西方哲学的对立和冲突不只是存在于两大思潮之间，也存在于各个思潮内部以及各个派别内部不同哲学家之间，最近几十年来，这种对立和冲突的状况在某些情况下虽仍有加剧的表现，但毕竟越来越显示出了一些促使人们超越这种对立和冲突的趋势。例如，天主教过去与基督教新教及其他宗教（包括它们的哲学）处于势不两立的地位，现在却开始变得相互宽容了。

更值得注意的是：人们对马克思主义哲学与西方非马克思主义哲学的关系的认识越来越变得较为合乎实际，或者较为接近实际。无论从社会阶级基础和理论特征来说，这两种哲学都有原则性区别，彼此处于尖锐对立和冲突的地位。不仅马克思主义者如此看西方哲学，西方哲学家也如此看马克思主义哲学。然而现在二者之间也开始出现了相互对话的形势。马克思主义者开始在重新研究、认识和评价现代西方哲学，并试图从中吸取积极的、合理的因素，用来丰富和发展马克思主义哲学，对现代西方哲学简单否定的情况已少见。在西方哲学家中，也有越来越多的人在一定程度上试图排除偏见，着手认真研究马克思主义。尽管他们远不是马克思主义者，在政治上和基本哲学观点上与马克思主义者依旧有着原则的对立，但一些人（包括海德格尔、萨特、德里达、哈贝马斯等当代最负盛名的哲学家）不仅能够在一定程度上承认马克思在哲学上实现了根本性的变更，而且承认马克思在一百多年前就已为现当代哲学的发展开辟了新的道路，甚至由此认为马克思是当代唯一不可超越的哲学家。在 2000 年西方资产阶级媒体举办的千年伟人评选中，马克思居然能名列榜首。

其所以能出现上述情况，与最近一些年来世界政治格局的巨大变化和冷战趋于结束有很大关系。这种变化在一定程度上改变了哲学研究的趋向。随着东西方政治上直接对抗的降温、世界政治格局的多元化趋势的加强，经济上的走向统一的国际大市场，哲学理论上的对立和冲突至少在形态上已表现得比过去和缓。双方之间有时能表现出较多相互沟通和宽容的姿态。由政治尖锐对抗直接导致的那种哲学上的尖锐对抗局面有所改变。有一部分西方哲学家提出要超越冷战时期的哲学对抗，使哲学摆脱政治偏见，至少尽可能摆脱政治的直接制约，实现向哲学作为爱智之学这种本来意义的回归。由于当代世界的各种政治矛盾和冲突在短期内不可能消失，使哲学完全摆脱政治冲突的影响显然是不切实际的。然而，和平和发展毕竟是当代世界的主旋律；在哲学上加强对话和沟通，尽可能排除由政治偏见造成的误解，尽可能彼此借鉴而不是彼此简单否定，这毕竟正在成为越来越多的西方哲学家的共识。

当前全球化的浪潮在经济、科学技术、政治和思想文化等各个方面都在进一步发展，在这种浪潮下演化的西方哲学还会发生许多新的变化，将会出现大量值得我们研究的新问题。在这种情况下，我们既要解放思想，密切关注并认真研究西方哲学思潮和流派在当代出现的各种新的变化，对于有积极意义的变化当然应当肯定。但又要注意防止西方哲学思潮可能产生的负面影响，即使对一些当代西方著名哲学家发出的对马克思主义的赞词，也应当做具体分析。因为其中可能包含了对马克思学说的扭曲。口头上赞扬马克思的人并不一定接受马克思主义（更不用说是真正的马克思主义）；更要防止有的人打着马克思的旗号来反对马克思主义。冷战看来趋于终结，但其暗流仍在。在某些情况下仍可能兴起恶浪。更重要的是：资本帝国主义的本质并没有改变，霸权主义仍很猖獗，意识形态上马克思主义与反马克思主义的斗争并未终结，有时甚至还很激烈。因此，我们应当保持清醒的头脑，对西方哲学家的各种新的理论坚持采取马克思主义的批判态度，不能对之盲目肯定和接受，更不能由此放弃自己的原则立场。

现代西方哲学中的人本主义和人本主义哲学思潮

　　人本主义思潮是现代西方哲学中的主要思潮
之一，在文学艺术、政治和社会等诸多领域，人
们也经常谈论到。由于人的问题也是马克思主义
哲学的核心问题之一，马克思又明确地把他的学
说当做关于"完整的人"的学说，特别是他在
《共产党宣言》中称未来理想社会为"一个以各
个个人自由发展为一切人自由发展的条件的联合
体"[①]，在《资本论》中强调未来社会"以每个人
的全面而自由的发展原则"[②]，因而使人有理由认
为马克思的学说在一种意义上可以说就是关于人
的学说，为了全面而深刻地理解他的学说，自然
应当具体了解和研究西方学者有关这方面的学
说，以之作为比较。正因为如此，关于现代西方
人本主义和人本主义哲学思潮的问题在我国哲学
界就引起了相当广泛的关注。究竟什么是人本主
义和人本主义思潮？它们在现代西方哲学中具有

---

① 《马克思恩格斯选集》，2版，第1卷，294页。
② 《马克思恩格斯全集》，中文1版，第23卷，649页，北京，
人民出版社，1972。

怎样的地位？与其他哲学思潮处于什么关系之中？它们怎样看待人的问题的哲学意义？它们与马克思主义关于人的学说有什么联系和区别？这些问题无疑值得引起我们的重视。

1. 人本主义概念的含义及其由来

"人本主义"和相应的"人本主义哲学思潮"概念在我国哲学界被广泛使用是最近二十多年的事。但由于它们的含义并不确定，学者们在使用它们时其所指往往存在某些差异，有时甚至是很大的差异。这样人们在对这方面的问题讨论时往往难以相互理解，自然难以达成共识，更难以对之作出准确的评价。有的学者因此建议避免使用这些概念。但这些概念既已广为流行，而有关这方面的问题不仅存在、而且相当重要，如果没有其他更适当的概念来取代，恐怕难以废弃。较为现实的办法是澄清它们及与之相关的概念在不同层次和语境下的意义，分别对之作出具体的分析和评价。

中国哲学界使用的"人本主义"概念是从西方引进的。70 年代末以前，人们大都把它与费尔巴哈和车尔尼雪夫斯基的哲学联系起来，因为这两位著名哲学家各自提出了称为人本主义（或称人本学）的哲学体系。在此以后，随着国内政治形势的变化，哲学界重新开始研究现代西方哲学。苏联一些哲学家有关这方面的论著成了最早接触到的重要参考材料。这些论著大都把现代西方哲学划分为科学主义和人本主义两种主要思潮，这种划分为许多中国哲学家所借鉴。后来大家发现西方哲学界也有这种提法，对之就更为认可了，经最初出版的几种有关现代西方哲学的论著和教材采用，便广为流行起来。

不过，无论是在这些论著和教材中或有关会议的讨论中，大家对人本主义的具体含义的理解往往有很大不同，甚至对这个名词来源于哪一西文名词，诸家的注释也并不一致。有的说源出于拉丁文 humanistas（英文 Humanism，德文 Humanismus）；有的说源出于希腊文 anthropos-logos（英文 anthropology；德文 Anthropologismus）。其实在英德等西文中，这两个词本身也是多义的。

Humanism 曾用来指称欧洲文艺复兴时期一种重要的思想运动。它最初的基本含义是反对鄙视现实生活的正统的天主教观念，提倡肯定现实生活的世俗文化，企图以作为自然存在的活生生的人，而不是超自然、超现实的神来当做思想文化的核心。重新发掘、研究和解释以哲学和文学艺术为主要内容的古希腊罗马文化是这一运动早期的主要表现形式。后来它一方面与新兴的自然科学结合在一起，促进了以理性反对信仰、科学反对宗教的启蒙思想运动；另一方面与市民等级反封建，特别是反等级制和专制制度的政治斗争结合在一起，促进了以自由、民主等为旗号的资产阶级革命运动。这两个方面又是统一，或者说相互包容的。这种意义上的 Humanism，中国的学术文献中大都译为"人文主义"。

Humanism 后来被赋予更为多样的含义。它们大都从不同角度和层面上强调人的本质、价值、使命、地位和作用，从而也都在不同程度上与"人文主义"运动的含义相关。它可以单指以对人的关切为主要内容的思想倾向。例如尊重人的人格（自由、尊严和价值），关心人的疾苦和幸福，从而具有作为伦理原则和道德规范的意义，通常译为"人道主义"。资产阶级人道主义和无产阶级人道主义、革命人道主义等均属此义。如果从社会和政治角度来看待人格，把自由、民主等人的社会政治权利当做它的本质属性，那 Humanism 就与早期资产阶级思想家所倡导的天赋人权说及相应的民主政治制度密切相关。广义地说，Humanism 所指称的思想倾向不仅包含了维护人的自由、尊严和价值等天赋权利，而且包含了肯定人在宇宙中的核心地位，认为宇宙的存在因人而获得其新的意义，强调一切思想理论均应以人为出发点和归宿，以人为尺度。这样 humanism 就不仅具有伦理道德和社会政治意义，而且具有世界观和人生观的意义。当人格主义者、实用主义者、以萨特为代表的存在主义者用 humanism 来指称他们的哲学时，取的正是这种含义。当中国哲学界将 humanism 译为人本主义来指称与所谓科学主义哲学思潮相区别和并立的哲学思潮时，取的也正是这种含义。

作为 anthropology 词源的希腊文 anthropos-logos，意为关于人的学说，也就是人学。在欧洲科学发展中，特别是从 19 世纪以来，anthropology 被当做从生物学（人的起源和进化、人种的形成、人体的结构等）角度和文化学（语言、文化、政治、经济、法律、道德等）角度来研究人的学科，一般被中译为"人类学"。但是当费尔巴哈和车尔尼雪夫斯基等人用 anthropology 来表征他们用生物学的、自然主义的观点所阐发的唯物主义哲学观点时，其含义显然比一般所谓人类学要广泛得多。中国学术界将其译为"人本学"或"人本主义"。这样这个词就是指一种仍然带有浓厚的自然主义（尽管不是纯粹的自然主义）特色的哲学思潮。20 世纪以来，一些西方哲学家把 19 世纪以来兴起的实证科学意义上的人类学对人的研究与哲学对人的研究结合起来，企图建立一种既有当代科学根据、又有形而上学的哲学论证的关于人的学说，即从哲学上对人的起源和进化、人的生理学和心理学特征、人的文化以及人与自然、社会等的关系问题进行综合的研究。在德国由此出现了有着多种多样形态（如生物、文化、心理、宗教等）的所谓"哲学人类学"的哲学思潮。最近几十年来一些西方哲学家在更为广泛的意义上来使用 anthropology 这个词，把许多有关人的身心关系、人的主体性以及人的自由、价值和尊严等的理论，特别是那些强调人的生存的意义的理论也称为 anthropology。例如一些西方哲学家把萨特哲学也称为哲学人类学。这样，anthropology 这个词所表示的意思就与用 humanism 来指称的那种强调人在宇宙中的核心地位的哲学理论相近了，以至于可以用这个词来指称一种与科学主义哲学思潮相区别和并立的一种哲学思潮。

总之，无论在西方或中国哲学界，都并没有统一的人本主义哲学概念。人们在哲学读物中读到"人本主义"这个词（不管相关英文词是 humanism 还是 anthropology）时，应当仔细分析它的上下文，看看作者究竟是在什么意义上使用的。因为在不同情况下其含义可能大相殊异。例如，humanism 在一般道德意义上和本体论意义上，Anthropology 在人类学意义上与萨特等人的以人为中心的意义上，差别就极为巨大。即使把人本主义当做一种现代哲学思潮，它在不同流派那里也会有不同意。多数人本主义理论倾向于非理性主义，但有些被当做人本主义的哲学家的理论（例如胡塞尔现象学）并无非理性主义特点而毋宁说倾向理性主义。笼统地谈论人本主义或者不加区别地用它来界定和划分西方哲学流派，有时可能出现削足适履之弊。这样不仅无益于哲学讨论，有时反而会引出许多不必要的混乱。也许正是由于这个原因，无论是在中国还是在西方，都有不少哲学家不赞成用，或者不赞成仅仅用"人本主义"和"科学主义"这种可以作不同解释的概念来界定和划分西方哲学流派。

2. 人本主义与现代西方哲学主要思潮的划分

既然"人本主义"概念有着各种不同含义，人们当然也可以在不同意义上使用它。在近年来的中国哲学论坛中，费尔巴哈和车尔尼雪夫斯基的哲学已不是谈论的热点，人们也很少从他们那种仍然具有浓厚自然主义倾向的意义，或者说非社会实践和非历史的意义上来谈论人本主义。至于伦理道德意义上的 humanism 和生物学和文化学等专门学科意义上的 anthropology，虽然为许多人从不同角度在认真研究，但这些研究主要也只是作为伦理道德或生物学和文化学的研究，而不是直接哲学意义上的研究。它们的西文原名虽与"人本主义"相同，但人们并不称其为"人本主义"，而分别称为"人道主义"和"人类学"。当人们用 humanism 来指称文艺复兴时代的特定的思想运动时，一般都称之为人文主义，而不是人本主义。目前我国哲学界谈论的人本主义大都是指现代西方哲学中与所谓科学主义思潮相并立（而非对立）的一种主要思潮。

国外哲学界一些人士之将现代西方哲学划分为科学主义和人本主义两大思潮，显然与下述情况相关：现代西方哲学的大部分流派都在反对以心物二分为出发点的基础主义、本质主义等口号下要求超越唯物主义和唯心主义、经验论和唯理论等的界限，从而也反对哲学的传统划分标准。由于这些流派大都力图或者以科学，或者以人本身的存在作为其哲学的出发点，他们于是把偏重科学的流派称为科学主义，把偏重人本身的存在的流派称为人本主义。前者把科学理想化，用科学理性的观点来解释人，强调哲学与科学的联系，甚至把哲学和科学相提并论，否定哲学具有超越科学的世界观意义。后者强调人是哲学的出发点和归宿，反对把人归结为科学理性的存在，要求揭示人的生命、本能、情感意志等非理性或超理性存在的意义；有的甚至认为只有后者才是人的本真的、始源性的存在，应当成为哲学研究的核心。对这种划分，持不同哲学立场的哲学家往往抱有不同态度。一部分西方哲学家的确如有的专家指出的那样把科学主义当做是一个指称基础主义和自然主义的贬义词。但也只是一部分哲学家持此态度。大多数人只是把科学主义和人本主义看做两种有不同倾向的思潮。当中国哲学界接受这种划分时，更很少包含有扬此抑彼之意。

由于受到非此即彼的形而上学思维方式的影响，无论在西方或中国，都有人把人本主义和科学主义当做两种彼此不相容的思潮，甚至认为西方哲学家不属于人本主义，即属于科学主义。这种看法当然不符合实际。因为强调哲学的科学性的人并不一定否定人的问题的重要意义，甚至同样有对这方面的问题的深入研究；强调把人作为哲学的出发点的人也并不简单地否定科学，甚至还强调科学技术对人的生存和发展的重要性。而且，对现代西方哲学，还可以从其他角度加以划分。正因为如此，在这方面持非此即彼的观点的人并不多，在中国哲学界更少见，大多数人都承认对西方哲学思潮的划分的相对性。

从如何看待哲学研究的对象，特别是科学和人在哲学中的地位和意义的角度说，现代西方哲学既可以划分为科学主义和人本主义两种思潮，也可以在二者之外发现第三种思潮。例如有些哲学流派既把科学和人纳入哲学之中，又使哲学居于科学与人之上，把超越具体事物和人之外的某种具有本质意义的存在当做哲学的基础。由于它们往往与宗教和思辨唯心主义相关，可以称之为宗教和思辨唯心主义哲学思潮。

由于思潮的划分是相对的，哪些哲学流派划入哪一思潮也是相对的。同一流派在不同视角下可以归属于不同思潮。

通常被归属于科学主义思潮的主要流派有实证主义、马赫主义、逻辑经验主义等各派分析哲学、当代各种科学哲学以及结构主义。美国实用主义从其竭力倡导科学精神并强调哲学应成为科学方法论这个意义上说也可归属于科学主义。这些哲学流派大都与某些具体科学有一定联系，大都表示尊重和相信科学，把科学当做哲学的依据，把科学方法（例如实验方法、分析方法、系统方法等）当做哲学方法的重要事实根据，而哲学则为各门专门科学的方法提供理论根据。它们有的由此把哲学当做科学方法论和认识论。大部分流派还企图超越形而上学以及主客、心物、思有等二元分立，从而也超越传统唯物主义和唯心主义、经验论和唯理论等的对立。由于科学总是与理性联系在一起，这一思潮有时又被称为理性主义思潮。要注意的是：这一思潮的各派哲学在理论上有很大差异，有的并不专注于自然科学，有的与非理性主义流派密切相关，称它们为科学主义、理性主义只能是一种粗略的概括。

通常被归属于人本主义思潮的流派有叔本华和尼采等人的意志哲学、克尔恺郭尔的个体哲学、德法生命哲学、存在主义、弗洛伊德主义、哲学释义学等。现象学就其强调理性和要求把哲学建设为严密科学来说似应归入科学主义，从其不回避对形而上学问题的研究并强调哲学应以人的意向活动作为出发点来说则接近人本主义。实用主义总的说来可归属于科学主义，但从其强调人在哲学中的核心地位说，也可归属于人本主义，事实上不少实用主义哲学家自称其哲学为人本主义或人的哲学。人本主义思潮的哲学家大都不反对对形而上学和本体论问题的研究，但企图赋予这种研究以新的意义。他们大都认为应当超出主客、心物、思有等的对立之外来进行这种研究，否则就会陷入二元论，在主客等等之间建立一道屏障，不能达到真正的、本真的存在。为了达到后者，只有从未被科学和理性扭曲的本真的人的某种存在出发。由于作为人本主义哲学思潮的理论出发点的人往往是指超越理性界限的人，因此它有时又被归入非理性主义思潮。需要注意的是：人本主义思潮的哲学家大都只是要求超越理性及与之相应的科学的界限，并非要求抛弃理性和科学，它们所主要反对的毋宁说是把理性绝对化的理性主义以及把科学绝对化的科学主义。

可以归属于宗教和思辨形而上学思潮的哲学流派有新康德主义、新黑格尔主义、新托马斯主义、人格主义等。它们大都强调哲学具有超越科学理性和人的现实存在的形而上学意义，因而具有较多传统哲学的特征。但它们毕竟是在现代条件下产生和流行的，从而也必然具有一定的现代哲学的特征。它们或是与科学主义思潮，或是与人本主义思潮，或是同时与二者有着较为密切的联系。因而在一定意义上又可以归属于这两种思潮之列。例如，新康德主义的马堡学派因着重于康德的理性理论，重视科学逻辑和方法论问题的研究而接近科学主义思潮；而弗莱堡学派则因着重于发挥康德的实践理性学说而更接近人本主义思潮。新黑格尔主义的非理性主义色彩相当强烈，接近于人本主义。人格主义更是一种穿着宗教外衣的人本主义。

把现代西方哲学区分为上面三种或者两种思潮，只是从对哲学研究的对象、科学和人在哲学中的地位和意义的角度考虑，因而并无普遍和固定意义，人们完全可以从其他角度来加以划分。例如，按照欧陆各国哲学和英语国家哲学在历史传统和哲学倾向性等方面都有很大不同而划分为欧陆哲学和英语国家哲学。有时人们把是否肯定语言和逻辑在哲学中起主导作用作为划分哲学流派的重要标准，并由此把语言哲学和逻辑分析哲学看做是现代西方的主要哲学思潮。人们也可根据哲学研究的研究范围、方面和重点的不同来指称各种哲学思潮，例如科学哲学、人文哲学、历史哲学等。有的专家还主张按照合理性的不同类型而把现代西方哲学划分为知识哲学和行动哲学，或者说理性和真理的哲学与自由和价值的哲学，但所有这些划分也同样只有相对意义。

现代西方各派哲学在理论内容上并非首尾一贯，而往往充满了各种内部矛盾和变异；不同流派之间并非界限分明，有时往往相互交织。因而很难把某些流派硬性归入某一思潮。近几十年来流行的西方马克思主义就不是一个统一的流派，它可以归属不同的哲学派别，从而也可归入不同的哲学思潮。同样，就各个哲学家说，由于其理论的独特性和矛盾性，往往难于将其严格归属于某一流派。最近几十年来，西方哲学发展中这种界限不明和相互交织的情况越来越普遍，更难用一个统一的标准将它们加以划分。把现代西方哲学简单地归结为科学主义和人本主义等思潮显然有削足适履之弊；把它们笼统地划分为欧陆哲学和英美哲学会混淆思潮和地域的意义。把知识哲学和行动哲学当做两种分立的思潮同样存在着种种内在矛盾。因为大多数现代西方哲学家并不把知识和行动、理性和自由、真理和价值看做绝对相互排斥。强调理性和真理的哲学家并不否定自由和价值，强调自由和价值的哲学家（如非理性主义哲学家）在一定意义上仍肯定理性和真理。

正因为哲学流派和思潮的划分越来越显得只有相对意义，一些西方哲学家认为作这种划分的时代已经过去，人们只应去关注各种哲学的独特性，这自然是走向了另一个极端。但如果我们过分强调用某一个固定的标准来对西方哲学加以划分而排斥其他划分，那也会脱离当前西方哲学发展的实际。

虽然科学主义和人本主义以及现代西方哲学的其他各种划分都存在某种不确定性，从而只有相对意义，但也不是不能使用这些概念来划分。在用某种较一般的概念来对各种哲学流派进行划分和归类时，出现某种"偏离"和"误差"的情况经常发生，甚至难以避免。即使像唯物主义和唯心主义、经验论和唯理论等早已被普遍采用的划分，有时也会出现这种现象。因为一般概念永远无法囊括各个具体事物的所有特点，对它们必有所超越甚至有所粗糙化、僵化。因此，在用人本主义、科学主义等概念来划分西方哲学流派时，出现某些偏离和误差在一定意义上并不奇怪。不能以此而完全否定这些概念可用性。只要这些概念大体上能体现一些哲学流派的共同特征，用这些概念对它们加以概括有助于对这些哲学流派的研究和理解，我们还是可以在一定限度内应用它们。

对于西方哲学的学习和研究来说，重要的不是确定究竟采用何种划分标准最为恰当，而是善于从不同角度揭示千姿百态的哲学理论的个性和共性，找出它们与西方社会发展状况之间、与西方传统哲学之间、与其他文化形态之间以及它们彼此之间的各种联系，发现它们正在发生和可能发生的各种变化以及它们在各个方面可能发生的积极或消极影响。只有这样我们才能从整体上和发展变化中把握现代西方哲学，确定对待它们的正确态度。

3. 人本主义哲学思潮与人的问题的哲学意义

现代人本主义哲学思潮在理论上最突出的特征是以不同方式强调人的研究在哲学研究中的核心地位。这一思潮各派哲学以各种不同方式、在不同程度上把人当做哲学的出发点和归宿，他们的哲学也正因此而被当做人本主义。尽管公开和直接把哲学当做人本主义的只有詹姆士、杜威、萨特等少数哲学家，但具有类似思想倾向的人为数众多。有些被当做人本主义流派的哲学家的理论在其直接形态上并无人本主义的意义。例如胡塞尔现象学的根本目标是使哲学成为严格的科学，他的反心理主义及还原说都排除了通常意义（人格和经验意义）下的人（主体）。然而作为胡塞尔现象学出发点的意向性只可能是人的意向性。总的说来，这些哲学家所要解决的问题归根到底仍然是人的存在及其与世界的关系问题。

人本主义哲学思潮在现代西方各国的出现和广泛流行与人的问题的哲学意义在现代哲学中之被特别强调密切相关。为了对这一哲学思潮进行具体研究和正确评价，确定其在西方哲学发展中的地位，揭示其与其他哲学思潮和流派之间的联系，需要重新探讨哲学与人的关系，也就是人的问题的哲学意义。近年来我国哲学界一些专家突破原有思维框架，在这方面作了大量研究，尽管还未有共识，但他们的工作很是值得称道。

自从哲学在古代产生以来，如何看待人在哲学中的地位和意义的问题一直是哲学家关注的核心问题，因为它涉及哲学这种人类精神活动的根本性质。苏格拉底的"认识你自己"的名言之所以被历代名哲援引，即在它正面提出了这一问题。由于社会历史条件、认识发展水平、文化和思想传统等的不同，加上哲学家们的个人心理气质、思想倾向、知识专长等互异，他们的哲学所研究的主题、所定的研究目标以及所运用的研究方法等必然多种多样，有时甚至彼此对立。就对哲学与人的关系问题的态度来说也是如此。不少哲学家并不强调、甚至并不提出和回答人在哲学中的地位和意义的问题。例如，自然哲学家和理性派哲学家往往企图从某种抽象的自然本质或理性本质出发来解释有关自然、社会和人的思维的一切。人在他们的理论体系中不过是某种特定的因素或环节，甚至在某种程度上被"遗忘"了。然而，从较深层的意义上分析就可发觉，那些被认为是"遗忘"了人的哲学往往只是将人异化成了某种非人的东西。柏拉图的超乎现实之上的理念，黑格尔的超乎现实之上的绝对精神，归根到底都是人的观念的升华。一般说来，只要哲学家们是在真正地谈论哲学，他们都必然直接或间接地谈论人。他们的独特的哲学理论在某种层面和意义上可以说是关于人的理论的某种独特的表现形式。这意味着哲学从一定意义上说是关于人的理论。

哲学之作为关于人的理论可以有不同层次的含义，例如，哲学研究的对象是由人自己选择的，总是服从人所确定的目的。在这一点上哲学与人的其他精神活动（包括各个知识部门）当然有类似之处，因为这些活动也都服从人的目的。但人的这些活动（特别是实证科学）所涉及的只是人及其与世界的关系的某一或某些特殊方面，是为了满足人的某种特殊需要；哲学所涉及的不是人及其与世界的特殊方面，也不是为了人的某种特殊需要，而是从整体上研究人的存在及其与世界的关系，确定人在宇宙中的地位，探讨如何实现人的存在本身的价值和意义。哲学理论不是关于人的特殊方面的理论，而是关于人的存在本身及其与世界的关系的理论，这也就是我们常说的哲学是关于世界观和人生观的理论。

又如，哲学研究的对象归根到底都与人本身的存在状况密切相关。这是因为哲学所研究的外部世界虽然不是不以人的意志为转移的客观世界以外的另一个世界，却是由人的存在而获得意义和价值的世界。这个世界是相对于人而存在的，它的状况如何？它怎样呈现出来？它具有怎样的价值和意义？在很大程度上都取决于人的存在的状况。外部世界的状况在一定意义上可以说是从外在方面体现了人本身的存在状况，或者说是人的存在状况的外化。

这种说法不同于主观唯心主义，似乎人以外的存在只是人的感觉经验；也不同于客观唯心主义，似乎人以外的一切是某种独立存在的观念（它们最终也是人的观念）的外化。这里的主要意思是：作为人的对象的外部世界具有什么意义和价值必须以这个世界本身的存在为基础，但这种意义和价值作为一种具有现实性的意义和价值显现出来，却是以人的存在的状况为转移的。同样一件自然物，在野蛮人眼中与在文明人眼中可能具有大不相同的意义，以致可以被认为是完全不同的对象。而这正是由人的这两种不同存在状况所决定的。例如，水是一种每一个人都必然要接触到的自然物，在野蛮人甚至古代人眼中，其意义尽管可能也很重大，却又是单纯的，因为他们对水只能有直观的认识。而在具有现代科学知识的现代人那里，水往往成了他们从事复杂的物理学或化学研究的对象。水作为一种自然物，其存在是客观的，不仅不以人的意识为转移，甚至也不以人的存在为转移。但水作为人的对象存在却是以人的存在为转移，它作为对象存在的价值和意义则又是以人的现实状为转移的。这样，我们从水的作为对象存在的状况，可以看到人的存在的状况。一切其他事物作为对象存在的情况也是如此。这就是为什么我们可以说哲学所研究的对象的价值和意义从外在方面体现了人的存在的价值和意义。

总之，没有自然界的客观存在，就不可能有哲学所研究的自然对象，因此一切主观唯心主义和客观唯心主义都是没有根据的。但是，离开了人，外部世界、自然界就不是作为对象存在了，就不是作为人所生活于其中的现实世界了。而离开了具有现代科学知识的人，自然界作为对象存在的意义也会贫乏得多。只要哲学研究不离开现实世界，它就不能离开作为现实世界的主体的人，现实世界的状况正是以现实的人的状况为转移的。

哲学作为关于人的理论还明显地表现于哲学既具有、又超越科学所具有的那种客观性及相应的确定性。

对于什么是哲学的问题，从事哲学研究的人大都可以对之作出某种言之成理的、持之有故（也就是具有某种客观性和确定性）的回答，然而谁都难于作出令人满意、并为众所公认的回答。古往今来的大哲们在这个问题上不知提出过多少不仅自以为正确而且为许多后继者所称道的理论，然而其中很少有不被别人，特别是后人怀疑和否定的。作为近代西方理性主义哲学发展顶峰的黑格尔哲学不仅因其唯心主义而受到马克思主义者的批判，也被许多西方哲学家当做柏拉图以来西方哲学的"迷误"的极端表现而加以否定。他们都认为黑格尔把哲学之所是完全搞错了。哲学之所是及其性质是如此不确定，以致有些西方哲学家认为根本不必对之下什么定义或建立什么理论体系。人们应当保持的只是从事哲学这种活动。存在主义哲学家，特别是德国存在主义者雅斯贝尔斯的言论在这方面就是非常典型的。他对古往今来的各种哲学理论均加以批判，认为它们最大的失误就是把哲学思维混同于科学。其实哲学不同于科学，它不能有明确和具体的对象，人们也不应当去试图建立系统的哲学理论。哲学只能是一种活动，或者说，没有什么可以称作哲学的东西，只有从事哲学这种活动。雅斯贝尔斯这种观点显然过于极端，以致他本人也无法贯彻。他在否定各种哲学理论时，就是在建立一种理论。不过，雅斯贝尔斯以及其他许多西方哲学家之否定各种哲学理论倒的确反映了一个似乎相当明显的事实：哲学之所是的确不像科学等人的其他精神活动形态那样确定，以致人们难以给它下一个明确的、众所公认的定义。

哲学之所是为什么如此不确定呢？原因当然是多方面的：哲学所涵盖的内容非常广泛，几乎涉及人类所有知识部门和精神活动形态；哲学研究的层面、向度十分繁多，哲学家在从事哲学时，选择课题和确定意向都具有极大的随意性，等等。所有这些都会导致人们难于对哲学加以界定。然而，造成这种种不确定性的最后根源，除了人的存在及其活动外，不可能是别的什么，因为后者实际上都是人的存在及其活动的多样性、广泛性、不确定性的表现。为了揭示哲学之所是，最重要的是要揭示人之所是。

4. 人本主义哲学思潮与人的超越性

现代西方人本主义思潮各派哲学在肯定人是哲学的出发点和归宿以及哲学之所是取决于人之所是时，大都在不同程度上强调人的能动性和创造性，后者也就是人的超越性。

马克思在《关于费尔巴哈的提纲》中曾谈到，旧唯物主义的主要缺点是"对对象、现实、感性，只是从**客体**的或者**直观**的形式去理解，而不是把它们当作**人的感性活动**，当作**实践**去理解，不是从主体方面去理解"。结果"**能动的**方面却被唯心主义抽象地发展了，当然，唯心主义是不知道现实的、感性的活动本身的"[①]。马克思在哲学上的伟大贡献突出地表现在他既克服了旧唯物主义的缺陷，揭示了人的社会实践在人的生存和发展中所具有的决定作用；同时又对由人的实践所表现出的人的能动性作了科学的阐释，克服了唯心主义对人的能动性的解释的抽象性。

现代西方哲学的许多流派，特别是所谓人本主义哲学思潮各派也以强调人的能动性为特色。由于他们的理论同样存在种种局限性，当然无法与马克思主义相提并论。但是，我们也应该看到，他们毕竟还是用不同的语言在不同程度上肯定了人在自己的认识和实践中具有能动性和创造性这个事实。例如，存在主义、实用主义等流派的哲学家都非常强调人的这种能动性和创造性。这突出地表现在他们都以不同方式强调了人的超越性。有的人（例如萨特）甚至认为人的存在是一种具有超越性的存在。另一些人（例如杜威）并不常用超越或超越性概念，但其基本观点大体相同。杜威所宣称要实现的所谓哲学中的"真正的哥白尼变更"，其主旨就是要充分发挥人的能动性和创造性，也就是人的超越性。

对现代西方哲学家所使用的超越和超越性等概念，中国哲学文献中有过某些误解。最多见的是把超越理解为超出现实世界，朝向彼岸世界。其实，大多数西方哲学家所赋予这些概念的含义并非如此，至少不

---

① 《马克思恩格斯选集》，2版，第1卷，54页。

尽如此。只要说明其具体含义，马克思主义者也完全可以应用这些概念来表达有关这方面的观点。

就关于人的存在是一种具有超越性的存在来说，这里的超越大致包含了如下几层含义。第一，人的存在是一种具有物质躯体的存在。它必须服从物质世界的客观规律。但人同时具有精神性的心灵存在，从而必然超出自然和物质存在的界限，也超出许多自然规律的自发的制约。这是人的心灵对身体的超越。第二，人作为肉体的存在处于现实物质世界之中，并以这个世界为依托。但人的心灵存在使人得以用观念再现世界，并按照自己所处条件及自己的意向来改造世界，使世界符合人的目的，使它由自在世界转化为自为世界（为我世界）。这是人对自然界、外部世界的超越。第三，人生活于自然和社会中，与自然和社会发生千丝万缕的联系，并由此而使自己的存在获得了新的意义。这是人对其自身存在的超越，它使人摆脱了自我的狭隘界限而投入到了外界的广阔天地之中。第四，人在其生存活动中，无论是相对于外部世界（自然和社会）来说，还是相对于人自身的活动来说，都不会满足当下状况，而会趋向更为美满的未来；都不会仅仅在现实面前止步，而会追求某种更高境界的理想。这是由现在到未来、由现实到理想的超越。第五，人除了物质生活，还有精神生活；除了物质追求还有精神追求（例如对崇高的道德理想的追求）。这是人由物质境界向精神境界的超越等等。总之，人所独有的精神存在使他成了宇宙中迄今所知的唯一具有超越性的存在，人总是在各种超越活动中存在的。

人所具有的种种超越性使人的存在不是封闭的、固定不变的，而必然是开放性的、不断变化和发展的。人总是在不断地谋划、设计、选择和造就自己。人的存在是一种面向未来、面向理想的历史性的存在。每一个人在其生命终结前，总是面临着种种可能性和机遇，因而总是没有完成的。

人的存在的超越性也使其对象世界具有许多不同于自在世界的新的特性。人在不断地选择和造就自己的同时也必然改变世界的面貌，不断地赋予对象世界以新的价值和意义，从而使它们显得更加丰富多彩。观察自然界的人谁都不能不为现代人心目中的物理世界图景与以往时代的人相比所发生的深刻变化而惊叹不已。这种变化正是人对世界所进行的创造所致。现代自然科学的发展可谓改变了整个人类的对象世界。例如现代物理学的出现使人无论在宏观上或微观上都进入到了全新的领域。在一百年以前，甚至几十年以前，现在所进行的太空探测只能是不切实际的幻想，现在却已是成果卓著的现实。离开客观的自然界或者说自然界本身，当然不可能有现在的新对象世界。所谓人对世界的创造并不是像唯心主义哲学家们所说的那样在客观物质世界本身以外从观念（不管是主观的还是客观的观念）中再创造出一个世界来，而是人不断进入世界的新的领域和层次，从而使世界在人面前不断显示新的价值和意义。因此，人对世界的不断创造实际上是对既有世界的不断超越，也就是不断使世界对象化。这种超越活动或者说使世界对象化的活动只能由具有能动性和创造性的人来进行，而不能由世界本身来进行。自然界正因为是客观的、自在的，没有能动性和创造性，不能超越其自身，因而也不能使自身成为现实的新的对象世界。虽然自然界本身也是不断运动变化的，但这种运动变化对自然界之成为新的对象世界，如果不说没有影响，也是影响微不足道的。我们现在所生活的地球与几十年、一百年，甚至几千年前相比，就其本身来说，变化并不明显，然而它作为对象世界却可谓面貌全非。这种激烈的变化完全是人的能动性和创造性所致。正是从这种意义上说，世界是由人所创造的。

人在不断地改变和创造世界的同时也在不断地改变和创造自己。就人作为一种自然物（肉体）的存在来说，当代人与近代人甚至古代人相比，并无多大区别，但就人作为一种与其对象相对应的主体来说，却大不相同。这不只是说现代人的知识、智慧大大提高了，可以对其所面对的世界进行更为广泛而深入的研究，更为重要的是人的整个存在状况变化了。这里所谓人的整个存在状况是指人作为主体与其不断重新创造的世界所处的关系的整体状况。人当然只是自然的一部分，但却是一个特殊的部分，人所面对的是作为其对象的整个世界。后者的变化既是由人所实现的，因而这归根到底体现了人本身的变化。当人进入到了世界的新的领域或层次，并赋予了世界以新的价值和意义时，人就是与世界处于一种新的关系中，也就是处于一种新的存在状态之中。人在宇宙中的地位已发生了变化，而作为人的对象世界的一切变化实际上都是人本身的这种变化的外在表现，从而也是人的存在状况的表现。因此，人作为主体所发生的变化在一定意义上就是他与对象世界的关系的变化。这大体上就是我们通常所说的主体与客体、精神与物质的关系的变化。研究这种变化正是哲学的主要使命。哲学既要研究世界，又要研究人。哲学对世界的研究在一定意义上也就是对人的研究，而对人的研究又只能通过其与世界的关系来进行。二者是统一的，这种统一大体上就是通常所谓世界观（宇宙观）与人生观的统一。

当胡塞尔阐释他的生活世界理论时，当萨特论述自在世界和自为世界的关系时，当杜威提出他的经验自然主义时，当维特根斯坦提出他的语言哲学理论时，当伽达默尔提出他的释义学时，他们所要表达的观点大体上是相同的，都是要建立一种以人（人的意向、主体性、经验、语言等）为中心的哲学，一种强调人的超越性，即人的能动性和创造性的哲学。这些西方哲学家的观点与马克思主义观点之间当然有着重要的甚至是原则的区别。但在肯定人的存在是一种具有超越性的存在、人面临着各种可能性、能够不断地改造自己和世界上，在强调对人的研究在哲学研究中的核心作用上，他们之间仍然存在着某些重要的共同之处。

5. 人本主义哲学思潮与主体性哲学

大致从 20 世纪 80 年代初有的学者提出所谓主体性论纲以来，主体性原则问题一直成为我国哲学界讨论的热点问题之一。其实，主体性原则根本不是什么新的哲学原则，它已为西方哲学特别是笛卡儿以来的近代哲学所一再谈论。现代西方人本主义各派哲学则对之作了新的发挥和改造，被当做他们的哲学的根本原则，以致许多西方哲学家把主体哲学，或者说主体性哲学当做现代人本主义哲学的别称。

在西方近代哲学中，笛卡儿的"我思"和康德的先验自我学说（突出地表现于其"哥白尼变更"）被公认为是主体性原则的经典论述。现代西方人本主义各派哲学对主体性原则的论述无疑继承了笛卡儿和康德的传统，但二者之间又有重要区别。

首先，各派人本主义哲学家大都抛弃了近代哲学中的主体性原则的形而上学前提。他们大都不把自我当做具有形而上学存在论意义的实体，而当做人的生活、行为和实践活动本身。他们当然并未因此否认人是具有物质和精神属性的存在物，而只是认为人作为主体存在的意义既不在于人是物质的、自然的存在物（在这方面人与动物等其他自然存在物并无本质区别，同样必须服从自然规律，受自然的各种因果和必然关系的制约），也不在于人是精神的存在物。如果把人当做一种精神存在物，那人就被对象化了，也就是成了像其他客体（对象）一样的客体，就失去了作为主体的意义。人作为主体而存在的意义不可能是他作为一种实体性的存在，而仅仅在于他是一种趋向客体的意向、活动、行为。尼采的权力意志、柏格森的生命冲动、詹姆士的意识流、杜威的经验、胡塞尔的意向性、弗洛伊德的无意识、海德格尔的此在、萨特的自为都是这样。

其次，现代西方哲学家大都力图超越近代哲学中的主体性的封闭性，他们不把主体性仅仅归结为孤立的个人的意向、倾向和活动，而要求把个人的这种意向、倾向、活动与他人类似的意向、倾向和活动联系，甚至贯通起来。主体不只是作为孤立的个人存在，而是与他人共在。这样的主体不只是作为"个体—主体"，而同时具有作为交互主体，或者说类主体的意义。因此主体性应当成为主体交互性，或者说主体间性。事实上，对这种主体间性的论证，是杜威、胡塞尔、海德格尔、雅斯贝尔斯、梅洛·庞蒂、萨特、维特根斯坦、德里达、哈贝马斯等最有代表性的现代西方哲学家理论中最重要的环节。他们都企图由此摆脱传统的主体性原则的主观唯心主义，并由此对个人与他人、社会之间的联系作出解释。

由于现代人本主义各派哲学的主体性原则及其对传统主体性原则的修正和超越最为集中地体现了这些派别对传统哲学的超越，因而如何评价他们的这种原则又成了如何评价他们的整个哲学的关键所在。

毋庸置疑，这些哲学流派的主体性原则及以之为核心的整个人学具有某些积极方面，特别是对近代哲学有所超越，但又存在着严重缺陷。这突出地表现在他们往往把主体性原则抽象化和绝对化了。

首先，他们在强调主体不是人的具体的物质存在或精神存在，而只能是人的趋向客体的意向、倾向、活动、行为时，往往把后者片面化了，使之脱离了人的具体的物质存在和精神存在，特别是脱离人的社会存在。作为人的意向、倾向、活动等的主体在他们那里实际上就成了缺乏实在和确定的抽象性。他们不仅不能正确解决主客关系问题，反而会陷入他们所力图超越的唯心主义。例如，尽管许多现代西方哲学家并不把主体性归结为主观随意性，但由于他们的主体性缺乏确定性和实在性，归根到底必然导致主观随意性。

其次，他们在强调主体性原则及哲学的人学意义时忽视了其局限性。哲学研究应当是多方位、多层面的。尽管主客关系问题是哲学的根本问题，但无论是主体和客体或它们之间的关系都具有丰富的内容，对之需要进行具体的研究。

就客体来说，它们虽然由主体所规定，但并非由主体从无中虚构出来。物质对象具有不以主体为转移的客观基础。它们在主体未将其对象化以前早已自在地存在着并具有其本身的种种特性。主体的作用只是将这些特性揭示出来，使之对人具有意义和价值。主体之能做到这一点在于对这种客观基础有深入和正确的认识。换言之，主体的能动和创造作用以主体对对象的正确认识为前提。因此，建立科学的认识论，获得这种正确的认识，就成了哲学研究的重要环节。这不是靠抽象地谈论人在哲学中的核心地位或主客关系所能做到的。如果忽视了客体的这个客观基础，对主体的能动和创造作用的强调就会转化为主观唯心主义。

就主体本身来说，情况就更为复杂了。主体不是抽象的个人，而是处于社会关系中的个人。正如马克思所指出的："人的本质不是单个人所固有的抽象物，在其现实性上，它是一切社会关系的总和。"① 因此，为了认识作为主体的人，就必须深入研究人的各种社会关系，而这正是历史唯物主义等学科研究的对象。如果离开了对人的社会关系的深入全面的研究，把人看做抽象物，那不管如何强调人在哲学中的核心地位，这样的人仍是无所作为的。

总之，对人在哲学中的核心地位以及哲学的人学意义的强调，要与对作为主体的人及由其所对象化的世界的多方位、多层面的研究结合起来。而这样的研究的内容是极为丰富的。其中有些在一定程度上可以把人（主体）的意义暂时放在一边而仅仅就客体本身的意义去进行研究。对主体也是如此，因为主体本身在一定意义上也是客体。主体性原则远不能概括哲学研究的丰富内容。事实上，无论是在传统哲学还是当代哲

---

① 《马克思恩格斯选集》，2 版，第 1 卷，56 页。

学中，许多哲学理论，特别是科学主义哲学思潮的理论并不直接涉及人，但其所研究的那些问题（如语言、逻辑、文化等方面的问题）仍是具有重要意义的哲学问题，即使是人本主义哲学思潮的哲学家所研究的问题也并不都直接属于人的问题。海德格尔被公认为是人本主义哲学思潮的主要代表之一，但他却明确地反对萨特式的主体性原则及相应的人本主义。他后期对"在"的强调无疑偏离了一般意义上的主体性原则和人学。

6. 人本主义哲学思潮与马克思主义

　　人本主义哲学思潮是现代西方哲学的重要组成部分。要通过研究现代西方哲学来丰富和发展马克思主义哲学，当然需要对之有正确的认识和评价，特别是揭示其与马克思主义哲学的真实关系，而这首先需要重新认识人在哲学中的地位和意义。

　　对人在哲学中的地位和意义，我国哲学界曾多次讨论，但因"左"的影响而历经曲折。在以阶级斗争为纲的时期，从哲学上对人本身的价值和意义等进行讨论往往被认为背离历史唯物主义，陷入了资产阶级的人道主义和抽象人性论；对以不同方式把人当做哲学的出发点和归宿的西方人本主义哲学思潮更是抱着近乎全盘否定的态度。这样就造成了对马克思主义关于人的学说和西方人本主义哲学思潮的双重误解。

　　20 世纪 80 年代以来这种状况有了重大改变。一方面，哲学界对西方人本主义思潮各派哲学作了较为深入具体的研究，对它们关于人的哲学的理论越来越有较为符合实际的了解，消除了以往对它们的许多误会，甚至还发现了它们的理论的许多积极因素（特别是在强调人的能动性和创造性方面），对它们简单否定的情况已越来越少见。另一方面，马克思主义，特别是马克思本人关于人的理论越来越成为我国哲学界所关注的热点问题，许多马克思主义哲学家纷纷从不同角度重新对之进行了认真的探索和研究，提出了许多与传统观念不同的见解。

　　早在 80 年代初，就有人提出人是马克思主义哲学的出发点。80 年代中期以后，随着对《关于费尔巴哈的提纲》、《黑格尔法哲学批判》、《德意志意识形态》、《1844 年经济学哲学手稿》、《1857—1858 年经济学手稿》等马克思著作的重新研究，人们发觉马克思本人非常明确地要求

"从现实的、有生命的个人本身出发"，也就是把"从事实际活动的人"当做他的全部理论的出发点。① 他认为"人们的社会历史始终只是他们的个体发展的历史"②，未来理想社会"以每个人的全面而自由的发展为基本原则"③。马克思在谈到生产力、生产关系、家庭、市民社会、国家等历史唯物主义的基本概念时，也指出它们与个人的自主活动密切相关。例如生产关系不仅"是个人自主活动的条件，而且是由这种自主活动创造出来的"④。马克思批判了费尔巴哈的人本主义，但这只是批判它的自然主义倾向和抽象性，看不到"人的感性活动"、"实践"，特别是看不到"人是一切社会关系的总和"，而不是否定从哲学上研究人本身的存在的意义。

遵循马克思主义的人都会肯定马克思在哲学上所实现的革命变更。关于这种变更的主要内容，最常见的解释是：批判了费尔巴哈的形而上学，继承了其唯物主义，批判了黑格尔的唯心主义，继承了其辩证法，由此建立了辩证唯物主义和历史唯物主义。这种解释在马克思主义哲学家中得到公认。需要进一步探讨的是：马克思对费尔巴哈和黑格尔的这种批判继承与他在《论纲》等著作中对"人的感性活动"、"自主活动"、"实践"等的强调是否一致？这里关键在于如何理解辩证唯物主义和历史唯物主义。如果强调其客观性，那就可能把它仅仅看做是一种与"人的感性活动"等无关的客观的理论体系；如果强调其主观性，那就应当肯定它与"人的感性活动"等的统一，以后者为出发点。在一个时期内，人们强调的正是其客观性，因而出现了见"物"不见"人"的状况。人的问题被归结为历史唯物主义中的一个特殊问题。然而，马克思本人所强调的却是其主观性。这从《论纲》的第一条就可明显看出。他说："从前的一切唯物主义——包括费尔巴哈的唯物主义——的主要缺点是：对对象、现实、感性，只是从**客体**的或者**直观**的形式去理解，而不是把它们当作**人的感性活动**，当作**实践**去理解，不是从主体方面去理解。"他还指出，费尔巴哈的主要缺陷是"不了解'革命的'、'实践批

---

① 《马克思恩格斯全集》，中文1版，第3卷，30页。
② 《马克思恩格斯选集》，2版，第4卷，532页。
③ 《马克思恩格斯全集》，中文1版，第23卷，649页。
④ 《马克思恩格斯全集》，中文1版，第3卷，80页。

判的'活动的意义","他把感性不是看作**实践的**、人的感性的活动"①。马克思的这些话表明,人的真正现实的、感性的活动,也就是"革命的"、"实践批判的"活动是他的全部哲学理论的出发点或者说前提。他对费尔巴哈和黑格尔的批判继承、他之建立辩证唯物主义和历史唯物主义都是由此出发的。因此,在一定意义上我们可以说,马克思在哲学上的革命变更的根本意义就在于他由费尔巴哈的抽象的自然界和黑格尔的抽象观念转向了现实的、有生命的、从事实际活动的人。换言之,马克思的辩证唯物主义和历史唯物主义是一种最为强调人的能动性和实践性、从而也最为强调人的自由和价值的哲学。也许正是由于受到马克思这种观点的启发,近年来国内一些学者已不满足于在传统的哲学理论框架中研究人,而主张建立一门从整体上研究人的人学,甚至使马克思主义哲学具有人学的意义。

尽管哲学界对究竟怎样具体理解人在马克思主义哲学中的地位和意义还存在种种分歧,对是否可以、在何种程度上可以把马克思主义哲学当做人学,更远未达成共识。但现在已很少有人把对人性、人道主义、人的自由和价值、人的自主活动等的研究与历史唯物主义完全对立起来,很少有人再否定关于人的问题的研究在马克思主义哲学研究中的重要性。

既然对西方人本主义各派哲学家都以不同方式把人当做哲学的出发点和归宿,而马克思也强调人的自主活动的意义并把人当做他的全部理论的出发点,那我们就应当对二者进行比较研究。既划清二者的界限,不把马克思主义混同于西方人本主义;又发觉二者之间的共同之处或者可以相容之处,以便从西方人本主义哲学思潮中吸取有益的思想材料,为丰富和发展马克思主义哲学服务。

西方人本主义哲学思潮和马克思主义关于人的理论的比较研究可以、而且必须在不同层面和视界下进行。前者有各种不同派系,各派的理论互有差异,每派不同哲学家的理论也各有特色。应当分别对之进行具体分析。但更重要的是要善于发现它们的共性。这些共性有的在某种程度上(也仅仅是在某种程度上)往往体现了它们与马克思主义哲学在

---

① 《马克思恩格斯选集》,2版,第1卷,54、56页。

超越传统哲学特别是近代哲学上的共性。例如，西方人本主义各派哲学家大都以不同方式强调人的自主性、实践性和能动性，并由此而超越了以近代西方理性派形而上学为代表的传统形而上学，特别是以心物主客二分为出发点的基础主义和本质主义，使哲学研究在不同程度上从抽象化的自在的自然界或绝对化的观念世界返回到人的现实生活世界。他们也大都以不同方式强调要把人看做完整的人，看做目的而不是手段；哲学重建的根本途径说到底是向人的回归。他们的这些理论都有很大片面性，不能与马克思主义关于人的理论相提并论，但二者之间在一定程度上毕竟有共同或者相容之处，值得认真加以研究。

马克思和恩格斯对同时代西方哲学的否定

1. 为什么要再次谈论马恩对同时代西方哲学家的否定评价

几年以前，我和北京大学陈启伟教授以学术通讯形式就如何看待马克思主义经典作家对同时代西方哲学的否定作过一次讨论。陈启伟教授在给我的信中对以往我国哲学界全盘否定现代西方哲学的来龙去脉作了具体考察，对马克思主义本质上反对任何一种宗派主义的态度作了深刻的理论分析。他的论述体现了我国哲学界绝大多数人的观点。经过改革开放以来对马克思主义的重新学习和对现代西方哲学的重新研究，大家都认识到对现代西方哲学简单否定既不符合马克思主义的意识形态理论和马克思主义经典作家一贯强调的求实态度，更不符合现代西方哲学发展的实际状况。

然而大家又都知道，马克思和恩格斯当年在特定条件下对同时代一些西方哲学家的确作过否定性评价，它们后来被一些受到"左"的影响的马克思主义学者当做全盘否定现代西方哲学的重要理论根据。为了在新的历史条件下用发展着的马克思主义观点对现代西方哲学作出符合客观实际的新评价，克服以往简单化的全盘否定态度，就不能再把马克思和恩格斯当年的这类评价的适用范围扩大化。但如果没有对这些评价作出合理解释而抛弃它们，很可能导致对马克思主义的背离。因此，近些年来许多同行专家在谈论现代西方哲学时往往避免直接涉及这些评价，有的专家甚至避免提及与马克思主义哲学的关系。这种回避的确可以暂时摆脱一些困扰。但如果我们肯定中国的现代西方哲学研究应当用马克思主义来指导，那就不应当、实际上也无法避开这些评价；而应当将其与马克思和恩格斯当时面对的阶级斗争的形势结合起来思考，揭示坚持马克思主义的基本原则与在特殊历史条件下对同时代的西方哲学作出否定评价之间的联系和区别，由此证明坚持马克思主义的基本原则不仅不排斥、而且需要在新的历史条件下对现代西方哲学作出新的评价。陈启伟教授的信除了上述考察和分析外，最重要的就是把如何看待马克思恩格斯对同时代西方哲学的否定评价问题明确地提了出来。

对经典作家对同时代西方哲学家的否定性评价问题，同行专家们大都早已在思考。我因为近些年来较多从事马克思主义哲学和现代西方哲学的比较研究，更无法回避这个问题，对此也早已有些看法，因不成熟而未提出。陈启伟的信促使我对之进一步思考，并把初步看法提出来供大家讨论。

简单说来，我认为马克思和恩格斯对哲学等同时代资产阶级意识形态的否定是在无产阶级和资产阶级已正式成了敌对阶级、二者之间的阶级斗争在理论和实践上都已采取了日益鲜明和带有威胁性的形式（突出地表现在无产阶级准备发动、甚至已经发动推翻资本主义的革命）的情况下作出的。在这种特定条件下，为了保证无产阶级在政治上和理论上不受资产阶级思想家的影响，马克思和恩格斯只能将当时的西方哲学当做敌对阶级的意识形态而加以批判，而不可能去深入研究和具体分析这些哲学是否和怎样超越了近代哲学的某些局限性。但这并不表示他们后来没有看到由产业革命推动的欧洲资本主义出现的新发展，更不表示他们否认后来在阶级斗争相对平静的新的历史条件下对资产阶级思想家的理论应当重新作出研究和评价。因此不能把他们在特定情况下对同时代西方哲学家的否定绝对化，当做评价现代西方哲学的普遍原则；而要以他们一再强调的与时俱进的观点，具体地分析变化着的资本主义社会和资本主义意识形态，以唯物史观的求实的态度具体地揭示它们的是非成败，从中吸取经验教训。我正是按照这种观点给陈启伟教授写了一个回复。征得他的同意，我将他的信和我的回复交给上海《学术月刊》，分别以"如何看待马克思、恩格斯对现代西方哲学的评价"和"也谈马克思主义经典作家对现代西方哲学的否定性评价"为题发表于该刊 2002 年第 8 期，《中国社会科学文摘》同年 6 期对两文都作了详细转载。

据说我们的讨论在研究现代西方哲学的同行专家中获得了较广泛的认同。我在往后几年发表的几篇文章中从不同角度进一步阐释了这方面的观点。我当然相信学界对如此敏感的问题肯定会有不同意见。事实上，有一位从事马克思主义哲学研究的专家曾多次写信给我表示不赞成我对重新评价现代西方哲学的见解，认为现代西方哲学并未超越唯心主义和形而上学的范围，也谈不到对近代哲学有重要进步。作为一个年过八旬的老人，因跟不上我国马克思主义哲学和现代西方哲学研究的进步而恪守旧的模式，这并不奇怪。

但是，我在 2007 年办理《哲学上的革命变更和现代转型》课题的结项时收到的一位评审专家的意见却引起我的关注。这位专家把书稿关于马克思主义哲学和现代西方哲学的比较研究的论述简单地定性为将这两种哲学相提并论，同时提出应把马克思《资本论》第一卷第二版《跋》中那段在特定历史情况下否定同时代资产阶级政治经济学的话引申和扩大当做评价现代西方哲学的普遍规则。这位专家的主观意图可能是维护马克思主义，但实际效果是以马克思的名义重新恢复对现代西方哲学的全盘否定。评审专家们对课题成果提出不同、甚至不够求实的意见本来很是正常，没有必要写文章公开答辩。但这些意见曾得到一些人士的默认，又与上面提到的那位老者的意见相仿，有一定代表性。另外，这方面的问题很是重要，不仅关系到对马克思和恩格斯在特定条件下的某些论断的理解，更关涉怎样用发展着的马克思主义来指导我国现代西方哲学研究。因此我还是觉得应当借题发挥一下，将所涉及的问题向学界提出，以便通过公开讨论来达成更多共识。

2. 《资本论》二版《跋》不是评价现代西方哲学的普遍标准

在研究和评价现代西方哲学上，大家的分歧也许并不在于是否肯定应当用马克思主义指导，而在于究竟怎样用马克思主义指导。改革开放以前对现代西方哲学的全盘否定大都是在坚持马克思主义的旗号下进行的，往往也援引马克思主义经典作家的一些话语作为理论根据。然而由于对这些话语往往作了教条主义扭曲，结果偏离了马克思和恩格斯的本意。上述专家所表现的对马克思的话的解释似乎与此类似。我们并不怀疑他们有维护马克思主义的初衷，但认为他们不是用发展着的马克思主义观点来看待我国学界在重新研究和评价现代西方哲学上的进步，而是把马克思主义经典作家在特定情况下对同时代西方哲学的否定评价简单化和绝对化，由此作出的解释必然具有某种倒退倾向。

关于马克思主义经典作家对同时代西方哲学的否定，我们的阐释不见得准确。上述专家如果是以求实的态度与我们商榷，应当受到欢迎。遗憾的是：他们对此并没有作客观和具体的分析，而只是把马克思《资本论》第一卷第二版《跋》中有限定意义的论断扩大为普遍准则，认为马克思恩格斯"对现代西方哲学的评价所依据的却是西方资产阶级理论家在资产阶级取得政权以后，以利害代替是非作判断标准"。《跋》中的相关话语实际上被当做评价现代西方哲学的普遍标准。为了明辨是非，最重要的是重新揭示马克思的这个《跋》中相关的话语的意义以及它是否可以当做评价现代西方哲学的普遍标准。

马克思《跋》中有如下话：

"1830 年，最终决定一切的危机发生了。""资产阶级在法国和英国夺得了政权。从那时起，阶级斗争在实践方面和理论方面采取了日益鲜明的和带有威胁性的形式。它敲响了科学的资产阶级经济学的丧钟。现在问题不再是这个或那个原理是否正确，而是它对资本有利还是有害，方便还是不方便，违背警章还是不违背警章。不偏不倚的研究让位于豢养的文丐的争斗，公正无私的科学探讨让位于辩护士的坏心恶意。"①

马克思这段话主要涉及资产阶级古典政治经济学作为一门学科在法国和英国资产阶级取得政权后的状况。他明确地把他对资产阶级政治经济学的否定限定在30年代经济危机爆发以后"阶级斗争在实践方面和理论方面采取了日益鲜明的和带有威胁性的形式"的时期。对在此之前的资产阶级政治经济学，马克思没有简单否定，而是分别就不同情况作了不同程度的肯定。例如他在《跋》中分析了1820～1830年间无产阶级和资产阶级的阶级斗争尚未激化的时期英国资产阶级政治经济学的活跃发展的情况以及它们在某种程度上的"公正无私的性质"。这时英国和法国的资产阶级革命都早已发生，但由于政治、经济等多方面的原因，资产阶级和无产阶级的阶级斗争还处于潜在状态。只有到19世纪30年代经济危机爆发、资本主义内在矛盾被激化、资产阶级和无产阶级处于公开敌对地位的时候，资产阶级经济学才真正没落。至于在此之后资本主义是否能出现相对稳定的发展时期，资产阶级和无产阶级的敌对是否一直处于公开的、激化的状态，《跋》中没有作具体论述，也没有否定这种可能性。从西方资本主义后来的实际发展看，19世纪70年代以后出现了相对"和平发展"的时期，马克思和恩格斯后来也对此作过肯定。因此，马克思《跋》中的上述否定并不是他对资产阶级经济学的普遍否定，更不能将其扩大作为评价现代西方哲学的普遍根据。马克思在《跋》中除了论及他的辩证法和黑格尔辩证法的关系外，并没有直接涉及对同时代哲学的评价。笼统地将其引申作为评价现代西方哲学的根据，就更显得太牵强了。

恩格斯在《费尔巴哈与德国古典哲学的终结》中有一段话倒是直接针对1848年以后的德国资产阶级哲学没落状况。他说："在包括哲学在内的历史科学的领域内，那种旧的在理论上毫无顾忌的精神已随着古典哲学完全消失了；起而代之的是没有头脑的折中主义，是对职位和收入的担忧，直到极其卑劣的向上爬的思想。这种科学的官方代表都变成毫无掩饰的资产阶级的和现成国家的玄想家"。但恩格斯立即对之作了

---

① 《马克思恩格斯选集》，2版，第2卷，107页。

限定："但这已经是在资产阶级和现存国家同工人阶级公开敌对的时代了。"①

资产阶级在取得政权以后成了统治阶级，阶级地位发生了根本变化,这使他们的意识形态的阶级倾向性也必然发生根本变化。马克思和恩格斯从革命无产阶级立场出发明确地指出了这种变化，这与他们的历史唯物主义关于意识形态的理论也完全一致。谁忽视了这一点谁就可能背离马克思主义。因此马克思在《跋》和恩格斯在《费尔巴哈与德国古典哲学的终结》中对同一时期资产阶级意识形态的否定正是他们作为无产阶级革命导师的鲜明的阶级立场的体现。我们应当高度重视这些否定的深刻意义；但是同时应当注意马克思和恩格斯又对这些否定作了明确限定，并没有把这种否定当做对现代西方哲学等资产阶级意识形态的全盘否定；我们不能把这种否定当做评价这些意识形态的普遍标准。

把《资本论》第二版《跋》等马克思和恩格斯在特定历史时期对同时代某些西方资产阶级学者的否定当做是他们对整个现代西方哲学等资产阶级意识形态的全盘否定，除了不符合上面所提及的马克思和恩格斯本人所作限定外，至少还会碰到两个困难：一是难以与他们的历史唯物主义，特别是与他们关于意识形态的一些著名论断一致，另一是难以解释一百多年来西方哲学的实际状况。下面我们再就这两点分别加以解释。

马克思主义在评价任何一种哲学时都不只是简单地从后者体现的阶级立场出发来判断，而是既关注其社会历史根源，又关注其思想理论根源。马克思在《路易·波拿巴的雾月十八日》中明确指出判定一种思想理论的阶级性并非指其思想家"原则上只是力求实现其自私的阶级利益"，而是他的思想不能越出某个阶级的生活所不能越出的界限。就是说，标准不是直接的利害，而是归根到底的物质利益和阶级地位②。恩格斯在《费尔巴哈与德国古典哲学的终结》中说："任何意识形态一经产生，就同现有的观念材料相结合而发展起来，并对这些材料作进一步的加工；不然，它就不是意识形态了……人们头脑中发生这一思想过

① 《马克思恩格斯选集》，2版，第4卷，258页。
② 参见《马克思恩格斯选集》，2版，第1卷，614页。

程，归根到底是由人们的物质生活条件决定的，这一事实，对这些人来说必然是没有意识到的，否则，全部意识形态就完结了。"恩格斯由此把哲学当做"更高的即远离物质经济基础的意识形态"，"在这里，观念同自己的物质存在条件的联系，越来越错综复杂，越来越被一些中间环节弄模糊了。"①

其实，哲学等意识形态的社会历史根源也不能简单地归结为特定阶级的利害，而包含了整个时代全部社会阶级关系等复杂的社会历史条件。即使是阶级利害关系对意识形态的制约也只有在"阶级斗争在实践方面和理论方面采取了日益鲜明的和带有威胁性的形式"的年代才直接表现出来。李嘉图的政治经济学出现在英国资产阶级革命之后，而且他已"有意识地把阶级利益的对立、工资和利润的对立、利润和地租的对立当做他的研究的出发点"，但由于当时"阶级斗争处于潜伏状态或只是在个别的现象上表现出来的时候，它还能够是科学"②。

这就说明，如果既撇开意识形态的思想理论背景，又将其阶级背景片面化，由此将马克思主义评价整个现代西方哲学的标准仅仅归结为"以利害代替是非作判断标准"，那就是对马克思主义历史唯物主义关于意识形态理论的明显的扭曲。

从现实的方面说，如果把马克思恩格斯当年在特定条件下对经济学、哲学等资产阶级意识形态的否定性评价当做马克思主义评价它们的普遍原则，那必然造成对往后一百多年西方经济学、哲学以及一切人文社会学科的全盘否定。这显然不符合这些学科发展的实际状况，也不符合马克思主义者通过研究这些西方学科来从其成败得失中吸取经验教训，以达到丰富和发展马克思主义的目的。这在经济学领域不言而喻。即使是最僵化的经济学家大概也不会否定建设社会主义市场经济时代的马克思主义者需要借鉴西方经济学。在哲学、社会学等众多学科领域也大体类似。在社会学领域这种状况特别明显。社会学不仅是由与马克思和恩格斯同时代的孔德创立的，其众多分支学科都是由后来的资产阶级社会学家建立的，当马克思主义者意识到需要建立和发展社会学时，他们都不得不批判地借鉴西方社会学。就哲学本身领域说，西方哲学固然

---

① 《马克思恩格斯选集》，2版，第4卷，253～254页。
② 《马克思恩格斯选集》，2版，第2卷，106页。

是资产阶级哲学，与马克思主义哲学有着原则区别，但它们毕竟在一定范围内体现了西方现代社会发展的成果，特别是自然科学等人类认识的成果，与西方社会各方面的发展密切相关。如果以马克思主义的名义对它们简单否定，不仅不能影响它们在西方世界发生作用，也不能取信于早已开始广泛接触它们的中国读者（特别是青年学生），反而会因不实事求是而败坏马克思主义的声誉，更谈不到从这些哲学的是非成败中吸取经验教训来丰富和发展马克思主义。

总之，把马克思和恩格斯当年在特定历史条件下对现代西方哲学的否定性评价看做是他们对整个现代西方哲学的普遍有效的评价，这种认识在理论上严重扭曲了历史唯物主义，在现实上明显不符合现代西方哲学发展的实际状况。以这种认识来对待现代西方哲学研究，必然会否定改革开放以来我国哲学界重新研究和评价现代西方哲学的积极成果，特别是将否定马哲界通过这种重新研究和评价在丰富和发展马克思主义哲学上所取得的成果，从而会使我国现代西方哲学研究引向背离真正的马克思主义的方向。在这种情况下，即使抱这种认识的人真正有维护马克思主义的动机，结果仍然只能是损害马克思主义。

3. 以历史唯物主义的求实态度认识马恩对同时代西方哲学家的评论

正因为把《资本论》二版《跋》中的某些话语绝对化、当做评价现代西方哲学的普遍准则存在明显困难，我国哲学界很少有人再表示认同。最近十多年来国内学者很少有人再援引这些话语来否定现代西方哲学。大家都主张以马克思主义的与时俱进的态度对一百多年来的现代西方哲学发展的实际状况重新作出评价，这意味着既划清马克思主义哲学和现代西方哲学作为无产阶级和资产阶级两个对立阶级的哲学之间的原则界限，又不简单否定现代西方哲学，而是从唯物史观出发对之作出求实的分析。我个人一直倡导这种观点，认为用马克思主义评价现代西方哲学的原则只能按照历史唯物主义关于意识形态的基本理论来确定。马恩在这方面有明确的论述。至于对他们在特定历史条件下对同时代西方哲学为什么主要作否定性评价，他们虽然没有直接作出回答，但我们完全可以，而且应当按照他们的历史唯物主义的基本原理对这种特定历史条件作出具体分析，然后作出合理的解释。这些我在上面大都已提及了。在《哲学上的革命变更和现代转型》书稿中作了更为集中的论述。

在书稿《绪论》中"马克思和恩格斯为什么没有对同时代西方哲学给予肯定评价"这个小标题下有如下一段话：

> 马克思和恩格斯在实现哲学上的革命变更时，对德国古典哲学等西方近代哲学，都是既批判它们不能越出为资本主义"理性社会"辩护的阶级局限性以及最后必然陷入独断论和怀疑论、主观主义和相对主义等理论的局限性，又肯定它们在促进资产阶级反封建民主革命和资本主义经济以及思想文化发展上起过的积极作用，特别是肯定它们在理论上可能包含的唯物主义或辩证法等合理因素。然而对于与 19 世纪中下期流行的西方哲学，他们则很少给予肯定评价，而往往只是激烈的批判。这主要是因为他们当时认为西方资本主义制度已经腐朽没落、甚至行将灭亡，无产阶级革命在主要资本主义国家取得胜利的决战时刻即将到来。因此他们最关注的是指引革命无产阶级怎样从政治和意识形态上去进行反对资本主义的斗争，而不是去探究作为革命对象的资产阶级还能否对现存资本主义社会进行某些有效的改革、在一定程度上尚能推动社会进步，当然也不会去深入研究当时的西方哲学家是否还能够对陷入困境的近代哲学做出某种具有积极意义的改造，提出某些合理的思想，对西方哲学的进步做出新的贡献。事实上，他们对同时代西方哲学家和流派（例如孔德等人的实证主义、叔本华等人的非理性主义、朗格等人的新康德主义）的研究主要是后者对当时工人运动的损害，哲学研究直接服从于当时无产阶级的革命斗争的需要。从维护革命无产阶级的思想统一、使之不受敌对阶级在哲学和社会思想上的消极影响来说，他们对这些哲学流派采取坚决的批判态度是理所当然的。如果当时西方资本主义制度和资产阶级的统治的确行将被推翻，那对与之相应的哲学等意识形态怎么可以不作坚定批判、反而给予肯定的评价呢！

在第一篇第三章中第一节"西方哲学的现代的转型的历史和理论根据"中，在"重新认识西方近现代哲学转型的理论取向"小标题下有如下一段话：

> 马克思和恩格斯从解放无产阶级和全人类的神圣使命出发，把推翻资本主义制度和资产阶级的统治、进行社会主义革命当做他们关注的核心。在哲学和思想理论上，他们所关注的是在批判继承以往优秀哲学遗产的基础上建立关于无产阶级革命的世界观和方法论的理论，并与同时代的一切资产阶级哲学理论（包括各种改良主义和空想社会主义等其他形式的社会主义理论）严格划清界限，甚至与之针锋相对。《共产党宣言》和他们当时的其他论著都体现了这种倾向。这具体表现在：他们无论是对孔德等人的实证主义思潮、还是叔本华等人的非理性主义哲学思潮以及一切以继承休谟和康德、黑格尔等近代哲学的某些成分结构起来为特征的同时代的哲学，一律采取坚决否定的态度。正像他们当时并未考虑这些国家的资产阶级是否还能对现存社会作出某些有效的改革、从而在一定程度上尚能推动社会进步一样，他们同样没有去深入研究这一时期的资产阶级哲学家是否还能够对陷入困境的西方近代哲学作出某种具有积极意义的改造，是否还能够提出某些合理的思想，对西方资产阶级的哲学的进步还能够作出某种贡献。出于资本主义行将灭亡的预计，这些问题必然不为他们所特别关注，甚至可能处于他们的视野之外。总的说来，他们对同时代西方哲学家的态度主要是着眼于这些哲学家及其理论与当时工人运动的关系，哲学斗争直接服从于当时的政治斗争。

其所以引出上面两段话，主要是因为它们大体上能体现我们关于马克思和恩格斯当年为什么会没有对同时代西方哲学给予肯定评价的观点，也是因为个别评审专家曾引其中的词句来批评我们的观点"包含有大量的猜测，而不合事实"，说我们把马克思《跋》中的论断"撇在一边，根据自己的想象为马克思的依据另立标准"。

　　为了澄清是非，我觉得必须进一步作出辨析。

　　澄清是非的关键还是如何合理解释马恩对同时代的西方哲学未作肯定评价。在此首先必须明确：从历史唯物主义的求实态度看，对19世纪中后期的西方哲学是否只能全盘否定，是否应当继续坚持以往对现代西方哲学全盘否定的态度？

　　如果坚持过去流行的简单否定态度，那当然不需要解释为什么马恩当年没有对同时代的西方哲学作出肯定评价。但这种全盘否定的态度明显偏离马恩的原意和历史唯物主义，还将全盘否定我国哲学界改革开放以来重新研究现代西方哲学的方向。这样的立场与我国哲学界绝大部分人不同。

　　如果不坚持全盘否定的态度，而在不同程度上肯定现代西方哲学中可能存在合理因素，那显然不应当把马克思的《跋》与他的历史唯物主义的意识形态理论割裂开来，不应把马克思的《跋》扭曲为仅仅根据利害原则对整个现代西方哲学简单否定，而应当对马恩当时没有肯定这些合理性的原因作出合理解释。

　　在肯定与马克思和恩格斯同时代的西方哲学可能存在某些合理性的前提下，怎样解释马恩当时对它们却没有肯定呢？除了我上面提到的解释外，似乎只有如下两种解释，但它们都难以成立。

　　一种解释是：马恩对这些哲学作过深入具体的研究，从而也在不同程度上发现了这些哲学存在某些合理性，由于某种原因而故意不肯定它们（或者不便于肯定它们）。但这种解释与马克思和恩格斯一贯的求实态度不一致。作为具有伟大人格的无产阶级革命导师，他们在理论上不可能采取这种虚假的态度。

　　另一种解释是：马恩虽然对这些哲学作过深入的研究，却并没有发现其中的合理性。但这会使人觉得他们在这方面缺乏洞察力。其实马恩对他们以前的西方哲学作过深刻研究，他们正是从无产阶级革命立场出发在批判继承西方哲学的优秀传统的基础上实现哲学上的革命变更的。如果他们对同时代西方哲学流派作过深入全面的研究，却未能发现其中的确存在的积极因素，这是不可设想的。

　　除此之外似乎难有其他解释。

　　尽管个别专家认为我们在书稿中的说法"包含有大量的猜测，而不合事实",但只要不断章取义,上面所引两段话及其前后文中就已包含了相关的理论和事实根据。我再补充说明两点。

其一是:马恩作为无产阶级的革命导师,在欧洲无产阶级反对资产阶级的革命处于决战关头的时期,他们在哲学理论上最关注的必然是与革命的成败密切相关的问题。当他们在 40 年代提出了他们的哲学的基本原则、实现了哲学上的变革以后,他们的理论研究更加着重于资本主义社会的现实状况,为革命无产阶级制定推翻资本主义制度的战略和策略,并与作为敌对阶级意识形态的资产阶级意识形态作坚决的斗争。他们对同时代资产阶级哲学家的理论批判越来越具有政治和意识形态批判的性质。马恩在哲学上对敌对阶级意识形态的这种批判态度正体现了他们的哲学是无产阶级的革命世界观的理论。

其二是:从马恩对同一时期资产阶级哲学家的批判的实际情况看,他们当时的批判主要也是将其作为敌对阶级的意识形态的批判,较少涉及这些哲学家的理论的具体内容。在他们的著作中,对同时代哲学的批判主要是对在工人运动内部的各种反马克思主义的错误倾向的批判,其中突出的有马克思对拉萨尔的批判、恩格斯对杜林的批判(杜林的哲学理论从基本倾向来说仍然属近代范围)。至于对同时代西方哲学家的哲学理论的具体论述,只要这些哲学家的理论没有明显影响到当时无产阶级的革命斗争,马恩大都没有对其作具体评析。马克思在不少地方提到过穆勒、边沁等人,但主要从经济学角度对他们的评论。恩格斯鄙弃叔本华,但只是几笔带过。马克思对孔德的批判在马恩对同时代哲学家的批判的性质大概具有典型意义。我们在书稿中曾作如下解释。

马克思曾多次提到并批判过孔德。他在 1866 年 7 月 7 日给恩格斯的一封信中谈道:"我现在顺便地研究孔德,因为英国人和法国人都对这个家伙大肆渲染。使他们受迷惑的是他的著作简直像百科全书,包罗万象。但是这和黑格尔比起来却非常可怜(虽然孔德作为专业的数学家和物理学家要比黑格尔强,就是说在细节上比他强,但是整个说来,黑格尔甚至在这方面也比他不知道伟大多少倍)。而且这种实证主义破烂货是出版于 1832 年！"①

在为总结巴黎公社起义的经验教训而写的《法兰西内战》初稿中，有一节《工人和孔德》，其中谈到："巴黎工人知道：孔德在政治方面是帝国制度（个人独裁）的代言人；在政治经济学方面是资本家统治的代言人；在人类活动的所有范围内，甚至在科学范围内是等级制度的代言人；巴黎工人还知道，他是一部新的教义问答的作者，这部新的教义问答用新的教皇和新的圣徒代替了旧教皇和旧圣徒。"② 前一段话批判的主要是孔德企图建立的无所不包的实证主义体系，而这正是孔德哲学中最消极的部分。在以黑格尔的无所不包的绝对理性主义为顶点的近代体系哲学因与现实严重脱节而陷入不可解救的困境以后，孔德却企图用新的形式建立体系哲学，可以说是哲学上的一种倒退。马克思的这段话鲜明地体现了他对体系哲学的否定态度。然而，孔德哲学中所包含的对黑格尔的绝对理性主义批判和反形而上学立场，孔德之要求对社会现象进行实证研究及由此成为社会学创始人的作用，却完全没有为马克思所提及，说明他根本没有考虑这一方面。至于后一段话，则更明显地表现出马克思完全是从总结巴黎公社起义中孔德理论对工人运动的消极作用的角度来评价孔德的。这种批判必然是一种否定性的政治批判。

对马克思和恩格斯为什么未对同时代西方哲学家给予肯定评价的问题作出解释应当采取极为严肃的态度。既必须遵守马克思主义历史唯物主义的基本原则，又必须对与马恩同时代的西方哲学的发展状况作出具体的研究和分析。我一直力图这样做，力图使我们的解释有理论和事实根据；但在这方面不见得做得很好，完全可能存在种种片面性。我们希望能听到专家们进一步的意见，更希望通过讨论达成更多共识。

---

① 《马克思恩格斯全集》，2 版，第 4 卷，574～575 页。
② 《马克思恩格斯选集》，2 版，第 3 卷，106 页。

4. 马克思和恩格斯在评价现代西方哲学上是否与时俱进

在是否应当把马克思和恩格斯在特定历史条件下对现时代西方哲学的否定当做评价现代西方哲学的普遍原则上，某些专家与我们的分歧除了对马克思的《跋》等中的话语的意义的理解外，还包括对恩格斯《卡尔·马克思〈1848 年至 1850 年的法兰西阶级斗争〉一书导言》的理解。主要分歧表现在如何回答如下问题：一，马克思和恩格斯后期是否随着欧洲资本主义发展出现的新情况而在无产阶级的革命策略上作了某些改变？二，上述改变是否会导致他们在对同一时期西方哲学的评价上有所改变？

前一个问题恩格斯在《导言》中已有明确指示，我们正是按照恩格斯的指示来论述的。其实，马恩在他们的许多著作中都一再指出要以发展着的观点来看待他们的理论。马克思晚年在坚持其无产阶级革命的基本立场的同时，对无产阶级斗争策略应当适应新的历史条件而有所改变作过许多论述。这些是众所周知的。

在此补充说明的是：我们对《导言》的解释与近年来报刊上关于恩格斯是否赞成民主社会主义的讨论没有任何牵连。我们曾明确地指出马克思和恩格斯后期适应资本主义发展的新形势在无产阶级革命策略上的改变是在坚持马克思主义基本原理和实现共产主义伟大目标前提下的改变，与一切形式的修正主义和机会主义没有任何共同之处。

后一个问题其实就是是否真正相信历史唯物主义关于社会存在决定社会意识这个基本原理。既然恩格斯明确地指出他们后来已认识到"当时欧洲大陆经济发展的状况还远没有成熟到可以铲除资本主义生产的程度"，资本主义的经济基础"还具有很大的扩展能力"，我们能够说他们在这个时候还会把资本主义的意识形态看做像"阶级斗争在实践方面和理论方面采取了日益鲜明的和带有威胁性的形式"的时期（马克思）、"资产阶级和现存国家同工人阶级处于公开敌对地位的时代"（恩格斯）那样只能是否定性的吗？当恩格斯在《导言》中明确地讲到"历史表明我们也曾经错了"时，他指的不只是法国二月革命的具体方式错了，也包括（而且更重要的是）对当时欧洲资本主义仍有发展余地估计不足。

这从这句话的前后文可以明显看出。

上述情况也适用于马克思和恩格斯对西方资产阶级哲学的估计。恩格斯就曾明确指出资本主义在往后的发展中在道德领域内的进步："资本主义生产越发展，它就越不能采用作为它早期阶段的特征的那些小的哄骗和欺诈手段。……这些狡猾手腕在大市场上已经不合算了，那里时间就是金钱，那里商业道德必然发展到一定水平。"① 道德与哲学密切相关，道德领域的进步在一定程度上蕴含着哲学上的进步。当然，马恩晚期也同他们早期一样因种种原因而未能对同时代的哲学作系统的研究，在对后者的评价上也仍不可能有系统的表述。我们对他们在这一时期对待同时代哲学的态度，只能根据他们的唯物史观，特别是他们这一时期关于无产阶级革命斗争的策略的论述来认识。

在对待恩格斯的《导言》以及马克思和恩格斯后期关于无产阶级革命的斗争策略上是否有所改变上，我认为应当反对两种极端态度，一种是夸大这种改变，以致把恩格斯和第二国际修正主义以及民主社会主义相提并论。近年来报刊上发表了许多文章批评这种观点，我们赞成这种批评。另一种是否定马克思和恩格斯在坚持其马克思主义和无产阶级革命立场的前提下后来对某些问题的看法有所改变。这与马克思和恩格斯本人一再明确指出的他们的理论是发展着的理论、应当与时俱进的观点格格不入。这种观点在理论上和实践上都会遇到极大困难。如果固守马克思和恩格斯某些过时的观点，在理论上就根本谈不到列宁等后来的马克思主义者对马克思主义的发展；在实践上就无法解释往后西方资本主义（包括其哲学）的发展。至于马克思主义在中国的发展，就更无法解释了。

---

① 《马克思恩格斯选集》，2版，第4卷，419页。

当·代·中·国·哲·学·家·文·库

刘放桐 卷

下 篇

重新评价现代西方哲学及其在中国的影响

迈向现代西方哲学研究的新阶段

新中国成立以来，特别是改革开放三十多年来，我国现代西方哲学研究取得了令人瞩目的发展。但由于受到复杂的政治和意识形态环境等的制约，本学科的发展历程比较曲折。总结这段历程，从中吸取经验教训，将有利于促进本学科研究，使之尽可能发挥出其应有的积极作用，避免其消极作用。

我从 20 世纪 50 年代中期进入西方哲学研究之门。60 年代以来偏重于研究现代部分，可由《现代西方哲学》三个版本的编写联系在一起。初版（1981）尝试构搭本学科教材的基本理论框架，参与学科的重建。修订本（1990）力图对学科内容的具体介绍有更多的科学性和客观性，对旧的理论框架和评价模式有所突破。2000 年出版的《新编现代西方哲学》在强调马克思主义的产生是哲学发展上的伟大革命变更的同时也肯定西方哲学由近代转向现代，标志着它发展到一个新的、更高的阶段；认为马克思主义哲学较之西方现代哲学具有无比的优越性，二者存在原则区别，但在超越近代哲学上又殊途同归，都体现现代哲学思维方式，从而主张将二者的研究结合在一起，以便更好地促进马克思主义哲学的丰富和发展。我在编写每一个版本时都企图紧跟我国本学科研究前进的步伐。前两个版本近 20 年来在国内同类教材中采用面和读者面都最广，它们的成败得失也许能从一个侧面体现改革开放以来本学科研究的轨迹。作者主观上希望《新编现代西方哲学》能继续体现这一轨迹。本文拟联系这三个版本的编写来反思这一时期本学科的发展，特别是就如何将本学科研究推进到与马克思主义哲学研究结合的新阶段提出一些想法。

1. 克服全盘否定倾向，重建现代西方哲学学科

现代西方哲学在我国本来是一个有着悠久历史，并发挥过重要影响的学科。清末严复等一些先进知识分子为了给中国寻找出路早就向国人介绍过实证主义等思潮。尽管他们的这些介绍未能达到预期目的，毕竟在封闭、停滞和落后的中国社会注入了一种主张开放、变更和进步的意识，起到了一定的思想启蒙作用。五四新文化运动的代表人物对实用主义及同一时期众多西方哲学流派大都有不同程度的了解，有的甚至是其倡导者。这些流派从理论和对现实社会影响来说有很大的片面性和消极性，与当时传入中国的马克思主义不能相提并论。但在反对封建旧文化、主张建立具有科学与民主精神的新文化上与后者却有共性，共同促使五四运动成了一场波澜壮阔而具有深刻历史意义的社会变更运动。因此当时的中国马克思主义者对这些哲学流派采取了既批判又联合的态度。

在此之后，由于国际和国内政治形势剧变，哲学作为一种意识形态对政治的依存性突出地表现出来。1927 年国民党当局背叛革命后对共产党人血腥镇压，马克思主义被视为非法。作为对这种压制的反应，加上受国际上"左"的思潮等影响，一些中国马克思主义者对现代西方哲学的态度也发生了重要改变：首先对杜威及其实用主义哲学，接着对其他各派哲学都越来越倾向于简单否定。本学科研究可能起到的积极作用往往被忽视，马克思主义哲学研究有时也因与现实生活（包括当代世界哲学的发展）脱节而出现僵化和片面化倾向，在某些情况下脱离了其实际所是，从而也失去了它应有的活力。

新中国成立后，马克思主义在中国取得了主导地位，这为中国哲学的发展开辟了全新的道路，也为超越现代西方哲学的界限而对其作出深刻全面的认识和评价创造了必要条件。然而由于"左"的意识形态干扰等原因，这一条件没有被充分利用。从 20 世纪 50 年代初起，现代西方哲学进一步被简单归结为与马克思主义哲学绝对对立的资产阶级反动哲学，以致极少有人敢于或愿意再涉足。各大学哲学系几乎均未完整地开设本学科课程，连云集了国内本学科绝大部分著名专家的北京大学哲学系也只开设零星讲座。不过本学科研究没有完全中断，一些专家仍然在困难的条件下以提供反面材料等方式在资料编译等方面做过一些有益的工作，例如洪谦先生主持编译的《西方现代资产阶级哲学论著选辑》（1962）就曾广为流传；《哲学研究》编辑部组织一些专家编译了多辑以实用主义为主要内容的《资产阶级哲学资料》（内部发行）；还有一些先生翻译了一些国外（主要是苏联）关于这方面的批判资料。在偏离政治中心、历史上与西方联系较密的上海，复旦大学哲学系全增嘏教授1960 年起曾以"现代资产阶级哲学批判"的名称尝试讲授过这门学科。他讲的虽很简单，却是作为独立的课程开设的，当时在国内也许是"独此一家"。从 1962 年起我在全先生指导下承担这门课程的教学，甚至还着手编写教材。怎奈"左"的政治干扰变本加厉，接着是史无前例的十年浩劫，本学科的教学与研究完全停顿了。

"文化大革命"结束后，随着对"左"的思潮的清算，哲学界总结五四以来特别是新中国成立以来我国哲学发展的经验教训，越来越认识到将现代西方哲学学科全盘否定不仅不利于、反而有害于人们全面和深刻地理解马克思主义哲学并促进其丰富和发展，更不利于认识我们所必须面对的西方世界，主张将其重建。由于原有基础薄弱，中断的时间又长，重建必须从最基础的工作做起。一些专家随即着手从事这方面的工作。例如中国社会科学院哲学研究所和北京大学外国哲学研究所分别组织编写或编译了《现代西方著名哲学家述评》、《当代美国资产阶级哲学资料》、《外国哲学资料》。这些材料在本学科重建初期无疑起了开拓作用。1978 年和 1979 年在芜湖和太原分别举行了全国西方哲学学术讨论会。1979 年的会议专门讨论现代哲学，成立了全国现代外国哲学学会，制订了关于西方现代哲学各流派的资料编译和专题研究计划。尽管同行们后来的工作未能完全按会议所定计划进行，但在学会的组织和促进下，学科的重建却是大踏步地启动了。

学科重建的这种新形势使我在"文化大革命"前编写教材的意念重新涌动，但又感到困难重重。当时国内对本学科的资料编译和专题研究毕竟还较为零碎，对各个哲学流派如何评价，特别是如何具体看待它们与马克思主义哲学的关系还远未具体探讨；更为重要的是在众多的现代西方哲学流派中，我做过具体研究、有较深入了解的只是少数，并不具备编写国内本学科第一部较完整的教材的条件。然而学科重建期的百废待兴局面要求大家从不同方面作出贡献。当时各院校哲学专业都着手开设本学科课程，苦于难以找到教学材料。编写出一部勾画出本学科的基本理论框架、较为系统地介绍各主要派别基本内容的教材，从教学上说是学科重建的当务之急。我毕竟有过几年从事本学科教学的经历，为编写教材做过一些前期准备。因此明知自己力不从心，仍然决定尽力一试。

在学科重建大潮的推动下，以《现代西方哲学》为题的教材终于完成，1981 年由人民出版社出版，并出乎意外地受到了学界和读者的广泛欢迎。在往后许多年内它一直被众多兄弟院校采用，到 1989 年为止印刷逾 10 万册，在国家教育部和上海市获多项奖励。这当然不是因为它的编写水平高，而是因为它是在本学科停滞和中断几十年后最早出版的，内容相对系统和完整，适应了人们初步了解本学科的要求。更为重要的是：它表明无论学界还是领导部门在克服对本学科的全盘否定倾向、将其重建上的确已有共识。如果说本书有什么价值，那主要就是它为不了解本学科的人提供了一个初步线索，促使他们进一步去学习和研究。

在 20 世纪 70～80 年代之交，为了几乎是从无到有地重建现代西方哲学学科，我国哲学界在编译资料、从事专题研究和编写教材等方面都做了大量的工作。以往对本学科的简单否定倾向开始克服，大家越来越认识到重建本学科不只是提供反面材料，更是为了丰富和发展马克思主义哲学，适应改革开放的新形势，促进我国的社会改革，特别是促进思想文化领域的变更。也正因为如此，重建不能满足于解决从无到有，而要在坚持马克思主义基本原则的前提下突破旧的哲学思维和评价模式，对学科的内容重新加以认识和评价。

2. 循序渐进，突破旧的哲学思维和评价模式

《现代西方哲学》的出版固然适应了学科重建初期的急需，但它毕竟较为粗糙。例如对有些哲学流派的介绍不够准确和具体细致，往往把它们的理论纳入世界观、认识论、方法论、社会历史观等预设的理论框架中，偏离了其本身的思想逻辑，有削足适履之弊；对它们的评价虽与"左"倾时期有所不同，但并未摆脱当时形成的基本的批判模式。这些缺陷我们在本书出版以前就有所知。其所以未能克服，既是由于编者专业基础浅薄，更是由于当时对马克思主义哲学的认识还未能摆脱传习已久的思维方式和理论框架的限制。

后一点大概也是当时不少同行都难以超越的时代的局限性。在我国的现实条件下，突破旧的哲学理论框架和评判模式必然是一个相当长期的过程，只能循序渐进，无法一蹴而就。当时大家大都已意识到"左"倾时期那种对现代西方哲学的评判方式必须改变，也愿意按照马克思主义实事求是的原则对它们作具体分析。但这一点说来容易做来难。长期以来马克思主义在一些方面被教条化、僵化了；将其本来意义与被僵化和教条化的形态明确区分开来不只是纯粹的理论问题，也涉及现实的政治问题，不是短期内所能实现的。在 20 世纪 70 年代末和 80 年代初那段时期内，大多数哲学论著，包括那些最流行的马克思主义哲学教科书中所阐述的理论实际上未能摆脱僵化和教条化倾向的影响；用其来指导西方哲学研究基本上仍然是意味着把后者纳入某种固定的理论框架中，并作出是否唯心主义和形而上学等结论。这样的研究势必脱离现代西方哲学的实际所是。

我们在编写《现代西方哲学》时曾想到过要摆脱这种局限性，却苦于难以摆脱。有两位前辈建议暂时回避与马克思主义哲学的联系，专注于如实介绍西方各派哲学理论。这可能是一种稳妥的选择，但我没有接受。因为我觉得既然肯定马克思主义是我国一切事业的指导思想，本学科研究的主要目的就是为丰富和发展马克思主义哲学服务，那对它的研究就不应脱离与马克思主义的联系。另外，"左"的影响在思想文化领域内毕竟还相当强大。如果本书中缺乏对西方哲学流派的批判，也许会

被人指责为放弃马克思主义。这会使一些仅从消极方面看待本学科的人由此否定重建它的必要性。在学科重建期，我们最需要的毕竟是学科的生存权。于是我们在整体上仍然沿用了传习已久的评介模式，只是在有限范围内和程度上对之有所超越。

后来事态的发展证明上述处理似乎较为恰当。本书出版后虽受到学界和读者的欢迎，却也引起了一些人士的不安。他们仍然觉得现代西方哲学只能是腐朽没落的资产阶级反动哲学，这方面的论著只能作为供批判的内部材料；将其公开出版，甚至成为畅销书，必然产生资产阶级精神污染（当时称为"第二冲击波"）等消极后果。有关领导部门也一度认可了这种意见。这不仅使我个人受到很大政治压力，哲学界的不少人士也为之忧虑。因为本书的最大特点之一在于它强调马克思主义的指导作用，而它的主要缺陷之一正在于没有摆脱"左"的批判框架。如果这样的书被判定为宣扬资产阶级反动世界观，那么又怎么能谈到对现代西方哲学进行实事求是的、客观的研究呢？不过这场风波持续时间不长，不久就雨过天晴。在这之后，对现代西方哲学的学习甚至还出现过"热潮"。

本书的公开出版及它对旧的批判模式所作的有限的超越、它所受到的欢迎及所经受的政治风波，分别从不同侧面体现了本学科在80年代初的状况：它已乘改革开放之风重新建立，开始力图摆脱、但仍未能摆脱"左"的思潮影响下所形成的哲学思维框架和评介模式，或者说突破这种框架和模式的努力还会遇到沉重的困难和阻力。我们在这方面既要作出努力，又不能操之过急，要考虑我国哲学研究特别是马克思主义哲学研究的现实状况和学界在这方面的承受力，否则欲速则不达，对学科的研究甚至生存反而产生副作用。记得在20世纪80年代初现代西方哲学学习出现"热潮"时，有的同行在对萨特的评价等问题上说过一些过头话，而又未能作出充分论证和应有的批判，被一些人当做是散播资产阶级自由化，甚至由此怀疑本学科的研究的积极意义。

不过改革开放毕竟已是国策，突破旧的哲学思维框架和评介模式也必将成为包括本学科在内的我国哲学研究不可逆转的方向。尽管我国本学科研究后来还遇到过其他一些困难，但大家似乎都能吸取经验教训，使自己的研究尽可能具体细致，论证更具说服力，特别是在深入研究现代西方哲学的同时，也越来越关注对马克思主义哲学的重新理解和研究，探索二者之间的真实联系。虽然大家对这种联系一时还难以明确揭示，但越来越多的人深信，现代西方哲学固然包含了许多消极因素，需要明确与之划清界限；但也包含着丰富的积极因素，应当给予适当肯定，从中吸取有益的成分，用以促进马克思主义哲学研究。我们在现代西方哲学研究中遇到的困难和阻力也可以变成推动我们进一步研究的动力。在历经周折之后，学科研究越来越走上健康的发展道路，现当代西方哲学名著被成批翻译出版，我国学者撰写的本学科论著（包括不同规格的教材）大量问世，其中不少在科学性和客观性上已有重大进步。

《现代西方哲学》初版体现的是本学科 20 世纪 70 年代末刚开始重建时的研究水平，随着学科研究后来的发展，它必然会越来越显得过时。为了使本书能体现国内本学科研究的进步，我们在 1990 年出版了修订本。一方面注意克服初版中对各派哲学评介中的误差和片面性，改写了大部分流派，还补充介绍了一些在当代哲学中已有稳定地位的新流派。另一方面注意研究突破旧的评介模式。初版经历的政治风波以及 80 年代后期复杂的思想政治形势虽然使我们感到在这方面仍需小心谨慎，但更使我们认识到只有对旧的评价和批判模式有所突破，才能对现代西方哲学作出符合实际的评价，使更多的人特别是那些由于对本学科缺乏具体了解而对它可能产生的积极意义存在怀疑的人消除怀疑，并进而确认其意义。因此我们不能见难而止，为了推进学科研究，在坚持马克思主义的前提下，有时还得对僵化的理论框架有所触动，甚至为此冒一定风险。

作为投石问路，我 1987 年发表了《重新评价实用主义》一文，提出不能把实用主义简单地归结为帝国主义的反动哲学、纯粹的主观唯心主义、市侩哲学、诡辩论。这与过去为学界普遍接受、"文化大革命"后仍为不少有影响的哲学论著坚持的评价大不相同。考虑到对实用主义的评价在我国往往具有政治含义，本文反行其道自然有一定风险。我之所以敢冒这种风险，是基于对马克思主义的坚定信念及对实用主义的实际所是的具体了解。就后者而言，我的认识同样有一个转变过程。原来我也未能摆脱流行已久的评价方式，后来对实用主义作过较具体的研究，特别是认真研读了皮尔士、詹姆士和杜威等人的主要著作，才强烈感到过去所作的那些评价严重偏离实际，不符合马克思主义的实事求是的原则。如果有人对此提出质疑，我大概可以据实作答。不过这篇较系统地反对传统评价模式的文章并未招来麻烦，反而得到了一些同行的赞赏和鼓励。就在这一年，现代外国哲学学会在成都召开了一次全国性的实用主义学术讨论会，尽管有的专家会前提交的论文仍保持着传统的批判模式，但经过会议讨论，大家几乎都赞成抛弃这种模式。这使我对"重新评价"更有信心。

正因为如此，在修订《现代西方哲学》时，我把重新评价实用主义的观点扩大应用于评价其他一些（未能做到全部）哲学流派，使修订本对初版仍然沿用的旧的批判和评价模式有一定程度的突破。在此已不再局限于以简单地归属唯物唯心来为各派哲学划界和定是非，而是尽可能对之作出具体分析。修订本还力图改变以往那种把现代西方哲学家的理论纳入世界观、认识论、方法论等固定的理论框架的做法，尽可能按照他们的思想本身的逻辑来对之作出介绍。对于西方现代哲学与近代哲学及马克思主义哲学的关系，在此实际上已提出了与初版大不相同的看法。例如肯定现代哲学对近代哲学的许多进步、肯定其与马克思主义哲学在超越近代哲学上的同一性。由于这些问题毕竟带有很大的政治敏感性，修订本出版前一段时期又正是我国政治思想和文化领域的多事之秋，我不能不有些顾忌；更主要的是我在这方面的研究还很不充分，对如何重新正确理解马克思主义哲学还较朦胧。因此修订本有关这方面的论述还不明朗和透彻。

90年代以来，由于政治和经济等方面原因，有关现代西方哲学的论著相对受到冷落，然而修订本出版以来仍然旺销，甚至还出现了"红旗出版社"名义的盗版光盘，国外也有译本。根据全国高校哲学教学指导委员会1997年的调查，本书仍被大部分兄弟院校采用作为教材或主要参考书，同年还获得国家级优秀教材奖。这也许表明我们所作的修订，特别是在评价方式和标准上所作的改变，已得到了较普遍的认可。而这意味着，在从无到有问题初步解决后，为了进一步发展本学科，必须突破旧的哲学思维和评价模式。

3. 重新认识西方哲学从近代到现代的转向

最近几年来，在我国的学术研究中，"左"的干预已越来越少，自由探讨的宽松局面逐渐形成，因提出不同学术见解而在政治上遇到麻烦的情况已不多见，哲学研究的各个领域由此取得了重要进步。就现代西方哲学研究来说，尽管不再有 80 年代一度出现过的那种带有泡沫性的"热潮"，但深入具体的研究之作比那时要多得多。随着一批年轻学者的崛起，学科研究的学术水平大为提高，现象学等个别领域的研究已大体可与国外媲美。

然而本学科研究虽有丰硕成果，却还未充分运用于促进马克思主义哲学的研究，在许多情况下与后者仍处于分离状态。不少本学科同行宁肯局限于学科本身的研究，不愿具体涉及和深入探讨其与马克思主义哲学的联系；一些研究马克思主义哲学的学者虽然已在借鉴现代西方哲学的成果，但多半不愿直接提及后者，也不愿具体分析这两种哲学的关系。在一些单位，这两部分学者之间往往缺乏沟通和合作。这种分离状态有复杂的历史原因，在一定时期内也许难以避免，但毕竟妨碍我们对现代西方哲学进一步作全面深刻的研究，更会妨碍我们充分利用本学科研究来促进马克思主义哲学的丰富和发展。

为了克服现代西方哲学研究与马克思主义哲学研究相分离的状况，需要从多方面作出努力。其中最为重要的是对一些相关的重要理论问题加以深入探讨，尽可能多地达成共识。例如，如何从整体上看待西方现代哲学，它取代近代哲学是具有进步意义的哲学思维方式的转向（转型）呢，还是局部性的变化、甚至倒退？它与马克思在哲学上的革命变更有何联系，彼此在超越近代哲学上是存在某些共性呢，还是仅仅根本对立？肯定马克思主义哲学较之现代西方哲学具有无比优胜的地位是否意味着必须全盘否定现代西方哲学？等等。这些其实并非新问题，哲学界早就以某种笼统的方式提出和讨论过。只是因为那时对这两种哲学的理解大都未能摆脱旧的哲学思维方式的视野，加上这些问题在政治上较敏感，因而对它们的探讨往往失于一般化和抽象化，未能对这两种哲学的研究产生显著和实质性影响。现在我国思想文化领域已发生重要变化，已有更好的条件以更直接的方式重新提出这些问题，并对之进行新的探索。

《现代西方哲学》修订本对上述问题已有所涉及，提出了一些与初版不同的看法。但它们还较笼统和含混，未能作出具体和明确的论证，更未能全面地将其运用于分析和评价各个具体的哲学流派。修订本对有些流派的评价大概已有某些新意，对另一些流派则仍没有摆脱旧的评价模式，这说明它在对各派哲学的评价上存在内在矛盾，在一定意义上可以说还是新旧哲学思维和评价方式交织的产物。修订本的这种矛盾在它出版的当时也许还意味着对旧的评价方式的某种超越，但它显然已不适应进一步将现代西方哲学与马克思主义哲学结合起来进行研究的要求。我们早就酝酿着克服这种内在矛盾。2000 年出版的《新编现代西方哲学》除了注意克服修订本中仍然存在的对各派哲学介绍中的片面不实之处、适当增补一些新的内容（例如近年来国内外都较关注的所谓后现代主义以及当代哲学发展趋势）、以提高其阐释的准确性和现实性外，最主要的目标就是对各流派所作评价要尽可能符合其实际所是，克服在这方面存在的内在矛盾。

总的说来，《新编现代西方哲学》在对各种哲学流派和思潮作出评价时力图贯彻如下观点。

第一，现代西方哲学的出现是西方哲学发展史上哲学思维方式的一次新的重要的转型，主要表现为多数哲学流派都以自己特有的方式、在不同程度上企图超越（不是简单否定和抛弃）以认识论的转向为出发点，以主客心物等二分为前提，以建立关于世界的本源和本质的理论体系为目标，以基础主义、本质主义等为理论特征的近代哲学，由此使哲学研究在不同意义上从抽象化的自在的自然界或绝对化的观念世界返回到人的现实生活世界。他们企图以此摆脱近代哲学因脱离人的现实生活和实践而陷入的独断论和怀疑论等困境，为哲学的进一步发展开辟新的道路。他们的哲学总的说来更能体现这一时期西方社会各个方面发展的状况，具有某种进步意义。西方哲学由近代转向现代标志着它发展到了一个新的、更高的阶段。

第二，马克思在哲学上的变更是哲学史上最具有进步性和革命性的事件。马克思不仅比现代西方哲学家更加彻底和全面地超越了近代哲学的二元分立、基础主义、本质主义和思辨形而上学等倾向，而且为西方哲学的进一步发展指明了现实的道路；他不是简单地扬弃旧哲学，而是从根本上彻底打破了后者由以出发的前提。他不再企图从纯粹的精神（被绝对化的观念）或纯粹的物质（脱离与人的牵涉的自在的自然）出发来构建关于整个世界的严密完整的理论体系，而是在坚持唯物主义的基本前提下直面人的现实生活和实践；他把实践观点当做其哲学的首要的、基本的观点；主张通过实践来充分发挥人的能动性和创造性，促进人的自由和全面发展。马克思正是通过对人的实践的意义的深刻揭示和全面阐释彻底地实现了对近代哲学的超越，实现了哲学上的革命变更。

第三，从批判和超越近代哲学思维方式说，从建立一种撇开对关于绝对的物质或精神体系的追求，而以强调人的现实生活和实践以及发挥人的自主能动性和创造性为特征、以适应现代社会的时代精神的要求的新的哲学思维方式说，马克思在哲学上的革命变更与西方哲学的近现代转型具有着某种程度的共性。二者以不同形态和不同彻底性体现了现代哲学思维方式，但又有原则的区别。西方哲学家由于不能摆脱资产阶级的狭隘眼界，不可能把哲学的变更与对西方资本主义的根本改造结合起来，不可能真正把现实生活和实践作为他们的哲学的出发点，从而他们的哲学必然在不同程度上与现实脱节，由此必然存在各种不彻底性和片面性，必然陷入各种矛盾和危机。与之相反，马克思作为无产阶级革命的伟大导师，自觉地把在哲学上的革命变更与无产阶级的现实的革命要求有机地结合在一起，从而克服了西方哲学家无法避免的种种不彻底性和片面性。他既超越了西方近代哲学，也超越了西方现代哲学。

上述观点与我国哲学界中曾广为流行的观点以及一些专家现在仍然坚持的观点都有所不同。我无意对专家们的观点的是非妄加评论。但我总是觉得，如果从西方哲学近现代转向的现实背景出发，而不从脱离这种背景的某种固定的论断出发来重新看待西方现代哲学，如果从现实生活和实践出发，从马克思本人在实现哲学变更时所一再强调的那种意义出发，而不从马克思主义哲学的被僵化和教条化的（特别是按照近代哲学的思维方式所解释的）理论形态出发来理解马克思主义哲学，那上述观点似乎更为符合马克思主义的根本精神。正因为如此，我在《新编现代西方哲学》中才以之来评价各派哲学。为了就这些观点能否成立听取各方意见，以便在《新编现代西方哲学》定稿以前对之作出适当的调整，近几年来我陆续发表了几篇文章对它们作了论述。其中《西方哲学的近现代转型与马克思主义哲学和当代中国哲学的发展道路（论纲）》一文所作论证较为系统，在哲学界也引起了较多反应。有些学者对此文的观点持有异议，更多的人（特别是年轻一辈学者）则认为本文说出了他们的共同心声。本文后来曾被作为社科优秀论文先后在上海市和国家教育部获奖。这当然并不表明它果真"优秀"，却似乎意味着其中的观点大概不至于被认为明显违背马克思主义。

4. 迈向现代西方哲学研究的新阶段

不管《新编现代西方哲学》评价各派哲学时所用的观点能否成立，从社会大环境及我国本学科研究的进展来说，现在不仅可以，而且应当进入到与马克思主义哲学研究相结合的新阶段。只有这种结合研究才能使我们对这两种哲学的实际所是、它们的相互关系以及在近现代哲学发展中的作用有更为全面和深刻的认识，才能更为充分和准确地从现代西方哲学的发展和演化中吸取经验教训，促进马克思主义哲学的丰富和发展，从而使本学科研究更加符合建设中国特色社会主义的需要；而本学科的这些作用也正是它得以存在、受到重视、获得支持的必要条件。

在现代西方哲学研究的新阶段，关于学科本身的各种个案（如对特定的哲学家、流派、思潮和理论）研究以及资料编译等仍是学科全部研究的基础。这类研究在一定程度上可以暂时撇开研究对象的外在联系（包括与马克思主义哲学的联系）而专注于其本身的实际所是。由于原有基础薄弱等原因，我国这类研究近年来在现象学、语言哲学等许多领域虽都已有不少出色成果，但学科总体研究水平仍不高，有些领域的研究还刚刚起步，因而很有必要继续加强这方面的研究。无论如何，过去那种仅凭一知半解便以"马克思主义"名义来指点本学科是非的简单化倾向再也不应继续下去了。

但是这类研究主要只涉及本学科的特殊领域或方面。它们在特殊层面上可能做到具体细致，却往往撇开了各个领域和方面之间以及它们与由以产生的社会和文化背景之间等的联系，在对本学科的整体把握上必然存在许多不足。如果我们的研究停留于这种层面，势必难以做到从整体上对本学科有真正全面和深刻的认识。而如果缺乏后者，对特殊领域和方面的认识也难以全面深刻。在这种情况下，自然难以做到更好地从本学科研究中吸取经验教训，来丰富和发展马克思主义哲学；也难以做到通过本学科的研究来促进我们对西方各国在政治、经济、思想文化以及科学技术等各个方面的全面和深刻的了解，以服务于建设中国特色社会主义的目的。因此，在对现代西方哲学本身的各种特殊研究已有了一定基础后，需要进一步关注从各种联系上、从整体上对之加以研究。而后者要取得突破性成果就必须超越本学科的范围，特别是将其置于马克思主义这种最能体现当代时代精神的哲学的视野之下进行研究。即用马克思主义哲学的观点进行研究，与马克思主义哲学结合起来进行研究。

为了使我国的现代西方哲学研究符合我们自己的目的，不仅要超越学科本身的范围，也要超越西方哲学家研究的界限。西方哲学家研究他们自己的哲学的条件比我们优越，研究水平自然较高。一些学者就此提出我们应以西方第一流学者的标准为标准，争取达到或接近他们的水平，能与他们平等对话。这种高标准要求当然值得肯定和钦佩。但也应当看到，正因为我们的客观条件远逊于他们，单纯按照他们的研究方式来研究显然难以超越他们的界限，即使在某些方面赶上了他们，也仍难以逾越他们的研究的基本轨迹。只有将现代西方哲学与当代中国的马克思主义哲学相结合研究才能逾越这种轨迹。更应当看到，西方学者的研究方式只符合西方国家的要求，不符合我们建设中国特色社会主义的要求。他们宥于意识形态等方面的偏见，往往误解、曲解，甚至反对马克思主义。虽然他们中也有人表现出了对马克思哲学的浓厚兴趣并在这方面作了一些有益的探索，但大都无法超越原来所信奉的哲学，不可能掌握马克思哲学的真谛，从而也不能正确认识现代西方哲学与马克思主义哲学的关系。如果我们仅仅按照他们的研究方式来从事本学科研究，那即使成果卓著，同样难以适应我国本学科研究的要求。

用马克思主义来指导现代西方哲学研究、把这两种哲学的研究结合起来，这在我国哲学界并非新意，一些学者早已倡导并作了不少具体工作。但在这方面仍然存在较多困难。其中最主要的是按照近代哲学思维方式来理解马克思主义哲学的倾向在我国还相当普遍地存在。尽管哲学界现在很少有人公开维护在"左"的倾向影响下形成的、在某些方面扭曲了马克思主义哲学的本来意义的所谓"教科书"的理论框架和评判模式，但实际上未能摆脱这种框架和模式的还大有人在。这种框架和模式虽然并不等同于近代哲学思维方式，但它们至少在很大程度上未能超越近代哲学思维方式。把这种理论框架和评判模式当做马克思主义来评价现代西方哲学，必然偏离后者的实际所是，对其中某些本来值得肯定的东西简单地当做唯心主义而笼统否定，对它们的确存在的种种矛盾和消极方面反而未能明确揭示，这意味着把对现代西方哲学的评价简单化、庸俗化，甚至颠倒它们的是非。这种评价模式在人们对现代西方哲学还缺乏了解时往往能被人接受。当人们在这方面有了较为深入系统的知识时，谁再以马克思主义的名义用它来评价现代西方哲学，那只会既暴露自己对二者的无知，又败坏了马克思主义的声誉。

其次，由于现代西方哲学涉及现代西方资本主义意识形态的理论基础，在政治和意识形态上有较大敏感性。在人们对究竟如何理解马克思主义哲学、如何用其来评价现代西方哲学等问题还远无共识的情况下，这种敏感性往往会使他们对于用马克思主义作出评价产生种种疑虑。他们既不愿走简单化的老路，又不愿因为自己对马克思主义的观点与流行的观点有所不同而被人指责为曲解或背离马克思主义。因此，尽管我国哲学界大都赞成用马克思主义来指导现代西方哲学研究，也愿意把这两种哲学的研究结合起来，但因存在诸如此类的顾虑而不敢（或不愿）具体这样做。事实上，在当前我国哲学研究中的确存在着这样的反常情况：如果将这两种哲学结合起来进行研究，各按其实际所是重新作出解释和评价，可能会受到一些实际上仍然坚持"教科书"理论框架的人的怀疑，甚至可能被指责为背离马克思主义。研究现代西方哲学的人如果不涉及与马克思主义哲学的联系，只就学科本身的层面进行研究，那不管研究什么和怎样研究，很少会受到干预；研究马克思主义哲学的人如果不直接援引现代西方哲学，他们的一些见解和论证即使曾受到现代西方哲学中的某些流派的启发，一般也不会受到指责。我国哲学界中存在的将现代西方哲学研究与马克思主义哲学研究分离开来的局面、近20年来我国本学科研究遇到的许多困难，与这种反常状况密切相关。

能真正做到用马克思主义指导现代西方哲学研究，克服上述反常状况，最基本的条件是对马克思主义哲学本身有正确的理解，只有这样才能对现代西方哲学的实际所是及其与马克思主义哲学的关系有正确理解，才能将二者的研究结合起来。而这需要对马克思主义哲学重新加以研究，克服偏离它的实际所是的"左"和右的偏向，恢复其本来意义。对此哲学界事实上一直都在认真探讨，从关于真理标准讨论以来这方面更是取得了突破性进展。沿袭已久的"教科书"理论框架已被动摇，以现实生活和实践为出发点、以邓小平建设中国特色社会主义的理论为最高体现的当代中国马克思主义哲学的新形态正在形成。不过这种进展还不很完善，哲学界在如何具体理解马克思哲学的本来意义、构建当代马克思主义哲学的合理形态等许多重大问题上还存在不少分歧，有的甚至是重大分歧。这就要求大家在坚持和发展马克思主义哲学这个共同目标下，继续从不同方面努力探索，取得更多共识。毫无疑问，紧密联系中国现代化建设的实践、进一步研究和学习邓小平建设中国特色社会主义的理论，是提高我们对真正的马克思主义的认识的最主要途径。

但也应当看到，深入具体和全面地研究现代西方哲学，将其与马克思主义哲学作比较研究，特别是对马克思在哲学上的革命变更与西方哲学近现代转化作深入具体的比较研究，也是我们全面深刻地理解马克思主义哲学的真实意义的一个重要条件。这两种哲学作为同一历史时代的哲学，在力图超越近代哲学并体现现代社会的时代特征上具有共性，但在阶级背景和理论形态上又有原则区别。揭示这种同一和区别，将会使我们对二者的不同特征和倾向以及它们之间的关系有更为深刻的认识，否则对二者的认识都可能产生片面性。长期以来我国马克思主义哲学之被僵化和教条化，原因很多，割裂其与现代西方哲学的联系，特别是简单否定西方现代哲学对近代哲学的超越，忽视马克思主义哲学在更高的基础上实现这种超越的真实意义，从而按照近代哲学的思维方式去理解马克思主义哲学，未尝不是主要原因之一。

总之，为了把现代西方哲学研究提高到与马克思主义哲学相结合的新阶段，既要超越现代西方哲学本身的范围和西方哲学家研究的界限，坚持以马克思主义为指导；又要重新认识马克思主义哲学的本来意义，摆脱使它受到扭曲的种种倾向，由此重新认识这两种哲学的实际所是及二者之间的真实联系。没有马克思主义指导，难以如实理解现代西方哲学；脱离现代哲学发展的根本道路，脱离与现代西方哲学发展的联系，也无法深刻理解马克思主义哲学的真实意义。我们要在马克思实现了哲学上的伟大革命变更这个大视野下重新认识和评价西方哲学近现代转型以及这一转型在西方哲学发展上的重大进步和严重的缺陷，又要在这种转型的背景下更深刻和全面地认识马克思在哲学上的革命变更的意义。

　　为了促进将这两种哲学结合起来进行研究，从事这两种哲学研究的学者应当有更多的交流和合作。如果研究马克思主义哲学的学者对现代西方哲学有较全面系统和深入的知识，并能在自己的研究中充分利用这些知识，他们的哲学视野肯定会广阔得多，能更好地克服近代哲学思维方式的局限性，更深刻地领会马克思哲学的本来意义，特别是其现代（当代）性。如果研究现代西方哲学的学者善于辨识马克思主义哲学的本来意义和被扭曲的意义，做到用真正的马克思主义来指导自己的研究，那他们的研究就更能与马克思主义哲学研究相结合。在这种情况下，这两部分学者不仅会有更多的共同语言，而且可以把彼此的工作融合在一起，大大促进这两种哲学的研究，从而使现代西方哲学研究对丰富和发展马克思主义哲学起到更大的积极作用。

　　把现代西方哲学研究提到与马克思主义哲学研究相结合的新阶段既非常重要、但也非常困难，需要学界共同来加以探讨。《新编现代西方哲学》就有关这方面的一些问题提出了一些想法，并力图以之来评价各个具体哲学流派，希望能在一定程度上体现本学科研究的这一方向。它能否取得一定成绩，还有待专家和广大读者的评说。《新编现代西方哲学》毕竟不是一部论述现代西方哲学与马克思主义哲学的关系的专著，对与之相关的一些问题不可能作出深入系统的论证。如果其中初步论述的一些观点能起到某些抛砖引玉的作用，我们就感到满足了。

现代西方哲学研究三十年的反思与展望

1. 学科的重建和发展

现代西方哲学在我国既是一门有着悠久历史，并发生过重要影响的学科，又是一门因政治和意识形态的牵涉而受到过较多怀疑和误解，以致长期被简单否定，甚至被取消的学科。1978 年召开的党的十一届三中全会确定了改革开放的方针后，哲学社会科学各个学科的研究都进入了一个蓬勃发展的新时期，现代西方哲学研究是其中显得突出的学科之一。

正是在这一年，我国学者在安徽芜湖举行了第一次全国西方哲学学术讨论会。会议着重讨论了哲学史方法论问题，对"左"的路线影响下形成并长期被当做哲学史研究指导原则的所谓斯大林—日丹诺夫哲学史定义（把哲学史简单地归结为唯物主义和唯心主义斗争史）提出了质疑，一些学者进一步建议在我国恢复以现代西方哲学为主要内容的现代外国哲学研究。在这种有利形势下，1979 年在山西太原专门举行了第一次全国现代外国哲学学术讨论会，进一步强调了恢复现代西方哲学研究的必要性和迫切性，讨论了恢复学科研究的困难以及可能采取的步骤，初步制定了当前和长远的研究规划，建立了中国现代外国哲学学会，学会后来对推动本学科研究起了重要作用。

太原会议标志着我国现代西方哲学研究正式恢复。由于本学科研究在国内已停顿了几十年，学科研究的恢复实际上是从无到有的重建，诸如对现代西方哲学流派思潮的基本情况的了解和介绍、学科基本理论框架的搭建、基本资料的编译和整理、课程的开设和教材的编写等，都需要从头做起。更为重要的是：改革开放的方针虽然为本学科的重建和发展开辟了道路，但具体怎样做在各方面都需要重新摸索。以往把现代西方哲学简单地归结为体现帝国主义资产阶级需要的腐朽没落的哲学、与马克思主义的唯物主义和辩证法根本对立的纯粹的唯心主义和形而上学并由此而对之全盘否定虽然有片面性，但究竟应当怎样看待现代西方哲学？怎样如实地区分其消极方面和积极方面？怎样用马克思主义指导现代西方哲学研究、怎样处理现代西方哲学与马克思主义哲学的关系？怎样使现代西方哲学研究适应中国社会的现实条件？这些问题不仅涉及对现代西方哲学本身的正确认识，也涉及对马克思主义哲学以及中国社会的正确认识，都需要着手进行具体研究。而这些都不是少数人短期内所能完成的，需要从事各个研究领域的学者从不同角度出发共同探讨。这些问题的存在及其复杂性决定了现代西方哲学学科的重建和发展不可能一帆风顺，而必然是一个艰巨和长期的过程。期间必然经历各种曲折，除了受到客观条件的制约外，有时还会遇到各种人为的障碍。

三十年来本学科的重建和发展的曲折过程大体上可以分为三个阶段。

第一阶段大致为 20 世纪 70 年代末至 80 年代上半期，当时本学科各方面的建设刚刚开始。原有基础薄弱，研究资料稀缺，研究人员不足、年青一代尚有待成熟，这些都使学科研究受到较大限制。更为困难的是对现代西方哲学的简单化的批判方式当时还占支配地位，许多人仍用僵化的眼光来看待本学科的恢复和重建，甚至对是否应当恢复还有怀疑。我主编的《现代西方哲学》由于是国内编写的第一部教材，1981年出版后曾受到广泛欢迎。但也有一些人对之表示严重非议，认为这类书不应当出版，即使出版也只能内部发行，公开出版以致成为畅销书是对马克思主义的冲击（被称为"第二冲击波"）。这种意见甚至还被上报到中央有关部门、再通报到各地，造成了很大风波。但改革开放方针毕竟已确立。有关领导部门组织了专家审核后确认了在马克思主义指导下开展现代西方哲学研究的必要性。类似事件当时还发生过多起，有的专家受到过一些压力，但后来都被确认没有问题，现代西方哲学研究的合法性得到了更多确认，坏事变成了好事。

第二阶段大致为20世纪80年代中期到90年代中期。这时年青一代学者已陆续脱颖而出；大家越来越感到学科建设不能满足于解决从无到有，而要在坚持马克思主义基本原则的前提下突破旧的哲学思维和评价模式，对学科的内容重新加以认识和评价。大部分学者特别是年轻学者都能摆脱旧的评价体系的束缚，对现代西方哲学已由一般性的介绍转向深入具体的个案研究。尽管学科的研究没有形成引人注目的热潮，但也少了此前的浮躁肤浅。也正因为学科的研究越来越深入具体、扎实，较能应对来自学界外部的干预。连对实用主义这样有较大政治敏感性的哲学流派这时也能求实地重新评价。简单化和全盘否定的批判模式的影响依然存在，但在具体从事过现代西方哲学研究的学者中很少有人再坚持。这一时期的学科研究由此在广度和深度上都比此前有很大进步。

第三阶段大致为90年代中期起至今。这时本学科研究引起了从事马克思主义哲学等其他学科研究的学者的更多关注，这促使大家思考现代西方哲学与马克思主义哲学等其他哲学的关系，对它们进行比较研究，这种比较研究又促进了大家从更广阔的视野对各个学科本身的研究。例如，从马克思在哲学上实现了革命变更的背景下重新认识和评价西方哲学从近代到现代的转化，从西方近现代哲学变更的背景下更深刻地认识马克思在哲学上的革命变更的伟大意义。我个人较早从事并倡导开展这方面的研究，在90年代中期就曾明确提出：西方哲学从近代到现代的转化不能简单归结为从唯物主义和辩证法转向唯心主义和形而上学、由进步转向反动，而是哲学思维方式的一次重要转型，标志着西方哲学发展到了一个新的、更高的阶段；马克思的哲学变革和西方哲学的现代转型在阶级基础和理论形态上与西方哲学的现代转型都有着原则区别，但在超越近代哲学思维方式上有着重要的共同之处；马克思主义哲学既超越西方近代哲学，又超越西方现代哲学，最科学地体现了现代哲学的发展方向。由于这些观点突破了传统的评价模式，必然为坚持这种评价模式的人所反对，至今还仍有人认为这是把现代西方哲学与马克思主义哲学相提并论；但在具体从事过现代西方哲学研究的学者中，包括那些从事马克思主义哲学研究而同时又研究现代西方哲学的学者中，这些观点引起了广泛的共鸣。近些年来，越来越多的从事马克思主义哲学研究的专家，特别是青年专家在认真研究现代西方哲学及这两种哲学的比较研究，取得了大量高水平的成果，大大丰富和提高了马克思主义哲学研究。这种形势还在稳步发展。我们可以说，随着现代西方哲学研究与马克思主义哲学研究及中国哲学等其他哲学学科的研究的越来越广泛深入的沟通，标志着现代西方哲学研究进入到了一个新阶段。

总的说来，经过三十年来学界几代人的不懈努力，不断克服了前进道路上的种种困难，本学科研究在各个方面都取得了引人注目的成果。其中最重要的是越来越多的人认识到，并且越来越善于用发展着的马克思主义来指导本学科的研究。既划清马克思主义哲学与现代西方哲学的原则界限，防止西方哲学消极方面的影响；又对现代西方哲学作求实的具体分析，发现和肯定其中能体现现当代西方社会发展，特别是其科学技术和思想文化发展的积极因素，用以促进马克思主义哲学的丰富和发展。其次，本学科现在已有一支遍及各个领域的相当强大的研究队伍。除了专业研究的学者外，众多从事其他学科，特别是马克思主义哲学研究的学者也同时从事现代西方哲学研究，其研究成果往往并不比专业学者逊色。又如，在对现代西方哲学研究的广度和深度上已有长足的进步，无论是英美哲学或欧陆哲学、分析传统或现象学传统、元哲学或应用哲学、实践哲学或部门哲学，19～20世纪哲学或新近出现的哲学，国内都有学者在从事深度的研究，其中有些研究（例如现象学研究、分析哲学研究、实用主义等美国哲学研究）的水平在一定程度上已能与国际接轨。再次，哲学界越来越改变了以往把对现代西方哲学的研究与马克思主义哲学研究以及中国传统哲学研究分离开来的倾向，已有一批学者用马克思主义作指导在从事对几种哲学的比较研究并取得了相当丰富的成果。在国际学术交流中，中国学者已可以就各种西方哲学问题与西方学者进行深层次的平等对话，受到他们的尊重。所有这些成就都值得认真总结和高度肯定。

近年来国内一些学者对改革开放以来我国现代西方哲学研究的这些成就作了相当系统和细致的梳理，我自己也几次写过这类文章。本文除了概述了现代西方哲学研究的过程外，不拟再例举和分析这些成就；考虑到上面提到的几个主要问题三十年来大家都较为关注，而至今仍存在较多争议，因此想就其中三个主要问题再次简单阐释自己的看法。

2. 重新认识现代西方哲学的社会基础

正确认识现代西方哲学的社会基础，克服对这个问题的认识上存在的两种主要片面性，是对现代西方哲学重新作出正确评价并使这方面的研究取得重大发展的关键问题之一。

一种片面性是忽视现代西方哲学归根到底体现资产阶级的要求，具有资产阶级意识形态所固有的宣扬个人主义、自由主义等局限性。如果不揭示它们并作出适当批判，势必会对马克思主义在我国的指导作用造成冲击。三十年来国内多次开展的对西化和资产阶级自由化的批判都是由此而来。由于有这些批判，特别是由于马克思主义的宣传和研究始终处于主导地位，现代西方哲学研究又强调用马克思主义作指导，这种片面性得到了有效抑制。自私自利意义下的个人主义和自由主义等思潮在中国仍有影响，有时甚至还很显著，但它们往往是经济、文化等领域的因素造成的。对这些领域存在的问题的讨论当然重要，但不属于本文范围。

另一种片面性是将现代西方哲学本来很是复杂的社会基础简单化。这突出地表现在仅仅由这些哲学出现于西方资产阶级成了统治阶级以后而将它们笼统地归结为代表腐朽没落阶级利益的哲学，或者说帝国主义反动哲学。这种片面性往往以维护马克思主义的名义出现，因而能在马克思主义队伍中长期产生影响。

改革开放以后，随着哲学界对现代西方哲学得以重新研究，大多数人越来越发觉将这些哲学简单归结为腐朽没落的反动哲学不符合它们的发展的实际状况，越来越克服了这种片面性。但是也有一些对现代西方哲学没有作过具体研究、对马克思主义哲学也未能持发展眼光看待的人在不同程度上仍坚持原有评价标准，似乎这种标准具有历史和理论根据。究竟应当怎样看待现代西方哲学的社会基础呢？这就需要进一步从历史和理论上对之加以探讨。

从历史发展过程说，现代西方哲学形成于西方各国资产阶级在不同程度上取得政权而成了统治阶级的时代。这时无产阶级已开始醒觉，从资产阶级反封建的同盟军发展成为独立的阶级力量，走上了准备和进行推翻资本主义的革命的道路。资产阶级由反封建的革命阶级转化成了作为无产阶级进行革命的对象。资产阶级阶级地位的这种转化使作为它们的意识形态的西方哲学在发展方向上必然发生相应的变化，从反封建的意识形态转化成了维护现成资本主义制度的意识形态。从这种意义上说，西方哲学由近代到现代的转化的确是从资产阶级的革命的意识形态变成了反对无产阶级的革命的意识形态。但是应当同时注意到：资产阶级地位的这种转化及相应的意识形态的转化都是一个较长的历史过程，资产阶级不是立即成了一个腐朽没落的反动阶级，它们的意识形态也不是立即成了腐朽没落的意识形态。

从理论上说，马克思和恩格斯对资产阶级在成为统治阶级以后在意识形态发展方向上的这种转化作过明确的揭示，但是他们同时又明确地限定这种转化只有在资产阶级和无产阶级处于直接对抗的时期才会发生。马克思在《资本论》第一卷第二版跋中下面的话经常被人引证："1830年，最终决定一切的危机发生了。资产阶级在法国和英国夺得了政权。从那时起，阶级斗争在实践方面和理论方面采取了日益鲜明的和带有威胁性的形式。它敲响了科学的资产阶级经济学的丧钟。现在问题不再是这个或那个原理是否正确，而是它对资本有利还是有害，方便还是不方便，违背警章还是不违背警章。不偏不倚的研究让位于豢养的文丐的争斗，公正无私的科学探讨让位于辩护士的坏心恶意。"① 马克思的这段话讲的是资产阶级的经济学的变化。从哲学和经济学同为资产阶级的意识形态来说在一定程度上也适用于哲学（但也只是在一定程度上，因为哲学作为远离经济基础的意识形态有别于经济学这类意识形态）。恩格斯在《费尔巴哈与德国古典哲学的终结》中有一段话则直接针对1848年以后德国资产阶级哲学的没落状况。他说："在包括哲学在内的历史科学领域内，那种旧有的在理论上毫无顾忌的精神已随着古典

---

① 《马克思恩格斯选集》，2版，第2卷，107页。

哲学完全消失了；起而代之的是没有头脑的折中主义，是对职位和收入的担忧，直到极其卑劣的向上爬的思想。这种科学的官方代表都变成毫无掩饰的资产阶级和现存国家的玄想家。但这已经是在资产阶级和现存国家同工人阶级公开敌对的时代了。"① 恩格斯最后一句话对他前面说的作了明确限定，这说明他并没有笼统地否定 1848 年以后的全部德国哲学。

资本主义制度是一种维护资产阶级对无产阶级的剥削和压迫的制度，在资本主义制度下，资产阶级与无产阶级必然处于对立地位，无产阶级为了求得本阶级及全体劳动者的解放必须进行反对资本主义的斗争；资本主义由于内在矛盾的激化而必然陷入危机，以致最后灭亡，社会主义和共产主义必然胜利。与此相适应，维护资本主义的意识形态最终必然没落，体现社会主义和共产主义要求的意识形态最终必然胜利。这些为马克思和恩格斯从《共产党宣言》以来一再从理论上明确论证过的马克思主义的基本原理在任何情况下都必须坚持，否则就会背离马克思主义。

但是，不能用僵化和教条化的观点来看待这些原理。无产阶级和资产阶级的阶级对立并不意味着它们在任何时候都"处于公开敌对地位"，在某些情况下它们的矛盾可能处于潜在状态或者说未被激化。在这种情况下，它们的意识形态完全可能存在合理因素。马克思在"跋"中明确地把他对资产阶级政治经济学的否定限定在 30 年代经济危机爆发以后"阶级斗争在实践方面和理论方面采取了日益鲜明的和带有威胁性的形式"的时期。对在此之前的资产阶级政治经济学，他分别对不同情况作了不同程度的肯定。例如"跋"中分析了 1820～1830 年间无产阶级和资产阶级的阶级斗争尚未激化的时期英国资产阶级政治经济学的活跃发展的情况以及它们在某种程度上的"公正无私的性质"。这时英国和法国的资产阶级革命都早已发生，但由于政治、经济等多方面的原因，资产阶级和无产阶级的阶级斗争还处于潜在状态。只有到 19 世纪 30 年代经济危机爆发、资本主义内在矛盾被激化、资产阶级和无产阶级处于公开敌对地位的时代，资产阶级经济学才出现没落的情况。至于在此之后

---

① 《马克思恩格斯选集》，2 版，第 4 卷，258 页。

资本主义是否能出现相对稳定的发展时期，资产阶级和无产阶级的敌对是否一直处于公开的、激化的状态，"跋"中没有作具体论述，也没有否定这种可能性。从西方资本主义后来的实际发展看，19世纪70年代以后出现了相对"和平发展"的时期，马克思和恩格斯后来也对此作过肯定。因此，马克思"跋"中的上述否定并不是他对资产阶级经济学的普遍否定，更不能将其扩大作为评价现代西方哲学的普遍根据。

资本主义当然必然灭亡，但并不意味着在特定的期限内立即灭亡，而可能需要一个漫长的历史过程，在这个过程中，资本主义在一定范围内还可能获得一定的发展，显示出一定的活力。马克思和恩格斯对此同样有过明确的指示。恩格斯在《卡·马克思〈1848年至1850年的法兰西阶级斗争〉一书导言》中的说明更是非常具体。恩格斯在谈到19世纪40年代德法等国的情况时指出："历史清楚地表明，当时欧洲大陆经济发展的状况还远没有成熟到可以铲除资本主义生产的程度；历史用经济革命证明了这一点，从1848年起经济革命席卷了整个欧洲大陆，在法国、奥地利、匈牙利、波兰以及最近在俄国刚刚真正确立了大工业，而德国简直就成了一个头等工业国，——这一切都是以资本主义为基础的，可见这个基础在1848年还具有很大的扩展能力。"[1]

从资产阶级革命以后资本主义的发展来说，1871年德国的统一和巴黎公社的革命是一个重要的转折点。自此以后，产业革命不仅在先进的英国和法国，也在后起的德国全面展开，资本主义的生产力获得了新的、更为快速的发展。资本主义内在矛盾的暴露，特别是工人起义对资本主义秩序的冲击促使资产阶级越来越多地采取改良主义政策，这种政策没有触动，而是维护了资产阶级的利益，却又起了分化和削弱工人运动的作用，使工人运动在西方先进国家走入低潮，而资本主义则进入了所谓"和平发展"时期。资本主义往后爆发了新的、更大的危机，俄国十月革命更是在资本主义薄弱的一环推翻了资产阶级的统治，建立了第一个社会主义国家。但西方主要资本主义国家通过实行各种形式的改革仍然保留了下来并得到了较大发展。一百多年来西方资本主义仍在继续发展的事实最为有力地证明了恩格斯在"导言"中的论证是多么深刻和

---

① 《马克思恩格斯选集》，2版，第4卷，512页。

准确。

既然资本主义一百多年来仍然具有一定的活力，现代西方哲学等西方资产阶级的意识形态也同样具有一定的发展余地。从总的发展趋势说，西方哲学等资本主义意识形态无疑必然走向没落，但从局部范围或一定时期来说，它们仍然可能发展。一百多年来西方哲学、社会学、经济学等各门人文社会科学都得到了长足的发展，谁否认这一点，那是闭眼不看明显的事实，背离了历史唯物主义的基本立场。如果把马克思恩格斯当年在特定条件下对经济学、哲学等资产阶级意识形态的否定当做马克思主义评价它们的普遍原则，那必然造成对往后一百多年西方经济学、哲学以及一切人文社会学科的全盘否定。这既不符合这些学科发展的实际状况，也不符合马克思主义者通过研究这些西方学科来从其成败得失中吸取经验教训，以达到丰富和发展马克思主义的目的。

总之，以现代西方资本主义为社会基础的现代西方哲学已不是代表先进阶级的哲学，但这个社会基础在一定范围内还有发展的余地，与之相应的哲学在一定程度上也仍然可能具有向前发展的活力。如果考虑到这些哲学在一定程度上还能适应当代科学技术发展的要求，那就更不宜对之简单否定。事实上，在现代西方哲学的科学技术哲学思潮中存在着许多体现科学技术进步的因素，值得我们很好地总结和学习。一些非理性主义哲学思潮大都也只是要求超越实证科学的界限，而不是笼统地否定科学，有的非理性主义哲学家甚至是杰出的科学家。

3. 重新认识现代西方哲学与马克思主义哲学的关系

正确看待和处理现代西方哲学与马克思主义哲学的关系，是我国现代西方哲学研究能否沿着正确的道路发展的另一个关键问题。这个问题主要有两个方面：第一，必须确认马克思主义哲学的优越性及其指导地位，划清马克思主义哲学与现代西方哲学的原则界限；第二，现代西方哲学与马克思主义哲学是同时代的哲学，各以自己特殊的方式体现这个时代。这两种哲学在阶级基础和理论形态上都有原则区别，但在超越近代哲学上有着密切联系，甚至可能存在重要的共同之处。拥护马克思主义的人都会肯定第一方面，但他们如果不能用发展着的马克思主义来如实地看待现代西方哲学及其与马克思主义哲学的关系，很可能会怀疑第二方面。现代西方哲学过去在我国长期被归结为唯心主义和形而上学，原因也正在此。改革开放三十年来，随着"左"的教条主义倾向得到克服，现代西方哲学研究得以恢复，学界对它们的具体内容的了解日益加深，越来越发现在理论上将现代西方哲学简单否定既不符合马克思主义的求实态度，也不符合西方哲学的实际状况。

马克思主义哲学作为革命无产阶级世界观的理论形态与现代西方哲学作为同时代资产阶级意识形态归根到底的确必然处于对立地位。但是应当具体地、而不是抽象地看待这种对立；要把这种对立放在具体的社会历史和思想文化（包括自然科学）发展的背景下来看待。马克思在哲学上的革命变更和西方哲学从近代到现代的转型、马克思主义哲学的发展和西方现代哲学的演变大体上出现于同一历史时代，具有共同的社会历史和思想文化背景。二者之间在理论上必然存在密切的联系。

马克思在哲学上的革命变更是在 19 世纪中期具体的社会历史和思想文化背景下实现的。这时所谓具有永恒意义的资本主义理性社会已陷入深刻的矛盾和危机，为这种社会辩护的近代理性主义哲学体系因脱离现实而遭到了破产。当时自然科学一系列革命性的发现也动摇了以往形而上学关于事物和社会永恒不变的结论。现存社会和自然科学发展的辩证法的性质都从根本上动摇了以往哲学的思辨形而上学性质。更为重要的是：革命无产阶级彻底打破资本主义制度的要求使他们必然要打破和超越为这种制度辩护的以绝对理性主义和思辨形而上学为主要特征的近代哲学。马克思主义哲学无疑属于唯物主义，但马克思建立这种哲学的目的是为无产阶级提供批判的武器，这决定了这种唯物主义不是"对对象、现实、感性，只是从客体的或者直观的形式去理解"的唯物主义，而是"把它们当作人的感性活动，当作实践去理解"的唯物主义。① 这意味着现实生活和实践的观点是马克思哲学的根本观点。

西方哲学从近代到现代的转型在性质上不同于马克思在哲学上的革命变更，但同样要受到 19 世纪中期社会历史和思想文化背景的制约，同样必然以自己特有的方式反对和超越已经遭到破产的以绝对理性主义和思辨形而上学为主要特征的近代哲学，同样必然肯定自然和社会的变

---

① 参见《马克思恩格斯选集》，2 版，第 1 卷，54 页。

动性和相对性，并以它们特有的方式（往往存在种种歪曲）来在一定程度上肯定现实生活和实践。如果说马克思通过革命变更建立起新的哲学标志着彻底超越了旧的哲学思维方式、建立起了科学地体现现代时代精神的现代哲学思维方式，那么同一时期的西方哲学也必然通过曲折的道路、以不彻底的形式改变原有的哲学思维方式，建立起与新的条件下的资本主义社会以及自然科学的新发展相适应的哲学，即在一定范围内在哲学上实现从近代到现代的转型。革命变更和现代转型具有原则区别，但在超越旧的哲学思维方式、建立现代哲学思维方式上必然有一致之处。时代的变更决定了哲学发展的方向，不同性质的哲学实现这种变更有不同的道路和彻底性。

哲学界对马克思在哲学上的革命变更的解释有着种种区别，在肯定马克思主义哲学超越近代哲学、建立起将唯物主义和辩证法有机统一起来的崭新的现代哲学这个大方向上则大体一致。但是对于西方哲学从近代到现代的转化的性质，学界仍有较大分歧。大多数人都已肯定，现代西方思想家们不得不适应时代的变更而在哲学理论上突破抽象的二元对立的思维方式而转向对现实生活和实践的关注；但少数人仍然像以往那样把现代西方哲学简单地归结为唯心主义和形而上学。究竟谁是谁非呢？只要根据唯物史观的基本原理来具体考察德法英美等国这一时期的实际的哲学变更，就不难辨识。

按照以往流行的观点，从马克思主义哲学的产生之日起，只有马克思主义哲学才能坚持唯物主义和辩证法，才能体现西方哲学发展的前进方向，现代西方哲学只能是唯心主义和形而上学，必然走向没落。从作为马克思主义哲学的社会基础的社会主义和共产主义最终必将全面胜利，作为现代西方哲学的社会基础的资本主义必将灭亡的客观规律性来说，这种结论不无根据。问题是：共产主义的最终胜利和资本主义的最终灭亡都是一个漫长的历史过程。在这个过程行将终结以前，除了马克思主义哲学最能体现客观真理外，同一时期的某些西方哲学是否在任何情况下都只能是唯心主义和形而上学，不具有任何真理性？如果我们能对这一时期的西方哲学作求实的分析，就会发现情况并非如此。

在现代西方哲学中，的确存在众多唯心主义哲学流派，特别是公开的宗教哲学流派。但从黑格尔的绝对唯心主义解体时起，西方各国的哲学思维方式就已开始转换，哲学家们纷纷通过转向经验、语言、生命、生活、生存等不同的方式将他们的哲学探索由传统的实体性的物质或精神本源转向生活和实践的现实过程。关于世界的物质或精神本源的问题当然没有取消，唯物主义和唯心主义的对立尚未消失，但它们往往不再是哲学家们关注的核心问题，以传统哲学中的思辨形而上学为典型形态的那种实体性唯心主义不再是哲学中的主流。

例如，在现代英国哲学中，以密尔和斯宾塞为主要代表的实证主义思潮的突出特征就是在反对形而上学的名义下要求搁置对于世界的物质或精神本源问题的研究，认为哲学和科学研究的对象只能是人的经验所及的世界或者说现象世界，是由人的经验所发现或建构出来的，他们的哲学由此具有现象主义和相对主义倾向。但不宜简单将其归结为主观唯心主义，因为他们并不认为现象世界是主观自生的，而只是认为它们是人化的。他们大都是进化论的拥护者，肯定自然界本身的存在，甚至也肯定人的存在出于自然事物的进化。与英国实证主义相关的法德美等国的一些流派（例如马赫主义和彭加勒等人的科学哲学、杜威等人的实用主义）大体上也是如此。我们只有从他们不把自然事物本身（自在世界）作为哲学研究的对象、从而容易脱离实际的意义上才能说他们归根到底会倒向唯心主义。在19～20世纪之交，英国和美国都出现过唯心主义的复辟。以布拉德雷和鲍桑葵为代表的英国绝对唯心主义更曾盛极一时，但他们的绝对也由理性的精神实体转向了经验和生活的过程。20世纪初，当罗素、摩尔等人以更具有现代哲学精神的语言分析哲学来对之批判并揭露绝对唯心主义的内在矛盾时，后者很快就衰落了，不再是英国哲学的主流。美国的绝对唯心主义也从未成为美国哲学的主流。

又如，法德等国的非理性主义思潮具有较明显的唯心主义性质。但非理性主义哲学家大都不是实体性唯心主义者。他们所谓的非理性存在（意志、生命力等）当然具有存在论意义，但不是实体性的存在，而是寓于世界万物之中的活动、过程。例如柏格森的生命意志就不是指精神实体，而是指寓于一切事物之中，并推动事物不断向前进化和发展的生命冲动。生命冲动的核心就是生命力永无止息的运动变化。柏格森没有把运动看做是物质的本质属性，而把物质的运动归结为神秘的生命力的推动，因而与马克思主义的唯物辩证法有着本质区别。但他之通过肯定生命冲动寓于一切事物之中来肯定整个世界永恒的运动变化仍然是对近代思辨形而上学的一种冲击。不宜简单归结为近代哲学思维方式下的唯心主义和形而上学。

我说上面这些话的意思一点也不是否定在现代西方哲学中存在着各种形式的唯心主义，更不是为唯心主义辩护，而只是说明不能用近代哲学的眼光来看待现代哲学。大多数西方现代哲学都有超越近代哲学中的绝对理性主义等独断论和思辨形而上学、主客二元分裂、脱离人的牵涉的纯粹自然主义等倾向。它们的这些超越都有很大局限性和片面性，在某些方面的确陷入唯心主义和相对主义。但西方现代哲学对近代哲学的超越包含着西方哲学发展中的某些进步，特别是包含着现代哲学所强调的对现实生活和实践的关注。现代西方哲学与马克思主义哲学有着原则区别，不能将二者相提并论。但也不能因马克思主义哲学是彻底的唯物主义和辩证法而把现代西方哲学简单地斥之为纯粹的唯心主义和形而上学。

上面这些话的意思也不是否定马克思主义哲学在现代哲学中的主导地位，而是企图更好地说明其主导地位。肯定与马克思主义哲学同时代的西方哲学思潮通过曲折的道路、以不彻底的形式超越近代哲学而向现代哲学转化，只是说明西方哲学从近代到现代转化是西方的社会历史和思想文化发展所决定的哲学发展的客观趋势。只有马克思在哲学上的革命变更才是自觉地、彻底地和科学地顺应了这种趋势。马克思的哲学变革在整体上既超越西方近代哲学，又超越西方现代哲学。关于这方面的问题，我早已在《马克思在哲学上的革命变更对西方现当代哲学的超越》① 一文中作了较多论证，这里就不多说了。

4. 现代西方哲学研究与现代中国社会的变更

现代西方哲学是在现代西方的社会历史和思想文化环境下产生和发展的，适应着这种环境的需要。现代中国的社会历史和思想文化环境与西方大不相同。当西方思潮传入中国后，必然与这种环境发生碰撞。这种碰撞既有西方思潮的先进方面对中国传统思想的落后方面的冲击，也

---

① 载《哲学研究》，2001（8）；《新华文摘》，2002（1）。

有西方思潮的没落方面对同样来自西方的先进思想（如马克思主义）以及中国传统思想的优秀方面的冲击。前者积极，后者消极。因此中国学者对现代西方哲学的研究除了深刻和具体地理解现代西方哲学本身之外，还必须了解马克思主义，特别是必须深刻和具体地理解中国社会政治和思想文化等方面的现实环境，使自己的研究适应中国的现实环境的需要，促进中国社会的变革，也就是发挥西方思潮的积极方面，防止其消极方面。由于中国的现实环境各个时期都有变化，中国学者对现代西方哲学的研究也必须适应中国现实环境的变化。如果能够做到这样，现代西方哲学研究在中国就能起到积极作用并由此而受到欢迎。否则他们的研究在中国很难起到积极作用，甚至还可能因起消极作用而受到制约。近百年来和改革开放以来的情况都是这样。

西方哲学思潮传入中国有着悠久的历史。如果从严复一系列关于西方哲学和社会学说的译著在 19 世纪末和 20 世纪初陆续出版算起，西方哲学正式传入中国已超过一个世纪，五四时期曾达到高潮。我在其他地方对此已作过较为详细的阐释。① 这里想补充说明的是：当时输入的西方思潮尽管各不相同，它们在西方国家可能相互对立，但它们大都各以自己的特殊方式在不同程度上体现了西方资本主义社会所倡导的科学和民主精神。中国学者在输入这些哲学思潮时，主要也着眼于这种精神，因为它们正好与当时中国社会发展的要求一致，新文化运动的基本口号就是反对封建迷信、倡导民主和科学。因此这些思潮虽各有其消极方面，对当时中国的新文化运动却往往能起促进作用。也正因为如此，当时宣扬这些思潮的学者能与中国的马克思主义者在推动新文化运动上结成统一战线。

五四以后，中国的政治形势发生了巨大变化，国共合作破裂，共产党受到围剿，马克思主义也受到压制。国际共产主义运动中"左"的倾向这时明显加剧，也加剧对中国的影响。国内外局势的这些变化使中国马克思主义者对待西方思潮的态度发生了重要转折。五四时期马克思主义与西方思潮建成的新文化运动统一战线这时完全破裂，以致成了彼此势不两立的敌对方面。在这种情况下，中国的马克思主义者当然也谈不

① 参见《西学的传入与五四前后中西文化和哲学的碰撞》，载《东南学刊》，2001 (2)；人大复印资料《中国现代史》，2001 (7)。

上如何通过研究现代西方哲学思潮来促进中国社会变更，特别是中国的思想文化进步的问题。新中国成立后这种状况并未迅速改变。从20世纪50年代起，为了配合清算资产阶级学术思想长期以来在中国的影响，确立马克思主义在政治和思想文化领域的主导地位，多次开展过对实用主义等西方思潮的批判运动，很少有人想到现代西方哲学研究对中国社会的变更可能有积极作用。

从马克思主义立场开展对现代西方哲学思潮的批判本来无可厚非，50年代以来开展的那些批判运动有的在一定程度上也达到了预期的政治目的。它们的缺陷在于有时往往背离了马克思主义的求实原则，甚至由此形成了一种以"左"的政治标准代替学术标准、以抽象的主观武断代替具体的客观分析的对西方思潮的批判模式，这样就可能走向马克思主义的反面。

总的说来，在对待西方哲学特别是西方现代哲学的态度上，中国马克思主义者一直力图坚持马克思主义根本原则，但在具体运作上时有偏离。他们走的是一条前进却又曲折的道路。主要问题就在于"左"的政治和意识形态的制约妨碍了人们对西方哲学的全面认识。使西方哲学研究服从自己的政治目标这本来是中国马克思主义者最突出的优点；然而简单地把政治标准当做评价西方哲学的标准使他们难于对这些哲学的实际所是作出深入具体的研究，不会区分其中的消极方面和可能具有的积极方面，对前者可能不否定，对后者倒反而否定，这就成了他们的突出的缺点了。其消极后果之一，是使马克思主义哲学及以其为指导思想文化领域长期处于封闭状态，与当代世界的发展脱节，而这势必不利于它们的丰富和发展。"左"的路线之所以长期在我国占支配地位，改革开放政策之未能更早实行以及实行中遇到的种种障碍，原因当然很多，哲学和思想文化领域的这种封闭状况未尝不是重要原因之一。

改革开放以来，我国进入了建设中国特色社会主义的新时期，关于这一时期我国现代西方哲学研究如何适应着我国社会的变更而得到恢复和发展的情况，上面已作过说明。这里再就现代西方哲学研究怎样更好地适应建设中国特色社会主义的现实环境等问题提出三点看法。

第一，正确认识我国现代西方哲学研究的现实环境。

五四以来特别是改革开放三十年来现代西方哲学研究的经验教训，

使我们认识到，这门学科的研究能否对中国社会的发展，特别是对思想文化建设起到积极作用，甚至其本身能否顺利开展，都取决于它们能否适应中国的国情，或者说现实环境。当代中国的国情的核心就是在发展着的马克思主义指导下建设中国特色社会主义。胡锦涛同志在十七大报告中明确地指出："这次大会的主题是：高举中国特色社会主义伟大旗帜，以邓小平理论和'三个代表'重要思想为指导，深入贯彻落实科学发展观，继续解放思想，坚持改革开放，推动科学发展，促进社会和谐，为夺取全面建设小康社会新胜利而奋斗。"十七大的这个主题所针对的正是以发展着的马克思主义为指导建设中国特色社会主义。在当代中国，发展着的马克思主义就是中国特色社会主义理论体系。胡锦涛同志还明确指出："中国特色社会主义理论体系，就是包括邓小平理论、'三个代表'重要思想以及科学发展观等重大战略思想在内的科学理论体系。"因此，用发展着的马克思主义指导现代西方哲学研究，使这种研究为丰富和发展马克思主义哲学服务，实质上就是以中国特色社会主义理论体系为指导、为丰富和发展中国特色社会主义理论体系服务。

第二，准确理解马克思主义哲学的根本特征。

为了做到用发展着的马克思主义来指导现代西方哲学研究，首先要对马克思主义哲学作为一种发展着的学说有较为准确的理解。坚持用马克思主义哲学指导现代西方哲学研究可以说已是哲学界多数人的共识，但究竟怎样运用马克思主义哲学来指导一直存在较大分歧。关键问题正在大家对马克思主义哲学本身的内涵的理解不同。有些人的理解仍然局限于按照以往马克思主义哲学教科书的框架，没有充分认识到只有肯定社会实践在整个马克思主义哲学中的决定作用，才能把马克思主义哲学看做是一种不断发展着的学说。用马克思主义哲学指导现代西方哲学研究往往被他们仅仅归结为揭示现代西方哲学的唯心主义和形而上学；至于马克思主义哲学和现代西方哲学在现当代社会现实生活和实践中的发展以及二者在新的社会历史条件下的关系，则往往处于他们的视野之外。例如，他们往往仅仅从认识论的环节来理解马克思的实践学说，而没有看到这一学说的存在论意义。至于现代西方哲学的各个流派各以某种片面和扭曲的方式对现实生活和实践的强调，则往往被他们仅仅归结为相对主义和主观主义而简单否定。这样他们当然既无法揭示现代西方哲学这方面的学说的积极方面，更无法全面理解马克思在这方面的学说的革命意义以及对西方近现代哲学的超越。看不到社会实践在马克思主义哲学中的决定作用、不把马克思主义哲学看做是发展着的理论，势必混淆马克思主义的唯物主义与旧唯物主义的界限。马克思在《1844 年经济学哲学手稿》、《关于费尔巴哈的提纲》等论著中就已非常明确地指出他的唯物主义不是离开人的活动的抽象的自然主义的唯物主义（他把这种唯物主义当做唯灵主义），而是以人的社会实践为前提的唯物主义。对此哲学界有过广泛的讨论，我自己也多次发表过文章。这里要补充提及的只是：作为中国特色社会主义的理论体系科学内涵的邓小平理论、"三个代表"重要思想和科学发展观都把对现实问题的关注放在第一位。其实，从马克思主义的产生和它在各个阶段的发展看，社会实践（或者说现实生活和实践）都起着决定性的作用。不是把理论当做教条，而是把理论当做来源于现实生活和实践又运用于现实生活和实践并在现实生活和实践中得到发展，这是马克思主义哲学产生和发展的根本特征。

第三，尽可能全面地认识西方现当代哲学发展的方向。

除了极少数对我国现代西方哲学研究和马克思主义哲学研究的新进展都未能关注的人以外，我国学界绝大多数人都已改变了以往那种对现代西方哲学的简单否定态度。但是如何看待西方现代哲学的演化还是一个有待进一步探讨的复杂问题。

现代西方哲学的发展方向当然是由现当代西方社会的发展方向所决定的。现当代西方社会的发展方向究竟怎样？这是难以作出确定回答的问题。资本主义必然灭亡，社会主义和共产主义必然胜利，这是马克思所发现的社会历史发展的客观规律。但是，资本主义究竟怎样和全面灭亡？社会主义和共产主义怎样和何时取得全面最终胜利？经典作家并未作出、也不可能作出确定答案。从 19 世纪中后期以来至今一个多世纪的进程看，资本主义的确经过深刻和严重的危机，但后来都因实行某些改革而保留下来，甚至还能显示出较大活力。历史和现实都表明社会主义和资本主义尽管存在原则区别，但在相当长的历史时期内，二者在各个方面都存在和平共处的可能性。社会主义国家也必须加入原来由资本主义世界组建的某些国际协议和条约（例如 WTO）也说明二者可以而且必须共处。资本主义在某些方面的发展不仅不与社会主义相冲突，甚至还可能为过渡到社会主义创造更好的条件。

现代西方哲学与马克思主义哲学的关系也是这样。马克思主义哲学优越于现代西方哲学、与现代西方哲学相对立，但二者作为同时代的哲学在许多方面必然存在共同之处。正像现代资本主义还有发展的活力一样，现代西方哲学不仅不能归结为腐朽没落，而且同样存在着发展的广阔余地。在现代西方哲学的发展中必然存在许多消极方面（包括腐朽没落的内容），但也必然存在体现现实社会和现代科学文化发展的积极方面的成果。现代西方哲学与马克思主义哲学当然具有原则区别，但它们同时又为马克思主义哲学的发展提供了重要的思想材料。当马克思主义由于受到"左"的扭曲而对某些有关现代社会和现代科学等的发展未能作出应有的研究时，许多杰出的现代西方哲学家对这些方面的问题的研究却取得了重要成果，这些都值得马克思主义者虚心学习和借鉴。因此，对于现代西方哲学发展的方向应当看到其否定方面，但同时也应当看到其积极方面。

重新评价实用主义

1. 为什么要提出重新评价实用主义

提出重新评价实用主义，是认为过去对实用主义所作的评价有片面性，把实用主义当做了一种纯粹的反面理论。重评不是企图全盘肯定实用主义，更不是为了宣扬实用主义，而只是主张应当按照马克思主义的实事求是的原则全面地、客观地评价实用主义。实用主义与马克思主义在各个方面都有着原则的区别，实用主义的不少理论的确是片面的、错误的，甚至是荒唐的。但是，实用主义无论在理论上还是社会基础和作用上，都是很复杂的，其中不仅有合理的、积极的因素，甚至也包含可资我们借鉴的因素，因而将它们全盘简单否定显然是不妥当的。

提出重新评价实用主义之所以必要，还因为对实用主义的评价必然影响到对其他西方哲学流派的评价。实用主义并不是一个孤立的哲学流派，它与现代西方（特别是美国）的不少哲学流派有着极为密切的联系。当代美国著名实用主者莫利斯说，当代美国流行的主要哲学流派，即逻辑实用主义，英国语言分析哲学、想象学，存在主义，同实用主义"在性质上是协同一致的"，这四种哲学"每一种所强调的，实际上是实用主义运动作为一个整体范围之内的中心问题之一……这四种运动各自表现的关注，实用主义者都分担了"①。这种说法是否有褒实用主义贬其他流派之意，暂可不论，但实用主义与这些流派在理论上相通这一点却确是事实。因此，如果对实用主义采取简单地全盘否定的态度，又怎能谈得上对其他流派作出实事求是的评价呢？值得指出的是，在现代西方哲学各流派中，实用主义还是一个比较开明的流派，至少不是最保守的和反动的，如果对实用主义全盘否定，又怎能谈得上对其他哲学流派作出包含着某种肯定的评价呢？

实用主义早已不是现代西方的时髦哲学流派了，但它在西方各国的实际影响并未有多大衰退。至于在中国，在所有的现代西方哲学流派中，影响的领域最广、程度最深，甚至时间最长的，当首推实用主义。如果说在专业队伍以及某些爱好者以外，人们对现代西方哲学的大部分流派所知甚少的话，那么，对于实用主义，大部分人（至少是思想理论界）并不陌生。人们往往按照对实用主义的评价来估量其他哲学流派。我国哲学界对现代西方哲学长期存在着"左"的倾向，原因当然是多方面的。对待实用主义上的过"左"态度的影响显然是原因之一。在20世纪50年代中期，我国开展了一场大规模的对胡适实用主义的批判运动，这场运动当然也有积极成果，但由于基本上是采取简单否定的态度，对其消极影响也是不容忽视的。在一定程度上甚至可以说，这场运动在我国形成了一种批判现代西方哲学的"左"的模式，长期以来，这种模式在我国哲学界几乎起着支配作用，至少在评价实用主义上起着支配作用。从那时以来，我国哲学界发表和出版的评价实用主义的论著很多，但突破这种模式的论著少见。我自己近几年来在谈论实用主义时虽然已感到这种模式不实事求是，也企图能有所突破，但终因种种顾虑而未敢迈出大步。

对于我国哲学界在评价实用主义方面所存在的"左"的倾向，应当

---

① ［美］莫利斯：《美国哲学中的实用主义运动》，英文版，148～149页，1970。

有历史的态度。实用主义在中国和在美国所产生的影响显然有着较大差异。实用主义与马克思主义大体上是同时传入中国的，二者一开始就处于对立地位，而且这种对立与我国不同阶级在政治上的对立直接相关。从五四时期著名的"问题与主义的论战"开始，反对和批判实用主义，不仅是使马克思主义在中国思想领域取得支配地位的重要条件，在一定程度上甚至也可以说是中国共产党领导下的革命势力取得政治上的胜利的重要条件。在这种情况下，对实用主义的批判是必要的，在评价上出现一些"左"的偏向，也是不难理解的。而且，五四以来胡适等人对实用主义的介绍也并不全面，这也促使人们对实用主义难于有所肯定。在我国革命取得胜利以后，特别是 50 年代对实用主义作了大量批判，实用主义已不再成为威胁马克思主义的支配地位，更不成为威胁我国革命成败的力量以后，"左"的倾向仍未得到克服，有时在政治的干预下还有所发展，因而未能对实用主义作较全面的、客观的研究。

近几年来，我国哲学界对现代西方哲学的研究取得了重大进步，越来越多的人认识到，全面地、客观地研究现代西方哲学，对于丰富和发展马克思主义哲学，对于促进我国的四化建设，特别是社会主义精神文明的建设是极为重要的。经济体制改革的进一步发展对思想文化领域以及政治体制等方面也提出了进行改革的迫切要求。改革需要"引进"，"引进"不仅是经济的、技术的，也包括思想文化的。哲学当然也包括在内。正是改革的客观需要促使我国在思想文化领域内现在出现了难得的宽松、和谐、融洽的局面。这种局面为我国哲学界对现代西方哲学的研究提供了最好的条件。现在我们可以从马克思主义的实事求是的原则出发对现代西方哲学进行全面的、客观的研究，引进值得我们借鉴的成果，也正是这种局面使我们可以提出重新评价实用主义的问题。我们认为，如果在对实用主义的研究中能打破过去"左"的模式，那它将促使对整个现代西方哲学客观的、实事求是的研究。

2. 不能把实用主义归结为帝国主义的反动哲学

认为实用主义是适应帝国主义时代腐朽没落的资产阶级需要的哲学，这在我国哲学界曾一度成为定论。20 世纪 50 年代中期，我国翻译出版过美国哲学家哈利·威尔斯一本批判实用主义的著作，书名就叫

《实用主义——帝国主义的哲学》，这种观点曾被普遍接受。在许多人心目中，实用主义始终与马克思主义哲学处于尖锐对立的地位。从实用主义盛行于帝国主义时代，从垄断资产阶级利用实用主义以及一些资产阶级哲学家利用实用主义来反对马克思主义来说，这种观点不是毫无道理。我们过去的失误在于往往把这种观点绝对化，不加具体分析，而必然导致与客观事实相背离。

就实用主义产生和形成的背景来说，不能简单地说它只是适应帝国主义资产阶级的需要的哲学。美国由资本主义转化为帝国主义发生在19 世纪末，实用主义的主要代表詹姆士和杜威是在帝国主义时期活动的，他们的理论在某些方面可说是适应了当时美国垄断资产阶级的需要，不少美国政治的上层人物，垄断集团的代表们公开承认他们信奉实用主义。但也不能由此得出结论说詹姆士、杜威的理论就是垄断资产阶级的意识形态。至于实用主义的创始人皮尔士，他提出实用主义是在19 世纪 70 年代初，当时美国并未进入帝国主义，就更不能说是为了适应帝国主义的需要。就皮尔士、詹姆士、杜威等人的政治态度说，也并非都是垄断资产阶级的代表。例如皮尔士主要是作为一个自然科学家活动的，对政治过问不多。他之提出实用主义，主要是当做一种科学方法，即在科学实验中使概念清楚明确的方法，并无使之适应某一阶级私利的意图。杜威把实用主义运用于广泛的社会政治领域，其中有的言论的确适应了垄断资产阶级的需要，但就其主要倾向来说更体现了资产阶级自由派的呼声，例如他反对垄断制度和极权主义，强调民主自由。

美国实用主义产生和流行有着多方面的背景，它与美国资本主义历史发展的特殊条件密切相关，有人认为它在一定程度上体现了主要由欧洲移民构成的美国资产阶级的轻视传统、崇尚实际、鄙弃抽象的空论，强调有效的行动，反对守旧，鼓励开拓的精神。这种说法虽有些过头，但也不无根据。不管怎样，实用主义的产生和流行绝不能仅由垄断资产阶级的需要来解释。更值得注意的是，实用主义像任何其他哲学一样，除了阶级根源外，还有其他根源，当代美国实用主义者莫利斯在讲到美国实用主义的背景时指出了如下四点："1. 科学方法在 19 世纪所享有的威望；2. 当代哲学中经验主义力量相应的上升；3. 生物进化论的流行；4. 美国民主制理想的流行。"① 许多实用主义者以及其他西方哲学家经常把实用主义说成是体现了美国的科学与民主精神的哲学。这与莫利斯的说法大体一致。实用主义在五四时期传入中国后之所以曾被许多人接受并发生较大影响（这种影响不纯粹是消极的），主要原因之一就在于它的科学与民主精神和五四所提倡的科学与民主精神有相一致之处。

现代西方社会是存在着阶级分化和阶级斗争的社会，对现代西方社会的哲学应该作阶级分析，但是，不能把阶级分析绝对化、简单化、庸俗化。哲学毕竟是一种离物质经济基础较远的意识形态，远非仅由某一阶级或阶层、集团的需要所能充分解释。无论是对于实用主义或其他什么西方哲学流派，生硬地套上一顶阶级帽子都是不妥当的，需要我们作具体分析。就实用主义来说，它既有适应垄断资产阶级需要的内容，也有反映资产阶级自由派要求的内容，还有超出资产阶级狭隘的利害关系范围之外而在一定程度上反映认识和科学进步要求的内容，因而无论是把哪一点绝对化而忽视其他都是片面的。

实用主义是不是一个反马克思主义的哲学流派呢？当然是。因为实用主义的理论与马克思主义有着原则的区别，有的实用主义者（主要是当代的实用主义者）还有不少直接攻击马克思主义的言论。但是，如果像过去那样认为实用主义始终同马克思主义处于势不两立的地位，似乎实用主义的攻击目标就是马克思主义那就错了。从皮尔士、詹姆士和杜威提出其基本理论的思想背景来说，他们都主要不是针对马克思主义，而是针对以德国古典唯心主义为代表的理性派思辨唯心主义，詹姆士和杜威都是从背叛他们原来所接受的理性派唯心主义的立场而走上实用主义道路的。他们在提出和论证自己的理论时，还与当时理性派的唯心主义的代表英美绝对唯心主义者进行了论战。詹姆士、杜威等人之用实用主义来反对和取代理性派唯心主义，主要不是像我们过去常说的那样是为了更好地反对唯物主义，而是因为理性派思辨形而上学不符合当时已取得重大成就的实证自然科学，特别是达尔文进化论的精神。因此，也不能像我们过去那样认为他们仅仅是抛弃以往哲学的优良传统而走向反

---

① ［美］莫利斯：《美国哲学中的实用主义运动》，英文版，5页，1970。

动方面，而毋宁说他们在一定程度上体现了一种进步。我们甚至可以说，在反对理性派思辨形而上学上，实用主义与马克思主义尽管有原则区别，但也未尝不存在某些共同之处。

在评价各种现代哲学思潮时，我们必须抛弃曾长期被采用的这么一个逻辑：不是属于革命无产阶级的，便是属于反动资产阶级的。不是马克思主义便是反马克思主义，不是进步就是反动。对于实用主义不能如此地评价，对其他流派也不能如此地评价。

3. 实用主义不是十足的主观唯心主义

实用主义是一个主观唯心主义哲学流派，这在我国哲学界已是得到公认的说法。实用主义者像实证主义者、马赫主义者、新实证主义者一样，拒绝对思维和存在、精神和物质何者第一性的问题作出明确回答，认为这是一个可以不了了之的形而上学问题，他们的哲学则以经验所及范围为限，而经验超出心物、主客对立之外。因此他们宣称自己的哲学是超出唯物和唯心对立之外的中立的，或者说第三条路线的哲学。长期以来，我们一直把这种所谓中立的、第三条路线的哲学当做是隐蔽的唯心主义，是贝克莱主观唯心主义的变种。实用主义也正是由此而被当做主观唯心主义哲学的。从归根到底的意义上来说，这种说法不是毫无根据的。列宁在《唯物主义和经验批判主义》中就曾把马赫主义当做是十足的主观唯心主义。但是，从直接的意义上说，这种说法显得牵强，甚至不尽符合客观事实。皮尔士、詹姆士、杜威等实用主义者的哲学观点虽然归根到底可以归属于主观唯心主义的范围，但从直接的意义说，他们都不是纯粹的主观唯心主义者，在一定意义上甚至还包含某些自发的或者自然科学的唯物主义的因素。

先看看皮尔士的观点。

皮尔士一生在哲学观点上变化较多。他早年不是实用主义者，晚年超出了实用主义的范围。就他在 19 世纪七八十年代提出和发挥实用主义的时期来说，他的观点也存在着不少矛盾。但有一点是很明确的，作为一个杰出的自然科学家，他从来就没有像露骨的主观唯心主义者一样认为整个世界仅仅是个人的主观经验或旧主观经验派生，从来就没有否认在个人经验以外还有外在的世界存在。他同其他实用主义者一样接受了实证主义的经验主义传统，强调应当反对思辨形而上学（特别是笛卡儿从普遍怀疑出发用逻辑推理的方法所构造出来的形而上学体系），认为应当把全部哲学建立在经验科学的基础上，依据经验研究和判断一切命题。只有可以用科学的观察方法（即经验方法）来证实的概念才是真正有意义的概念。但是，他又明确指出他不同意一般实证主义笼统地反对形而上学的做法，而认为经过用科学方法加以改造以后，形而上学还是可以保留，他由此要求建立一种既与传统哲学不同，又与一般实证主义不同的科学的形而上学，其中包含了实在论。在皮尔士的实在论中，既有与把一般概念、共相当做实在相关的柏拉图主义因素，又有与把人的主观感觉（不仅包含色、声、味等经验性质，也包括人的各种主观感受）当做实在相关的主观唯心主义因素。但与此同时，他又肯定苹果、桌子等具体事物具有独立存在的意义，而且唯有这种具体事物才是现实的存在。他把实用主义当做是一种科学方法，而科学方法的基本假设则是："存在着现实事物，它们的特点完全不以我们对于它们的意见为转移。这些现实事物按照永恒的规律作用于我们的感官。……我们能够通过讨论来确定事物实际上和真正是什么。每一个人只要有充分的经验和思考，就可得出同样真实的结论。"[1] 尽管皮尔士在解释什么是现实事物的问题时存在着许多糊涂观念，例如他往往把事物使人产生感觉的实际效果当做是现实事物存在的证明，从而把人的感觉当做事物存在的标准，而这在一定条件下（或者说归根到底）可以导致主观唯心主义。但是就直接的意义说并不如此，因为皮尔士在此不是把感觉当做纯主观的东西，而肯定它们是由外部世界刺激人的感官所引起的。

在实用主义者中，詹姆士哲学的主观唯心主义性质几乎被认为是毋庸置疑的。他的著名的意识流学说和彻底经验主义一直被当做主观唯心主义的典型。其实，实际情况也并非完全如此。先从他的意识流学说谈起。

詹姆士的意识流学说是作为一种心理学理论提出来的，但它同时具有明显的哲学意义。詹姆士心理学的一个重要前提就是认为人的心理意识活动依赖人的机体的生理活动。他反对把意识活动神秘化，认为它们

---

[1] 《皮尔士文集》，英文版，第5卷，第38段，1934。

是人的大脑的功能，相应于大脑的活动的变化而变化，二者之间的关系是因果关系。他具体地考察了大脑的多种状态怎样决定心灵的状态，并反对将精神过程与物质过程割裂开来的二元论。他在论及自我概念时，认为自我有不同层次的意义，它们都以人的生理活动为基础，他一再强调人的意识不能独立存在。例如他在《"意识"存在吗?》一文中明确地说："意识是一个无实体的空名，无权立于第一本源的行列中。"① 尽管詹姆士对意识的解释有种种缺陷，但他显然是不赞成主张意识第一性的唯心主义的。他也正是在这个基本前提下来提出和发挥他的意识流学说的。然而我们过去评价他的意识流学说时却恰恰撇开他再三强调的这个重要前提。

詹姆士的意识流学说是他在反对所谓构造主义心理学中所提出的。后者是洛克、休谟以来的心理联想主义传统的继续，其最大特点是用原子主义来看待意识活动，即认为人的精神世界是彼此严格划分的原子性的"观念"或"知觉"的总和。各种心理现象和事实即是根据联想律由这些原子性的"观念"、"知觉"构成。詹姆士的意识流学说是针对这种观点而发的，它肯定人的精神意识世界是不间断的，是一道不可分割的流。詹姆士在具体论述这一学说时，指出意识（思想）具有如下五个特征：①意识总是属于个人，既不属于这个人，又不属于那个人的纯粹意识是无法证明的；②意识永远是变化的，总是处于流动变化之中，永远不会静止于某一点；③意识总是连续的，没有间断，没有裂痕，没有分离状态，意识不是彼此衔接的链条，而是不断的流；④意识必有不以意识为转移的对象，意识总是关于不以它为转移的对象的意识；⑤意识总是有选择性的，总是与人的利益、兴趣相关。詹姆士认为，人所面对着的外部世界本身是一个混沌的、没有区分的、绝对连续的世界。至于作为人的意识对象的东西则是人们按照自己的兴趣和注意采取世界这一部分、撇开其余部分而构成的。

詹姆士的意识流学说，当然有很大的片面性。例如，他往往把意识的选择性夸大了，以致认为意识的对象出于意识本身的创造（尽管不是凭空创造），这的确将引向主观唯心主义甚至唯意志论。他在强调意识

---

① ［美］詹姆士：《彻底经验主义论文集》，英文版，2 页，1922。

的连续性（不间断性）、流动性时忽视了其间断性和相对稳定性，这将陷入相对主义，而相对主义往往通向主观唯心主义和非理性主义。但是，我们不要忘记，詹姆士是在首先肯定意识是人的大脑的功能，不是第一性的存在这个前提下来谈论意识流的，他并未企图把外部世界本身当做是出于意识的创造。他所说的意识的创造只是意识对象的创造，而意识对象是处于人的意识之中的对象，不是客观的对象本身。同样一个客观事物在不同的人的意识中，由于这些人的注意和兴趣不同，便成了不同的对象，但这并不意味着客观对象本身因此发生了变化。因此，我们不能从直接的意义上说詹姆士的意识流的学说是主观唯心主义的和唯意志主义的。

詹姆士的彻底经验主义是由他的意识流学说演化而来的。在一定程度上可以说，意识流学说是他的彻底经验主义的科学根据，彻底经验主义是他的意识流学说的哲学论证。关于什么是彻底经验主义，我国的有关论著已作过不少具体介绍，不需要过多引述了。我们过去说詹姆士的彻底经验主义陷入了主观唯心主义并带有明显的非理性主义以致唯意志主义色彩，从归根到底的意义上说是可以的。但这里有两点值得我们注意。第一，詹姆士彻底经验主义中所说的作为一切经验对象来源的纯粹经验指的正是意识流（他有时称为"感觉的一种原始混沌"，"主观生活之流"，它不是一种精神实体，不是本源性的存在，而是人的大脑的活动、功能。第二，彻底经验主义强调哲学和科学的对象均是经验对象，均以纯粹经验为素材，但这并不等于说外部世界本身是由纯粹经验构成的，关于外部世界是否存在的问题，在此虽未明确肯定，但更没有否定。如果考虑到詹姆士肯定心理意识活动（意识流）受生理活动的支配，而生理活动是一种物质活动，那么他实际还是肯定了经验以外的世界的存在，不过是没有把这个世界当做哲学的直接的对象。作为哲学和科学的对象的总是人化了的世界，即经验世界。总之，不能把彻底经验主义简单地归为纯粹唯心主义。

与詹姆士相比，杜威在哲学上的客观性更明显一些。杜威也是一个经验主义者（他自称其哲学为经验自然主义或者说自然主义的经验主义），从归根到底的意义上说他的经验主义是主观唯心主义的（他否定经验是客观对象的主观映象）。但也应看到，在杜威对经验的许多直接论述中，他往往企图避免主观唯心主义。例如，他在《哲学光复的必要》一文中反对把经验看做是纯粹主观的、心理的东西，而认为它是客观世界进入人的行为遭遇里通过人的反应所引起的变化。一句话，是客观和主观相互作用的结果。① 他在《实验逻辑论文集》中甚至标榜自己与"实在主义"一致。因为他承认在人的经验和思维之外还存在着"无理性的存在"（brute existence）这种存在是由思维发现的，"但绝不是由思维或任何精神过程产生的"②。在《经验与自然》中，他固然强调经验与自然的连续性，即认为二者是不可分割的，不能离开经验去谈论自然。但他的意思主要是指在认识论范围内自然不能离开经验，人类认识所及的自然总是他们经验中的自然，离开经验，自然界就不能作为人的认识和行动的对象而存在。因而他认为正是人的经验为人创造认识对象。当然，离开自然界的第一性这个基本前提来谈论经验和自然的连续性是错误的，但这也并不等于说杜威认为经验成了造物主，世界上的一切都是出于经验的创造。他只是认为作为认识和行动对象的东西才是经验的创造。至于在认识范围以外是否有自然界存在，他并未否定，有时甚至还承认自然界存在于经验之外，认为应当把经验同自然区分开。例如他说："经验是关于自然的，也是发生在自然以内的。被经验到的并不是经验而是自然——岩石、树木、动物、疾病、健康、温度、电力等。"③ 当杜威谈到人类经验产生与环境、自然界的关系时，他有时甚至承认后者是在先的。他认为经验是指有机体（主体）和环境（对象）之间的相互作用，这种相互作用以预先存在着生物有机体以及生物有机体所依赖的环境为条件。他说："没有一个忠实于科学的结论的人会否认经验作为一种存在，乃是只有在一种高度特殊化的条件下才发生的事情，例如它是发生于一个有高度组织的生物中，而这种生物又需要有一个特殊的环境。没有证据证明无论在任何地方和任何时间都有经验。"④ 杜威的这些议论无疑具有客观的色彩，与贝克莱关于存在就是被感知的观点，以至与关于精神创造物质的一般唯心主义观点都显然有所不同，

① 参见［美］杜威：《创造的智慧》，英文版，7页，1917。
② ［美］杜威：《实验逻辑论文集》，英文版，35页，1916。
③ ［美］杜威：《经验与自然》，4页，北京，商务印书馆，1960。
④ 同上书，3页。

甚至可以说在一定程度上接受了某些自然科学和常识的唯物主义的因素。胡克就杜威的这种立场说："照杜威看来，经验是一个生物和一个环境之间交互作用的关系……作用总是以某种被作用的事物为条件的。因此经验的过程不是一种完全的创造活动，于是，贝克莱主教的上帝和创世纪的上帝一下子排除于真正的创造的过程之外。"① 当然，我们不能凭杜威、胡克的这些议论否定杜威哲学的片面性。但是这些议论毕竟告诉我们，对杜威的关于经验的论述不作具体的、实事求是的分析。简单地斥之为纯粹的主观唯心主义是不妥当的。

总之，无论是皮尔士、詹姆士还是杜威，都把哲学局限于经验范围，他们对经验的解释都与唯物主义有着原则的区别（都反对反映论），但也都没有把经验看做是纯粹主观自生的东西，更没有把整个客观世界都归结为主观经验世界，因此与本来意义的主观唯心主义还是有所不同。他们不接受唯物主义，也不赞成唯心主义。这种在经验的旗号下超越唯物主义和唯心主义之外的企图固然不能成功，最后往往倒向主观唯心主义。但不能因此就把它们在最后倒向之前的全部哲学谈论都当做是唯心主义的胡说。事实上，在认识论范围内，实用主义者对于主体和客体的关系所作的不少论述，特别是他们对主体的能动作用的强调，是包含有积极因素的。实用主义之所以被当做崇尚行动、鼓励进取和开拓精神的哲学，而被那些崇尚行动和开拓的美国人所欢迎和利用，也可以说正是由于它告诉了他们应当怎样去发挥主体的能动作用，来达到自己的目标。这一点也许是实用主义一类哲学的优点。这个优点本来是马克思主义哲学同样具备的，而且比实用主义高明得多。因为马克思主义哲学不仅同样承认主体的能动作用，而且是在唯物主义基础上承认的。然而，事实上，由于我们往往过分强调了唯物唯心划分的问题，甚至把这种划分当做哲学研究的根本内容和目标，而忽视了不直接涉及这种划分的广泛领域，特别是忽视了对主体性（或者说主观能动性）问题的研究，从而使我们的研究变得贫乏。我认为，为了丰富我们的哲学研究，并使这种研究更能促进我们的行动，很有必要在坚持唯物主义的基本前提下研究和借鉴现代西方哲学家（包括实用主义者）在这方面的论述。

---

① ［美］胡克：《杜威在现代思想界的地位》，转引自《现代美国哲学》，239 页。

4. 不能把实用主义归结为市侩哲学

长期以来实用主义被认为是一种最为集中、最为突出地体现了资产阶级的贪得无厌、唯利是图的利己主义阶级本性的哲学，是一种只讲功效不讲原则、只讲私利不讲信义的庸人哲学、是把资产阶级的大利大干、小利小干、无利不干的生意经、处世诀上升到哲学理论高度的市侩哲学。实用主义也正因此而声名狼藉。应当认为，对实用主义的这种评价是有一定根据的。因为实用主义的确具有这样的阶级基础，实用主义者（特别是詹姆士）的不少理论（主要是其真理论）的确具有这样的色彩（例如詹姆士把观念的有用性等同于其真理性），并因此而受到资产阶级庸人以及具有类似世界观、人生观的人的欢迎。这点不仅已为我国哲学界所公认，即使在西方，实用主义也受到这样的批评。在研究实用主义时，我们当然应当指出它的这种特性并进行严肃的批判。问题是，我们在这方面不要简单化和绝对化。因为，这不是实用主义的全部理论，甚至也不是实用主义的全部真理论。皮尔士和杜威甚至还竭力使自己的理论不具有上述特性。如果我们比较客观地考察实用主义的有关理论，我们可以发现它除了上述消极方面外，还具有更广泛的内容。

还是先从皮尔士说起。

皮尔士把实用主义当做一种使科学概念的意义清楚明确的科学方法或者说逻辑。他明确地指出，他的实用主义"不试图确定事物的任何真理性。它只是一种发现实际的词和抽象概念的意义的方法。"[1] 他所关心的并不是个人或者集团能否获得利益、效果、成功，而主要是使人们的思想、概念清楚明确的逻辑技巧和方法。他不满意詹姆士在实用主义（pragmatism）这个名称下把真理等同于有用的庸俗说法。为了与之划清界限，他甚至放弃使用实用主义这个概念而代之以"实效主义"（pragmaticism 或译实用化主义）。皮尔士曾就此事的始末说："在 1871年，在马萨诸塞州的剑桥的形而上学俱乐部，我把这一原则（指他的实用主义—引者）当做一种逻辑的真理……在交谈中我称它为'实用主义'……但是在 1897 年，詹姆士教授把事情作了改变，使它成了一种

---

① 《皮尔士文集》，英文版，第 5 卷，第 464 段，1934。

哲学理论，其中有的部分我高度赞赏，而其他部分，也是更重要的部分，我过去认为，现在仍认为违背健全的逻辑……我不得不得出结论，我的不幸的学说应当改用另一个名称，于是在 1905 年 4 月，我改称它为实效主义。"① 据他说，这个名称丑陋不堪，不会再被人拐骗了。也就是说不会再被人歪曲了。单从这一点就可看出，不分青红皂白地把包括皮尔士理论在内的全部实用主义归结为市侩哲学是违背事实的。

正是由于皮尔士把实用主义当做是一种使名词和概念的意义清楚明确的方法，因此他把意义理论当做其实用主义的核心。什么是皮尔士的意义理论呢？这首先与他对符号学的研究密切相关，也就是概念和词的意义被当做一种符号关系（如符号与对象以及思维者之间的关系）来研究。尽管皮尔士的符号学有不少缺陷，但在符号学的发展上，他作出了非常重要的贡献。其次，皮尔士还企图提出一种关于词和概念以及命题、论断的意义的实际标准，这一标准就是它们所引起的实际效果。他说："为了获得理论、概念的意义，人们就要考虑从这一概念的真理必将得出什么样的可以设想的实际效果，这些效果的总和将构成这个概念的全部意义。"② 一个名词、概念的意义，就在于它可以由它所引起的感性后果来确定。例如，"硬"这个概念的意义就在于它不可为许多其他东西所刺破，后者正是表示"硬"的感性的效果，或者说，是对"硬"的经验证实。

由概念可能引起的实际效果来确定概念的意义这个原则被称为"皮尔士原则"，是使皮尔士成为实用主义创始人的重要原则，而这也正是后来被詹姆士发挥为有用便是真理的实用主义的一条根本原则。应当指出，皮尔士的这条原则与詹姆士的有用（有效）便是真理的原则有着内在的联系，由皮尔士的原则可以逻辑地发展为詹姆士的原则。因而，不能认为我们过去对皮尔士的批判都不符合实际。但是，我们也应当看到，他们两人毕竟还有所区别。当皮尔士讲到实际效果时，他很少考虑到对个人或集团的利害得失关系，而主要只是考虑证实经验概念的意义的经验证据，而这种经验证据的范围比利害得失要广泛得多。例如，不可刺破之为"硬"的论证就是超出利害关系的。因此，皮尔士的理论并

---

① 《皮尔士文集》，英文版，第 6 卷，第 482 段，1935。
② 《皮尔士文集》，英文版，第 5 卷，第 58 段，1934。

不直接带有市侩和庸人色彩。还应当指出的是，当皮尔士提出可感觉的效果是概念的意义的标准时，他特别强调对这种效果应当从行动、实验中去把握，感性效果就是引起行动、实验的效果。换言之，一个概念的意义可以从它所引起的行为习惯来衡量。他由此提出了为后来的操作主义者所发挥并作为其理论基础的观点：一个概念或命题的意义在于一套与之相应的操作，获得关于某一对象的意义的过程是一系列相应的行为的过程，一套相应的操作的过程。在这方面，皮尔士既犯有后来操作主义者所犯的错误，又包含有他们的理论所包含的那些积极因素。

在实用主义者的理论中，市侩和庸人习气最浓的莫过于詹姆士了。如果我们在把实用主义者当做一种市侩哲学、庸人哲学时单指詹姆士的理论，那可以说是比较恰当的。但是，即使对于他的真理论，我们也不能简单地归结为资产阶级生意经处世诀的堆积。为了使自己的理论能言之成理，詹姆士不能不作出各种论证。这些论证虽然从整体上说是错误的，但局部地说不是一无是处。下面简单举出几点。

第一，詹姆士反对唯物主义关于客观真理的理论，反对反映论。这当然是错误的。但他为此而对那些把真理等同于客观对象本身的观点提出指责，强调真理是观念的属性则不是没有道理的。客观事物本身的确无所谓真伪，真伪总是相对于人们关于事物的观念而言。也就是只能是观念的属性。可是在我们的一些著名的哲学文献中，为了强调真理的客观性，有时把客观真理与客观实在等同起来，这至少应当说是概念不清。第二，詹姆士把真理等同于它们对人的功效（即把观念的有用性当做其真理性的唯一标志），这当然是错误的，但肯定真理具备有效、有用的属性则并不算错。人们在获得了正确的认识，即真理以后，就可以用来指导自己的行动，使之取得成功，这正是真理的功用、效果。而且与那些把真理仅仅当做抽象思辨概念，不问其是否能给人们带来实际效果的倾向相比，詹姆士之强调真理必具有效用也许更积极些。因为我们追为真理、认识世界只能是为了达到我们某种预期目的的一种手段，而不能是目的本身。第三，詹姆士把对真理的检验，证实归结为被当做真理的观念是否有满足人的需要、利益的实际功效，这当然是错的，但他肯定实践是检验真理的标准则显然有合理因素。第四，詹姆士反对绝对真理、普遍真理的存在，在真理问题上宣扬相对主义，但他对绝对主义者、抽象主义者的缺陷的揭露，他之强调真理的相对性、具体性，则包含积极的因素。

杜威在真理与认识问题上的观点（即他所谓工具主义）与詹姆士的真理论并无本质区别。但是，他也同皮尔士一样，企图把工具主义变成一种科学方法论，并尽量避免詹姆士理论所具有的那种市侩和庸人色彩。他在《哲学的改造》中针对实用主义在这方面受到的批评作了一段著名的辩解。他说，实用主义真理论之被人憎恶，部分原因是说明不当。"例如当真理被看做一种满足时，常被误认为是情绪的满足、私人的安适、纯个人需要的供应。但这里所谓满足却是观念和行动的目的和方法所由产生的问题的要求和条件的满足。这个满足包含公众的和客观的条件。它不为乍起的念头或个人的嗜好所左右。又当真理被理解作效用的时候，它常被认为对于纯个人目的的一种效用，或特殊的个人所着意的一种利益。把真理当做满足私人野心和权势的工具的概念是非常可厌的，可是批评家们竟将这样一个臆想归诸健全的人们，真是怪事。其实，所谓真理即效用，就是把思想或学说认为可行的拿来贡献于经验的改造那种效用。道路的用处不以便利于山贼劫掠的程度来测定。它的用处决定于它是否实际尽了道路的功能，是否做了公众运输和交通的便利而有效的手段。观念或假设的效用所以成为那观念或假设所含真理的尺度也是如此。"① 杜威在他的许多其他著作中也有类似的申诉。例如他在《美国实用主义的发展》一文中提到，人们常把实用主义当做是"使思想与理性活动从属于利益和赢利的一些特殊目的"，这是一种误会。而他则认为，"实用主义决不赞成那种被视为美国生活的特点的为行动而行动"、"不赞成把行动本身当做目的、把目的看得太狭窄、太实际的美国生活的某些方面"②。

杜威的这些话过去在我国的有关批判实用主义的论著中曾被广泛引述，但大多数被当做是杜威对实用主义所作的虚伪的粉饰而简单地予以否定。现在看来这样做有点片面性。尽管有不少实用主义的信奉者是从"私人安适"、"纯个人需要的供应"、"满足私人野心和权势"等意义上

---

① ［美］杜威：《哲学的改造》，85 页，北京，商务印书馆，1985。

② 引自［美］伦斯编：《二十世纪的哲学》，英文版，454、455 页，1947。

来接受和鼓吹实用主义的，但对杜威本人来说，主要不是抱着这样的目的。至少，他的工具主义比对这种目的的适应要广泛一些。他曾指出，已证实的真理，即使不符合人们的利益，仍不失为真理，仍具有工具的效能。

关于认识和真理的理论是实用主义理论的核心部分，实用主义理论的消极方面和积极方面在此都表现得最为突出。与其他西方哲学流派相比。实用主义的确可以说是最为集中和突出地体现了资产阶级的贪得无厌、唯利是图的利己主义阶级本性。"有用就是真理，真理就是有用"，这既是资产阶级的真理观的突出表现，也是对实用主义理论的一种概括。因此，一方面，不管皮尔士、杜威等人自己的主观目的如何，他们的理论在某些方面客观上适应了资产阶级市侩和庸人的精神状态。在这种意义上我们未尝不可以说实用主义是一种市侩哲学和庸人的哲学。另一方面，与其他西方哲学流派相比，实用主义是一种最为强调理论与实践的统一、最为强调发挥人的主观能动性（或者说主体性）、最为反对脱离实际的抽象思辨以及消极无为的机械论的哲学，因而不能说实用主义这些理论不包含任何积极因素。

5. 不能把实用主义归结为诡辩论

在方法论上，实用主义一直被认为是一种以诡辩来代替科学论证的反辩证法哲学。在实用主义者（特别是詹姆士）的著作中的确不乏玩弄诡辩的文字。詹姆士关于人是否绕着松鼠走以及他所推崇的意大利实用主义者帕比尼关于实用主义像旅馆中的走廊的著名比喻，被公认为是玩弄诡辩和搞调和折中（这本身就是诡辩）的典型例证。应当认为，对实用主义在方法论上的这种评价大体上符合实用主义的实际。问题是我们不能把整个实用主义的方法论都归结为玩弄诡辩。在实用主义方法论中也还有许多其他内容，其中不乏积极因素。至少皮尔士和杜威如此。

皮尔士把实用主义当做一种使名词和概念、命题的意义清楚明确的科学方法，这种方法的目的是帮助人们确定信念。他认为人们只要确定了坚定的信念，便可据之采取行动，并进一步达到人们所预期的效果。他由此把确定信念当做人的认识的根本任务。认识过程就是确立信念的过程，即通过探索（研究），使人由缺乏信念（即怀疑）而达到确立信念。这就是他的著名的由怀疑到信念的探索理论。这一理论已被广泛介绍，我们在此仅指出两点。第一，尽管由于皮尔士没有自觉地接受唯物辩证法而使他有些糊涂观念，但总的说他强调确定信念不能是随心所欲、而必须有客观根据。在谈到确定信念的具体方法时，他不赞成所提及的固执的方法、权威的方法、先验的方法，而提倡科学方法，后者的根本前提就是从客观实际出发。第二，皮尔士这一理论是他对自然科学研究方法所作的一种总结和概括。尽管不甚完善，但毕竟在一定程度上反映了科学研究的实际进程。因为在一定意义上我们可以说，科学研究的过程是由怀疑（未知）到信念（知）的过程。

值得注意的是，皮尔士的探索理论非常强调人的认识需要不断进步和发展，反对保守和停滞。这突出地表现在他所提出的可误论（fallibillism）上。这一理论认为，用科学方法所得出的任何结论—信念都可能包含错误而被推翻，因而都处于不断修正的过程中。那些已确立了的真理在很大程度上需要改变。任何一种可以称为真理的假设都需要改进，任何信念的确定性都相对于其证据。随着新的证据的发现，这些信念也需要改变。任何经验命题都不是绝对可靠的，甚至数学和逻辑的推理也不能排除错误的可能性。他说："存在着三种我们绝对不能达到的事物……即绝对的确定性、绝对的精确性、绝对的普遍性。"[1] 皮尔士坚决反对科学研究中的故步自封，一再要求"不要阻塞探索的道路"。他鄙弃崇拜权威，主张自由讨论和自由研究。对某些形式的独断论和怀疑论他还作了不少批判，认为它们是科学研究的主要障碍。[2] 皮尔士的这种理论显然是合理的。

杜威在方法论上基本上是继承和发挥皮尔士的思想。他自称他的观点是：对皮尔士观点的一种自由的转述。[3] 这最突出地表现在他所提出的著名的思想五步法上。对于他的这一理论（以及胡适对这一理论的概括和转述：大胆假设、小心求证），近年来已有一些同志撰文指出应当适当予以肯定，因为它大体上符合科学研究的程序。我们同意这种意见，在此就不多说了。

---

① 《皮尔士文集》，英文版，第 1 卷，第 141 段，1931。
② 《皮尔士文集》，英文版，第 5 卷，第 416 段。
③ ［美］杜威：《逻辑：探索的理论》，英文版，14 页，1938。

在方法论上，在实用主义者中，很少值得肯定的，莫过于詹姆士了。他除了经常玩弄诡辩和折中主义以外，还对以黑格尔为代表的辩证法一再公开进行攻击。但是，也不能因此把詹姆士的著作当做是诡辩伎俩的堆积。在方法论上，詹姆士一再声称他反对各种形式的独断主义、绝对主义，提倡求实和开放精神。他说，实用主义方法的胜利，意味着"极端理性主义的导师一定会受到排斥，正如朝臣式的官僚在共和国中被排斥那样，又如主张教皇有绝对权力的神父在基督教国家中会被排斥那样"①。当然，真正能克服各种独断主义、绝对主义、发扬求实和开放精神的方法只能是唯物辩证法，而不是詹姆士的实用主义方法。但詹姆士对独断主义和绝对主义所作的种种揭露中有些论述还是可供参考的。列宁说，当一个唯心主义者反对另一个唯心主义者的唯心主义基础时，对唯物主义是有利的。詹姆士之反对和批判独断主义和绝对主义也可起这种作用。此外，实用主义提倡的反对抽象空谈、注重实际功效，对一切有助于达到实际目的理论、方法采取兼收并蓄，这种态度尽管是资产阶级世界观的表现，但它客观上适应美国资产阶级采取一切可能的手段，通过一切可能的途径来发展其事业的需要，也适应了使美国社会形成为一个开放社会的需要。这一点是值得我们批判地加以研究的。

当然实用主义者在方法论上的某些积极因素，是不能与马克思主义唯物辩证法相提并论的。但我们仍应具体地加以研究，从正反方面吸取有益的东西。

实用主义的理论内容是多方面的。在社会政治、伦理宗教、教育等方面，实用主义者（特别是杜威）都作了不少阐述。过去我们同样对之采取全盘否定的态度。其实在这些领域中他们也有积极方面。例如，杜威的社会政治理论尽管带有明显地为资本主义制度辩护的性质，但他之鼓吹实现普遍的民主、自由和平等，他之要求官吏民选并始终对选民负责、接受选民监督，他之反对官吏的任何特权，要求他们的"私欲"服从"公德"，他之反对官吏的终身制、世袭制而主张任期制，这些都不是没有道理的，甚至还可以给我们的改革以某些启迪。关于这方面问题，这里就不说了。

---

① ［美］詹姆士：《实用主义》，29 页，北京，商务印书馆，1981。

杜威哲学的现代意义

关于如何重新评价以杜威为代表的实用主义及其在现代的意义，特别是在当代中国的意义，至少应当从如下两个方面加以探索。一个方面是如何进一步克服几十年的"左"的政治和意识形态所造成的将实用主义简单化和片面化，以致将其全盘否定的倾向。由于这种倾向是以坚持马克思主义的名义出现的，在以马克思主义作为一切事业的指导思想的中国，克服这种倾向曾经是困难重重。但在改革开放成为中国的基本国策后，这方面的境况已有很大变化，上述倾向已不突出了，这为解决另一方面的问题创造了有利条件。这另一个方面是在西方哲学的现代变革以及马克思的哲学变革这个大背景下重新理解杜威等人的实用主义哲学理论的根本意义以及与马克思主义哲学的关系。从理论上说，这方面涉及的问题比前一方面更为复杂，因为它既需要重新研究和理解实用主义，也需要重新研究和理解马克思主义哲学。我自己早已有志于此，因各种原因未能深入下去。本文将就一些主要问题提出一些初步想法，至于具体的论证，只好留待以后分别去做了。

1. 杜威哲学的根本意义是对现实生活和实践的强调

杜威的实用主义学说是对皮尔士和詹姆士的实用主义的继承和发展。如何看待杜威哲学的根本意义，实际上要涉及整个美国实用主义的一般意义，即知道回答什么叫做实用主义。这是一个看似简单，实则相当复杂的问题。

说其简单，是因为与胡塞尔、海德格尔等众多德国哲学家那种刻意追求严密完整的体系，以致使其理论显得深奥莫测、晦涩难懂不同，皮尔士、詹姆士和杜威等人在表述自己的理论时避免抽象思辨，其含义相对简单明了。他们对什么是实用主义都作过清晰明确的阐释。许多哲学辞书和教科书对实用主义的释义也大都一目了然，有一般哲学常识的人理解起来都不会感到困难。由于五四以来实用主义在中国思想文化的各个领域都有较大流传，近半个世纪以来在中国进行的政治和思想批判运动几乎都把实用主义当做重要批判对象，因此许多没有研究过西方哲学、对其他西方哲学流派了解不多的人，对什么叫实用主义往往都会有一定印象，能给出某种回答。这些回答虽不见得严密、准确，但往往能涉及实用主义的某一种意义。

说其复杂，是因为实用主义哲学家们对实用主义的意义的具体说法彼此并不完全一致，所强调的意义更是各不相同。这不仅是后期的实用主义（新实用主义）对早期的实用主义（古典实用主义）有重要的改造和发挥，早期的主要代表人物皮尔士、詹姆士和杜威等人在对实用主义的理论的表述形式、重点等方面也往往不同。例如，在皮尔士实用主义中意义理论具有相当突出的作用，詹姆士往往强调实用主义作为真理论的意义，杜威因强调实验和探索而把实用主义称为实验主义（Experimentalism）。同一哲学家在不同角度和语境下对实用主义的含义往往也有不同表述。杜威在谈到思想、观念的真理性在于它们能充当人们的行为工具时，称自己的理论为工具主义（Instrumentalism）；当他谈到作为有机体的人与环境，或者说经验与自然的关系是一种相互作用的关系时，他称自己的理论为经验自然主义（Empirical Naturalism）。我们当然可以用实用主义的这些特定的理论形态来表述实用主义，为了使对实用主义的理解有更多的具体性，也应当具体地研究和阐释这些特定的理论形态。但是实用主义的这些特殊的表达都有不同程度的局限性和片面性，它们往往在突出了实用主义的某一特殊意义而忽视了其他意义、有时甚至是更为重要的意义。如果我们把某一个实用主义哲学家的某一种特定的理论当做实用主义的一般理论，甚至当做是整个实用主义的核心理论，那就可能以偏概全，或者说只见树木不见森林。这样势必对实用主义的根本意义产生某种扭曲。实用主义在中国过去长期被简单否定，从社会背景说是由于"左"的政治和意识形态的干预，从理论根源说是由于人们往往只注意到了实用主义的某一或某些的确存在的特殊的意义，而忽视或者没有去追问实用主义作为一种相当广泛的哲学思潮的根本意义。如此说来，准确地回答什么叫实用主义就不是那么简单了。

因此，为了把握实用主义的根本意义，我们不能只着眼于某一位实用主义哲学家的理论，更不能只着眼于他们某一方面的理论，而要揭示贯穿于实用主义的各个代表人物以及他们的学说的各个方面的理论的意义。这就要求我们通过实用主义的各个方面，或者说它的各种特殊理论去揭示它们的共同的理论取向。在实用主义的各种意义中，我觉得只有对行动、行为、活动、过程的强调，也就是对现实生活和实践的强调才是它们的共同理论取向，因而也只有这种意义才是实用主义的根本意义。

中国哲学界过去在谈论实用主义时往往把它归结为一种真理论，似乎皮尔士、詹姆士、杜威等人把真理与有用相提并论的观点就是实用主义的根本观点。英国哲学家罗素和布拉德雷以及美国哲学家洛夫乔伊等人在批评詹姆士和杜威时也是抓住这一点。其实这些哲学家对詹姆士和杜威的真理论的理解都有片面性。这点暂时撇开不论，单就皮尔士、詹姆士和杜威的真理论本身来说，也不能说就是他们的根本性理论。他们把真理当做行为的工具，已经表明他们认为行为具有比真理更高的意义。真理的目标是适应行为、行动、实践的要求，只能由行为、行动、实践来检验和证实。真理作为一种观念的存在不是静止的存在，而是一个由此及彼的发生过程；真理不是处于人的行动之外，而是处于行动之中，是在人的行动和实践中获得的。总之，一切真理都以人的行为、实践为转移。离开实践来谈论真理，那真理就失去了任何现实意义。例如，在皮尔士看来，任何认识和真理如果不能引起行为和习惯，就没有任何意义。"思维的整个机能在于引起行为习惯，而与思维相关、但与它们的目的无关的一切，则是思维的累赘，而不是它们的部分。"（5.400）①杜威也一再强调真理之所以成为真理完全在于其引起行动的功能。"其实，作为效用的真理，指的是把观念和理论可能做到的用来为经验的改造作出贡献。"②

随着语言分析哲学在美国的流行，用语言分析理论，特别是意义理论来解读实用主义的风气在一部分美国哲学家中相当流行，皮尔士关于观念、真理的意义应当由实践来证实的观点被当做是一种意义理论。因而皮尔士哲学，甚至整个实用主义哲学的核心就是意义理论。中国哲学家中也有人赞成并援引这种观点。应当承认，这些哲学家的观点有一定理论依据，他们对实用主义的某些阐释也很有价值。然而，意义毕竟是一个极为宽泛的概念，可以运用于一切领域。如果因为一种理论具有意义就说它是意义理论，那任何理论都将是意义理论。这就等于什么也没有说。所以谈论某种意义理论时，首先应当限定意义所指，也就是意义的意义是什么。当语义学家谈论意义的意义时，他们同样不能不赋予语义以某种所指的意义（不管是作为对象语言的意义还是作为情感语言的意义）。皮尔士曾被语义学家引为权威。他有时却用符号来表示意义，但符号的意义归根到底还是要超越符号本身而及于符号以外。总的说来，从皮尔士起，实用主义哲学家所谈论的意义的意义仍然是相对于人的行为习惯、实践而言的。皮尔士明确地说："对一个概念的最完备的说明在于对这个概念所必然引起的习惯的描述。"（5.491）"一个事物的意义简单说来就是它所涉及的习惯。"（5.400）离开了行为、习惯或者说实践，所谓意义就变成了无意义。因此后来詹姆士，特别是杜威并不强调意义理论。杜威后期甚至批评了分析哲学家们的意义理论。在和Arthur F. Bentley 合著的《认知与所知》（*Knowing and The Known*）一书中，明确地提出意义这个词含混，建议根本就不要使用。③ 如果把

---

① 5.400，即《皮尔士文集》，英文版，第 5 卷，第 400 段，下同。

② John Dewey，*The Middle Works*，Volume 12，p.170.

③ 参见 John Dewey，*The Later Works*，Volume 16，p.266.

杜威的实用主义也归结为意义理论，恐怕他不会同意。

杜威等实用主义哲学家虽然都批判作为存在论的传统形而上学，但他们又都企图建立一种摆脱传统形而上学的弊端的新的形而上学。杜威的经验自然主义就是这样一种形而上学，而这种形而上学同样通向人的行动、行为、实践。杜威的经验和自然概念当然都具有形而上学的意义，但它们与传统哲学的形而上学有着原则区别。它指的既不是物质的存在，也不是观念的存在，而是人作为生物有机体与环境之间的一种相互作用，或者说贯通作用。在此，有机体（经验）是处于一定环境（自然）下的有机体，环境是受到有机体作用的环境。二者不是分离开来的独立的存在，而是处于相互作用、贯通的过程之中，而这正是人的现实生活和实践的过程。因此，从存在论上说，杜威等人的哲学的根本之点同样在于对行动、生活、实践、过程的强调。一些西方哲学家把杜威哲学归入所谓过程哲学之列，这是有一定道理的。

杜威等实用主义哲学家其他方面的理论同样以生活和实践为中心。例如，杜威的探索方法既不同于传统的经验派和理性派哲学家的方法（例如传统逻辑的经验归纳法和理性演绎法），也不同于现代分析哲学家的现代逻辑或语言分析方法和现象学家的现象学方法，其根本之点就在杜威把探索过程当做是知和行、认识和实践统一的过程，而这正是行动、生活和实践的过程。

总的来说，杜威等实用主义哲学家最关注的是处于现实社会生活中，或者说处于一定自然环境和社会环境中的人的生存和命运。如何通过人本身的行为、行动、实践来妥善处理人与人之间以及人与其所面对的世界（自然和社会环境）之间的关系，排除人所面对的种种困惑、疑难和障碍，由此使人不仅得以继续生存下去，而且还能求得发展，这些就是他们的哲学最关注的根本问题。实用主义正是由此被称为是关于人的实践和行为的哲学。当代美国实用主义哲学家莫利斯说："对于实用主义者来说，人类行为肯定是他们所关注的核心问题。"[①]

如果说皮尔士和詹姆士以及其他一些实用主义哲学家对现实生活和实践的强调大体上只是当做哲学的一般原则的话，杜威哲学的突出特点

---

① ［美］莫利斯：《美国哲学中的实用主义运动》，10 页。

就是把这一原则贯穿于人类现实生活和实践的各个重要领域。与胡塞尔、海德格尔等人通过曲折的道路才返回生活世界不同，与只关注逻辑和语言的意义分析的分析哲学家更不同，杜威的哲学直接面向现实生活。杜威一生在哲学上所关注的不是去建构庞大的体系，也不是去从事语言和逻辑的意义分析，而是满腔热情地从哲学上去探究人类在现实生活和实践各个领域所面临的各种问题及其解决办法。在杜威的全部论著中，关于政治、社会、文化、教育道德、科学技术、审美和宗教等各个领域的具体问题的论述占了绝大部分。他的哲学的精粹和生命力大都是在这些论述中表现出来。正因为如此，杜威哲学对美国现实生活的一些重要领域都发生了深刻的现实影响。也正因为杜威哲学直接面向现实生活这种特色，当它传入中国后，它对中国的现实影响也远远超出任何其他西方哲学。

2. 杜威的哲学改造适应了西方哲学现代变革的潮流

杜威把对现实生活和实践的关注放在哲学的核心地位，这不仅是继承和发展了皮尔士和詹姆士等人强调行动和实践的哲学的基本倾向，也适应了包括美国哲学在内的整个西方哲学由近代向现代转化的潮流。这一转折是具有划时代意义的哲学思维方式的转型，用库恩的话说是范式的转换。关于这一点，我在近些年来发表的一些论著，特别是《马克思主义与西方哲学的现当代走向》一书中已反复作了说明，为避免重复，此处只简单提及。

我这里所谓近代西方哲学，指的是从笛卡儿到黑格尔时代的哲学。这个时代通常被称为理性主义的时代，用罗蒂、德里达等人的话说，就是体系哲学、基础主义和本质主义、主体性形而上学、在场的形而上学的时代。现代哲学泛指黑格尔以后至今的整个时代（包括汉语中的当代）的哲学，这个时代就是对以形而上学等为特征的近代哲学采取批判态度的时代。这两个时代具体如何划分似乎不是哲学家们争论的焦点。意见分歧较大的是如何从总体上对它们加以评价。西方哲学家由于哲学立场不同对近现代西方哲学也会有不同看法，无论对近代哲学或现代哲学都可能采取批判态度。但他们一般不会全盘否定，对现代哲学更是如此。

马克思主义哲学家对待西方近现代哲学的态度情况较为复杂。由于马克思和恩格斯承认他们批判地继承了近代哲学，特别是德国古典哲学的优秀遗产，因此马克思主义者对西方近代哲学大都既有批判、又有所肯定。但是对于西方现代哲学，从马克思和恩格斯时代起大体上就只是否定的。马克思和恩格斯认为他们所处时代的资本主义已经腐朽，因而必须进行反对资本主义的革命，这使他们对于同时代的西方哲学家的理论基本上采取否定态度。他们在晚年已意识到资本主义并未腐朽，甚至还有较强生命力，因而对同一时期西方哲学家的哲学不应简单否定，他们对此表现过更正的意向，但未来得及充分发挥。他们逝世后，他们晚年的这种转变没有引起注意。随着"左"的思潮在马克思主义运动中越来越得势，对马克思主义产生以后的西方哲学越来越采取全盘否定的态度。西方哲学由近代到现代的转化被认为是由唯物主义向唯心主义、由进步向反动的转化。这种观点在近一个世纪内被认为是理所当然的。中国几十年来对实用主义等现代西方哲学采取全盘否定态度与这种"左"的思潮的传入直接相关。

因此，为了在中国对实用主义等现代西方哲学作出符合实际的评价，必须排除"左"的政治和意识形态的干扰所造成的扭曲，对西方哲学由近代到现代的现实的历史进程重新进行研究，揭示其本来面目，并由之重新作出评价。我在最近十多年来一直在努力从事这方面的工作。在经过了多年的探索后，我提出了两个与以往受到"左"的扭曲的马克思主义观点正好相反的观点。第一，西方哲学由近代到现代的转折不是由唯物主义转向唯心主义、由进步转向反动，而是哲学思维方式上一次具有划时代意义的转型，它标志着西方哲学发展到了一个新的、更高的阶段。主要表现为多数哲学流派各以特有的方式力图使哲学研究在不同程度上从抽象化的自在的自然界或绝对化的观念世界返回到人的现实生活世界，企图以此摆脱以构建无所不包的体系等为特征的近代哲学所陷入的种种困境，为哲学的发展开辟新道路。第二，马克思的哲学变革与西方哲学由近代到现代的转型虽然存在着重要区别，但二者在超越西方近代哲学的种种局限性、体现时代精神的发展方向上殊途同归。

我已在其他地方反复论证了西方哲学由近代到现代的转向或者说转型。这里需要说明的是：以杜威为代表的实用主义思潮不仅适应了，而且在一定意义上引领了这一转型的潮流。杜威一再强调他对西方哲学的变更是一种具有根本性意义的哲学的改造。由于杜威的哲学的改造直接继承了皮尔士对近代哲学的超越，我们在此先简单提一下皮尔士。

皮尔士哲学带有明显的由近代到现代过渡的特色。他既企图以符号学来改造康德的先验论，并由此构建一种新的形而上学，但又明确地反对笛卡儿的形而上学，并把对笛卡儿的批判当做是对以基础主义、绝对理性主义、体系哲学等为特征的近代哲学思维方式的批判。他反对近代哲学认识论的直观性和绝对性，特别是反对把知识看做是作为主体的个人的自我确定，而强调应当将其看做是"共同体"中充满活力的不断商讨的过程，也就是具有现实性和社会性的实践和探索过程。知识并非确定的、绝对化的和终极的东西，而只能存在于这样的探索过程之中，不断受到否定和批判。皮尔士企图由此实现其对传统哲学的改造，将其从有关确定性的知识论转向有关现实性的实践论，也就是将以认识论为中心的传统形而上学改造为一种强调探索和实践过程的实践哲学。他所要论证的正是人类探索的现实过程，也就是从科学和理性出发具体探索展开这一过程所需要的各种现实要求。换言之，不是去探究这一过程的具有确定性的标准，而是探究这一过程是如何现实地展开的，而这正是他的实用主义实践观的基本含义。他对西方近代哲学的态度以及他自己的全部哲学理论都在不同程度上体现了这种基本思想倾向。这种倾向正是欧洲哲学家在 19 世纪中期即已表现出的现代哲学的倾向，皮尔士则是在美国体现这种倾向的最早的代表。

关于杜威如何发挥皮尔士的实践哲学，超越西方近代哲学的种种局限性，并引领西方哲学由近代到现代的转型的潮流，从他的哲学的各个方面都可以得到证明。他对探索理论的阐释就是对皮尔士最早提出的探索理论的全面和充分的发挥。在杜威哲学中，探索过程是主体和环境相互作用的过程，它既是认识过程，又是实践过程。探索不仅使主客心物等统一起来，也使认识和实践统一起来，从而不仅克服了传统哲学的各种形式的二元论，也克服了传统哲学的各种形式的形而上学，使哲学发展走上了一条全新的道路。

杜威的经验自然主义、实验主义、工具主义也都从不同角度体现了对近代哲学的超越，特别是对经验和自然、精神和物质、经验和理性、思想和行动、认识和实践、知识和价值等的二元对立的超越，对主体性形而上学、思辨形而上学的超越。而所有这些超越都是通过作为有机体的人与其所面对的环境的交互作用实现的。杜威把人和自然、经验和理性等的相互作用看做是一个不断发生和发展的无尽的过程，这一过程也正是人的生活和实践的过程。

我们不妨以杜威的经验自然主义为例来进一步说明。经验自然主义的主旨正是克服各种形式的二元论，它既不把经验当做知识或主观对客体的反映（认识），也不把经验当做独立的精神（意识）存在，而当做主体和对象，即有机体和环境之间的相互作用。杜威接受了达尔文进化论的影响，认为作为有机体的人在生存中总要遭遇到某种自然和社会环境，必须对之作出反应，以适应环境。人与环境的这种相互作用就是经验。生活和行动着的人与他的环境（自然或社会等）之间的这种相互作用是一种将彼此联系在一起的"贯通作用"（transaction），表现为一个主动和被动的过程。经验正是这样一种"贯通作用"和过程。上述一切二元对立都在这一"贯通作用"中得到了消解。而这种贯通作用、能动和被动的过程正是人的现实生活和实践的过程。总之，一切对立只有在交互作用（interaction，相互作用），或者说"贯通作用"之下才真正存在，也只有在这种交互作用和"贯通作用"之下才能得到解决。杜威的交互作用，或者说"贯通作用"观实际上就是人的现实生活观，人的实践和行动观。杜威正是通过这种生活和实践观完成了对传统哲学的改造。

杜威的上述观点体现于他的理论的几乎一切方面。作为一个例证，我再提一下他所谓的哲学上的"哥白尼革命"（Copernican Revolutions）。在西方哲学家中，有两个重要哲学家提到要进行哲学上的"哥白尼革命"。一个是康德，另一个就是杜威。

康德的"哥白尼革命"的主要观点是：以往哲学的根本特点是认为主体必然围绕着客体（对象）转，突出了自我、主体性原则的笛卡儿哲学也不例外。因为他仍然把回答主体如何与客体相符合当做必须回答的认识论的首要问题，而康德则认为客体应当围绕着主体转，因为他肯定对象由先验自我本身所创造。康德的"哥白尼革命"标志着近代主体性形而上学的完成。杜威则认为康德的革命不是按照哥白尼的方式，因为生活于地球之上的主体（人）总只能以地球为中心来看世界。康德以主体中心论代替了客体中心论实际上倒退到了托勒密的以地球为中心的方式。杜威肯定康德对人类理智的能动性的强调，但认为康德强调过分，以致使人类理智脱离了作为其存在背景的自然。而在他看来，人只有在其与自然的相互作用中才能有能动作用。哲学上的真正的"哥白尼革命"正在于肯定这种交互作用。如果说康德的中心是心灵，那么杜威的新的中心指的是自然进程中所发生的交互作用。正如地球或太阳并不是绝对的中心一样，自我或世界、心灵或自然远不是这样的中心。一切中心都存在于交互作用之中，都只具有相对的意义。在《确定性的寻求》一书中，杜威有一段著名的话："旧的中心是心灵，它是用一套本身完善的力量去进行认知的，而且它也只是作用于一种本身同样完善的事先存在的外在材料上的。新的中心是自然进程中所发生的变化不定的交互作用，而这个自然进程并不是固定的和完善的，而是可以通过有意操作的中介导致各种不同的新的结果。正如地球或太阳并不是一个普遍而必然的参考系的绝对中心一样，自我或世界，灵魂或自然……都不是这个中心。在交互作用着的许多部分之间有一个运动着的整体；每当努力向着某一个特殊的方向改变着这些交互作用着的各个部分时，就会有一个中心浮现出来。"① 由此可见，杜威所谓哲学中的"哥白尼革命"，就是以他所主张的心物、主客、经验自然等的交互作用，或者说人的现实生活和实践既取代客体中心论，也取代主体中心论。

不是把先验的主体或自在的客体，而是把主客的相互作用，把人的行为和实践当做哲学的出发点；不是站在唯物主义一方或唯心主义一方，而是通过行动、实践来超越唯物主义和唯心主义的对立；不是转向纯粹的意识世界或脱离了人的纯粹的自然界，而是转向与人和自然界、精神和物质、理性和非理性等等都有着无限牵涉的生活世界。这大体上就是取代了近代哲学思维方式的现代哲学思维方式的根本特征。黑格尔以后许多西方哲学家和哲学思潮从各自不同角度对传统形而上学、各种形式的二元论、绝对理性主义和纯粹非理性主义、绝对主义和独断论、客体中心论或人类中心论等近代哲学固有的特征进行批判，这种批判的

---

① ［美］杜威：《确定性的寻求》，293 页，上海，上海人民出版社，2004。

道路大体上也正是使哲学返回到现实生活世界的道路。而杜威的哲学则最为突出而明确地体现了这种特征。

3. 杜威的哲学改造与马克思的哲学变革殊途同归

谈论杜威在哲学上的"哥白尼革命"不能不将其与马克思在哲学上实现的革命变更相比较。传统的马克思主义由于受到"左"的干扰，对实用主义必然全盘否定，杜威的"哥白尼革命"被简单地归结为主观主义和相对主义；由于不能超越近代哲学思维方式的眼界，现实生活和实践的观点这一整个马克思哲学的根本观点被降低到认识论的一个环节，马克思的哲学变革的意义由此被曲解。为了对这两种变革作出符合实际的评价并揭示它们之间的真实关系，首先需要对这两种哲学的实际所是有适当的了解。由于马克思主义在中国被当做指导思想，如果不克服以往那种对它的扭曲，自然谈不上客观地来评价这两种哲学的关系的问题。因此我们首先需要简单揭示马克思的哲学变革的真实意义。

关于马克思在哲学上实现革命变更的理论含义，最流行的说法是：马克思和恩格斯批判地继承了黑格尔的辩证法，摒弃了其唯心主义；批判地继承了以费尔巴哈为代表的近代唯物主义，摒弃了其形而上学，由此建立了将唯物主义和辩证法统一成为一个整体的唯物辩证法或者说辩证唯物主义。这种表述当然有理论根据，但仅这样说还没有充分揭示这一变革的深层意义。我们还应当进一步追问：他们是怎样实现上述批判继承并将辩证法和唯物主义统一起来的。历史和理论的考察使我们明白，这个变更的决定性环节在于他们通过批判地总结近代哲学陷入困境和危机的教训，特别是在于他们作为无产阶级的革命导师对无产阶级的现实生活和实践的意义的深刻分析和总结，他们由此摆脱了抽象思维和感性直观、绝对理性主义和经验主义等的界限，强调了现实生活和实践在哲学中的决定性作用。他们对以物质资料生产的劳动为基础的无产阶级的现实生活和实践的意义的深刻分析使他们对唯物主义和辩证法有了与以往哲学家根本不同的认识。这突出地表现在马克思把唯物主义和辩证法都与人的感性活动、实践联系起来。

马克思的唯物主义不同于旧唯物主义的根本之点，在于它不是从纯粹的、抽象的物出发，而是从人的现实生活和实践（人的感性活动）出发。相对于旧唯物主义之为自然主义的唯物主义而言，马克思的新唯物主义是一种实践的唯物主义。马克思的辩证法不同于黑格尔等以往辩证法的根本之点同样在于马克思是通过人的现实的感性活动，即客观的实践来理解辩证法的，因而既能揭示主观的辩证法，又能揭示客观的辩证法，并在实践的基础上达到主客观辩证法的统一。正是这种统一使马克思的辩证法具有充分的现实性和具体性。在马克思哲学中，通过感性活动、实践对辩证法的揭示与通过感性活动、实践对物质的客观性和先在性的揭示是统一的。因此马克思的辩证法是唯物主义的辩证法，而他的唯物主义则是辩证法的唯物主义。总之，现实生活和实践的观点是整个经典马克思主义哲学的根本观点。它不仅因强调人的实践在认识中的决定作用而具有认识论意义，而且还因强调人的实践使物质、自然的存在成为具有现实意义的存在而具有存在论（生存论）意义。马克思通过把实践的观点当做其哲学的根本观点标志着他在哲学上实现了一次全面的、深刻的变革。

如果按照传统的观点来看待马克思主义哲学和杜威的实用主义，那必然会认为二者是根本对立的。从传统的马克思主义哲学的眼光看，杜威的"哥白尼革命"没有肯定物质第一性，也没有肯定主客体（有机体与环境）之间的关系是对立统一关系，因而必然是唯心主义和反辩证法的。以往马克思主义者之所以对杜威等人的实用主义全盘否定，除了政治和意识形态的原因外，还有停留于用近代哲学思维方式来看待马克思主义和实用主义这个认识论的原因。其实，包括杜威在内的许多西方哲学家之批判和否定马克思主义也存在类似情况。由于他们往往忽视了教条主义的马克思主义与马克思哲学本来意义之间的区别，把后者归结为前者，才使他们把马克思主义哲学看成是一种过了时的形而上学，当做是一种教条主义，甚至极权主义的哲学。近一个世纪以来，马克思主义哲学家和实用主义哲学家经常处于一种敌对状态，相互批判，这固然有其客观原因，因为二者之间的确存在重要区别，但在一些情况下是由于没有超越近代哲学的眼界，彼此既误解了对方，甚至也误解了自己。

然而，如果人们能够超越近代哲学思维方式的眼光，能够按照马克思主义哲学和实用主义哲学的本来面貌去理解它们，就会发觉这两种哲学之间尽管存在着重要区别，但在把生活、行动和实践的观点当做全部哲学的根本观点，并以此来批判和超越近代哲学的种种局限性和片面性上，二者有着重要的共同之处。也正是由于这种共同之处，使这两种哲学能够产生任何其他哲学都无法比拟的实际影响。尽管它们的这些实际影响有时也会由于种种误解而被遮蔽，甚至被扭曲，但这些实际影响终将摆脱遮蔽和扭曲而获得进一步发展。

关于马克思主义产生了比任何其他现代哲学学派更大的实际影响，这并非出于马克思主义者和共产党人的宣传，而是见证于马克思主义产生以来一百多年出现的历史事实。马克思主义在发展中当然会遇到失败和挫折。但这往往不是马克思主义本身的失败和挫折，而是一些人背离了马克思主义的本来意义所必然受到的惩罚。其中最突出的例证莫过于苏联的解体。因为解体的真正原因是苏联当局对外实行霸权主义和大国沙文主义，对内实行极权主义的政策，这些都背离了当代世界和苏联社会发展的基本趋势，尽管打着马克思主义的旗号，却背离了把现实生活和实践当做核心思想的马克思主义的根本原则。一些原来由共产党执政的国家之陆续遭到挫折原因同样在此。马克思主义发展中尽管有些失败和挫折，但并不证明马克思主义已失去生命力。马克思在西方之被评为世纪伟人，萨特、德里达等西方最著名的学者之高度评价马克思主义，主要原因也正在于此。

至于实用主义产生的影响，可以从美国人民在不长的历史时期内几乎从空地上把美国建设成为世界唯一的超级大国来说明。实用主义虽然不是唯一的美国哲学，却是美国最有代表性的哲学。欧洲各国的哲学大都曾传入美国，并在美国占有一席之地，有的（例如分析哲学）在特定时期甚至可能在哲学讲坛占有支配地位，但它们几乎都毫无例外地被实用主义所同化，成为实用主义的组成部分。就实际影响来说，实用主义在美国哲学中始终占有优势地位。一些美国哲学家也承认，美国人不管其口头上拥护的是什么样的哲学，但骨子里相信的仍然是实用主义。只有实用主义才是美国建国以来长期形成的一种民族精神的体现。而实用主义的最大特色就是使哲学从玄虚的抽象王国转向人所面对的现实生活世界。实用主义的主旨就在指引人们如何去面对现实生活世界，解决他们所面临的各种疑虑和困扰。实用主义当然具有各种局限性，人们也可以从各种角度去批判它，但正是实用主义使美国能在许多方面取得成功，这大概是一个不争的事实。

在美国以外，实用主义也能产生广泛而长远的影响，这在中国可以说是最突出的了。自从实用主义传入中国以来，它的关注现实生活和实践的根本特征使它产生的影响远远超出马克思主义以外的任何其他哲学流派。五四时期输入中国的西方哲学流派除了实用主义以外，还有实证主义、生命哲学、马赫主义、新康德主义、逻辑分析哲学等众多流派。当时访问中国的西方著名哲学家，除了杜威以外，还有罗素等人。但他们的影响主要只是在相关学科的少数知识分子中，而杜威及其实用主义的影响则遍及思想文化的众多领域。值得注意的是：无论是当时访问中国的杜威本人还是杜威的中国学生胡适等人，其对实用主义的宣传远远超越所谓纯哲学的领域。他们所做的主要不是教人去研究实用主义的哲学理论体系（事实上实用主义不同于其他哲学，它没有这样的体系），而是引导人们去研究如何解决中国所面临的各种现实问题。胡适当时所提倡的"多谈些问题，少谈些主义"是符合实用主义的真谛的。这倒不是说实用主义拒绝任何主义。事实上美国实用主义凝聚了美国建国以来的资产阶级民主主义的一整套原理原则。杜威在谈论各种现实问题时都紧紧依据其实用主义的根本原则，因此我们说杜威的实用主义与马克思主义有着原则的区别。但杜威不同于其他许多哲学家，特别是近代哲学家，他从不把原则、主义绝对化，而竭力使它们与现实生活和实践联系起来。杜威当时在中国的讲演最吸引人的是关于科学、民主、教育等现实问题的论述，而这些论述都很有现实生活和实践的针对性，正好适应了五四时期中国先进分子对科学和民主等的诉求，所以对推动当时的新文化运动起了重要的作用。

实用主义超越纯思辨领域而关注中国的现实问题的特征，使它卷入了现代中国社会的政治和文化冲突，与马克思主义长期处于对立的地位。它也必然受到在中国占意识形态主导地位的马克思主义者的批判。然而这种涉及政治和文化等领域的现实问题的批判反过来又使这些领域受到实用主义的影响。实用主义所主张的解决现实问题的方法与马克思主义所主张的方法往往发生重叠，以致人们有时难以明察它们之间的区别。毕竟人们在面对现实问题时，除了应当关注一般原则外，还应当关注，甚至首先应当关注解决问题的方法，探究如何使问题的解决既能符合社会和公众发展的利益，又能保障个人的合理要求。例如，在向市场经济体制转向时，应当首先关注的是如何发展市场经济，至于"姓社""姓资"的问题可以暂时搁置，放在市场经济建设的过程中去解决。而在探究解决问题的方法（例如建设市场经济的方法）方面，实用主义和马克思主义之间仿佛存在着一种张力。因为，二者都把现实生活和实践放在首位，都主张一切从实际出发，都反对各种形式的教条主义和主观主义，因而二者之间在解决现实问题上可以殊途同归。其实，即使就原则而言二者并非在一切方面都是针锋相对的。例如，马克思主义的发展观是保障社会和个人的共同得益，而就杜威而论，他的实用主义从来不主张在损害社会、公众利益的条件下去维护个人私利。相反，他一直提倡私利要服从公益，个人和社会应当相得益彰。其实，杜威的社会理想也并不是维护现存资本主义，而是建立一种能保障社会成员的具有民主和自由的权利、使他们受到平等和公正的对待、获得全面发展的机会的"伟大共同体"（Great Community）。① 尽管杜威的这种理想社会在现存资本主义制度下并不能实现，但它仍能获得社会上许多阶层的人的同情，杜威也由此被认为是资本主义制度下的社会改革家。正因为如此，在中国，在不同程度上接受和利用实用主义的人，并不都是资产阶级庸人和鸡鸣狗盗之徒，也包括许多忧国忧民和求真务实之士。这也就是为什么实用主义在中国会有挥之不去的影响。

中国的马克思主义者当然应当克服从"左"和右的方面对马克思主义的扭曲，在当代世界和当代中国发展的新形势下丰富和发展马克思主义，并坚持用它来当做一切事业的指导思想。因为这无疑是使中国的各项事业取得更为辉煌的胜利的基本保障。但与此同时，对杜威的实用主义不仅不要简单拒斥，反而应当在防止其消极作用的条件下充分研究其可能产生的积极作用。

关于杜威的实用主义与马克思主义的关系问题是一个值得从各种不同角度和层面上来研究的重要问题。从把生活和实践的观点当做哲学的根本观点来说，二者至少在一定程度上可以说殊途同归。它们在一般哲学理论上是否也有共同之处呢？这是中外学者已在开始探讨的问题。一

---

① 参见 John Dewey, *The Later Works*, Volume 2, pp. 315-350。

谈到将马克思的哲学与杜威的实用主义作比较，人们总是想到杜威对马克思的态度以及杜威的实用主义理论与马克思的唯物辩证法是否有共同之处。但从事这种比较往往会遇到较大困难。生活在 19 世纪的马克思不可能预见到 20 世纪才进入盛期的杜威，而杜威也由于种种原因没有原本地研读过马克思本人的著作。因此，很难从他们的论著中找到直接相互印证的材料。但是，如果将马克思的学说与杜威的学说都体现了西方哲学从近代到现代发展的趋势，都是对近代哲学思维方式的扬弃和超越来说，仍然可以找到他们之间的重要的共同之处。例如，杜威的经验自然主义所谈论的自然界实际上就是马克思所强调的那个人化的世界。杜威在肯定自然界不以人的存在为转移而自在地存在的前提下提出的关于主客（有机体和环境）相互制约、主体的创造性和能动性的理论与马克思所阐释的辩证法至少是不直接抵触的。杜威的"伟大共同体"虽然不同于马克思的共产主义，但至少他自己把它当做是超越现存资本主义的一种努力。这里的关键仍然是我们应当怎样看待马克思的哲学和杜威的实用主义哲学的根本意义。如果按照传统的马克思主义哲学教科书的结构来理解马克思的哲学、按照近代哲学的眼光去看待杜威的哲学，则二者除了对立以外很难还有其他。但如果按照马克思的哲学的根本意义去理解马克思的哲学，按照实用主义的根本意义去理解实用主义，那这两种哲学作为体现现代哲学发展趋势的哲学，在一些重要方面可以说殊途同归。

市场经济与实用主义的道德理论

1. 问题的提出

之所以把市场经济和实用主义的道德理论放在一起来谈论，是因为我认为二者之间存在某种联系，甚至是密切的联系。在西方市场经济的发展中，始终有一定的道德规范体系与之相适应，它们是稳定和调节西方社会秩序的一种重要的精神力量，是西方市场经济体系得以运行的必要条件。这些规范体系都必须以一定的伦理道德理论为基础。而实用主义的道德理论正是这样的理论中较有代表性的一种。不过，这里所谓实用主义不是指那种被许多人误解的，似乎仅仅主张追逐个人私利的理论，而是杜威等实用主义哲学家本人的理论。

当前中国在经济上正转向市场经济轨道。为了使其能顺利地运作和健康地发展，同样必须有一定的道德规范来维系。中国的市场经济被确定为社会主义性质的，并且一再被强调应具有中国特色。这与西方市场经济自然有重要区别，用来维系它的道德规范体系必然具有相应的特征。它必须像中国宪法所规定的那样把马克思主义作为指导思想，它也必须继承和发扬中国优秀的传统道德思想。然而，既要与市场经济相适应，它就必须借鉴那些体现了市场经济特征的西方道德理论。

尽管市场经济在中国封建社会中已有萌芽，但作为一种经济体制的现代市场经济毕竟是西方首先发展起来的，与市场经济相适应的道德规范体系也是由西方最早较为完整地建立起来。这些道德规范虽然打上了西方文化传统以及各种独特的意识形态的烙印，与中国国情不尽适应，但它们毕竟体现了市场经济体制的许多共同规律和规则对道德的要求。换言之，它们在一定程度上能适应不同条件下的市场经济对道德的需要。因此，正像建立社会主义市场经济体制必须借鉴西方市场经济体制一样，建立与社会主义市场经济体制相适应的道德规范体系也必须借鉴西方的有关理论。在这方面，实用主义为我们提供了一个在西方较有典型意义的道德理论体系的标本。因为它可谓较为集中地体现了西方市场经济的道德要求。

2. 近现代西方市场经济及其道德理论的主要倾向

（1）市场经济的一般特征及其内在矛盾

在考察西方市场经济及其相应的道德理论倾向前，我们先分析一下市场经济的一般特点及其所包含的矛盾。

市场经济和商品经济是同质概念，指的是产品和劳务都作为商品并通过市场交换来实现的经济。它不同于以自给自足为特征的自然经济，也不同于由国家机构按实物分配的计划经济。在此，商品的交换不是按照它们的用途，而是按照它们所包含的价值来进行的。而价值又表现为一定量的货币，货币作为一般的价值形态，是商品交换的唯一尺度。在商品市场上，任何事物价值的高低均可由数量不等的货币来表现，在商品交换中，人们之间仅仅是作为商品所有者发生关系。人与人之间的关系表现为物与物之间的关系。这种商品货币关系是市场经济的本质所在。在不同历史时代和社会条件下，市场经济会有不同的特点，但上述基本关系则是共同的。

为了使人们在商品市场上的交换活动得以具体运作，必须有一定的前提和条件，这些前提和条件至少应当包括如下几点：第一，必须假定每一商品或劳务的所有者（自然人或法人）都有独立的人格，能自主地走向市场并自由地与其他所有者进行交换。第二，每一商品所有者在市场交换上必须是平等的，一切尊卑长幼上下级等关系均被置后，在货币面前人人平等。第三，必须允许在商品交换中进行自由竞争，肯定"优胜劣汰"的原则。这意味着只有那些在自己的活动中具有高效率和应变力的人，才能在市场上站住脚跟。第四，进行交换的市场必须是开放的，必须打破妨碍交换的各种闭关自守和地方割据的状态。总之，自由、平等、竞争、开放以及作为它们的思想基础的理性就成了市场经济所体现的商品货币关系的基本前提。只要是实行市场经济，就必须从各个方面（包括哲学、政治、法律、道德等）维护这些前提。

在这些前提下所实行的市场经济必然包含了作为商品所有者的人与人之间深刻的矛盾和冲突。如果彻底地贯彻这些前提，就会把动物界的弱肉强食的法则移入人类社会，就会仅仅发挥人性的"恶"的方面：自私、贪婪、虚伪、欺诈、残酷。尽管如黑格尔就整个社会所说的那样，这种"恶"也许是市场经济运行的某种动力。但如果只是发挥人性的"恶"，整个社会就会出现霍布斯所谓"人对人是狼"的局面。而这意味着整个社会必然处于严重的动乱，甚至面临崩溃。因此，无论在何种社会条件下，都必须对自由、平等、竞争等前提加以限制。在道德上也是如此。必须从这些前提出发制定道德规范体系，而道德规范又必须对这些前提加以限制。

（2）西方古典经济学的形成及功利主义伦理学的基本倾向

现在我们来考察一下与西方市场经济相适应的道理理论是怎样形成的。

西方市场经济已有长远的历史，其走向成熟则是随着近代资本主义的形成而发生的。为这种经济制度作直接论证的西方经济学早在16～17世纪即已出现了。当时英法的重商主义理论在一定程度上体现了西方原始资本积累时期市场经济发展的要求。较后的法国重农学派即已正式提出了为自由资本主义辩护的经济学体系。作为西方自由资本主义市场经济的典型理论形式的是18～19世纪在英国出现和盛行的，以亚当·斯密和大卫·李嘉图为代表的所谓古典经济学。与其相应的伦理学则是以休谟思想为主要理论来源，以耶勒米·边沁及稍后的约翰·密尔为主要代表的所谓功利主义。功利主义是近现代西方伦理道德理论的一种最主要思潮之一，可谓最能体现西方市场经济的道德要求。它也是实用主义道德理论的主要理论来源，因此首先对它的由来和主要特点作些介绍。

古典经济学强调把促进经济发展当做国家的根本职能，甚至当做国家的本质和目的。是否有利于经济的发展，财富和利益的增长，不仅是判断国家经济和其他政策好坏的主要标准，也被当做人的行为善恶的道德标准。在工业和贸易上的自由竞争被认为符合人的本性的要求，从而也符合道德的要求。这种思想与伦理学上的功利主义正好一致。马克思和恩格斯由此把功利主义看做是古典经济学的"心照不宣的前提"。

但是，对这种与市场经济相适应的伦理学从理论上作系统论证的则是那些既对经济问题感兴趣，又是哲学家和伦理学家的人。边沁、密尔就是这样的人。他们在经济学上与古典派经济学家大体一致，在某些方面还作出了重要的发挥。在哲学上则继承了洛克和休谟的经验主义传统，特别是关于可感觉到的经验效果是实在的唯一标准的观点。在经济活动中，最可感觉的莫过于人们所追求的现实利益和功效，因而能否取得利益和功效就成了判断其成败的基本尺度。他们的功利主义伦理学的根本任务则是从经验主义的哲学原则出发为这种经济追求作出道德上的辩护并为保证这种追求的顺利进行而制定人们的行为规范。边沁、密尔等人的功利主义观点互有差异，但在如下几点上大体是一致的。

第一，他们都认为，追求快乐和幸福，避免痛苦和不幸（所谓"趋乐避苦"），是人人皆有的欲望，出于人的天性，他们由此把是否导致可感觉到的预期效果，特别是能否给人带来快乐和幸福，也就是能否带来"功利"，当做人的行为是否为善的根本标准。边沁如下的话很有代表性："功利原则指的就是：当我们对任何一种行为予以赞成或不赞成的时候，我们是看该行为是增多还是减少当事者的幸福。"[1] 密尔称功利主义为"最大幸福主义"。认为行为的是或非分别与它增进幸福或引起不幸的倾向成正比。

第二，他们虽然都把个人的追求当做其理论的出发点，但不仅不赞

---

① 周辅成编：《从文艺复兴到19世纪资产阶级哲学家政治思想家有关人道主义人性论选辑》，582页。

赏，反而竭力反对狭隘的利己主义，倡导某种形式的利他主义。他们认为，尽管人首先是利己的，但如果不关心他人的利益，自己的利益也不会有保障。利己必先利他。因而，人的行为善恶的标准主要不是它能否给个人带来幸福，而是能否给全体人，至少大多数人带来幸福。功利主义应当是关于"最大多数人的最大幸福"的主义。

第三，他们都认为，为了使人们都按上述道德原则行动，必须建立行为的社会制约体系。因为尽管利己必先利他符合人的理性要求，但这并不是每一个人都能认识到，有的人即使认识到了也未必自觉遵行。这种制约可以是多方面的。除了政治、法律、宗教等制约外，道德制约同样具有重要的作用。至于如何进行道德制约，他们并无一致意见。有的人强调外在制约（如对名誉、信誉等的影响），有的人强调内在制约（如唤起人们的道德责任感和同情心）。而这些制约的基本倾向则是抑恶扬善。

功利主义思想家的上述共同观点较为集中地体现了西方市场经济对道德的双重要求：既要为个人追求功利（快乐、利益、幸福）作道德上的辩护，又要从道德上为这种追求保证一个稳定的社会秩序。这就需要为人们的行为制定一些规范，对个人的追求有所约束和限制。因此，尽管他们的伦理学建立在个人主义的基础上，但并不只是坚持纯粹的利己主义，而是企图将利己和利他结合起来。他们之所以要作这种结合主要不是为了掩盖利己主义，而是企图以此来维持正常的社会和经济秩序。以为西方市场经济秩序是一种利己主义可以横行无阻的社会秩序，西方道德学家必然是利己主义的卫道士，他们关于限制利己主义，倡导利他主义之类言论都必然是虚伪的，这种说法其实是没有看到西方伦理学的真实矛盾。

以追求个人目的为出发点的资本主义的市场竞争法则必然导致出现"人对人是狼"的局面。但这并不意味着西方学者们要维护这种局面。相反，他们都认为，如果让这种局面延续下去，整个社会就会失去稳定，甚至陷入混乱，当然就谈不上有市场经济发展的正常条件，也谈不上保障每一个人的幸福追求。因此必须通过法律和道德等手段对这种状况加以限制，使个人在享受权利的同时也承担义务。霍布斯等17世纪思想家之提出社会契约论，边沁、密尔等18～19世纪思想家之提出利他主义就是出于这种原因。

（3）近现代西方伦理学的发展与实用主义伦理学的形成

功利主义伦理思想在边沁等人以前就早已在西方存在了。他们所作的主要是适应18～19世纪成熟的自由资本主义的历史条件使这种思想更为系统化。他们的理论即使在当时就已暴露出种种缺陷。随着19世纪末20世纪初西方经济体制的剧变，其片面性就更加突出了。例如，无论是在自由竞争或垄断的条件下，外表上的平等竞争必然造成个人之间财富分配上的事实上不平等的效果。对此他们并未作出令人满意的回答。于是，他们有些后继者企图对它作出不同程度和范围的修正。例如，有的人企图把功利主义与关于财富的平等分配的主张结合起来。19世纪末和20世纪初的边际效用说和新古典经济学，第二次世界大战以后的新自由主义等学派都试图改进和发挥古典经济学的自由竞争理论和相应的功利主义道德理论。

近现代西方伦理学流派是多种多样的。功利主义只是其中流传最广的思潮之一。在哲学上反对经验主义，奉行理性主义或非理性主义和直觉主义的思想家大都不直接支持功利主义，他们往往批评功利主义伦理学过分强调行为的经验效果的作用而忽视或轻视了道德义务的重要性，从而要求以其他形式的伦理学来取代功利主义。在近现代西方哲学上具有可谓举足轻重影响的康德在伦理学上也不赞成功利主义。他的著名的"善良意志论"或者说道义论所强调的是超经验的、先天的道德义务。20世纪30年代以后，西方社会的激烈变化使国家干涉主义大为得势，在伦理学上，一些强调道德义务的理论成了最具影响的理论。最近几十年来，功利论和道义论之争呈此消彼长之势，后者（例如罗尔斯的"正义论"）似乎更占上风。

不过，几乎所有近现代西方伦理学都包含了市场经济对道德的上述双重要求：既要从道德上肯定个人的追求，又要为个人的追求设定道德义务。它们之间的不同主要是对这两方面的具体论述，强调哪一方面以及如何强调的不同。否定道德的经验性，强调道德律的先天性的康德及他的许多后继者同样强调人是目的，而不是手段，肯定人的自由、平等以及获得财产等权利。

以杜威为最大代表的实用主义伦理学，正是在上述近现代西方伦理思想的大背景下提出的。了解了这一背景，我们对他的理论就易于有一种新的理解了。

3. 实用主义道德理论的基本倾向

（1）实用主义的反形而上学倾向及其在道德领域的表现

实用主义道德理论的基本倾向与其整个哲学一致，主要特点是否定西方传统哲学理论（特别是传统理性派思辨形而上学）对超经验的、抽象的本质、实体等的寻问而转向研究与人的现实的生活和实践相关的经验世界，从而使哲学成为一种面向现实生活并有助于解决现实生活问题的理论。而这正是杜威声言要致力的哲学中的"真正的哥白尼变更"的根本含义。其实，这种观点是许多标榜反对形而上学的现代西方哲学家所共有的。

这种排斥传统形而上学，提倡面向经验和生活世界的观点在中国哲学界曾长期被当做隐蔽的唯心主义。其实，这里情况相当复杂。就杜威而言，他并没有否定人以外的自然界的存在。在《经济与自然》等著作中，他一再肯定在人类出现以前自然界早已存在了，人和人的经验归根到底都是自然进化的产物。尽管作为人的对象的世界（自然界）的存在以人（经验）的存在为前提，但世界本身是不以人为转移的。这种观点与一般唯心主义的观点显然有很大区别，但这却是他反复声明的观点。

不过，杜威倒的确认为，哲学所应当研究的世界只能是处于与人的关系中的世界，即人的视野所及的世界，这也就是人的现实生活的世界，经验世界。这个世界的情况如何，则是由人的视野（也就是人经验）所决定的。从这种意义上说，自然界（不是自然界本身，而是经验中的自然界，即人所经验到的，处于人的视野之内的世界）的存在以经验为转移。哲学如果要成为一种关于人的现实生活世界的理论，就应当只研究人的视野（经验）所及的事，这也正是他所谓经验自然主义的基本观点。

杜威等实用主义哲学家不同于持类似观点的当代其他西方哲学家（例如胡塞尔）之处，主要在于他们对经验概念的独特理解。与传统认识论以及当代其他一些哲学家不同，杜威等人所谓经验指的既不是作为认识结果的知识，也不是与客体分离的主观意识（包括具有存在意义的理性或非理性意识），而是指人的生活，行为和实践本身，或者说主客、心物的统一过程。可见，杜威等人特别强调行动、实践、生活的意义。哲学所研究的经验世界、存在实际上都统一于行动、实践。这种观点与所谓过程哲学家以及存在主义等"非理性主义"哲学家大体一致。不同的是，实用主义哲学家（特别是杜威）在肯定经验中可以包含非理性的内容时，更强调其理性性质。杜威认为，人的行为，实践不同于动物的本能活动，他们总是在追求某种目的，并为反省思维，即智慧所指导。哲学所应做的即是为人们的生活、行动、实践提供指导和帮助。因此，哲学无非是人们的生活、行动、实践的方法论。它的基本使命就是探索人们怎样在其行动和实践中达到预期的目的。从这种意义上说，哲学即是科学的探索方法或者说实验逻辑。

杜威的上述基本哲学观点正是他改造传统道德理论，建立他自己的道德理论的出发点。实用主义的道德理论之能较为典型地体现市场经济对道德的要求，主要的正在于这种哲学观点使它与其他西方哲学流派相比，更能贴近西方社会的现实生活。其中如下两点更是如此。第一，它反对脱离现实生活去抽象地思辨地谈论一般的道德观念，而是明确地把道德领域限定为与人们利益相关的现实生活领域。就是说，道德应属于现实生活世界，即人的理性和科学所研究的世界。第二，它反对用神秘的、绝对化的方法，而要求用理性的方法来制定道德行为规范。具体说来，在道德问题上，它既反对传统形而上学的道德绝对主义，又反对否定道德观念的可规范性和受制约性的道德相对主义。而市场经济的道德秩序必须以这两点为前提。下面就这两点再作些说明。

（2）实用主义论道德与科学的关系

关于第一点，重要的是说明道德与实验科学究竟处于什么关系中。这是近现代西方哲学和伦理学中长期争论的重要问题之一。休谟早就提出了关于"是"或"不是"与"应当"或"不应当"之间，即科学事实与道德价值之间的区分的问题。他和他的一些后继者（特别是功利主义者）强调了道德的经验效果，但他们的狭隘经验主义立场使他们不能对道德领域的特点作出说明，使二者沟通。康德在休谟的启发下进一步将二者割裂，把道德领域当做超出经验和科学之外的先天领域。他的许多后继者（特别是文德尔班等新康德主义者）更使这种分裂绝对化。20

世纪以来，崇尚经验和科学的分析哲学家们以道德和价值判断不能用经验和事实来证实为理由而把它们置于经验和事实之外。英国哲学家 G. 摩尔、A. J. 艾耶尔有关这方面的观点在分析哲学家中就很有代表性。直觉主义、存在主义等流派则从批判科学的角度来把科学和道德割裂开来。总的说来，这两个领域的关系问题在西方哲学界一直是众说纷纭的，以主张分裂的居多。杜威等实用主义哲学家的目标则是把这两个被分裂的领域重新统一起来。

杜威自早期从黑格尔主义和正统宗教转向进化论立场以来，一直竭力反对传统和当代道德理论把道德领域当做与科学领域绝对不同的领域，把道德研究当做与科学研究根本不同的研究的倾向。他说："归根到底，我们不过是要在道德思考中也运用那种对于物理现象下判断时业已证明是妥当、严密而有效的逻辑罢了。"[1] 这种逻辑正是他企图从自然科学领域引入人文科学和社会科学，包括伦理道德领域的所谓实验逻辑，即他所谓科学探索方法。他认为，利用这种方法，可以将过去被分裂开来的自然科学研究与伦理道德研究，或者说对事实领域的研究和价值领域的研究统一起来。

按照杜威的理论，人在自然领域和道德等精神领域的活动都是由理智，即实验逻辑指导的。无论科学判断或道德判断都是经验判断。它们都是人的行为、实践，或者说生活的工具。"当物理学、化学、生物学，医学有助于人的具体的苦难的检测，有助于医治它们并改善人的状况的发展计划时，它们就成了道德的东西，就成了道德探索和道德科学的工具的组成部分。"[2] 一句话，道德领域不是与其他领域割裂开来的独立的领域。在自然科学和道德科学之间，知识和价值之间，并无一道鸿沟。

杜威也并不否定上述两个领域的区别，更未把二者等同起来。他承认，人们的道德态度有时无法用科学方法来统一。虽然大家都崇尚理性，但很可能按不同的态度来行动。在这种情况下，人们的道德判断往往以某种信念（faith）为基础。不过他又认为，人们会为了科学的利益而在科学方法的基础上使他们的立场统一起来。

① John Dewey, *The Middle Works*, Volume 12, p. 174.
② Ibid., p. 178.

总的说来，杜威虽然承认道德与科学之间的区别，他仍然过分强调了自然科学和伦理学等人文科学之间的统一性，而忽视了它们的差异性和特殊性。超越现实利益的崇高的道德情感，理想等实际上被忽视了。他也因此受到了许多西方学者的批评。但是，与他所批判的直觉主义、情感主义以及神秘主义等将道德领域与科学领域完全对立起来的那些伦理思潮相比，他的理论似乎具有较大的现实性，较能适应经济生活的要求。因为在这个领域中，人们所关注的主要是现实的效果和利益。在此，伦理学的主要使命不是要人们撇开现实利益而仅仅崇尚理想（这实际上也是做不到的），而是怎样使人们的道德行为更加理性化，并用合乎理性的道德规范来对人们的行为加以制约。

（3）对道德绝对主义和相对主义的批判

第二点是第一点的引申。第一点是就道德的范围来说，第二点是就道德的方法来说。杜威激烈批判西方传统的理性派哲学的绝对主义，后者用绝对化了的一般概念去概括各种特殊情境，把多种多样的、特殊的、具体的、处于不断变化中的情境归属于单一的、固定的、抽象的一般概念之下。在伦理道德领域也是如此。他坚决反对传统理性派伦理学的如下观点：存在着独一无二的、不变的、终极的道德目的，至善或者说最高道德规律和原则，伦理学的任务就是发现这种至善和目的。这种观点就是道德上的绝对主义。其表现形式是各不相同的。有的人认为这种道德目的就是对最高权力或权威的忠顺或服从；有的人认为是神意或世俗统治者的意志，等等，但他们在找寻这种最高目的和原则上是一致的。

杜威认为，上述理性派的观点是不能成立的，因为人的行为和遭遇总是特殊的、具体的、变化的。对它们作出道德判断也应如此，即针对不同的道德情境作出不同判断。如果强使它们服从那些不变的、一般的道德概念，只会在道德领域引起一连串没有意义的争论，妨碍人们去解决所面临的现实的道德问题。这样做即使打着推崇理性的旗号，也会降低理性的力量，因而会妨碍人们用科学的方法去对现实的、具体的道德问题进行探索。

杜威在反对道德绝对主义时，也并不赞成道德相对主义和主观主义。按照他的观点，虽然人们不能把具体的、特殊的道德情境归属于普遍的、固定不变的和最高的概念，但也不可走到另一个极端，即把一般概念归属于特殊情境。我们不应把具体的、特殊的道德情境绝对化，以至把每一这样的情境都当做独特的，与其他情境毫不相似和毫无联系的东西。因为这样就会简单地排斥一般概念和原则的作用，导致道德相对主义。杜威明确地反对这种道德相对主义。他说："断言道德情境都是一个具有其不可移易的善的独特情境这样的愚蠢的论断，不仅是愚蠢的，而且是荒谬的。因为已有的传统告诉我们，正是由于特殊事件的无规则性，才使行为必须由普遍原则来指导，而有道德倾向的本质就是愿意用一种确定的原理来审定每一特殊事件。因此，把普遍的目的和法则隶属于具体的情境来作出决定，会导致彻头彻尾的混乱和漠无节制的放纵。"①

上面这段话告诉我们，在强调按照特殊的情境来作出特殊的道德判断时，杜威并未否定一般概念和法则、原理在作出道德判断中的重要性。在这一点上，杜威实际上所要求的是：不要像传统思辨形而上学一样把一般概念、原则等绝对化，或甚至实体化；而应当把它们当做帮助人们在行动和实践中取得成功的工具。这也是他的工具主义的主要含义，后者在中国也长期遭到误解，不过本文无法在此多论及了。

应当怎样评价杜威等实用主义哲学家上述道德倾向？不同立场和观点的人自然会有不同回答。本文不可能多涉及。但有一点大概可以肯定：当杜威主张把道德领域限定为现实生活世界，即可以为人所经验到的世界时，当他要求把道德研究建立在他所倡导的科学方法论的基础上，用以帮助妥善解决人们所面临的各种具体的、现实的道德问题时，他的确是使他的道德理论具有较大的现实性。至少，这种理论与讲究现实利益和效果的西方市场经济体制有更为紧密的联系。在西方伦理学界和整个哲学界，实用主义的道德理论并不始终居于主导地位，但在西方现实生活中，它确为许多人所接受和奉行。

4. 实用主义论道德与经济的关系

与边沁、密尔等上一辈功利主义伦理学家不同，杜威和其他著名的

---

① John Dewey, *The Middle Works*, Volume 12, p. 173.

实用主义哲学家并不同时是经济学家。尽管他们的理论适应西方市场经济的道德要求，但究竟怎样为市场经济体制制定道德规范体系，他们的具体论述不多。不过，在杜威和芝加哥学派的另一重要代表塔夫茨（J. H. Tufts）合著的《伦理学》（1908）的第三编中对伦理学与经济的关系问题有较为集中的论述。这一编大部分是塔夫茨执笔的，但经杜威修改，应能体现他们的共同观点（全书作为杜威著作被收入《杜威中期著作集》第五卷）。有关实用主义在这方面的理论在中国很少有人提及。我们在此简要介绍其中两个方面的理论，即关于经济过程的道德含义和经济活动中应当遵循的道德原则。

（1）经济过程的道德含义

关于经济过程具有怎样的道德意义，本书作者提出了如下三点。第一，经济过程为人们提供满足物质和精神需求所必需的手段，从而是人们获得幸福的前提。第二，经济过程影响人的道德素质的形成和培育。第三，经济过程是人们发生各种社会关系的条件，是道德由个人转向社会的桥梁。

第一点涉及经济与道德上的幸福观的关系。在这点上，实用主义哲学家大体上继承了古典功利主义伦理学的传统，把经济、财富当做获得幸福的前提。塔夫茨说："由工业和商业所满足的需求在伦理学上是一种善。生产和消费的不断增加至少是一种更完满的生活的可能因素。财富即使不可无缘无故地与幸福（weal）等同，也是它的一个可能的条件。"① 在此值得指出的是：实用主义哲学家所谓幸福不只是物质上的享受，也包括（而且更强调）理智的、美的等精神上的满足，后者同样需要一定的经济条件。既然幸福以经济为条件，是否可以为了获得这种条件而不择手段地攫取财富呢？回答是否定的。如果财富只是靠剥削或掠夺而得，为少数人所控制，无法做到公平分配，那就不能成为多数人获得幸福的条件。为此，塔夫茨把财富（Wealth）和财产（Property）区分开来。财富指可供满足需要的产品，而财产指对产品的占有，而不一定直接供享用。"财富意味着对产品的享用和需求的满足，而财产具有排除利用或占有的意义。因此，财产的增加可能要减少公众占有的份

---

① John Dewey，*The Middle Works*，Volume 5，p. 436.

额，尽管财产占有者可能增加自己的享用。"① 财产的占有和利用方式是多种多样的。它是否成为幸福的手段，主要取决于它是否用来增加或减少用来供享用的财富，即是否可增加人们获得幸福的条件。而这涉及分配是否公正的问题。这样，关于幸福的问题就与伦理学上的正义（Justice，或译公正）问题相关了。总之，在经济与幸福的关系问题上，实用主义哲学家所关心的是如何增加保障满足人们的需求的物质条件，财富如何占有较为恰当，也以其能否提供这种满足为标准。他们的这种观点与中国学术界长期以来加于实用主义的观点似乎有较大距离。

第二点涉及经济与人的道德品行的关系。这里主要包含了两层意思。一是经济过程能够影响人的道德品行的形成，即经济对道德有制约作用；"通过其所体现的困难，所涉及的工作，以及所产生的刺激，经济过程对培育技能，远见卓识和对自然的控制，对形成品德和刺激出类拔萃的抱负，具有强大的影响。"② 在此，作者实际上表达了这样一个意思：道德领域并不是一个独立的领域，它在一定程度上是由经济状况所决定的。

二是经济过程对人的道德品行的形成可以有不同的方向。伦理学的使命是使其朝向健康的方向。尽管经济（财富、财产等）是道德的前提，但并非一切经济活动（包括生产、需要的满足、财产的占有等）本身就是道德的。例如，就财产占有来说，它既意味着使人具有力量，享有自由，从而是肯定人的人格的必要条件。但它又促使人贪婪，对他人冷酷无情。经济活动过程究竟是否合乎道德还要看它们是否能尊重人的人格，保障人的自由。"即使从满足人的需要方面说，生产数量也不是唯一要考虑的……并不是任何一种和每一种需要的满足在道德上都是善。这要看需要的性质，由于需要的性质反映了有此需要的人的性质。经济过程及由它所提供的财富的道德价值就必然取决于产品与人的关系。作为经济学家，我们根据外在产品或商品来估价，作为伦理学者，我们根据一定的生活质量来估价。我们首先必须问需要的满足是怎样影响消费者。"③ 这就是说，对经济活动的评价不能只看它的市场价格，

---

① John Dewey, *The Middle Works*, Volume 5, p. 436.
② Ibid., p. 435.
③ Ibid., p. 437.

还要看它的道德价值，它是否尊重人的人格。对任何经济过程，我们都应当寻问："它促进还是窒息智慧，它是否必然使工作变得单调乏味，它促进还是妨碍自由。"① 如果只是立足于占有财富而忽视人的自由，那实际上停留于动物的本能冲动的水平。这当然是不足取的。

　　上述第一、二两点最后都涉及应当以及如何在经济活动过程中贯彻正义原则问题。而这正是塔夫茨提出的道德的经济意义的第三点所要谈论的。经济活动既是个人的活动，又是集体的、社会的活动，是个人走向社会的必经之道，从而也是道德的社会性的决定因素。"经济过程具有一项重要的社会功能。通过分工，合作，产品和劳务的交换，它赋予社会有机体性质一个基本的表现。在社会中，各个成员彼此互为目的。财产也不只是一种占有，而是一种'权利'，如同其他权利一样，它涉及了社会为什么以及在何种程度上支持个人的利益和要求。"② 这里作者实际上要表达这样一个思想：经济关系（特别是市场经济关系）是人的各种社会关系的纽带。他认为，人类从其历史早期起，就是处于相互依赖关系之中。每一个人都不能离开他人而生存。"如果没有友谊，爱，怜悯，同情，沟通，合作，正义，权利，责任，人就会失去几乎所有给予生命以价值的东西。"③ 如果说在历史早期人们靠血缘纽带联系，后来又通过"主奴关系"来联系，那么从近代以来，他们之间的关系就是建立在"现金交易基础上"，也就是市场基础上。他们的一切需求都可以通过市场买卖来满足，甚至自己的劳动力也可像其他商品一样出卖而无损自己的人格。因为这种交易以自尊（self-respect）和平等为特征。④ 作者由此认为，人们在市场上也可为自己的行为找到道德评判标准。通过市场经济，个人的行为在道德上就具有了社会意义。

　　（2）经济活动应遵循的道德原则

　　市场经济是否会自发地建立起"正义"的道德规范体系呢？回答是否定的。在本书以及杜威后来的许多著作中，作者一再对西方市场经济所造成的道德失落现象进行了揭露和批判。他们认为，虽然经济活动为

---

① 　John Dewey, *The Middle Works*, Volume 5, p. 438.

② 　Ibid., p. 435.

③ 　Ibid., p. 439.

④ 　Ibid., p. 440.

人们的行为的社会意义奠定了基础，但要使这些行为成为正义的道德行为，必须为经济活动确定恰当的道德规范。这正是伦理学的任务。如何为经济活动的各个环节和领域制定道德规范，本书也有所论述。这里就不一一介绍了。下面提一下他们关于一切经济活动和过程都必须遵循的一般道德原则。在本书中他们提出了如下七条。

第一，"财富和财产应从属于对人格的尊重"。这一条强调的是不应过分看重物质生活，尤其是少数个人的物质生活，而应更多地注重精神生活，尤其是人的道德情操。"一个人如果只是满足于口腹之欲而失去生命力和效率，就是不道德的；一个社会如果把财富和财产看做终极的东西，那不管用'自然权利'的名义或其他名义，就都是把手段置于目的之上，从而是不道德的或非道德的。"①

第二，"财富应以活动为转移"。指的是人们应当把创造性的行动、实践和生活本身看做最高目的，而对财富等具体的物质的满足则是次要的。"就个人来说，生活的最高方面在于积极和确定的成就，在于在行动中实现目的。思想，发现，创造较之欲求的满足或对产品的迷恋标志着更高的价值。"② 这是实用主义的一条根本原理（生活和行为的过程比其结果更为重要）在经济—道德问题上的运用。

第三，"公共服务应与财富同步"。作者声明，他并不是主张财富应当按比例用于社会服务，而只是认为，无论是斯宾塞式的"个人主义者"或主张"各尽所能，按需分配"的"社会主义者"，都在不同程度上同意应当有公共服务。这包括两方面，一方面，社会必须在经济上为产品的生产和分配，公共秩序和教育以及美和宗教需求的满足等作出贡献。另一方面，个人也必须给社会作出贡献。并以此将自己纳入社会中，成为社会有机体的一员，与社会同步前进。任何人均可以而且应当这样做。③

第四，"工商业中由个人方式向集体方式的转变要求在道德上也有由个人类型向集体类型的转变"。这也就是在道德上由个体本位转向集体本位。"个人不可能单独是道德的。现代实业的集体主义导致了集体

---

① John Dewey, *The Middle Works*, Volume 5, p. 460.
② Ibid., pp. 460-461.
③ Ibid., pp. 461-462.

的道德。正如个人不可能反对合并一样，个人道德必然让位于更健全的或社会型的道德。"① 这里的主要意思仍是认为个人应当纳入集体和社会之中，与之成为一个有机的整体。正因为如此，尽管实用主义哲学家维护个人主义，但又要求对之加以改造，使之成为一种"新个人主义"。这点我们下面将详细谈到。

第五，"为了适应向联合体和联合所有制的变化，必须找到恢复个人控制和个人负责的道路"②。这里所强调的是在西方经济的社会化和集团倾向化日益加强，个人日益为集团所吞没的情况下，如何保持和发挥个人（包括公司的经理，股东以及集团中的各种人员，等等）的个性和人格，特别是个人在道德上的权利和义务，例如作出决定的权力和承担的责任，由此作者提出要反对所谓"有限道德责任"的理论。

第六，"为了对付非人格的机构，社会必须要有更大的公众性，更完备地用法律来表达道德规范"③。这里指的是将道德和法律结合起来，对那些非人格的经济机构加以制约，目的还是保障人的个性的自由，作者强调舆论监督和立法在这方面具有重要的作用，

第七，"社会每一成员都应当分享社会的财富及由其所造成的价值"④。这一条可以说是作者所提的几条原则中最重要的一条。作者把关于社会成员究竟按怎样的比例以及什么方法来分配财富当做未决问题。但指出其基本的原则是尊重每一个人的价值和尊严，也就是必须做到公正（Justice）和民主。"财富的生产、分配、占有都必须是公正的。就是说，促进每一社会成员发挥个性，同时每一个人的作用总是作为一个成员，而不是一个人。"⑤ 在本书以及杜威后来许多著作中，他们一再强调经济过程的基本道德准则在于公正。例如给予每一社会成员所必需的服务，使他们能保持自己内在的人格，在分配上防止过剩与不足。

实用主义哲学家提出的上述道德原则是否虚伪，在其后面是否还有其他隐蔽性的东西，这当然是可以讨论的。但至少从其正面的、直接的

---

① John Dewey, *The Middle Works*, Volume 5, pp. 462-464.

② Ibid., p. 464.

③ Ibid., p. 465.

④ Ibid., p. 466.

⑤ Ibid., p. 466.

意义上说，他们是企图给以自由竞争为基础的西方市场经济制定较为公正合理的道德规范原则。这一点与他们个人的道德品质（如他们是否具有善良意志的人）也并无直接联系。他们之所以大声疾呼"公正"、"平等"等原则，是因为只有宣传这些原则，才能建立起使市场经济体制得以正常运行所需要的道德规范。

5. 市场经济与实用主义的个人主义

（1）市场经济与个人主义的联系

市场经济与个人主义有着相当密切的联系，这是现实生活中几乎每日每时都可遇到的事实。如果对市场经济笼统肯定，对个人主义笼统否定，这在理论上必会显得有些矛盾。这种矛盾实际上表现了市场经济及其相应的道德理论所包含的内在矛盾。它们既以个人主义为出发点，又要超越和批判个人主义。杜威等实用主义哲学家有关这方面的理论也体现了这种特点。

关于实用主义维护资本主义的市场经济制度，实用主义世界观和人生观的基础是个人主义，这无论在中国学术界还是实用主义哲学家本身中大概都不会有多大异议。美国是一个典型的实行市场经济的国家，个人主义在美国也被公认为与这种经济体制有着内在的联系。作为最具有美国特色的实用主义哲学也自然最能体现这种联系的特征。事实上，当杜威、塔夫茨等人谈论以自由竞争为特征的市场经济体制时，总是将其与个人主义联系在一起。有时把这种经济就叫做"个人主义经济"，把这种个人主义叫做"经济个人主义"。但是，作为哲学家和伦理学家，他们对市场经济本身的矛盾及其在道德上的矛盾都有所察觉。因此对这种个人主义，他们既有所肯定，又企图超越。企图对它们加以改造，使之更能适应西方社会的发展和人本身的发展的要求。这集中地表现在他们对旧的个人主义，即所谓"经济个人主义"的批评上。

（2）对"经济个人主义"的评判

杜威和塔夫茨等人把早期功利主义思想家亚当·斯密、边沁、密尔等人所主张的以自由竞争为特征的经济体制看做是经济个人主义的典型形式，并明确肯定它在历史上所起过的积极作用。例如，由于它强调了个人的自由和人格，为个人摆脱了各种限制，从而调动了个人的创造性和责任感，促使他们去积极地行动。他们在市场上的自由竞争促进了产品在数量和品种上的增加和质量上的提高以及各种服务的改进，从而使整个经济得到发展。这种经济上的发展又促进了人们在政治、宗教和道德上的自由。①

但是，他们同时又强调不可夸大这种作用，指出"把上世纪财富生产的巨大增加仅仅归功于个人主义"，"把这一个世纪在文明和自由上的所有成果归功于个人主义"，都是"荒唐的"②。他们认为，这种经济个人主义存在着两个主要缺陷。一是它不能为人保证真正的自由；二是它不能实现公正的分配。

保障人的自由，使人摆脱各种外在的、超经济的力量的依赖，曾经是密尔等早期功利主义者的美好目标。他们天真地相信，通过市场上平等的竞争，可以实现这个目标。然而，实用主义哲学家认为，自由竞争只能提供形式上的、外表上的自由，不能提供实际的、真正的自由。例如，自由竞争的经济体制促进了分工和机器的使用，而这使人们的技艺更专门化和狭隘化，越来越失去寻找工作的自由。"从理论上说来，谁也没有被强迫去劳动。每一个人都可以自由地去选择是否工作以及做什么工作。实际上，选择的自由就其价值说取决于可供选择的是什么。如果意味着要么干这个，要么挨饿，那种自由就没有多大价值。"③ 个人的人身依附和暴力威胁虽然被排除了，但饥饿的威胁比暴力更使人失去自由。自由订立契约外表上双方平等，实际上契约无非是强者剥削弱者的手段。④

"公正"的情况也是这样。尽管个人主义的思想家们相信在市场交易中，交易双方是平等互利的，因而是公正的。然而，"在大部分商业和服务的交易中，双方是不平等的"⑤，因为他们所处条件不同，实际所得并不相同。那些支配着大的经济机构和先进技术的少数强者往往可以压倒其竞争对手。因此，"在现在的条件下，个人主义不能保证，也

---

① 参见《杜威中期著作集》，第 5 卷，468~472 页。John Dewey, *The Middle Works*, Volume 5, pp. 438-472。

② Ibid., p. 471.

③ Ibid., p. 472.

④ Ibid., pp. 473-474.

⑤ Ibid., p. 473.

往往不能允许公正的分配"①。通过竞争，少数强者的人性可以得到充分的发挥，但这以牺牲多数弱者的人性为代价。

尽管杜威等实用主义哲学家对个人主义的批判不见得深刻和全面，但他们（特别是杜威）对个人主义并不是一味赞颂，对把通过市场竞争来获取经济利益，特别是追逐个人私利为主要内容的个人主义表示非议，则是没有疑问的。这当然并不意味着他们不赞成市场经济和个人主义，而只是意味着他们要求克服所指出的那些缺陷，把个人主义建立在更为健全的基础上，使之更能符合人的全面发展，特别是人的良好的道德品行的培育的需要。这也就是要建立一种新型的个人主义。

（3）对利己主义和享乐主义的批判

这里值得指出的是：在中国思想界，对杜威等实用主义哲学家所倡导的个人主义长期以来存在着深刻的误解。当人们批判以利己主义、享乐主义等为特色的个人主义时，往往把实用主义当做典型。其实，杜威等人一直竭力批判利己主义和享乐主义，并把这种批判当做建立其新个人主义的前提。这里我们通过杜威关于幸福和功利的观点来进一步加以说明。

杜威等人非常强调谋取幸福在人的道德生活中的重要性，认为道德观念中的种种变化会集中地表现在幸福观上。他们反对排斥人的现实幸福的禁欲主义，认为任何道德理论都应当，也不可能不谈幸福。那些外表上轻视幸福，以为它不值一顾的道德家们也往往是在某种神圣的面纱下谈论有关幸福的问题。因此，对于幸福、满足、享受这些东西，应当从道德意义上予以肯定。杜威说："无幸福的善，无满足的勇气和德行，无享用的目的，这些东西在理论上是自相矛盾的，在实践上同样是不可接受的。"② 但是，杜威特别注意使自己的观点与露骨的利己主义和享乐主义的幸福观区分开来。他一再反对，甚至谴责把幸福归结为单纯的物质享受和个人财产的获得，他说："幸福不是纯粹的占有，它不是一种固定的所得。如果是这样的，这个幸福就是道德家所严斥的自私，或即使贴上'福佑'的标签，也不过是一种无聊的怠惰，脱离了各种斗争

---

① John Dewey, *The Middle Works*, Volume 5, p. 476.
② Ibid., p. 182.

和劳苦的幻想的安闲世界。它只能满足那些放荡的懦夫。"① "任何一种可贵的幸福都是以美的感觉和享乐为主要成分。但完全与精神的更新，心力的培养和情绪的净化脱离的美的鉴赏，是一种软弱多病的东西，因而必然死于饥饿。"② 值得指出的是，杜威的这些话并非个别的搪塞之词，而是他从早期到晚期一贯的观点。

究竟什么是实用主义的幸福观呢？杜威如下一段话是一个很有代表性的回答："幸福只存在于成功，而成功就是做事顺利，步步前进的意思。它是主动的进程，而不是被动的成果。因此它包括障碍的克服，缺陷和弊病的根治。"③ 这里值得我们注意的是：杜威所强调的成功并非个人获得物质利益或物质享受，而只是指人们在行动中克服了种种障碍和困难，因而得以继续前进。因此，幸福、成功即存在于不断克服困难和进步之中，存在于与各种困难和障碍作斗争之中。也正是在这个意义上，杜威声称："生长、改善与进步的历程较之静的收成和结果更为重要。""只有生长自身才是道德的'目的'。"④ 总之，不断地奋斗，不断地进取，不断地成长，这就是杜威实用主义幸福观的核心思想所在。

功利观与幸福观是密切相关的，对幸福的态度决定了对功利的态度。这里我们再提一下杜威对西方功利主义思潮的态度。

杜威对近代西方功利主义伦理学给了很高评价。对后者之强调法规和制度服从人的需要，把道德由彼岸世界移到现实世界以及支持各种改革等等，都表示赞赏。但他认为，"它的最大功绩是把社会福利作为最高标准而引入人的思想里"⑤。在此，杜威所最称赞的是把社会福利，而非个人利益放在第一位。

但杜威认为功利主义还有很大缺陷，它未能摆脱传统伦理学的一种理论倾向：为道德行为设立一个终极和最高目的。它把获取最大限度的快乐当做这一目的。这样一来，它势必不把具体的活动和行为当做本身就具有幸福意义的东西，而仅仅把它们当做获取快乐和幸福的手段。快

---

① John Dewey, *The Middle Works*, Volume 12, p. 182.
② Ibid., p. 182.
③ Ibid., p. 182.
④ Ibid., p. 181.
⑤ Ibid., p. 182.

乐和幸福成了这些活动和行为的结果。这也就是把它们当成了可以占有和享受的东西。追求快乐和幸福不是去进行创造，而是获取创造的结果。这样功利主义就与享乐主义及财产占有欲分不开来了。尽管功利主义者批判了封建等级制度及其种种罪恶，却又默许了资本主义制度下的类似罪恶。"它为如下的倾向作了理智的确认：'实业'不是充当社会服务的手段和个人创造力发展的机会，而是积累私人享乐资料的途径。"[①]总之，杜威对功利主义的批判正在后者的理论未能摆脱坚持享乐主义和财产占有欲这个所有他所谓旧式的个人主义的根本倾向。杜威称这种个人主义为"粗鄙的个人主义"（rugged individualism）。它虽然也打着维护所有人的自由以及他们的平等之类招牌，实际上却被占统治地位的"金钱文化"（pecuniary culture）所歪曲了，后者恰恰维护了不平等和压迫。

（4）新个人主义的基本含义

但是，杜威没有因为反对自私自利（利己主义）、享乐主义等而要求根本否定个人主义。他认为，个人主义不是一个固定不变的概念。它在不同的历史时代有不同的表现形式。这是因为个人的精神和道德结构，他们的欲望和目的的形态，会随着社会结构的变化而变化。尽管以利己主义、享乐主义为特征的旧式的个人主义应当予以否定，事实上，它早已不符合历史发展的潮流而受到了多方面的谴责。但尊重人的人格和个性，发挥人的创造性和主动精神这些原则是应当保持和发挥的。杜威把这些原则当做他所主张的个人主义的根本原则。他认为现在应当做的就是建立一种新型的个人主义。

究竟何谓新型的个人主义，杜威没有下过明确的定义，但他的基本观点是很清楚的，其中主要包括如下两点内容。第一，强调道德行为的社会性，它们不应服从私人的"金钱利益"，而应服从社会改造的利益。杜威认为，旧个人主义的克服和新个人主义的建立不是仅靠把少数人对私利的追逐扩大为多数人追逐就可以达到的，"也不能通过慷慨、善意和利他主义的进一步发展来达到"。重要的是"改造社会，促进形成新

---

① John Dewey, *The Middle Works*, Volume 12, p. 184.

型的个人"①。第二，强调个人的能动性和创造性。要使现代社会，特别是科学技术和生产力的发展成为个人发挥其创造作用的条件，而不应成为奴役他们的外部物质力量。个人要使自己的行为服从社会的改造，而社会也应保障每一个人的民主自由的权利，使他们的人格受到尊重。这也正是人的能动性、创造性得以发挥的先决条件。杜威在道德理论上的新个人主义与他在政治理论上所主张的所谓"民主社会主义"完全一致。它们虽然与马克思主义的相关理论大不相同，但也与利己主义、享乐主义等腐朽的道德思想有别。

6. 实用主义的道德学说与当代中国的道德重建

当代中国的道德重建是一项多方位、多层面，并需要通过多种途径来实现的系统工程。研究和借鉴体现了市场经济的道德要求的西方伦理道德学说是重要途径之一。如果上面对近现代西方伦理学和实用主义道德学说的介绍大体准确，那从这些理论中我们也可得到一些启迪。其中如下几点也许是较为重要的。

第一，更全面地看待西方伦理学的社会功能。

关于西方伦理学的主要社会功能是为稳定西方的社会经济秩序服务，这大概不会有多少人会提出异议。问题是：这种功能是"善"呢，还是"恶"？如果把西方资本主义社会仅仅看做由少数资产阶级剥削和压迫占社会大多数的无产阶级及其他劳苦大众的社会，那维护这种社会秩序的西方道德学说自然只能是"恶"。然而这种过去曾经流行的观点不符合西方社会的实际情况，也不符合马克思主义对资本主义的评价。

西方资本主义的社会制度是一种建立在市场经济基础上的社会，也是标志着市场经济已发展成为一种较为成熟的经济体系的社会。尽管市场经济并不等于资本主义，但它形成为较完整的经济体系毕竟是与资本主义同时发生的。二者之间存在共同特点。代封建制度而起的资本主义制度完全符合实行市场经济的那些基本要求。如果简单否定资本主义也必然会否定市场经济。同样，简单否定近现代西方伦理学也必然要否定市场经济。这与目前转向市场经济的潮流也是不相符合的。其实，如果

① 《新旧个人主义》，引自 J. J. McDermott 编：《杜威哲学著作选集》，615、612 页，1981。

我们有较为实事求是的态度，对西方伦理学为资本主义和市场经济作道德上的辩护这种情况就要敢于肯定。

这里的关键问题是：从早期功利主义到实用主义，近现代西方伦理学大都主要不是为资本主义的那些"恶"辩护，而是要求限制它们，发扬能推动商品经济和整个社会的发展的那些"善"。其实，即使就它们为实行市场经济的那些前提作辩护（例如对竞争和个性自由的充分肯定）来说，也并不等于是维护恶。因为这些原则只要不绝对化（例如不把个人主义发展为利己主义和享乐主义），并不就是恶，甚至可以转化为善。西方社会中的确存在大量的"恶"，从霍布斯所说的"人对人是狼"到萨特所说的"他人就是地狱"都是对这些恶的非常形象的揭露。但这绝不意味着这些哲学家赞成这些现象，恰恰相反，他们的理论正是为了防止和限制这些现象。

如果我们对近现代西方伦理学的功能有一种较为实事求是的态度，就能从中学到许多对建立与我国的市场经济体系相适应的道德体系非常有用的东西。事实上，只要我们不抱成见，认真研究杜威等人这方面的著作，就会发现其中有些论述是很有借鉴意义的。

第二，更加关注对现实的道德问题的研究。

究竟如何评价杜威等西方哲学家的反形而上学理论也许是一个较为复杂且不易达成共识的问题，可以暂放一边。但他们强调哲学（包括伦理学）首先应当研究与人们的生活和行动休戚相关的现实世界（不管这是叫"经验世界"还是"生活世界"）的问题，这似乎是合理的。从早期功利主义到现代实用主义，西方伦理学研究的一个最重要动向是把对现实生活的道德问题的研究放在首要地位。就杜威来说，他虽然不反对所谓元伦理学问题的研究。但他把这些问题主要当做道德行为的方法论问题，而他所谓方法论指的首先是他所倡导的试验—探索方法，这仍然是解决现实道德问题的方法。他对道德绝对主义等的批判，他之要求在哲学（包括道德）领域进行"改造"，主要目的正是回到现实生活世界。

杜威等西方伦理学家的理论自然存在着各种缺陷，他们彼此之间也经常相互批评甚至攻击，但这些理论在研究西方社会的现实的道德问题，以便确保有一个大体稳定的道德秩序方面，仍然起了极为重要的作用。当然，西方社会的道德秩序从来没有真正稳定过。许多西方学者也不时惊呼西方社会的道德危机。"人对人是狼"，"他人就是地狱"之类现象在西方社会中屡见不鲜。在一个把个人自由和竞争视为神圣的社会中存在（甚至较多地存在）这类现象也并不奇怪。尽管如此，西方社会的道德秩序仍然能保持相对稳定，至少未严重失控。正是这种相对稳定的道德秩序为西方社会经济的不断发展创造了较好的条件。不管人们对实用主义之类的西方道德理论可以提出多少确有根据的指责，对它们在制定适应现实生活的道德规范方面的研究成果却是难以否定的。杜威等人这种强调道德研究面向现实的态度以及由此取得的研究成果也许正是最值得中国哲学界借鉴的。当前中国道德研究的最迫切的任务似乎不是维护还是反对那些传统的道德原则，而是研究向市场经济转化中出现的大量现实的道德问题。

第三，深入研究社会主义市场经济的特点及其在道德上的矛盾。

当前中国最大的现实是向市场经济的转化，道德研究的主要课题也应是这一转化所引起的问题。中国的市场经济由于被确定为社会主义性质的，自然与西方有很大不同。但上面提到的市场经济的一般特点及与其相关的道德问题在这里同样是存在的，自由、平等、竞争、开放等原则同样要发生作用。尽管社会主义性质未变，由单一的计划经济转向市场经济仍是经济体制上的根本性变化，它必然在法律、道德等方面也引起深刻变化。例如，在市场经济体制下，调节个人与个人之间，个人与组织之间，企业与企业之间以至企业与政府之间的关系的主要是价值规律，而不再是传统的谁服从谁的组织原则。与这些关系相应的道德规范自然也必须改变。与西方的情况相类似，在中国，道德与市场经济的关系同样是二重的：它既要维护市场经济的那些可能具有"恶"的意义的前提和原则，又要对之加以调节和限制，以减少其破坏作用，后者同样是市场经济能否在中国顺利实行的必要条件。因此，要使中国的道德研究卓具实效，就必须深刻揭示和分析这种二重关系。对市场经济的那些"恶"的方面，既用不着掩饰，也用不着担心，它们甚至还可能像黑格尔所说的那样是推动经济发展的动力。但与此同时，应当旗帜鲜明地从道德上对这些"恶"加以限制和批判。从早期功利主义到杜威等西方哲学家都把抑恶扬善当做其理论的重要方面之一，在中国也应如此。

第四，重新从道德上研究人性的善恶和个人主义的矛盾性。

与单一的计划经济体制相适应，把个体（这里所谓个体首先是指个人。但相对于国家和社会，一个由个人组成的单位，如一个企业，也具有个体的意义）融化于整体之中，成为整体的螺丝钉，个体利益服从整体利益，先公后私，大公无私，等等，这些长期以来是中国道德教育和道德宣传的指导方针。随着向市场经济的转化，这种把个体处于从属地位的道德教育和宣传就显得有些片面了。自我设计、自我选择、自我实现等这些前几年还被当做个人主义的表现而受到尖锐批判的口号似乎更符合市场经济所鼓励和要求的竞争和创业精神。于是，个人主义是万恶之渊还是发展的动力这个可谓"古老"的问题就重新被提了出来。这个问题又涉及如何从道德观念上来分析人性的善恶问题。因为个人主义与作为人性的重要体现的个人冲动有一定的渊源关系，对个人主义的分析必然涉及对个人冲动的分析。

个人冲动无疑包含了"恶"，与支配生物界的生存竞争规律有一定的联系，如果任其自发发展，那的确可能成为万恶之渊，人类社会就可能沉落于动物界的水平。然而，人的个人冲动毕竟不同于动物的本能冲动。人的理性，特别是人的社会性，使以个人冲动为心理基础的人的个人追求能超越动物的本能"追求"。人的这种追求总要受到理性的制约；人除了物质的追求，还有多种多样的精神追求，其中既有卑劣的，又有崇高的。随着社会的发展，精神的追求会显得越来越重要。人类精神文化，特别是伦理道德的重要作用，就是促使人的追求更加理性化，更朝向崇高的方向。这样，个人冲动就可谓转向善了。从这种意义上说，人性的善恶本来就是矛盾的统一，是可以转化的。如果把个人主义看做是对个人冲动的一种理性的升华，它的善恶也是矛盾的统一，同样是可以转化的。

从早期功利主义到实用主义，多数西方伦理学家所致力的主要目标之一，正是这种转化。尽管他们大都把个人主义作为其理论的出发点，却又强调将其与极端的利己主义和享乐主义区分开来，这意味着他们企图抑制人的个人冲动以及个人主义的"恶"。他们对理性的倡导、对利他心、同情心等的颂扬以及对"旧个人主义"的批判和"新个人主义"的论证，实际上也就是扬人性之善。

不管人们对伦理学家们的工作如何评价，个人冲动（包括竞争心和对名利或崇高事业等的追求等等）归根到底是人类各项事业的推动力，在一定程度上可谓是不可替代的。因为无论是整个社会或一个团体，都是由个人组合而成的，各项工作最后都要落实到个人身上，离开了社会的个人必然是无所作为的。但如果不能调动个人的积极性，任何集体的工作也不可能有实际的成果。如果把人的行为当做道德行为，那其主体归根到底是个人。在任何社会和群体中，对道德行为的选择和评价都是通过个人实现的。因为任何道德行为的发生以及人们对它们的选择和评价都必然与特定的人的目的、需要或对满足的感受相关。离开了个人的抽象的群体是不可能有这样的目的和感受的。代表集体的法人归根到底也要落实到具体的个人。因此，大到整个国家和社会，小到一个企业和班组，能在何种程度上激发每一作为道德主体的个人的内驱力和追求，并把它们组成合力，是它们在何种程度上取得成功的尺度。事实上，谁如果要想取得成功，谁就不得不回到这个可能是令人可恶的个人冲动以及作为其理性升华的个人主义上来。

对中国的经济体制由单一计划经济转向市场经济可以而且应当从不同层面上加以研究和论证。从哲学和伦理学的动力论上说，它实际上是由整体主义转向个体主义。从国家对企业说，是充分调动每一企业的积极性，从企业对个人说，是充分调动每一职工的积极性。由于这种积极性说到底是一种以个人冲动为特征的个体的内在追求。在这种情况下，如何看待与这种追求不可分割的个人主义的问题就重新被突出地提出来了。对个人冲动以及个人主义的"恶"的方面，在任何时候和任何情况下都应当采取限制和批判的态度。对高尚的道德情操和理想的倡导也绝不可放松。但笼统地把个人主义当做"恶"显然不符合发挥市场经济的活力的要求。对哲学家和伦理学家来说，重要的也许不是去诅咒或赞美个人主义，而是去具体地研究其发生的社会的和心理的基础，将其引导到正确的方向，也就是在尽可能大的程度上做到抑其恶，扬其善。

市场经济之要求充分发挥人的个性和竞争意识使它与个人主义必然存在着密切联系。如何处理好个人主义的矛盾性也始终是市场经济发展中极为重要的问题。这正是从早期功利主义到实用主义的多数西方哲学家如此重视对个人主义的研究的主要原因。不管个人主义怎样使人厌恶，它在中国市场经济的运行过程中是必然要出现并且产生重要影响的思想倾向。尽管中国的国情与西方大不相同，但个人主义出现和发生作用的基础和条件是大体类似的。只要我们抱着实事求是的研究态度，就会发现西方哲学家这方面的理论与中国当前存在的许多现实问题是非常贴近的，具体的研究和借鉴比盲目的批判拒斥更符合与建立适应中国社会主义市场经济发展的道德规范的要求。

实用主义与中国现代的
政治和文化冲突

1. 实用主义之传入中国及其遭遇

在五四以来被介绍到中国的现当代西方哲学流派中，对中国思想文化以及社会政治生活产生过广泛和长久影响的首推以杜威为最大代表的实用主义；在中国受到误解最多、引起的非议和批评最多的，也首推实用主义。

现当代西方哲学传入中国大体上始于 19 世纪末和 20 世纪初，五四时期曾出现高潮。当时西方各国流行的哲学流派大都先后被介绍到中国。从影响所及的范围和深度来说，以杜威所代表的实用主义哲学为最。当时在西方学界已享有盛名的罗素对中国的访问讲学受到过学术界关注，德国生命哲学的代表人物之一杜里舒（Hans Driesch，1867—1941）代替柏格森被邀来华，也曾受到一些人的欢迎。但他们影响的范围远不及同一时期杜威对中国的访问。

杜威来华之时正值五四运动发生之际，参加五四和当时正处于高潮中的新文化运动的许多中国知识分子被杜威所竭力倡导的民主和科学精神所吸引，杜威也深为当时的中国民众高举民主和科学的旗帜，即当时所谓德先生（democracy）和赛先生（science）与他自己的学说所要实现的目标一致受到鼓舞。双方的这种契合促使杜威这次原本是顺道由日本出发的短期访问竟延续了两年多时间，杜威的讲学地点遍及中国的东西南北，所到之处都引起了许多人（包括当时中国的马克思主义者）对他的学说的热情。

五四和广义的新文化运动是由国内外多方面的因素造成的。李大钊、陈独秀等中国早期马克思主义者在这场运动中无疑起了领导作用，民主和科学的口号也是陈独秀最早提出的。由于马克思主义在中国的传播当时尚处于初期，尚未成为可以单独主导全国的力量。五四和新文化运动之发展为一次真正使中国走出"中世纪"、走向现代化的具有划时代历史意义的革命运动，从学理层次上说是由于当时中国的马克思主义者与以胡适为代表的中国实用主义者及接受其他主张进步和改革的西方新思潮影响的人士结成了广泛的统一战线。尽管他们之间在一些重要问题上有很大分歧，但在反对封建旧传统、促进民主与科学这个大目标上却有着共同之处。马克思主义者对实用主义采取了相当求实的态度，既在原则问题上与之划清界限，又明确肯定其积极方面。

然而，随着 20 世纪 20 年代后期起中国政局的剧变，五四时期形成的中国马克思主义者与接受实用主义者等非马克思主义者之间的统一战线被破坏了。双方之间的共同目标越来越变得狭窄，差异却越来越表现得突出，以致彼此越来越处于对立之中。加上中国马克思主义者受到 30 年代初苏联对杜威由尊重到敌视（由"民主和进步的哲学家"一下变成了"苏联人民凶恶的敌人"、"帝国主义反动资产阶级的辩护士"）的影响，于是对杜威及其所代表的实用主义越来越趋向于全盘否定。

中国共产党在领导新民主主义革命取得胜利后，在 20 世纪 50 年代中期发动了一场全国性的批判实用主义的运动。实用主义被简单地归结为帝国主义反动哲学、不择手段地追逐个人或集团私利的市侩哲学，是彻头彻尾的主观唯心主义，是与辩证法根本对立的十足的诡辩论。至于早期中国马克思主义者对杜威及其实用主义的某些肯定被简单地视为他们在理论上不成熟、不彻底。这场批判对确立和巩固马克思主义当时在中国的主导地位有重要成就，但由于简单化也造成了严重的消极后果。

自此以后，在中国不断发动的政治运动中，实用主义几乎毫无例外地都被当做体现反动和被批判一方的思想理论基础。成了处于当权地位的意识形态必然要加以剿灭的对象，似乎一切坏人、坏事、坏思想都可以从实用主义找到思想理论根源，在哲学、政治、社会、道德等方面的一切最坏、最有贬义的称呼似乎都可加在实用主义头上。对实用主义的这种简单否定态度必然影响到对其他现当代西方哲学的评价。从 20 世纪 50 年代以来，所有在马克思主义产生以后出现或流行的现当代西方哲学流派，几乎毫无例外地同样被简单否定，或被当做马克思主义哲学的反面材料。

20 世纪 70 年代末，中国政局又发生了新的剧变，中国共产党人对延续几十年的"左"的路线进行了反思和批判，改革开放的政策开始实行。这在哲学领域内也必然产生深刻影响。人们开始重新认识马克思主义哲学和西方现当代哲学以及二者之间的关系。大部分人越来越怀疑，甚至明确反对以往那种对西方现当代哲学的简单否定态度，认为它们同西方古典哲学一样具有积极因素，学习和研究西方现当代哲学是丰富和发展马克思主义哲学的重要环节之一。这促使人们对实用主义过去在中国所起的作用以及现在可能产生的影响进行反思。尽管一些受传统偏见影响较深的人士对谈论重新评价实用主义仍有所忌讳，哲学界、史学界、教育界仍有不少专家发表文章，对过去关于实用主义所作的那些几乎已成定论的否定性评价表示异议，并从不同角度对各领域内的实用主义观点重新作了适当肯定。

但也应看到，最近这些年来中国哲学界对西方现当代哲学的研究最为关注的是现象学运动、各种类型的分析哲学和科学哲学以及后现代主义，对杜威等古典实用主义哲学家及其学说显得相对冷落。尽管有一些中青年学者出版了一些有关实用主义的论著，其研究水平大都也比过去已有的好得多，但这些论著似乎没有引起很大注意。原因是多方面的，其中重要方面之一是以往对实用主义全盘否定的负面影响并未完全消除，人们在谈论实用主义时仍更多的是想到它的消极的，而且往往是被扭曲的意义（或者说粗俗的意义），因而都格外警惕。这种警惕有其合理性，但如果因过分而成了我们对实用主义进行求实研究的障碍，那就会转向反面。正因为实用主义在我国的影响在理论上和现实上都比其他哲学流派更为复杂，受到的评价前后相异，我们就更有必要从理论上和现实上对之加以反思，从中吸取经验教训，规划未来的研究方向。这种反思和研究也是多方面的。如何正确认识实用主义的实际所是、特别区分其多层意义，以及如何看待这种哲学在美国和中国的不同背景和不同作用，是两个较为重要的方面。

2. 实用主义意义的多重性以及它的根本意义

为了正确认识实用主义的实际所是，首先需要分清实用主义的各种不同意义。以往对实用主义在理论认识上的偏向突出地表现在没有如实地区分它的各种不同意义，特别是没有区分它作为一个现代西方哲学流派的主要意义与它作为资产阶级极端个人主义的同义语的粗俗的实用主义的相通之处和不同之处，以致将粗俗的实用主义的意义当做实用主义的全部意义，这就造成了对实用主义本身的实际所是的认识存在较多片面性。

实用主义作为一个哲学流派，不仅其早期（古典实用主义）和后期（新实用主义）有很大区别，其创始人皮尔士及早期主要代表詹姆士、杜威等人之间也由于强调之点以及表达方式等的差异而有不同意义。当皮尔士在19世纪70年代提出实用主义的基本思想时，他强调的是把实用主义当做一种行为方法，即确定人们为了求得生存应当怎样采取行动的方法，他不排除不同的人可以采用不同方法，但他所主张的是科学的方法，即通过探索和实验来确定思想和观念的意义，以便采取相应的行动。他既没有赋予实用主义以作为哲学的形而上学或本体论的意义，更没有赋予它以追求个人功利的意义。他甚至没有使用实用主义这个名称。他虽然企图建构一种新的"科学的形而上学"，但他仍将其与实用主义区分开来。

詹姆士1898年在加州大学作《哲学概念和实际效果》的讲演时正式把实用主义当做一种哲学理论，并认为皮尔士是其创始人。但与皮尔士不同，詹姆士偏重于从人的心理意识状态（包括非理性的情感意志和信仰）出发来建构实用主义，企图将其应用于个人日常生活，这容易使人感到他的实用主义具有主观主义、非理性主义，甚至信仰主义色彩；他强调实用主义作为真理论的意义，提出"有用就是真理"、"真理就是有用"等主张，甚至还用"银行支票"、"兑现价值"等商场话语来解释。①尽管詹姆士这些话语都有前言后语，不宜简单从字面的意义来看待；但它们毕竟容易使人感到可以把他的理论视为一种不顾客观实在和客观规律性、只强调个人意志的主观唯心主义和意志主义，视为不顾他人和社会利益、只顾获得个人功利的狭隘的个人主义学说，而这与作为资产阶级极端个人主义世界观的同义语的粗俗的实用主义正好相通。詹姆士的这些理论当时就已在西方哲学界引起一片非议。尽管詹姆士曾不无根据地指出了这些非议出于人们对他的误解，但这些非议的影响依然存在。

为了与这种受到广泛非议的粗俗实用主义划清界限，皮尔士将自己的理论改称为"实效主义"（pragmaticism）。杜威更注意排除詹姆士实用主义的偏重个人意识所导致的主观性和狭隘性，力图使实用主义具有较多客观和公共的特色，并改用"实验主义"（experimentalism）、"经验自然主义"、"工具主义"等名称来指称。尽管他仍然把观念、理论看做只是行为的工具，或者说有用的假设，但他强调有用、有效是相对于公众而言。他明确排斥追求个人私利意义上的功利主义。他虽然倡导个人主义，但这不是指只求个人私利的主义，而是发挥个人能力以利于社会改造的主义。他对实用主义所遭到的种种误解作了申辩，对罗素等人的批评作了回答。

总之，皮尔士和杜威都对有用就是真理之类说法加了许多限定，企图与容易被粗俗化、因而容易遭到非议的詹姆士的理论划清界限。但他们之过分强调把实际效果当做检验观念的意义的唯一标准毕竟仍然容易被人将其与这种粗俗的实用主义相混淆。后者由此被误认为是实用主义的根本意义，由于这种被误认的意义恰好与资本主义市场经济下资产阶级个人对利益的追逐，或者说狭隘的个人主义的资产阶级世界观相一致，于是人们往往误把实用主义哲学当做是这种世界观的典型的理论形态，并由此把那些放弃或轻视普遍性和必然性、原则、客观实在、长远理想，而只追求眼前的特殊和个别利益、成功以及为了达到目的可以不择手段的倾向与实用主义联系起来。政治、经济、文化等各个方面中的

---

① 参见［美］詹姆士：《实用主义》，104～105 页，北京，商务印书馆，1979。

这类倾向往往都被打上实用主义的印记。如果仅就此来概括实用主义的意义，那对它无疑应当从整体上予以否定。

然而，上述粗俗的意义毕竟不是实用主义作为一种哲学理论的根本意义。对于后者，应当根据对实用主义哲学家的理论的具体研究来确定。总的说来，以杜威为主要代表的实用主义哲学家的理论具有如下几个特征。

第一，他们都反对旧唯物主义和传统的理性派唯心主义在经验之外寻找绝对的物质或精神实体以及客观的和先天的必然性、绝对原则等企图。他们大都承认在经验之外的世界存在的可能性，詹姆士明确肯定意识不能离开产生意识的特殊物质，即人的大脑独立存在，杜威明确肯定自然界本身的存在不以经验为转移。但他们都认为哲学的范围以人的生活和经验所及的世界为限。哲学不应当成为探究超经验的实体、原则的形而上学，而应当成为关于经验世界，即人的现实生活世界的理论。

第二，他们所说的经验不同于传统哲学（包括经验派）认识论的经验，不是作为认识结果的知识，不是与客体相分离的主体的意识状态，而是指人的行动、生活、实践本身，是心物主客统一的过程，或者说作为有机体的人与其面对的环境的相互作用的过程；它不是过去的静止的现成已有之物，而是由过去引向未来的不断生长之物，具有内在的能动性和创造性。杜威援引达尔文进化论，认为作为有机体的人像其他生物一样首先要生存，为此必须不断适应环境，接受环境的挑战；而适应环境的过程正是有机体与环境相互作用的过程，也就是生活、实践、行动的过程。人之必须适应环境意味着人必须永远奋斗和进取，不断向前，不断进步和进化。杜威把这种观点运用于解决社会历史问题，肯定历史是一个不断进步和进化的过程，肯定社会需要不断进行改革。

第三，他们认为人的适应环境，即人的行动、生活、实践不同于动物的本能活动。人是有理智的，人的行动、实践总是在追求某种目的，运用反省思维作为导向。因此，人怎样把理智作为导向的问题，即方法论问题就成了哲学应当关注的中心问题。从这种意义上说，实用主义哲学无非是用理智作指导的方法论，即科学方法论。实用主义不排斥其他方法，只要能带来满意的效果，任何方法都是可以采用的。但应当提倡的是科学方法，而不是主观独断的、先验的、崇拜权威的方法。

第四，他们认为，一切思想、理论、学说都是为人适应环境服务的，是人的行为的工具。他们由此反对传统认识论的符合论，认为思想、理论、学说的真理性的标准全在于对人的行动、实践是否有用、有效，即是否具有实际价值。由于人的处境不同，目的不一，因此对作为行为工具的思想、理论的要求也不一。真理没有普遍和绝对的意义，只有特殊和相对的意义。任何一类真理都不是一元的而是多元的。各种思想、理论只要能充当行为的工具，就都可以接受，而不管它们是否真实。但是杜威等人也竭力避免在真理和认识论问题上过分的主观随意性，认为工具应有公众性和客观性，思想理论要成为行为的工具必须是能为大众接受并具有科学根据。

第五，他们认为行动、实践着的人总是每一个个人。个人为了自己生存必须依靠自己奋斗，既不能依赖他人，也不受他人或任何绝对权威的约束。应当解放人的个性，充分尊重每一个人的自由行动和表达自己意志的权利。因此应当反对任何形式的专制独裁，实行充分的民主和自由的制度。但他们反对过分的任性和极端的利己主义，强调不要以个人的自由来损害他人的自由，个人的自由应受到社会调节。社会不是凌驾于个人之上的绝对力量，但它应当为保障民主和普遍的自由服务，它应当避免集权主义，但也要避免无政府主义。

上述特征彼此相关，从不同侧面体现了实用主义的基本观点，而贯穿于这些特征中的核心思想是对那些具有抽象、独断、脱离实际等特征的传统形而上学的批判，对人的现实生活和实践及与之相关的现实世界的强调。这些在皮尔士和詹姆士哲学中就不难发现，在继承和发展了皮尔士和詹姆士的基本思想的杜威哲学中有了更为完整和明确的阐述。总的说来，杜威等实用主义哲学家最关注的是处于现实社会生活中，或者说处于一定自然环境和社会环境中的人的生存和命运。如何通过人本身的行为、行动、实践来妥善处理人与人之间以及人与其所面对的世界（环境）之间的关系，是他们的哲学最关注的根本问题。实用主义正是由此被称为是关于人的实践和行为的哲学。这一点正是实用主义作为现代西方哲学中的一个流派的根本意义。

对实用主义的上述意义不仅不应当简单否定，而且应当联系马克思在哲学上的革命变更和西方哲学在近现代的转化过程来重新加以思考和评价。

　　关于马克思在哲学上的革命变更的含义，传统的说法是：马克思和恩格斯批判继承了以费尔巴哈为代表的旧唯物主义的基本内核和以黑格尔为代表的唯心辩证法的合理内核，将二者统一起来，建立了辩证唯物主义和历史唯物主义。这种表达方式有大量理论根据为佐证，自然可以成立。但由于它没有突出马克思所一再强调的人的现实生活和实践的作用，唯物主义和辩证法的统一往往被抽象化。在一定条件下，人们实际上仍然可能将其分裂开来。例如，因强调物质的第一性而把自然界与人的实践活动分离开来，成为与人无牵涉的纯粹自然界或者说自然界本身，结果就将其唯物主义扭曲为纯粹的自然主义。因强调辩证法而把人的能动的方面脱离其人的实践的现实基础，变成了抽象的、归根到底也是唯心的辩证法。二者都是马克思所明确反对的。他在许多著作中都一再指出他把现实生活和实践当做他的哲学的基本观点。这从他的《1844年经济学哲学手稿》、《关于费尔巴哈的提纲》中就可明显看出。笔者的观点在《马克思主义与西方哲学的现当代走向》一书中已有较多论述，这里就不多说了。

　　与马克思实现哲学上的革命变更大致同时，西方哲学发展也出现了从近代到现代的方向性和变更，或者说哲学思维方式的转型。西方哲学家通过曲折的道路在不同程度上和不同方面所实现的这种转型的主要意义，也正是以对现实生活和实践的强调来取代近代哲学对抽象的体系、本质、基础等的强调。笔者这方面的观点也在上述一书中作了较具体的论述。这里仅提出如下两点：其一，在现代西方哲学家中，实用主义哲学家，特别是杜威对现实生活和实践的观点作了最为明确和系统的论述。他们的这些论述在某些方面与马克思的论述有着重要的共同之处。对此需要另外撰文论述。其二，当一些人以马克思主义名义简单否定实用主义哲学家对现实生活和实践的论述时，他们所否定的有时并非实用主义应当受到批判的东西，而可能是其与马克思主义存在共同之处的东西。因此，他们在批判实用主义时实际上可能也否定了马克思的学说，这样他们就可能站在马克思主义的对立方面去了。这样的批判越是激烈，往往就不仅越是脱离实用主义等西方哲学流派的实际所是，而且也越是背离马克思主义哲学本身，这当然不利于坚持和发展马克思主义哲学。在中国的马克思主义的发展史上曾经出现背离马克思主义的"左"和右的倾向。这些倾向的出现原因很多，对实用主义等西方哲学流派的批判简单化也是重要原因之一。

3. 实用主义理论上的成败及其在美国的影响

为了较为全面地认识实用主义及其在中国的命运，除了从理论上区分它的不同意义，特别是揭示它的主要意义之外，还需要分析它在理论上的成败得失，并由此分析它为什么在美国能成为被普遍接受的哲学以及它所产生的积极和消极影响。

上面所提到的实用主义哲学家的理论的共同特征，特别是作为他们的中心思想的对现实生活和实践的强调，可以看做是实用主义作为一个现代哲学流派对传统哲学所具有的优胜之处，也正是它在一定条件下可以发生积极作用的主要所在。

然而，实用主义并不是一种完善的哲学，更不是一种理想的哲学，它无论在理论上和实际影响上都有严重的片面性和局限性。上面提到的它的几个主要特征虽然都包含了积极内容，但又都存在严重缺陷。例如，实用主义哲学家在批判传统的唯物主义和理性派唯心主义的抽象性而强调应关注现实生活世界时，往往没有阐释这个世界与不以人的意识为转移的客观世界的关系，这样他们所谓现实生活世界有可能会失去现实性，成为仅仅由人的经验所结构出来的抽象世界。又如，他们在反对传统哲学的认识论的绝对性、思辨性和独断性时，把思想、观念、理论简单归结为方便的假设、行为的工具，只求获得预期的效果，而不问客观实际，这样在理论上归根到底必然陷入主观主义、相对主义和怀疑论，在现实生活中沾染见利忘义等市侩习气，甚至可能为各种恶行辩护。再如，他们在强调人的实践和主观能动性时，往往否定了客观规律性，把它们归结为出于人的情感意志，这样最终必然导致非理性主义和唯意志主义，在现实生活中陷于盲动和机会主义。他们虽然倡导科学方法，但又明确反对辩证法，这样所谓科学方法必然失去科学性。实用主义哲学家虽然主张民主、反对专制，主张进步、反对保守，主张平等、反对特权，但他们却又反对马克思主义的相关理论，这样他们在一定条件下必然转向保守方面。总之，实用主义哲学家的理论与粗俗的实用主义既有重要区别，又有相通之处。

对于实用主义的诸如此类的片面性和局限性，许多同时代的西方哲学家已有所揭示。英国的布拉德雷、罗素，美国的桑塔亚那、洛夫乔伊都曾针对实用主义在理论上的矛盾、含混以及各种片面性提出了质问和批评。例如罗素就认为詹姆士关于只要一个概念的效果是好的就是真理的观点从理智上讲有"重要困难"。依这种观点，连哥伦布1492年横渡了大西洋这种简单的事实也无法确定。为什么说是1492年而不说是1491年或1493年呢？信念的效果并不能回答。因此罗素认为詹姆士的哲学"不过是近代大部分哲学所特有的主观主义病狂的一种罢了"①。对杜威，罗素也作了类似批评。过去我国哲学界对实用主义的理论批判往往走向了极端，但其中不少批判不是毫无根据的。

实用主义的这种既有优胜之处、又有严重片面性和局限性的状况决定了它在一定范围内能产生积极作用，超越了这个范围就必然转向消极方面，与粗俗的实用主义相通。这在它的发源地美国就是如此。

美国是一个由以西方为主的世界各地的移民组成的后起的资本主义国家，它的市场经济体制、资产阶级民主制度（无论是政治国家和市民社会）以及相应的意识形态最早都是由欧洲移民输入的。由于在此未遇到强大封建势力的阻挠，它们的发展都比欧洲各国更为彻底和完善，因而与资本主义共生的以倡导自我谋划和自我奋斗为特征的利己主义世界观和价值观，或者说粗俗的实用主义情结在这里遇到了最好的流行环境。由于移民到此既较少受到旧的传统等外在约束，又面对一个对自己说是"空旷"的世界，各人都可以而且必须按照自己的信念去采取行动、以达到自己所追求的目的。人与人之间的各种交往在不同程度上都带有功利色彩，人与人之间、人对社会以至人对上帝的关系往往都表现为买卖和契约关系。另外，作为由世界各地的移民组成的国家，美国在文化上也必然是多元的。移民们带去了世界各地的传统文化，由各种传统文化融合而成的新文化又是对这些文化传统本身的否定。任何一种传统都失去了作为判断标准的意义，只有那些对开辟这片新大陆有用、获得成功的才能得到肯定。对主体的活动的有效和无效、成功和失败超越

---

① ［英］罗素：《西方哲学史》下，377页，北京，商务印书馆，1986。

了任何文化传统或思想原则，而被当做人们的思想和行动的准则。

上述这种情况使美国哲学的主要任务必然是较为直接地论证人们所追逐的利益、效果、功用，甚至可以把资本主义商场的行话拿来当做哲学范畴，而不必像某些形式的唯心主义哲学（特别是客观唯心主义）那样受到各种传统原则、思想体系的约束。实用主义最符合这种要求。事实上，早在实用主义哲学家提出他们的理论以前，我们上面所提到的那种粗俗的实用主义情结在美国早已存在。实用主义哲学家所做的实际上是把这种情结系统化、理论化，将它的因粗俗而极端化的某些方面加以限制或修饰，使之较能为更广泛的人群所接受。

正因为实用主义哲学家的理论迎合了美国人的粗俗的实用主义情结，所以当它们产生以后就得到了最广泛的流传，渗透于美国的全部政治、经济、思想文化和社会生活之中。尽管现当代西方的几乎所有主要哲学流派无不传到美国，有的甚至最终以美国为中心（例如分析哲学）。然而它们都只是在专业范围或一部分知识分子中流行，对于美国的现实生活、对一般美国人的思想行为并无显著影响。至于实用主义，尽管不断受到各方面的批评，在专业哲学领域并不始终具有主导地位，但实际影响却经久未衰。所有其他哲学流派在美国最后几乎都以特定的形式融入实用主义。著名美国哲学家桑塔亚那曾谈到，作为美国人的人生准则的哲学不同于他们外表上所拥护的哲学。"在口头上他们可能是基要主义者、天主教徒或唯心主义者……但是从他们的内心和生活来说，他们都是实用主义者。"[1] 事实上，美国的政界和商界人士大都承认自己所奉行的哲学是实用主义。实用主义也由此被认为是最能体现美国民族精神和生活方式的哲学。

也正因为如此，实用主义的积极和消极影响，大体上可以用美国资本主义的发展状况及其存在的种种矛盾和冲突来说明。

美国建国只有二百多年，却成了世界头号资本主义大国，其社会生产力和科学技术等的发展都远胜于其他西方国家。这些成就的获得有多方面的原因，应当从经济基础和上层建筑的各个方面分别加以分析。从思想理论方面说，实用主义所倡导的那种面向现实生活和实践的精神无

---

① ［美］桑塔亚那：《杜威自然主义的形而上学》，载 Schillp 编：《约翰·杜威的哲学》，248 页，1951。

疑起了极为重要的作用。正是因为美国人从内心和生活来说"都是实用主义者"，因而他们大都能善于摆脱旧的传统和权威的束缚，有面向生活、面向现实、面向未来的精神，有不断进行创造、不断地求得进步和发展的意志。实用主义的积极方面也因此在此得到了充分的发挥。

从另一方面说，美国作为最典型的资本主义国家也是资本主义制度的各种内在矛盾和冲突表现得最充分的国家。资本主义制度下的一切暴行、欺诈、罪恶、变节等行径，都可以由粗俗的实用主义得到"合理"的解释；在一定条件下，个人的自我奋斗可能演变成极端的个人主义，坚定信念可以转化为盲目信仰。名义上的自由民主可能掩盖着事实上的奴役和压迫，对人权的尊重可能掩盖着对弱势群体的压制。总之，与资本主义制度共生的粗俗的实用主义的一切消极方面都可以从实用主义哲学的某些相关理论中找到根据。只要思考一下当代美国的大资产阶级及他们的政治代表们在自由、平等、人权等口实下所实行的霸权主义，就不难看出粗俗的实用主义是何等虚伪。

总的说来，实用主义哲学家的理论由于强调面向现实生活和实践、面向未来，主张不断进步和创造，倡导民主和科学精神，因而在一定程度上适应了现代社会发展的需要，因而在美国特定的历史条件下能够发挥重要的积极作用。但由于他们的理论存在着种种片面性，往往迎合了与资本主义制度共生的粗俗的实用主义情结，在这种情况下就必然转向消极方面。

4. 实用主义与中国现代的政治和文化冲突

实用主义的积极和消极方面在它传入中国以后同样存在，但由于现当代中国的政治和文化等背景不仅与美国有很大不同，而且处于不断地变更和动荡中，因此实用主义在中国发生作用的方式不仅必然与在美国有很大不同。在传入中国以后的不同时期，由于遇到的社会环境发生剧变，也必然存在很大差异。例如五四时期主要是发挥积极作用，五四以后人们看到的主要就是其消极方面。这点上面已经提及，此处再作进一步说明。

中国是一个有着数千年历史的文明古国，中国的思想文化源远流长。然而中国的封建专制制度也持续了两千多年，它有过繁荣昌盛的世纪，又因为封闭性和保守性等消极方面而在其后期束缚了中国社会的发展。1840 年鸦片战争以来，在社会制度上处于优胜地位的西方侵略者用坚船利炮打开了中国的国门，既带来了比封建制度优胜的资本主义影响，又使中国人民受到外来殖民者的压迫和掠夺，中国由此逐渐陷入半封建半殖民地的境地。帝国主义和封建专制主义成了压在中国人民身上的重负。扫除封建专制力的束缚，抵抗帝国主义的侵略，建设独立、富强、民主的新中国，已是广大中国人民的迫切要求。在思想文化领域，则要求对中国传统文化重新估价和改造，要求建立与新的社会制度相适应的新文化，这种要求由对社会和思想变更最敏感的先进知识分子和青年学生最早表达出来。五四运动中游行的学生所高举的"外争国权、内惩国贼"的旗帜，新文化运动代表人物提出的"打倒孔家店"、"欢迎德、赛二先生"的口号，目标都是进行这样的变更。五四运动和广义的新文化运动正是在这种背景下发展为反帝反封建性质的革命运动。

正是适应着以五四和新文化运动为标志的社会和思想变更的需要，当时许多知识分子从国外输入了各种各样的思想理论。其中革命性最强的知识分子在俄国十月革命的影响下输入了马克思主义，由革命民主主义立场转向共产主义立场。至于参加运动的广大小资产阶级和民族资产阶级以及他们的知识分子，虽然同样有革命的要求，但都局限于资产阶级民主革命的范畴。他们不可能立即接受马克思主义和科学社会主义。对于他们中许多人来说，具有倡导民主和科学特色、主张社会的不断革新和进步、提倡人的个性解放的实用主义哲学是最易接受的，相信它可以用来促进中国社会的变更和中国思想文化的改造。

正因为如此，人们在五四时期之接受和倡导实用主义，是立足于实用主义的积极方面，而不是粗俗方面。胡适等人在中国宣扬和提倡实用主义，从主要方面说正是企图把实用主义当做批判和整理中国传统文化、创建和发展具有民主和科学意义的新文化，乃至制定中国社会改革方略所遵循的科学方法。胡适在他的《新思潮的意义》一文中所提出的"研究问题，输入学理，整理国故，再造文明"的口号就是这种企图的突出表现。

也正因为实用主义在中国五四时期表现出来的主要是其积极方面，它才能在当时产生非常深刻的影响。当时的一些马克思主义者在一定意义上也由此肯定实用主义。中国共产党早期领导人之一瞿秋白后来谈道："中国五四前后，有实验主义出现，实在不是偶然的。中国宗法社会因受国际资本主义的侵略而动摇，要求一种新的宇宙观和人生观，才能适应中国所处的环境——实验主义哲学，刚刚用它的积极方面来满足这种需要。"[1]

然而实用主义毕竟是一种可能产生严重的消极影响的哲学。它传入中国以后情况也是如此。除了因与粗俗的实用主义相通而必然产生负作用以外，它的哲学理论也不能适应已发生激变的中国社会环境，更不能为中国社会的变更指出正确方向。

尽管实用主义在五四时期对推动新文化运动起过积极作用，但这种作用一开始就受到很大限制。其根本原因在于当时的中国尚处于急剧的动荡中。旧的制度、价值体系动摇了，但没有崩溃和清除；新的制度、价值体系尚处于朦胧状态。当时的中国既有像胡适所提出的种种具体问题需要解决，更需要先确定解决这些问题的方向、原则。如果没有后者，前者也是无法解决的。而实用主义的主要缺陷之一正好是忽视后者。这突出地表现在胡适一再宣扬的"多谈些问题，少谈些主义"的主张之中。这种主张本身就注定了实用主义无法回答当时中国社会究竟朝什么方向变更、怎样变更这个根本问题，无法动员并组织社会上多数人朝着一个共同的确定的目标去奋斗。对此，李大钊在当时就立即指出来了。他说："要想使一个社会问题成为社会上多数人共同的问题，应该使这社会上可以共同解决这个那个社会问题的多数人，也有一个共同趋向的理想主义，作他们实验自己生活上满意不满意的尺度……有那共同感觉生活上不满意的本质，才能一个一个地成了社会问题，才有解决的希望。不然你尽管研究你的社会问题，社会上多数人却一点不发生关系。那个社会问题仍然永远没有解决的希望；那个社会问题的研究，也仍然是不影响于实际。"[2] 所以尽管实用主义当时曾被许多知识分子接受，鼓舞了他们破旧立新的热情，但未能引导他们走上一条自觉的、确定的斗争道路。

---

① 瞿秋白：《实验主义与革命哲学》，引自《中国现代思想史资料简编》第 2 卷，408 页，杭州，浙江人民出版社，1982。

② 李大钊：《再论问题与主义》，原载《每周评论》第 35 号。

当新文化运动进一步发展，并与青年学生、广大工农群众的反帝反封建的革命汇在一起的时候，胡适等实用主义在中国的主将退出了向旧制度、旧传统进攻的战场，有的人甚至站到了革命力量的对立方面。陈独秀等原来部分地接受了实用主义的马克思主义者对马克思主义和实用主义的原则区别有了较深的认识，比较坚定地站到了马克思主义一方。至于许多原来欢迎过实用主义的先进知识分子有的也抛弃了实用主义，走上了马克思主义道路。实用主义在中国的影响当然没有完全消失，但已越来越被挤出中国社会变更的大舞台，主要仅作为一种日常生活、思想和行动的方法。在一定程度上可以说它失去了作为社会意识形态的意义。

还要提及一点：实用主义与马克思主义的差异以及由这种差异造成的对立，使它在现当代中国的政治斗争发展中越来越成了被批判的一方，当然谈不到它如何发挥积极作用。实用主义在五四时期之所以能发挥某些积极作用，是因为它当时与马克思主义以及其他西方思潮在倡导民主和科学上形成了统一战线，共同反对封建专制主义及与之相应的旧思想、旧文化和旧制度。然而，随着 20 世纪 20 年代后期中国的政局由多元并立转向国共两党的二元对立，原来存在的统一战线被破坏了，马克思主义受到国民党当局的封禁，实用主义和其他西方哲学流派无形中被当做是反对马克思主义的工具。政治斗争越是尖锐，马克思主义越是受到曲解和攻击，实用主义也就越是与马克思主义处于对立地位。我们在本文第一部分中谈到的实用主义在五四以后的种种遭遇，主要原因正在于此。在这种局面下，实用主义理论本身的是非成败如何、它是否存在积极因素已不是人们关注的焦点，因为焦点完全集中在政治冲突中，对实用主义的评价的标准也完全取决于政治需要。在这种局面下，自然也谈不到对实用主义的学术研究。

实用主义从五四时期传入中国已八十多年，许多人对实用主义都不陌生，人们即使不研究哲学，也会在政治和道德批判中遇到它。然而，正是因为政治斗争的需要，使许多人并不寻问实用主义作为一种哲学理论的本来意义是什么？它同与资本主义制度共生的粗俗的实用主义情结的区别何在？这样，人们越是批判实用主义就越是远离杜威等实用主义哲学家的理论。这是实用主义的悲哀，也是按照真正的马克思主义的观点正确批判和评价实用主义的悲哀。有幸的是这种悲哀局面即使不能说已经终结、也可以说临近终结了。现在需要做的是如何吸取过去的经验教训，重新正确研究和评价实用主义以及其他各种西方思潮，并由此促进马克思主义的发展。

西学的传入与五四前后
中西文化和哲学的碰撞

1. 西学传入的缘起与中西文化的
碰撞

如果从严复一系列关于西方哲学和社会学说的译著在 19 世纪末和 20 世纪初陆续出版算起，西方哲学正式传入中国大致已有一个世纪。不过就广义的"西学"而言，其传入中国的时间更早。如果不算早期来华耶稣会传教士的活动，那西学进入实行封闭锁国政策的大清帝国的大门是 1840 年西方侵略者用炮火轰开的。

1840 年的鸦片战争无疑是一场丑恶的侵略战争。战后接踵而来的不单是清政府割地赔款、开辟五口通商，而且意味着西方侵略者在政治、经济以及思想文化等领域的全面入侵，由此开启了中国由一个老大帝国沦落为半殖民地的过程。这当然是中华民族前所未有的奇耻大辱，它使许多有良知的中国人痛心疾首，把救国图存当做自己的天职。一百多年来，许多仁人志士怀着满腔的爱国情怀，前仆后继，为洗刷国耻、奋起图强而尽心竭力。

然而鸦片战争也是相对先进的西方资本主义制度对中国腐朽没落的封建专制制度的战争。它涉及政治、经济、科学技术和哲学等思想文化的各个方面。1840 年左右，英法等国不仅已实现了标榜民主、自由和个性解放的资产阶级革命；以市场经济为"体"、以科学技术为"用"的产业革命也已取得了显著成果；至于作为它们的先导的以理性主义为特征的哲学和思想文化，通过从文艺复兴到法德启蒙思想运动的发展，早已取得对中世纪宗教蒙昧主义的决定性胜利。然而同一时期的中国，延续了几千年的保守腐败的封建专制制度、落后封闭的小农经济以及带有严重蒙昧主义特色的旧思想和旧礼教还占绝对统治地位。中西之间的这种差别决定了中国在这场战争以及西方殖民者后来发动的侵略战争中必然失败。

西方侵略者发动的鸦片战争以及后来的多次对华侵略战争迫使长期封闭的中国不得不面对一个在社会制度和文化传统上与之大不相同的西方世界，中西文化（包括器物、制度和观念等不同层面）也由此必然发生碰撞，这种碰撞产生了如下双重后果。

一方面，中国的失败使那个腐败疾弱而又狂妄自大、视西方科学技术为"奇技淫巧"的"天朝"也不得不屈服于洋人的坚船利炮，他们的闭关锁国的大门被迫打开；更促使林则徐等较开明的清廷重吏以及魏源、容闳、冯桂芬等爱国知识分子开始在不同程度上接触西学。后来的洋务派政治家和思想家更是以从事西洋事务而得名。尽管他们不敢触动作为封建专制主义的意识形态，和以旧思想、旧礼教为主要内容的中国传统文化，更不敢触动封建专制制度这个"本"和"体"，但毕竟也已意识到，要使大清帝国能与列强抗衡，至少必须在器物层面上"师夷技"，在一定范围内引入西学，填补中学在这方面之缺。他们由此有"中本西末"、"中体西用"等提法。张之洞就说过："中学为内学，西学为外学；中学治身心，西学应世事"、"旧学为体，新学为用，不使偏废"①。尽管他们都还把中学（旧学）置于主导地位，但毕竟已意识到不能再漠视西学（新学），而这意味着以传统的封建社会制度和文化为特征的中学的一统天下开始打破，中国由封建社会开始转向半封建社会。

---

① 张之洞：《劝学篇》。

另一方面，殖民者的胜利意味着中国人民受尽他们的掠夺、欺凌、蹂躏，不知有多少人死于他们的铁蹄之下。这理所当然地激起了中国人民对西方侵略者的深仇大恨，后者有时甚至盖过了他们对本国统治者的仇恨。义和团打的旗号就是扶清灭洋。这种背景造成了他们对西方的敌视情结。他们为抵抗西方殖民者的侵略进行了艰苦卓绝、可歌可泣的斗争，但对西方侵略者的仇恨又导致他们对西方文化笼统，有时甚至是盲目地排斥。

导致对西方文化简单排斥的更深刻的原因是几千年中国传统文化的根深蒂固的影响。这种文化的突出特点是在小农经济的基础上把封建专制政权、宗法血缘家族关系和儒家伦理（礼教）融合在一起，形成了一道几乎是冲不破的罗网。各种外来文化不管以何种形式传入、是否可能对这副罗网产生强大的冲击，甚至使其某些部分受到破坏，它都能保持住自身的基本结构，并使外来文化与之相适应，甚至成为其有机组成部分。这是中国封建社会得以长期延续存在、难以发生根本性变更的主要原因。

中国历史上不知进行过多少次农民起义，然而不管起义成败如何，都没有冲破传统文化的罗网。鸦片战争之后爆发的太平天国起义受到过西方的影响，但主要是被先进的西方思想家激烈批判的天主教，至于与西方走向资本主义现代化相应的社会制度和思想体系，尽管有第一位留美归来的容闳竭力建议，仍未被采纳。事实上太平军在取得初步成功、定都南京后，全盘恢复了他们原来所反对的旧制度和旧文化。因此即使他们最后取得成功，也无非是封建帝国的又一次改朝换代。

总之，一方面，封闭锁国的大门已被打开，"天朝"的余威已败在西方资本主义"文明"之下。这意味着走出中世纪、迈向现代化已开始成了中国不同阶层人士都必须思考的问题。另一方面，盘根错节的封建传统文化罗网又把相对先进却又异己的西方的政治制度和思想观念要么全盘拒斥，要么纳入自己的罗网中，使之变性。鸦片战争后相当长一段时期内中国社会的现实状况正是如此。洋务派之提出"中本西末"、"中体西用"等主张也正是企图把西方文化纳入中国传统文化的罗网之中。这种状况使中国人在走向现代化的道路上举步维艰。

从维新变法运动起情况有了较多变化。尽管维新派中有人也使用"中本西末"这种提法，但并不把"本"看做必然是主，而把"末"看做只能是次，而是强调本末原是一体。西方之末源于西方之本。中国之落后不仅是缺末，本也有待改变。用我们现在的话来说，就是意识到了不仅要学习西方的科学技术等器物层面，也要借鉴西方社会政治制度。当康有为、梁启超等维新派人士在谈到"中本西末"、"中体西用"时，重在中西会通。梁启超就明确主张对中西学应当融会贯通。他说："舍西学而言中学者，其中学必为无用；舍中学而言西学者，其西学必为无本、无用无本，皆不足以治天下。"① 他们由此主张既保留封建君主，但又要求对之作某种程度的改进（改良），也就是以西方的宪政取代传统的专制，实行君主立宪。

至于以孙中山为代表的资产阶级革命派，在引入西学方面有了更大的进步。他们不仅超越了从林则徐到洋务派之主张借鉴西方的技艺（器物），也超越了康有为、梁启超、严复等维新派在保留旧制度下进行改良、实行君主立宪的局限性，而是要求彻底推翻封建制度，进行以建立民主共和制度为目标的社会政治革命。他所提出的三民主义的主要理论来源正是西方资产阶级思想家的民主主义学说，而他所领导的辛亥革命则是以革命行动来实践这类学说。辛亥革命是中国近代史上的一次伟大的政治革命，它推翻了统治中国几千年的君主专制制度，对中国社会的进一步变革起了重要推动作用。

总之，从鸦片战争到戊戌变法再到辛亥革命，中国人（至少是许多先进的中国人物）已一步步迈开了走出中世纪的步伐。由单纯地直观到洋人的船坚炮利而承认必须学习西方的科学技术，到逐步认识到本末一体、需要借鉴西方的社会政治制度来变法维新，再到实行推翻封建专制、建立民主共和制度的革命，这当然是一个越来越进步的过程。然而每走一步，都会遇到传统文化罗网的束缚。洋务运动和维新变法失败了；辛亥革命虽然推翻了封建专制制度，但并未从根本上动摇旧的社会制度的基础，更未触动支持这种制度的旧思想、旧文化、旧礼教，归根到底也是失败了。

这些失败说明了一个道理：为了使中国变成一个富强的国家，必须借鉴西学。但简单地搬用科学技术等西学的器物层面是远远不够的，还

---

① 梁启超：《西学书目表后序》。

必须研究和借鉴得以产生出这些器物的西方的社会政治制度，以及作为建立这样的社会政治制度的理论依据的思想观念，特别是作为一切观念的出发点和总结的哲学。这就需要对西方文化的器物（科学技术）、制度（社会政治制度）、观念（思想文化）等不同层次以及它们之间的关系都有较为全面系统的了解，特别是要对与它们相应的哲学要有全面深入的了解。由于对西学的借鉴必须立足于中国的现实社会，因此就必须了解中国的历史与现实，特别是要善于区分中国传统文化中的精华和糟粕，既要发扬其积极方面，又要发现和克服其消极方面、冲破后者对实现现代化的阻力。对于有着盘根错节的封建宗法传统的中国来说，要克服这种阻力一直是困难重重。正因为如此，如何正确认识和妥善处理中西社会和文化的关系，为中国更好地走出中世纪、实现现代化找到更好的方策，一百多年来一直是中国先进分子特别关注的问题。

哲学等思想文化的变革总是制度和器物变革的先导。从"本末"、"体用"之争肇始的中西哲学和文化关系之争由此成了一百多年来革新图治的中国思想家和政治家都特别关注的头等重要的问题，他们之间为此争论不休。其中最难使他们得到共识的是对待中国传统哲学和文化的态度。中国数千年传统文化中的确不乏必须继承的瑰宝，但也必须承认有不少妨碍进步的糟粕。由于精华糟粕难以分辨，它们缠绕在一起，反而成了中国进步的最大阻力。中国现代化运动之长期难以顺利进行，洋务运动、变法维新之遭到失败，辛亥革命等后来进行的一些变革之屡遇曲折，原因当然很多，传统文化的阻力至少是最大的因素之一。日本在19世纪中期同样是一个封闭落后的国家。19世纪50年代，同样遭到西方的美、荷、俄、英、法等国入侵，被迫订立不平等条约。然而，日本人能及时从中吸取教训，成功地实现了明治维新，很快发展成为一个现代化强国，甚至不久还与西方列强一道在中国争霸。由此看来，有悠久的历史和文化传统固然是我们最宝贵的财富，是使我们最为值得骄傲的。然而如果过分沉醉于传统文化，看不到其落后的一方面，由仇恨西方的侵略而笼统排斥西方哲学和文化，那悠久历史很可能反而成了我们迈步向前的包袱。

19～20世纪之交的中国并不乏倡导改革的人士。戊戌维新的思想家们在倡导西学、传播变革思想上并不比明治维新的日本思想家逊色。

然而一成一败，形成了鲜明的对照。造成此对照者，恐怕主要就在中国的历史包袱太重，或者说传统哲学和文化对西方哲学和文化的拒斥力太强，而日本没有我们那样沉重的历史包袱，在对待本国文化与西方文化的关系上有较为开明和现实的态度。与中国维新派一位重要思想家严复同在英国留学的日本人伊藤博文由此得以成为明治维新的重臣，而在对西方思潮的理解上一点不比他逊色、启蒙意识一点不比他弱的严复，只能在中国勉为其艰难地从事西方论著的译介。这难道不是很能发人深省吗？

2. 西方哲学的广泛传入与五四新文化运动的兴起

无论从思想文化层面的变革说还是从整个社会的变革说，五四运动都是中国近现代史上具有划时代意义的转折点。这种转折之得以发生，除了鸦片战争以来的各次变更运动，特别是辛亥革命的准备外，在一定程度上是由当时西方哲学和社会思潮的广泛输入及其对中国传统哲学和文化的强大冲击促成的。在这些思潮的传入上，严复的工作起了重要的先导作用。

由于无法冲破中国传统文化的罗网，严复未能像他的日本同学那样做出一番改革伟业，但在中国传播哲学等西方文化、促进中国的思想启蒙方面，他作出了别人难以相匹的贡献。广义的西学包括了科学技术、社会政治制度以及与之相应的思想文化等不同层次。从林则徐到洋务派，其所关心的只是器物层面（科学技术）。只有到康有为、梁启超等维新派才注重从器物转向社会制度和思想文化层次的研究，而其中具体译介西方哲学、社会学等论著的当首推严复。正如蔡元培在《五十年来中国之哲学》（1923）一文中指出的："五十年来，介绍西洋哲学，要推侯官严复为第一。"

严复在19世纪末和20世纪初期间先后译述出版了赫胥黎著《天演论》（1898），亚当·斯密著《原富》（1902），斯宾塞著《群学肄言》（1903），穆勒著《群己权限论》（1903），甄克斯著《社会通诠》（1904），穆勒著《名学（上半部）》（1904），孟德斯鸠著《法意》（1909）等西方名著。这些书在哲学上主张进步和变更，在经济上为资本主义市场（商品）经济作论证，在政治上反对专制，倡导资本主义的民主自由。严复翻译这些书的目的正是宣传书中的观点，以此启导国人，促进中国社会的变更。他针对保守思潮明确提出承认变也得变，不承认变也得变。"万国蒸蒸，大势相逼，变亦变也，不变亦变。变而变者，变之权操诸己，不变而变者，变之权让诸人。"① 针对只赞成器物层面的变更而反对社会变更的"中本西末"和"中体西用"论，他明确提出体用不可分割。"体用者，即一物而言之也……中西学之为异也，如其种人之面目然，不可强谓似也。故中学有中学之体用，西学有西学之体用，分之则并立，合之则两亡。"② 总之，严复并不笼统否定中国传统文化，但强调要使国家富强，必须开民智，讲西学。

尽管严复及大致同时代的一些人士（如康有为、梁启超、王国维、章太炎、蔡元培等）对西方思潮的介绍都还不是很全面系统，但对于他们多数人来说，把这种介绍用于促进中国社会的变更和改造这个目的是非常明确的。由于当时中国的封建保守势力及为他们服务的传统哲学和文化过于强大，他们没有、也不可能实现自己的预期目标，但毕竟在封闭、停滞和落后的中国社会注入了一种主张开放、变更和进步的意识，起到了重要的思想启蒙作用。章太炎在谈到严复译述西方思潮等论著的作用时指出："自严氏之书出，而物竞天择之理，厘然于人心，中国民气为之一变。"③

严复等人在 19 世纪末 20 世纪初紧密结合社会变革的需要对哲学等西方思潮的译介使百年来我国学界在这方面的工作有了一个好的开端，特别是为不久以后发生的五四新文化运动在学术思想上作了重要的准备。

五四运动由 1919 年 5 月 4 日北京学生在"内除国贼、外抗强权"口号下反对北洋政府丧权辱国的运动而得名。这当然是一次可歌可泣的伟大的爱国主义运动，但它的意义又比单纯的爱国主义更为广阔。学生运动之发生在很大程度上是由于他们及支持他们的知识界和广大群众受到了以倡导民主与科学以及与之相关的个性解放为旗号的新文化运动的深刻影响，而新文化运动又是变法维新运动以来的启蒙思潮的进一步发

---

① 严复：《原强》。
② 严复：《论教育书》。
③ 章太炎：《述侯官严复最近政见》。

展，是辛亥革命对封建专制制度及其文化所进行的革命变更的继续，是对束缚中国人的思想、阻碍中国走向现代化的传统文化的罗网的一次具有根本性意义的冲击。

新文化运动大致以陈独秀 1915 年在上海创办《青年》（次年改称《新青年》）杂志为起点。其主要宗旨就是反对旧思想、旧文化、旧礼教，提倡民主和科学，主张开放和进步以及个性解放。陈独秀在《青年》创刊号上就明确地提出了五条宗旨：自主的而非奴隶的，进步的而非保守的，进取的而非退隐的，世界的而非锁国的，科学的而非想象的。这种办刊宗旨既受到了青年学生和爱国知识分子的广泛欢迎，又遭到了一些封建守旧派的指责。陈独秀于是在 1919 年该刊 6 卷 1 号上发表了《新青年罪案之答辩书》。其中谈道："本志同人本来无罪，只因拥护那德谟克拉西（Democracy）和赛因斯（Science）两位先生，才犯了这几条滔天大罪。要拥护那德先生便不得不反对孔教、礼法、贞节、旧伦理、旧政治，要拥护那赛先生，便不得不反对旧艺术、旧宗教。要拥护德先生又要拥护赛先生，便不得不反对国粹和旧文学。大家平心细想，本志除了拥护德、赛两先生之外，还有别的罪案没有。请你们不要专门非难本志。要有气力，有胆量来反对德、赛两先生，才算是好汉，才算是根本的办法。"

陈独秀之请出"德、赛两先生"不只是一般地切中时弊，而且是找到了医治中国封建社会长期停滞不前的主要病根的有效力量。因为"德先生"（民主）正可制约封建专制制度，"赛先生"（科学）正可克服与旧思想、旧文化和旧礼教密切相关的迷信和蒙昧。一个社会只要能善待这两位先生，就能打破封闭和保守的局面，就能充分开放，取得进步。同样，一个社会要真正实行民主制度和尊重科学，就必须肯定人的独立自主的权利，发挥人的个性。五四时期新文化运动的代表人物正因为如此不约而同地宣扬个性解放。总之，进步、自由、个性解放等都是与"德、赛两先生"相伴而行的。也正因为如此，从那时以来至今，是否拥护这两位"先生"，一直都是衡量人们是进步还是落后的重要标志。至于如何具体地理解和解释这些原则，特别是如何实行这些原则，在不同的人群之间一直存在分歧，有时甚至是严重的对立。但他们在把矛头指向封建专制制度和迷信蒙昧主义上则往往有着共同之处。

《新青年》是五四时期倡导民主和科学的人们的一面旗帜。在它的影响下，五四前后还出现了其他一些进步刊物，扩大了新文化运动的声势。1919年的五四学生运动正是在整个新文化运动的大潮下发生的。而五四学生运动及继起的工人运动和妇女运动等多次群众运动又大大地推动了新文化运动，使之进一步发展成为一场范围广阔、影响深远的革命运动，也就是广义的五四运动。其目标实际上是要求从根本上改变中国的思想文化及相应的社会制度的发展方向。

关于如何看待作为新文化运动主调的民主和科学精神以及与之相关的个性解放精神，国内学界已有大量深刻的研究和论述。我在此补充指出的是：五四思想家倡导的这些精神不是他们从中国传统哲学和文化中继承下来的，而正是当时由他们自己直接从西方或通过其他中介从西方引入的。这些精神正是许多西方近现代哲学思潮的共同精神，而后者是文艺复兴以来西方各国先进思想家所倡导的启蒙精神的延续。从这种意义上说，五四新文化运动是在西方启蒙精神影响下在中国发生的走出中世纪、迈向现代化的启蒙运动，是具有启蒙倾向的西方思潮，特别是近现代哲学思潮与中国传统哲学和文化发生大碰撞的产物。

在对西方哲学的译介上严复等人还只是开端，五四时期已达到高潮。当时上至古希腊的柏拉图、亚里士多德，下至当代各种主要哲学思潮，在中国几乎都有学者在介绍和研究。例如就现代哲学说，除了严复、王国维等人分别对穆勒、斯宾塞等人的实证主义及叔本华、尼采等人的意志主义早有介绍外，当时就有胡适等人介绍实用主义（实验主义），梁漱溟、张君劢等人介绍生命哲学，丁文江、王星拱等人介绍马赫主义。新康德主义、新黑格尔主义、新实在主义、新实证主义等流派也都先后有人介绍。美国实用主义哲学家杜威、英国新实在主义哲学家罗素以及德国生命哲学家杜里舒等人还先后被邀来华讲学。

上述哲学流派和思潮本身的理论倾向及其产生和流传的社会背景都有重要区别。就以其中的现当代哲学流派来说，彼此之间也往往存在着种种对立和冲突。例如穆勒、斯宾塞等人的实证主义及叔本华、尼采等人的意志主义分别代表，甚至可以说开创了现代哲学中科学主义和人文主义两种在某些方面彼此对立的倾向。然而它们也有一些重要的共同之处。例如它们大都主张发扬而不是抹杀人的理性，主张倡导而不是反对科学精神，主张尊重而不是压抑人的个性，主张废除而不是维护限制人民的民主权利的专制主义，主张重新审视而不是盲目崇拜传统的权威和价值。叔本华、尼采等人的意志主义虽然宣扬意志高于理性，但它们的非理性主义的真实含义不是简单否定理性，而是反对把理性绝对化，特别是反对由于把人的理性当做凌驾于人本身之上的绝对、以致实际上反而扼杀了人的现实的理性和自由的极端理性主义（例如黑格尔的绝对理性主义）。他们发表了许多反对科学的言论，但实际上只是反对把人变成科学的工具，也就是反对科学使人异化，使人失去其本真地具有的独特个性。新文化运动的代表人物所提出的那些思想正是出于对这些西方哲学思潮的学习和研究。

特别值得提到的是，五四以前，发源于西方的马克思主义通过俄国和日本的媒介开始传入中国。1917 年俄国十月革命的成功，给了中国的先进分子很大的鼓舞。十月革命后不久，李大钊即发表文章欢呼《布尔什维主义的胜利》，1919 年他在《新青年》的"马克思研究"专号上发表了《我的马克思主义观》，其中对马克思主义的三个组成部分分别作了介绍。各地其他一些报刊也相继发表了大量宣传马克思主义的文章。马克思等革命导师的一些重要著作也已开始翻译出版。正像毛泽东所说的："十月革命一声炮响，给我们送来了马克思列宁主义。"[1] 而马克思主义一旦传入中国，立即在中国的思想和文化领域产生了深刻的影响，成了新文化运动的主要思想支柱和领导力量，也极大地推动了当时刚刚兴起的工人运动，促成了中国共产党的成立。中国革命不仅由此从旧民主主义转向决议新民主主义，而且开始提出了最终走向社会主义和共产主义的伟大理想。

当然，五四时期学者们介绍和研究西方哲学的具体目的和内容都有所不同。在究竟应当肯定哪种西方哲学思潮或肯定其中的哪些观念和理论、怎样处理西方思潮与中国传统文化的关系等一系列问题上，他们的见解有很大差异。这种差异造成了他们之间往往是非常激烈的论战，其中最著名的有东西文化论战、问题与主义论战、科学与玄学论战。但是他们又有许多共同之处：都具有为使中国摆脱内忧外患并进而变成一个

---

[1] 《论人民民主专政》，参见《毛泽东选集》合订本，1360 页。

富强的国家而尽心献力之志，都希望从所研究的西学中寻找救国济民之策；更为重要的是，都以不同方式、从不同角度称颂和倡导民主（"德先生"）和科学（"赛先生"）精神，提倡把人从封建专制以及各种被绝对化的传统观念的禁锢下解放出来，充分发挥人的个性。他们对中国传统哲学和文化的态度虽有较大差异，但很少有人对之全盘肯定或全盘否定。他们的差别主要在于究竟以怎样的方式、在何种程度上将其与西方近现代哲学和文化相结合。

3. 西方哲学研究的发展与两次重要的哲学论战

对于五四时期的各种西方哲学思潮的传入以及它们之间的争论，多年来一直为我国学术界所重视，一些学者在这方面研究成果卓著。但由于种种原因，在对这些思潮的评价及它们之间的关系，特别是与马克思主义哲学的关系的解释上有时似乎尚有不足，甚至可能存在某些片面性，后者至今仍影响到我们对西方哲学及其与马克思主义哲学的关系的正确评价。在对问题与主义论战及科学与玄学论战的研究上都存在这种情况。

对于1919年发生在马克思主义者李大钊和实用主义者胡适之间的所谓问题与主义的论战，我国学界多年来一直强调双方立场的根本对立。从马克思主义和实用主义的社会政治哲学有着原则区别说这种观点当然有根据，但从五四时期马克思主义与实用主义在中国的具体关系说情况就并非如此简单了。

这场论战发生时中国共产党还未成立，马克思主义还只是作为西方思潮之一传入中国。当时马克思主义者陈独秀、李大钊等人和实用主义者胡适虽然在政治和哲学上都有不同信仰，但还不可能从自己信仰的理论出发对对方的理论作出全面系统的批判。这是因为马克思主义和实用主义传入中国都还不久，陈、李、胡虽然曾分别到日本和美国留学，但他们在国外也未能做到对这两种哲学有全面深入的研究，更谈不到从整个西方哲学发展的背景下来全面系统地认识这两种哲学。这从他们当时所发表的论著中可以清楚地看出。例如胡适尽管被认为是实用主义的"行家"，但他当时发表的有关实用主义的论著有时离他的美国老师杜威本人的真实意义甚远，对马克思主义哲学更是一窍不通（其实，连他的美国老师杜威对马克思主义的实际所是也所知无几）。因此当时论战双方虽已有明显的意见分歧，但还谈不上在整个政治和哲学上处于根本对立地位。在反对封建专制制度和各种旧思想、旧文化和旧礼教以及提倡民主和科学和发扬人的个性上，他们之间在一定程度上毋宁说站在同一战线上。五四期间杜威来华讲学固然是出于实用主义者胡适等人的邀请，但对他的讲学表示欢迎的就包括了陈独秀等著名的马克思主义者，陈独秀甚至还是杜威在广州讲学活动的主持人。

李大钊和胡适的论战固然体现了马克思主义与实用主义两种不同的政治方向，但也只能说是在归根到底的意义上如此。李大钊在他的《再论问题与主义》中的确对胡适"多研究些问题，少谈些主义"的说法明确表示了非议，但他在文章最后表示他的意见有的和胡适"完全相同，有的稍相差异"。胡适在其后的两篇答辩文章中在一定程度上接受了李大钊关于问题和主义不能分离的观点，表示他并不笼统地反对一切主义，而只是反对"那些空空荡荡、没有具体内容的""抽象的主义"，主张使"主义和实行的方法，合为一件事，决不可分为两件不相关的事"①。他们的争论并非势不两立，其内容主要涉及马克思主义和实用主义这两种哲学的关于社会政治问题的某些具体观点，而较少涉及它们的深层的理论结构。至于接受或反对他们的观点的大多数人，对这两种哲学的学术内涵更难有深切的了解。他们之倒向哪一方，往往出于许多复杂因素，不见得仅仅是简单地赞成或反对根本性的社会变更。

总之，尽管马克思主义和实用主义五四时期一传入中国就已存在对立和斗争，但它们都肯定上述新文化运动的共同目标。双方的分歧不在是否应当、而在怎样使中国走上民主和科学的道路。当时的马克思主义者陈独秀、李大钊等人还刚刚从民主主义转向马克思主义，他们原来都曾信奉由严复等人传入的进化论，最初都同胡适一样是由受到进化论的影响而走上主张进行社会变革的道路的。即使到五四时期，他们也还没有完全摆脱进化论的影响，因此他们与胡适在某些方面有共同之处是不奇怪的。值得一提的是：尽管毛泽东在五四时期也已开始接触马克思主义，但据他自己对斯诺讲起，他那时对胡适倍致敬仰。

---

① 胡适：《三论问题与主义》。

五四以后，马克思主义与实用主义在中国的确越来越处于对立地位，这主要是由于中国现实的政治斗争形势发生了重要变化，而二者在中国的政治背景又不同。实用主义有时被那些不赞成、甚至反对马克思主义和中国共产党的人利用。另外，从五四时期实用主义开始传入中国时起，包括胡适在内的中国学者对实用主义的介绍存在片面性，有时偏离了皮尔士、杜威等实用主义哲学家本人的理论的实际所是，特别是没有把实用主义作为一种哲学理论的深层的意义与许多资产阶级庸人所领会的那种追逐个人实利的心理意义区分开来，以致使许多人仅仅从后一种意义上来理解它，从而必然将其与作为无产阶级革命哲学的马克思主义哲学根本对立起来。我自己关于这方面的问题的观点已在过去发表的一些论著中作过论述，在以后的文章中还将进一步阐释，这里就不多说了。

对于 1923 年发生的科玄论战（又称科学与人生观论战），我国学界同样强调二者之间、特别是它们与马克思主义之间的对立，这当然也有根据。当时作为科学一方的丁文江、王星拱、胡适等人与作为玄学一方的张君劢、梁启超等人进行了激烈的争论。陈独秀、瞿秋白等马克思主义者也相继试图从唯物史观出发对二者的片面性加以批判。

然而这场争论基本上仍然是如何走出中世纪、迈向现代化这个五四新文化运动的共同目标范围内的争论。科学派一方的理论依据是马赫主义、实用主义等派西方科学哲学，玄学派（玄学即形而上学，指的是超越科学和经验范围或者说局限性的哲学）一方的理论依据是意志主义、生命哲学等派西方人文哲学。这些哲学流派出现于 19 世纪下半期和 20 世纪初，彼此之间在西方也是争论不休，但在反对迷信盲从和旧的传统权威对人的束缚、主张社会的进步和人的解放等方面却又有着重要的共同之处。当时的中国学者之接受和宣传这些哲学流派，主要是着眼于后者。他们接受和拒斥何种流派往往并非完全出于政治和哲学立场上的分歧，有时更多地是由于有不同的学术背景。他们输入和宣传这些哲学思潮的目的既然是要改变中国社会和文化发展的方向，必然与中国传统文化发生碰撞。在这方面他们也只是程度不同，而并非总是根本对立。梁启超、张君劢等玄学派人士尽管说过一些倡导传统儒学的话，但并不简单就是复古派。与他们前后不久的一些人士，例如谭嗣同、王国维、章太炎，甚至还有陈独秀、李大钊和鲁迅，也都曾利用过意志主义、生命哲学等派西方哲学来诠释和批判程朱理学等传统哲学和文化，能说他们都是复古派吗？科学派的胡适说过全盘西化的话，但他从来就未全盘否定中国传统文化，而只是主张系统输入外来学理来对之加以整理，以便"再造文明"①，也就是使中国传统哲学和文化现代化。多年来我国学者在关于科玄论战的讨论中，有相当多的人把玄学派叫做东方文化派、保守主义派；把科学派叫做西方文化派、自由主义西化派。严格说来这是不很准确的。

被称为东方文化派的张君劢等人的一个基本思想就是划清科学与哲学（玄学、人生观）的界限，不能把哲学归结为科学或者说不能用科学来代替哲学，而这个观点正是叔本华、尼采、柏格森等西方人文哲学（人本主义哲学）思潮的基本观点。至于作为张君劢等人的后继者的现代新儒家（包括他们的新一代），虽然被广泛炒作，但不管具体提法（例如区分真际实际，肯定文化—历史方法，区分事实世界和价值世界）及其合理性如何，他们将哲学和科学划界、反对科学主义等主张无非是将近现代西方哲学家制作的"陈醋"装入中国传统儒学（特别是宋明理学）的"旧瓶"。也许是一些研究中国哲学的学者对西方现当代哲学缺乏了解，才把他们所说的当做"新论"。同样，也不应把他们简单地看做是保守派，因为无论是作为他们的理论来源的相关西方哲学还是经他们换装以后的新儒学，都并未笼统否定发源于西方民主和科学等启蒙思潮的基本观念，只是企图使这些观念具有更多的本土化的特征。

把科学派说成是西方文化派也许有较多理由，因为丁文江、王星拱、胡适等人特别强调哲学的科学性以及科学方法的普遍适用性，而这正是取自西方的实证主义、马赫主义、实用主义等"科学主义"思潮。然而，至少有两点情况值得我们重新思索。

第一，科学主义思潮中即使在西方哲学界也很少有人将科学绝对化，认为科学之外没有其他研究。实证主义等哲学流派的确在拒斥形而上学的口号下企图把哲学实证科学化，但这只意味着他们把哲学局限于实证科学所及的范围或者说经验范围；至于在此之外的问题则可以由形

---

① 参见胡适：《新思潮的意义》。

而上学家去研究，而他们所谓形而上学指的往往就是传统意义上的哲学。对于后者，他们与所谓人本主义思潮即使不是相通、也是相容。总的说来，他们与人本主义思想家都是康德哲学的继承者。一方继承了康德关于理论理性的方向，另一方继承了康德的实践理性的方向。科玄论战中的科玄两方也大体如此。把走康德理论理性之路的科学派叫西方文化派，把走康德实践理性之路的玄学派叫东方文化派，似乎并无充分理由。

第二，尽管科学派中有人（例如胡适）后来提出过"全盘西化"的口号，甚至还确有极端的全盘西化论者，但在五四时代，他们的矛头主要是指向具有严重蒙昧主义特征的传统文化，不过是矫枉过正。在那个旧思想、旧文化、旧礼教严重阻碍中国进步，使前此的一切改革均遭失败的情况下，出现一些矫枉过正的偏向不应受到过多指责。至于因鼓吹全盘西化论而受到很多批判的胡适，在某些方面可能是出于他用词不当。因为胡适恰恰是一位强调应当整理和发扬具有积极意义的传统文化的学者。上面曾提到，他关于全盘西化的含义只是主张系统全面，而不是零碎片面地输入外来学理来整理传统文化，以便使中国文明与世界文明融为一体。这与人们所批判的那种极端的全盘西化论的含义有着重要区别。

科玄论战时期，中国共产党已经成立，当时与孙中山领导的国民党正处于合作时期；新文化运动内部虽已开始分化，但其政治冲突还未激化。因此陈独秀、瞿秋白等共产党人也以学者身份参与了讨论。他们企图从唯物史观出发对科学派和玄学派的片面性都加以批判。但他们对唯物史观的理解具有明显的经济决定论和机械论倾向，因而往往表现出科学主义色彩，这特别表现在他们企图用科学的因果律来解释人生的一切，对事实与价值、科学世界与价值世界的关系未能作出正确解释。然而他们在强调发扬人的个性、主张打倒偶像时又表现出受到西方人本主义的影响。很难说他们当时已自觉地在一切方面划清马克思主义与其他西方哲学流派的界限。尽管如此，他们能够高举唯物史观的旗帜来对各种形式的唯心主义、二元论和不可知论加以批判，这对唯物史观在中国的传播具有重要的历史意义。至于他们的上述片面性毋宁说是那个时代（甚至也是以后相当长一个时期）马克思主义哲学发展中普遍存在的情况。既然我国的马克思主义哲学研究至今还有许多问题偏离马克思的原意（例如直到不久以前才承认应当包括价值论，有的学者还在肯定"斯大林模式"的马克思主义哲学），我们又怎能苛求那个时代的马克思主义者呢？

总的说来，发生在五四后期的科玄论战可以说是当时现当代西方哲学中科学哲学和人文哲学这两种最主要思潮的论争在中国特殊条件下的表现。只有既全面地了解这两种思潮的理论和价值取向，特别是与同期存在的马克思主义哲学的关系，又能分清中国传统文化的精华和糟粕，才能对它们输入中国后在与中国文化的碰撞中可能发生的积极和消极作用作出较为准确的评价。这不仅对于当时初识西方哲学的中国学者来说难以做到，即使在今天，恐怕也很少有人敢于说已把这两种思潮及它们与马克思主义的关系完全弄清楚了。要深刻认识这些关系，还有待学界共同进一步探讨。五四时代的中国马克思主义者对这两种思潮的实际所是及它们之间的关系，特别是与马克思主义哲学的关系的认识都还较为模糊，但他们在这方面也已作出了力所能及的贡献，特别是开始试图运用唯物史观来观察认识和分析有关问题。这使他们在这方面比其他倾向的思想家高明得多。

最近二十多年来，关于鸦片战争以来的西学东渐，特别是五四新文化运动，一直是我国学术界讨论的热点之一。在五四 60、70、80 周年前后，这方面的讨论往往达到高潮。尽管这些讨论并未完全达成共识，但大家对五四前后中国在社会政治和思想文化等各个方面的认识较之以往有了重大进步。讨论中也出现了一些相互指责的情况，一些人的见解被另一些人视为越轨。出现这种情况并不奇怪。这首先是因为五四提出的问题不仅集中地体现了一百多年来争取实现中国现代化的人们一直在思索主要问题（例如科学、民主、人的全面发展等问题），而且也涉及现当代世界哲学发展中的一些主要问题（例如科学哲学思潮和人文哲学思潮的关系以及它们与马克思主义哲学的关系问题）。在中国没有完成现代化、没有有机地融入世界发展的大潮流以前，在现当代世界哲学的这些问题没有解决以前，对这些问题的探讨和争论还会继续下去，而这种探讨和争论无论在理论上和实践上都将具有重要意义。其次是我国学术界受长期流行的那种非此即彼（在政治上表现为以阶级斗争为纲）的思维方式的影响实在太深了，许多人都习惯地（或者不自觉地）认为在马克思主义和非马克思主义之间、在各种非马克思主义内部之间（例如科学主义和人本主义之间），在所有问题上都有绝对分明的界限，以致往往没有对不同的思想家的理论作具体分析，而按照既定的模式对他们的关系作出"根本对立"之类结论。这种思维方式使我们在各方面都犯了不少错误，有时甚至是出于维护马克思主义的真诚动机而实际上偏离了真正的马克思主义。现在是应当对一些长期流行但未必为真的观念加以重新审视的时候了。鉴于这篇文章已经很长，我个人关于这方面的一些具体想法只好另行阐述。

西方哲学研究与当代中国
马克思主义哲学的发展

1. 西方哲学研究与现代中国的
政治冲突

西方哲学思潮之传入中国，从严复等人开始，就是出于中国现实的社会和政治变更的需要，因此也必然要受到中国现实的社会和政治环境的制约，中西哲学和文化的碰撞始终与现代中国的社会政治冲突联系在一起。戊戌政变后维新思潮之被禁绝和维新派人士之被追杀，正是中国腐朽没落的封建专制制度及其意识形态的政治反映。

五四时期，中国旧的一统的封建君主专制制度已经动摇，新的全国统一的政治格局尚未形成。由军阀混战以及各派政治势力之间的争夺造成的多元的政治格局在一定程度上为当时的多元的意识形态格局的暂时存在提供了条件，人们的学术取向较少受某种确定的政治结构所左右，或者说能从多元对抗的空隙中找到某种立脚点，马克思主义和各种具有启蒙倾向的西方思潮由此得以与守旧的封建反动思潮在有限范围内共存。

　　然而这种共存中同样充满了摩擦和斗争。五四运动促使代表了中国社会发展前进方向的中国共产党正式成立（1921），也促使孙中山等中国资产阶级革命派改组了国民党（1924）。这极大地推进了中国社会的进步，也使中国的政治斗争出现了新的转向。在国共联合的革命力量与反革命的北洋军阀之间、在国民党左中右派之间、在国共之间，存在着错综复杂的斗争，这些斗争在哲学等思想文化领域同样表现出来。这种情况在上述科玄论战中就有所表现。李大钊 1927 年之死于北洋军阀的屠刀下更意味着马克思主义在中国的敌人不仅利用中国传统哲学和文化，而且直接用政治暴力来对之封杀。

　　1927 年蒋介石发动反革命政变破坏了国共合作，由此造成国共两种政治势力相对抗的政治格局，包括西方哲学研究在内的各种思想文化研究总的说来也受制于这种格局。在国民党统治中国大陆的时期内，马克思主义哲学研究不仅受到限制，大部分时期内甚至被视为非法，西方哲学研究则往往被沦为国民党的思想工具。在 1935 年"左"右进行的关于民主与独裁的讨论中，五四时曾经高歌民主科学的一些人（如马赫主义在中国的传播者丁文江）这时却在加强国家凝聚力、迅速实现统一的借口下，主张实行"新式独裁"；1940 年以后出现的所谓"战国策"派更把叔本华，特别是尼采的唯意志论作为独裁政治的理论依据。与此同时，五四时期受到"西学"冲击的许多旧文化垃圾又被重新搬上文化祭坛，中西哲学和文化的冲突似乎出现了某种程度的"倒转"局面。如果说孙中山的三民主义源于西方资产阶级民主主义、他后期新三民主义更是受到俄国十月革命的启发，那么他逝世后打着他的旗号的所谓戴季陶主义以及用蒋介石本人名义提出的力行哲学则重新把某些西方思想（特别是非理性主义哲学思潮）置于中国传统文化的框架中，这意味着五四以前就已遭到维新派批判的中体西用论借尸还魂。

　　当然，这一时期仍有不少学者力图撇开政治偏见、潜心研究西方哲学或作中西哲学的比较研究，一些学者甚至还提出了某种与马克思主义不同的哲学体系（例如冯友兰的"新理学"、贺麟的"新心学"等）。尽管他们大都并无反动的政治意图，有的人在政治上甚至还有某种进步的表现，但他们终究无法摆脱当时的现实的政治斗争的制约。他们的工作如果无益于国民党的统治，往往得不到支持。一些早年在国外研究时成绩卓著的学者回国后因不能适应国民党政府的需要，就得不到应得的支持，因而无法作出他们本来可以作出的成就。因此，在五四以后近三十年内，中国的西方哲学研究虽并非空白，但真正有价值的成果屈指可数。近年来有的学者提出 20 世纪 30 年代前后一段时期是学者们可以安心治学的平静时期，这似乎是不确实的。当时国民党当局支持的学术研究如果不是用来直接对抗、至少也是用来冲淡马克思主义。

对于五四以后中国思想文化领域形势的剧变，近年来一些学者认为意味着新文化运动的断裂或五四启蒙的夭折，有的人还提出了所谓救亡压倒启蒙之说。这些说法虽也可找到某些根据，但似无充足理由。如果把五四启蒙简单地理解为对民主和科学精神以及个性解放的倡导，那五四以后这种声音的确有所减弱，而与之相反的声音有时会重新刺人耳目。然而任何关于民主和科学等的启蒙理论都只能初步唤起民众的醒觉，要达到其目标，不仅需要进一步研究各种现实条件，更需要有现实行动。西方各国从出现启蒙思潮到实现资产阶级革命都经历了一个充满了各种矛盾和冲突的曲折而漫长的过程。包括马克思主义在内的五四启蒙思潮是从西方传入的，它们不仅必然与中国的传统的思想文化和社会政治体系发生尖锐的矛盾和冲突，而且要真正产生实际影响还必须使自己适应中国的特殊的社会和文化环境。这些都必然是一个曲折、反复的过程，不可能一蹴而就。五四以后中国思想文化领域出现的变故（包括某些方面的倒退）正是这种曲折和反复的表现。

五四时代的中国社会是一个半封建半殖民地社会，要在此实现民主和科学以及个性解放等启蒙目标，必须进行反帝反封建的政治革命。当日本侵略者的铁蹄踏进中国国土时，由中国共产党所发动和领导的救亡运动就不仅成了这种革命的前提，也是它的重要组成部分。它不仅没有压倒启蒙，反而是启蒙的继续和发展。由于五四以后国内政治斗争的基本形态由军阀混战转向国共对抗，思想文化领域内的论争也不再像五四时期那样多元并立，而主要表现为马克思主义与非马克思主义或反马克思主义的论争。五四时期，各种西方哲学思潮彼此既争论激烈，又具有倡导民主和科学的共性；五四以后特别是国共合作破裂以后，这些哲学思潮原来具有的上述共性越来越被忽视，而反对马克思主义的共性却因某些人的强调而变得越来越突出。同一种尼采哲学，五四时期的思想家利用来倡导个性解放、反对旧传统（鲁迅当时之推崇尼采反传统和倡导解放个性是人所共知的。有的人因为受到把尼采哲学看做是腐朽没落的帝国主义反动哲学的偏见的影响，觉得鲁迅推崇尼采难以解释，于是便认为鲁迅当时误解了尼采。其实鲁迅恰恰是相当准确地理解了尼采哲学的真谛）；而在30～40年代，一些人却用之来论证蒋介石独裁统治（尼采哲学中的某些词句的确可以如此利用，德意法西斯主义就曾就为此推崇尼采。然而这些倒并非尼采思想的真谛所在）。当时在国统区所进行的各种哲学论战大都带有反马克思主义的性质。

总之，五四时代和五四以后，西方哲学在中国的研究状况，特别是其价值取向表现得很是不同。这不是由于西方哲学本身的内容和价值变了，而是由于国内政治斗争形势的剧变使对它们在中国的地位和意义变了，人们对它们的评价特别是它们与马克思主义哲学的关系的认识变了。这种状况的出现正是表明中国的西方哲学研究一直受到现实的政治斗争形势的制约。哲学作为一种意识形态，在存在政治对抗的条件下归根结底要受到这种对抗的制约，因此中国的西方哲学研究出现上述变化是一种很自然的现象。然而哲学毕竟具有相对独立性，简单地、笼统地将它们纳入政治斗争的框架也会造成对它们的扭曲。只有既做到结合中国的现实背景、特别是政治斗争的背景研究来西方哲学，又不使这种结合简单化和绝对化，不偏离西方哲学的实际所是，才是真正符合马克思主义根本原则的态度。

2. 西方哲学研究与中国马克思主义者的政治思想倾向

中国马克思主义者对待西方哲学研究的态度始终与他们的政治思想倾向密切联系在一起，后者是否存在偏向在很大程度上决定了前者是否存在偏向。马克思主义自传入中国后，经过以中国共产党人为代表的中国马克思主义者八十多年的学习和研究，特别是结合中国革命的具体实践所作的丰富和发展，取得了举世公认的极其伟大的胜利。然而这种胜利是不断地克服各种"左"和右的偏向取得的。这些偏向，特别是各种形式的"左"的偏向对中国的马克思主义及其指引下的革命和各项事业造成了很大损害，在对西方哲学的研究上也是如此。

中国马克思主义者强调用马克思主义观点研究和评价西方哲学，使之服从于马克思主义和中国革命发展的利益，这就为西方哲学研究在中国的发展，特别是发挥其积极作用和克服其消极作用确定了正确的方向。西方哲学传入中国后之所以能主要发挥积极作用，在很大程度上正是由于遵循了这一方向。例如，由于五四时期中国马克思主义者既坚持了自己的革命学说，又能与因接受了实用主义等西方思潮的影响而具有民主和科学要求的人士建成统一战线，从而使五四运动发展成为一个既具有广泛群众基础，又具有新的革命方向的伟大革命运动。这正意味着既利用了这些西方思潮的积极作用，又避免了其消极作用。

然而，中国马克思主义发展中右和"左"的偏向往往导致在对待西方哲学研究上也出现类似偏向，其中同样以"左"的偏向造成的危害最突出。从 20 年代后期起，随着中国共产党被叛变革命的国民党政府视为非法，许多西方哲学流派被后者用来攻击作为其理论基础的马克思主义，促使马克思主义者对这些哲学（特别是现代西方哲学）也更多地采取了敌对和否定态度；正好从这时开始党内连续出现三次"左"倾机会主义路线，以苏联为代表的国际共产主义运动中也在这个时期形成了一套相当完整的"左"的思想理论体系，这些都促使中国马克思主义者对西方哲学，特别是西方现代哲学越来越表现出笼统否定的倾向。

作为苏联当局对待西方哲学的态度"左"倾化的一个突出例证，在此不妨提一下他们怎样纯粹因政治原因而对同一个实用主义哲学家杜威前后采取截然相反的态度。

十月革命后的苏联对曾与俄国马克思主义者处于对立地位的马赫主义等西方哲学流派作了激烈批判，但对在美国被当做"左"派学者的杜威却基本上抱友好、甚至赞扬态度。1928 年杜威应邀访苏，不少党政高级官员与他亲切会见，称他为"进步人士"，杜威的许多理论（特别是教育理论）更受到他们的肯定；杜威对当时苏联的许多革命措施也抱同情态度，他在回国后发表的著名的《苏俄印象》中称它们为"伟大的实验"①。然而，到 30 年代后期，由于杜威对在斯大林控制下进行的对托洛茨基等人的审判抱怀疑态度，甚至还与一批美国自由派人士一道组

---

① 参阅 John Dewey，*Impressions of Soviet Russia*，*The Later works*，Ⅷ，Southern Illinois University press，1984，p. 243。

织调查并宣布托洛茨基无罪（杜威在政治和哲学上与托洛茨基并非同道，曾撰文批托，他只是不同意斯大林对托的审判方式）。苏联当局对杜威的态度由此骤变，立即指责杜威是"苏联人民的凶恶敌人"、"帝国主义反动资产阶级的辩护士"，他的实用主义哲学也由此被宣布为"帝国主义反动哲学"。由于杜威本人在现代西方哲学家中被一些人当做"左"派，杜威哲学在现代西方哲学的各种流派中算是较为主张社会进步和变更的哲学，既然杜威及其哲学被从根本上否定，那对其他现代西方哲学家和哲学流派就更难有所肯定了。事实上，30年代以后的苏联哲学论坛上，对现代西方哲学家和哲学流派不再有肯定的声音。

苏联当局这种纯粹由某种政治态度分歧来否定杜威及其哲学，并进而简单否定整个西方现代哲学的"左"的倾向直接影响到了中国，更由于上述中国国内本身的原因，促使中国马克思主义者大致也是从30年代后期起对实用主义以及其他西方现代哲学流派越来越趋向于全盘否定。只是由于几十年来都处于战争环境下，很难顾及从理论上对这些哲学思潮进行系统的批判。除了在与当时中国的反马克思主义的理论家不得不进行的论战中有时涉及某些西方哲学的内容外，很少有关于后者的系统论著。然而，在上述影响下导致的对西方哲学，特别是西方现代哲学的否定和敌视情结却是深深地埋下了。

正因为如此，当中国共产党领导的革命战争取得了决定性胜利、中华人民共和国正式成立以后，意识形态领域内的斗争就被确定为政治斗争的一种主要形式。毛泽东等领导人一再强调要在政治思想领域内继续进行革命，而用马克思主义哲学思想来批判以现代西方哲学为核心的资产阶级哲学思想就成了这种革命的主要内容。由于新中国成立以前各大学所讲授的哲学大都是西方哲学，被认为与马克思主义哲学格格不入。于是在1952年左右按照苏联模式进行的高校院系调整中，除了保留了北京大学哲学系外，所有其他大学的哲学系全被撤销。少数有声望的哲学教授集中到北大，以便于改造，其他大都被迫改行。

20世纪50年代中期，在毛泽东亲自领导下，从上而下发动了一场大规模批判实用主义的运动。从政治上说这样的批判在当时可以说是必要的。如果不肃清实用主义等资产阶级学术思想的消极影响，就难以在各个思想文化领域确立马克思主义的指导地位。它在一定程度上也可以说达到了预定的目的，但在理论上特别是对西方哲学的研究上却产生了很大的消极后果。主要问题在于当时的许多批判往往脱离了杜威等人的理论的实际所是，然而却被认为符合马克思主义。于是在马克思主义的名义下，形成了一种以"左"的政治标准代替学术标准、以抽象的主观武断代替具体的客观分析的对西方思潮的批判模式。在往后二十多年内，这种批判模式在中国思想领域中一直占支配地位。现代西方哲学流派几乎都被归结为纯粹的唯心主义和形而上学哲学，腐朽没落的反动哲学。在这种气氛下，现代西方哲学这一领域极少有人再敢涉足。除了因政治需要发表的批判文章及为批判的目的而出版的少量现代西方哲学家的论著外，极少有深入系统的研究之作，西方现代哲学的研究实际上被中断了。

不过，为了配合马克思主义哲学的学习和研究，对被认为可能具有唯物主义或辩证法的合理因素的古典西方哲学，特别是被认为是马克思主义哲学主要理论来源的德国古典哲学，还是开展了较多研究并有重要成果。从1956年起，一些重点综合性大学陆续恢复或新建了哲学系，西方哲学史被确定为必修的重点课程，有条件的哲学系还开设过关于康德、黑格尔、费尔巴哈等人的哲学的专题课或讲座。一些专家写了评介康德、黑格尔、费尔巴哈等人的哲学的论著。一些西方哲学名著被重新翻译出版，北京大学哲学系还精心编译了一套多卷本的《西方古典哲学名著选辑》，然而在十年浩劫中这方面的工作同样被迫中断。

总的说来，在对待西方哲学特别是西方现代哲学的态度上，中国马克思主义者一直力图坚持马克思主义根本原则，但在具体运作上往往有所偏离。他们走的是一条前进却又曲折的道路。主要问题就在于"左"的政治思想倾向妨碍了对西方哲学的全面认识，使西方哲学研究服从自己的政治目标，这本来是中国马克思主义者最突出的优点；然而简单地把政治标准当做评价西方哲学的标准使他们难于对这些哲学的实际所是作出深入具体的研究，不会区分其中的消极方面和可能具有的积极方面，对前者可能不否定，对后者倒反而否定，这就成了他们的突出的缺点了。其消极后果之一，是把马克思主义哲学及以其为指导思想文化领域长期处于封闭状态，与当代世界的发展脱节，而这势必不利于它们的丰富和发展。"左"的路线之所以长期在我国占支配地位，改革开放政策之未能更早实行以及实行中遇到种种障碍，原因当然很多，哲学和思想文化领域的这种封闭状况未尝不是重要原因之一。

3. 西方哲学研究与实践哲学和体系哲学的争论

中国马克思主义者对待西方哲学，特别是现代哲学在某些情况下出现简单否定偏向，除有上述政治原因外，还有理论原因。后者主要表现在他们对马克思主义哲学的理解有时偏离了其本来意义，难以做到以马克思主义本来应有的求实态度来认识西方哲学的实际所是。他们在这方面的偏向既受到国外影响，又与马克思主义在中国的发展中遇到的问题密切相关。

当马克思在 19 世纪中期提出他的哲学理论时，就已非常明确地把对人的现实生活和实践的强调当做其核心。他在《关于费尔巴哈的提纲》（以下简称《提纲》）中一开始就指出，包括费尔巴哈在内的以往一切唯物主义的主要缺点是没有看到作为人的感性活动的实践的作用，唯心主义由于脱离实际同样不了解真正现实的实践，而他则肯定实践的观点在哲学研究中的决定性意义。因为"人的思维是否具有客观的真理性，这不是一个理论的问题，而是一个**实践的**问题"，"社会生活在本质上是**实践的**。凡是把理论导致神秘主义的神秘东西，都能在人的实践中以及对这个实践的理解中得到合理的解决。"①

《提纲》还明确指出实践不能是人作为孤立的个体的活动，也不能是作为体现人的自然共性的人的"类"的活动，而应是社会化了的人的活动。"人的本质并不是单个人所固有的抽象物。在其现实性上，它是一切社会关系的总和。"马克思由此把人的实践性与人的社会性联系起来，这为他后来建立更为完备的唯物史观奠定了坚实基础。马克思的哲学的根本使命是为无产阶级改造世界的现实斗争服务。因此它不把理论当做教条，而当做行动的指南；不恪守任何与现实生活和实践相背离的抽象原则，而是把原则与现实生活和实践紧密联系起来，既用来指导现实生活和实践，又在现实生活和实践中受到检验，得到丰富和发展。从这种意义上说，马克思的哲学是一种以社会化了的人的现实生活为基础

---

① 参见《马克思恩格斯选集》，2版，第1卷，58、60页。

的实践哲学。马克思的哲学当然是一种唯物主义哲学，但这不是近代哲学中那种立足于自在的自然的唯物主义，而是"把感性理解为实践活动的唯物主义"①，也就是立足于现实的人的历史性的实践的唯物主义。

正因为如此，马克思不仅不企图为他的哲学理论建构貌似严密完整、实则僵固封闭的体系，而是一直反对建构这样的体系。《提纲》最后一条指出："哲学家们只是用不同的方式**解释**世界，而问题在于**改变**世界。"② 这不仅是《提纲》的结论，也可以看做是他的整个哲学的结论。他的根本目标就是为无产阶级改造世界服务。因此它不把理论当做教条，而当做行动的指南；它不恪守任何与现实生活和实践相背离的抽象原则，而是把它的原则与现实生活和实践紧密联系起来，既用来指导现实生活和实践，又在现实生活和实践中受到检验；它反对并超越任何封闭、僵固的体系，自然也避免构建易于变得封闭和僵固的那种全面完整的体系，而坚持采取一种能动地面向现实生活和实践、面向未来的开放的思维方式，并由此使自己的理论不断得到丰富和发展。他和恩格斯对德意志意识形态的批判就其直接意义说是对费尔巴哈、布·鲍威尔等人的形而上学的批判，但就其实质说也是对全部传统形而上学，特别是笛卡儿以来近代理性派形而上学的批判，而后者的突出特征就是脱离现实生活和实践来建构关于整个世界的无所不包的哲学体系。

与马克思主义哲学大致同时出现的一些西方哲学思潮也在不同程度上企图超越作为体系哲学的传统形而上学的界限，并以某种间接和不彻底的方式使哲学转向具有能动性的人及其生活。因而由体系哲学转向强调人的现实生活和实践的哲学可以说是西方哲学发展上具有思维方式转型意义的变更。马克思和这些西方哲学家在这一点上既有着重要的共同之处，又存在原则区别。我个人关于这方面问题的意见已在其他一些地方较多论及③，这里就不多说了。

马克思的哲学除他本人外，还为恩格斯等无产阶级革命导师和杰出

---

① 《马克思恩格斯选集》，2版，第1卷，60页。
② 同上书，61页。
③ 参见《西方哲学的近现代转型与马克思主义哲学和当代中国哲学的发展道路》(论纲)(《天津社会科学》1996 (3)，《新华文摘》1996 (8))；《当代哲学走向：马克思主义与现代西方哲学的比较研究》(《天津社会科学》1999 (6)，《新华文摘》2000 (3))。

的马克思主义者丰富和发展。恩格斯完全同意马克思《提纲》中的观点，认为《提纲》是"包含着新世界观的天才萌芽的第一个文件"①。他后来还强调指出："马克思的整个世界观不是教义，而是方法。它提供的不是现存的教条，而是进一步研究的出发点和供这种研究使用的方法。"② 他关于在抛弃形而上学以后，哲学所剩下的只有辩证法和形式逻辑的著名论断也正是把马克思主义哲学看做是一种方法。作为俄国无产阶级进行现实的革命斗争的领袖，列宁毕生都把现实生活和实践当做其全部理论的出发点。在他的最有代表性的哲学著作《哲学笔记》中，他最为关注的是发掘黑格尔等人的辩证法，处处强调人的实践性和能动性，反对为体系哲学所固有的独断性和封闭性。也正是在这种意义上，他在《哲学笔记》中提出了聪明的唯心主义比愚蠢的唯物主义更加接近唯物主义的著名论断，这些都是人所共知的。

然而马克思主义哲学的发展道路又是不平坦的，而是充满了各种误解和扭曲。尚在马克思在世时就有人以颂扬他的名义曲解他的理论，以致他为了与这些人划清界限曾不得不宣称"我自己不是马克思主义者"③。在往后的一百多年中，围绕着如何看待马克思的哲学，除了马克思主义者和非马克思主义者之间以外，在马克思主义者内部，也一直都在进行着激烈的争论，马克思的哲学也一再受到曲解。其中有的人是公开的修正主义者，他们在反对独断论错误等名义下抛弃马克思主义的基本原则，将其与实证主义、新康德主义、马赫主义等西方哲学流派相提并论；有的人主观上忠实于马克思主义，他们往往为了维护马克思主义而反对和批判这些西方哲学流派、但又未能充分从理论上深入了解它们的实际所是，更未能充分认识它们与马克思主义哲学的真实关系，以致在反对某些有现代特色的哲学流派时反而把马克思主义哲学拉回到近代哲学思维模式之下。后者在第二国际理论家和普列汉诺夫那里就有所表现。作为无产阶级革命导师的列宁无疑是伟大的马克思主义者。他在《唯物主义和经验批判主义》中一再表示他所强调的是**辩证**的唯物主义，而不是辩证的**唯物主义**，并且高度地强调了实践的作用。这是对马克思

---

① 《马克思恩格斯选集》，2 版，第 4 卷，213 页。
② 同上书，742～743 页。
③ 同上书，695 页。

观点的发挥。但他为了反对马赫主义企图超越唯物唯心而走所谓中立的道路而一再阐述一般的唯物主义原理，甚至还一再援引狄德罗等近代唯物主义，这为一些人按照近代哲学思维方式来误解他的哲学留下了余地。在斯大林时代的苏联，这种把马克思主义哲学近代化的倾向有了更大的发展。斯大林在《联共（布）党史简明教程》（1938）4章2节中对马克思主义哲学所作的著名概括长期以来被认为具有权威性。尽管其中包含的许多内容是马克思主义的，却又存在明显的封闭性和独断性，对马克思哲学的本来意义有所偏离，从哲学思维方式来说它更接近西方近代哲学，这在一定意义上返回到了体系哲学。

马克思主义哲学发展中关于实践哲学和体系哲学的对立倾向同样影响到中国。在中国共产党长期领导中国革命的历程中多次进行过反对右和"左"的机会主义斗争，这种斗争从哲学理论上说就是反对放弃马克思主义的根本原则和扭曲马克思主义哲学的实践性的斗争。因为"机会主义和冒险主义都是以主观和客观相分裂，以认识和实践相分离为特征的"[①]。由于"左"的教条主义打着维护马克思主义的招牌，欺骗性和危害性更大。甚至像毛泽东这样伟大的马克思主义者有时也未能幸免受其影响。

毛泽东在领导中国的现实革命活动中所写的许多论著都极大地丰富和发展了马克思主义辩证法，在将马克思主义的普遍原理与中国革命的具体实践相结合上作出了杰出的贡献。他为反对以教条主义为主的机会主义在党内的影响而写的《实践论》、《矛盾论》等论著更是以立足于现实生活和实践的哲学来反对"体系哲学"的光辉典范。然而毛泽东后期由于过分强调继续进行政治思想上的革命而在一定程度上脱离了中国的现实条件，越来越走向"左"的道路。这在哲学等理论上也明显地表现出来。1953年斯大林逝世时，毛泽东发表了《最伟大的友谊》的纪念文章，其中把《联共（布）党史简明教程》当做最有权威性的马克思主义经典著作，其中的4章2节《辩证唯物主义与历史唯物主义》自然被看做是对马克思主义哲学的最有权威性的概括。中国的马克思主义哲学研究本来已受斯大林时代苏联的模式的影响。新中国成立初期许多苏联

---

① 毛泽东：《实践论》。

哲学家被邀请来中国讲学，他们由此把斯大林模式的马克思主义哲学全盘带到中国。经过毛泽东的肯定和提倡，更进一步促使这种模式成了中国马克思主义哲学的"法定"模式。后来中国学者出版过不少介绍马克思主义哲学的教科书，它们在局部方面也许有所变动，但整体理论框架没有根本性改变。

由于对马克思主义哲学的本来意义有所偏离，这种模式（哲学界通常称之为"教科书模式"）的马克思主义哲学虽然在一定程度上也还能起到传播马克思主义的作用，但同时也必然导致一系列背离马克思主义的消极后果。这在对西方哲学的研究和评价上就突出地表现出来。这里关键的问题是：在马克思主义哲学的名义下，不是按照其实际所是的现代哲学思维方式、而是按照为其所超越的近代哲学思维方式来作为评判的标准。对于马克思主义产生以前的西方哲学（也就是我们平常所说的西方哲学史），这种模式除了对之作出唯物唯心、辩证法形而上学等划分外，难以揭示其丰富多彩的内容。斯大林时代苏联共产党领导人之一日丹诺夫 1947 年《在关于亚历山大洛夫著〈西欧哲学史〉一书讨论会上的发言》中对哲学史下了一个被认为具有是经典的、毋庸置疑意义的定义："科学的哲学史是科学的唯物主义世界观及其规律的胚胎、发生与发展的历史。唯物主义既然是从与唯心主义派别斗争中生长和发展起来的，那么哲学史也就是唯物主义和唯心主义斗争的历史。"这个定义意味着用马克思主义的名义把本来是丰富多彩的全部西方哲学纳入被简单化和绝对化的唯物唯心斗争的理论框架中，把许多不符合唯物主义公式的哲学笼统地斥之为唯心主义而简单予以否定，它对哲学史研究的消极作用是显而易见的。

对于在某种程度上超越了近代哲学视野的西方现代哲学更只能是笼统地归结为唯心主义反动哲学而予以全盘否定，认为它们不可能包含任何合理和积极因素，只能作为供批判用的反面材料。50 年代中期那场对实用主义的批判运动之所以出现偏差，除了简单地用政治批判取代学术批判外，还由于当时用来作为批判武器的正是这种教科书模式的，或者说受到近代哲学思维方式扭曲的马克思主义哲学。当时的批判不是按照马克思主义的求实态度去揭示实用主义在超越近代哲学、适应现实生活和实践等方面上的成败得失，而是按照近代哲学思维方式和简单化的阶级分析给它贴上主观唯心主义、帝国主义反动哲学等标签。对西方现代哲学的其他流派的态度同样如此。

这里值得一提的是 1957 年 1 月在北京大学举行的那次哲学史方法论讨论会。这本来是一次正常的学术讨论会。由于有的与会专家提出了一些超越了斯大林—日丹诺夫哲学史模式的见解（例如冯友兰先生的抽象继承法、贺麟先生关于唯物唯心的斗争不同于政治斗争，二者的关系可以是师生朋友的关系等提法），却被一些人认为是反对马克思主义，为此对之进行了严厉的批判，一些赞成过这些见解的先生后来甚至在政治上受到追究。上面曾谈到，从 50 年代中期开始，为了配合马克思主义哲学的学习，对西方哲学史的研究有所恢复和加强。哲学史讨论会后，人们对这方面的研究也感到难以为继。随着反右、反右倾机会主义和反修等运动的开展，"左"的倾向在理论上也越来越加强，我国哲学研究中对马克思主义哲学的本来意义的背离也越来越远，对西方哲学的简单否定态度倾向也越趋激烈。到十年浩劫中，这种情况可谓已登峰造极。

4. 改革开放与西方哲学研究的新阶段

百年来的我国西方哲学研究在经历了约八十年的曲折历程后，到 20 世纪 70 年代末，随着"左"的禁锢的解除和改革开放政策的实施，出现了新的生机。

改革开放涉及政治、经济、科学技术、文化等许多方面，但首先必须有作为指导思想的马克思主义本身的开放，而这意味着必须克服它的被扭曲的形态，在更高的基础上恢复它的本来意义。邓小平建设中国特色社会主义理论正是这样一种既恢复了马克思主义的本来意义，又体现了当代世界和中国的发展趋势的理论；而它的根本之点正是要求打破各种僵化的教条，强调立足于现实生活和实践。70 年代末关于实践是检验真理的标准讨论之所以能引起广泛注意和发生深刻影响，就在于它正好体现了邓小平理论的要求，远远超越了单纯的认识论问题的范围，而涉及不仅把马克思主义哲学重新理解为马克思本人所强调的那种意义，而且要使之体现当代中国和世界的发展。

我国的西方哲学研究正是在这种背景下恢复的，因而一开始就必然带有对以往的研究加以批判和超越的性质。1978 和 1979 年先后在芜湖和太原举行的两次全国性大规模西方哲学讨论会（这是前所未有的）都具有这种性质。芜湖会议的主题之一是哲学史方法论。除了一般地重新肯定马克思主义的指导作用外，大家特别关心的是如何真正贯彻"百家争鸣、百花齐放"的方针，冲破教条主义的束缚。最值得注意的是：大家对上述斯大林—日丹诺夫定义提出了疑问。太原会议集中讨论恢复实际上长期被当做禁区的现代西方哲学研究，大家都原则上肯定了本学科研究具有积极意义，批评了对本学科全盘否定的虚无主义倾向。尽管这两次会议还只是对西方哲学研究重新评价的开始，但新的一页毕竟已打开了。

对于我国西方哲学学科研究在改革开放以来的三十年所取得的重大成就，即使是最冷眼的旁观者，恐怕也不会视而不见。因为从学科研究的整体和各个分支的研究状况、研究机构的设置和研究队伍的扩大、研究的广度和深度以及研究成果产生的理论和社会影响等各个方面说，其成绩都是可圈可点的。可以毫不夸张地说，在我国本学科百年的发展史上，这三十年是它最辉煌的时期。这方面的具体材料信手可拈，这里就略而不论了。

当然，对我国西方哲学研究产生关键性影响的那些问题，例如本学科研究与现实的政治环境的关系、与作为其指导思想和服务目标的马克思主义哲学的关系、本学科研究与中国传统哲学和文化的关系、本学科中近现代哲学的关系，都不是很快就能解决的，需要有一个较长的重新研究和探索的过程，其间必然存在各种疑虑、动摇，甚至失误。解决这些问题只能循序渐进，无法一蹴而就；但又不能踏步不动，而必须因时度势，争取有更快更大的进步。三十年来本学科研究的实际情况也正是这样。

西方哲学史的研究在编译材料上过去毕竟有较好的基础，这三十年的工作主要是使研究更为全面系统和深入，进一步重新审视斯大林—日丹诺夫批判模式的是非，力求做到在指导思想上更为正确，能更好地体现我国改革开放的新形势和时代发展的新要求。与此不同，西方现代哲学研究过去长期被迫停顿，需要从无到有地加以重建。在 70 年代末到 80 年代初，主要工作是收集本学科的基本材料，探索建立学科的基本理论框架。到 80 年代中期，学科的有无问题大体上已经解决，许多学者（特别是青年学者）纷纷开始对一些主要流派作深入具体的个案研究，有的研究在深度上不仅已超过前辈学者，在一定意义上甚至已能与国际接轨。在这种情况下，如何克服过去那种僵化的批判模式，如何坚持用真正的马克思主义观点来研究和评价现代西方哲学，特别是如何通过这方面的研究来丰富和发展马克思主义哲学，就显得越来越迫切了。

然而，尽管我国马克思主义哲学研究在这一时期也已取得了不少进步，但如何将其本来意义与其被扭曲的形态区分开来，如何用前者取代后者来指导西方哲学研究，仍然有待进一步探索。在马克思主义的被扭曲的形态支配人们的头脑如此漫长的时期后，人们对其本来意义反而生疏了。有时人们往往仍在不自觉地把早已为马克思扬弃的某些观念当做马克思主义，而把符合它的本来意义的理论当做背离或反对马克思主义。这种理解上的含混必然使人们对西方哲学及其与马克思主义哲学的关系也难有正确和全面的认识，而这必然会对西方哲学研究造成消极影响。

我国改革开放以后最早转向西方哲学研究的学者大都有从事马克思主义哲学教学和研究的经历，对过去被当做马克思主义的评价和批判模式已习以为常。在 70 年代末到 80 年代初，他们基本上仍然是按照这种模式来评价现代西方哲学的。随着研究的深入，许多学者在不同程度上发现，用这种被扭曲的马克思主义来评价现代西方哲学，有时会出现文不对题、甚至是非颠倒等弊端，应当加以克服。为了既排除这种以马克思主义名义出现的"左"的批判模式，又不与之发生冲突，避免招惹意识形态和政治上的麻烦，有些人在自己的研究中往往不再强调，甚至回避与马克思主义的联系。至于"文化大革命"以后成长起来的年青一代，虽然旧的包袱较轻，但同样难以超越对马克思主义的实际所是没有明确概念这种时代的局限性，大都同样在不同程度上撇开和回避了其与马克思主义哲学的联系。

这种暂时撇开与马克思主义哲学的联系来研究西方哲学的方式在一定程度上的确可以使人达到上述目的，在一定范围内甚至也是必要的。为了了解某一哲学流派或某种哲学理论的究竟，的确需要暂时撇开它们的各种外在联系，单独对其自身所是进行个案研究。但这种研究难于使人对西方哲学有全面深刻的理解，不利于对其积极和消极作用作出准确评价，归根结底不符合本学科研究的根本目的，在某些情况下甚至可能产生负面影响。例如它可能使一些人由于不了解这些哲学的片面性而盲目接受它们而不接受马克思主义，也可能引起一些受"左"的评价的模式影响较深的人对本学科研究的意义产生误会，以为它必然要冲淡，甚至排斥马克思主义。当思想文化领域内出现了某种麻烦或动荡时，这种方式的研究往往被人看做是引起麻烦和动荡的根源，并由此受到非难。

近些年来，尽管我国本学科不少同行的个案研究有出色成果，但整个学科显得被冷落。专业队伍在有了较大发展后又重新呈萎缩之势，有的重点大学的哲学系连开设本学科课程也很困难，全国仅有的一份不定期专业刊物《现代外国哲学》因得不到经济支持早已停出，学会活动也难以为继。原因当然是多方面的。其中最引人注目的是：在经济体制由计划经济转向市场经济后，如何适应新的体制来开展哲学等远离经济基础的人文学科研究、使有关方面认识到这类研究对我们的整个现代化事业的不可或缺的意义，成了一个有待探索的新问题。在这个问题没有解决前，这些学科的研究都要受到影响。然而，就在哲学学科的各二级学科中，西方哲学学科的情况近几年来的处境更加困难。无论是领导部门还是企事业单位，对马克思主义哲学、中国传统哲学、科技哲学等的研究有时还肯给予较大的支持，而对西方哲学研究则大都停留于口头表示。这种情况大概难于用经济转轨来说明。根本原因还在人们尚未能从整体上认识西方哲学的实际所是，特别是未能认识其与马克思主义哲学的真实关系，从而也未能消除以往在这方面存在的误解和偏见，更未能看到这种研究不仅对丰富和发展马克思主义哲学、对我们更好地认识当代世界有不可或缺的意义，而且对我们的现代化事业的顺利开展，特别是市场经济体制的健全和发展，都是必不可少的。

作为对西方近现代哲学及其作用的误解的一个实例，我简单提一下它们有关个人主义的理论。

许多西方近现代哲学家（包括伦理学家）的确都肯定个人主义（individualism），实用主义等流派甚至把个人主义当做其全部哲学的基础或出发点，但他们又大都把个人主义和利己主义（egoism）区分开来。在谈到个人主义时，他们强调的是肯定个人作为独立主体的地位，维护和尊重个人的自由和尊严，发挥个人的能动性和创造性，同时也要求个人不仅要对自己、也要对他人和社会负责。正因为如此，他们大都注意把个人主义与贪婪、自私，甚至为了个人私利不择手段地损害他人和公共利益的利己主义区分开来，对后者持反对态度。一个主张个人主义的学者同时可以是利他主义者。这种情况在近代功利主义思想家那里就已存在。至于在现代西方哲学中，由于多数哲学流派企图超越传统的主体性形而上学，倾向于由个体主体转向交互主体，由强调主体性转向强调主体间性，因而把个人主义等同于利己主义的情况就更少了。不少人甚至强调要使个人利益服从群体利益，或者说私利服从公益。当然，他们这种可能与利他主义相容的个人主义仍然存在片面性，应当加以批判。还应当看到，某些西方思想家也的确有把个人主义和利己主义混为一谈的倾向，对之就更应当批判了，但不能以此忽视大部分西方思想家是把二者区分开来的。

资本主义市场经济体制几乎使每一个人都成了私利的追逐者，彼此之间必然进行激烈的竞争，出现霍布斯所谓"人对人是狼"、"一切人反对一切人的战争"的状态。在这种状态下，市场经济体制实际上无法运行，个人对私利的追求也实际上无法实现。于是不得不对个人的私利追逐和竞争加以限制，当时的资产阶级思想家们正是适应这种要求而在法律、道德等方面提出了与市场经济体制的运行相应的理论。功利主义伦理学家之把个人主义和利己主义区分开，正是维护资本主义市场经济得以现实运行的需要。① 他们的这种理论对于促进以市场经济为基础的西方社会的发展起了极其重要的作用。

因此，把西方资产阶级思想家的个人主义理论的意义笼统地归结为利己主义，不仅有偏于这种理论本身的实际所是，看不到它们与西方市场经济体制发展的必然联系，也会妨碍我们从整体上认识近现代西方哲学和伦理学。更为重要的是：它不利于我们从西方市场经济发展与其道德理论的联系中吸取经验教训，即借鉴其积极方面，克服其消极方面，

---

① 参看《市场经济、市民社会、个体主体和现代化》(《河北学刊》，1997 (1))；《西方哲学的近现代转型与道德和价值观念的变更》(《天津社会科学》，1998 (4)，《新华文摘》，1998 (12)) 其中我对这方面的问题作了较具体论述。

来更好地建立与我们的社会主义市场经济体制相适应的伦理道德体系，促进我国社会主义市场经济的发展。遗憾的是：在我国学术界，把个人主义与利己主义混为一谈的状况还相当广泛地存在。

对西方近现代哲学及其作用的误解的情况几乎在每一方面都有表现。我们无法在此更多论及。出现这些误解的原因很是复杂，不少人的确出自他们对马克思主义的忠诚。他们深恐它受到西方哲学的污染，只是他们在对马克思主义哲学的理解上受旧的模式的影响太深，对西方近现代哲学的实际所是存在的偏见太多，因而必然难以较为客观和准确地认识二者之间的关系。这大概是历史的悲剧吧！

总之，对西方哲学研究在所有这些方面的认识不足不仅使西方哲学研究本身难以获得应有的发展，而且会不利于其所涉及的其他方面的发展。因此，无论从何种意义上说，重新认识西方哲学，特别是与马克思主义哲学处于同时代的西方现代哲学的实际所是，重新深入研究并正确认识西方哲学与马克思主义哲学的关系，将对它们的研究推进到一个新阶段，已是当务之急。我个人关于这方面问题的一些想法在《迈向现代西方哲学研究的新阶段》[①] 一文中已有较多论述，这里就不多说了。

---

① 《社会科学战线》，2000（6）。

后 记

　　北京师范大学出版社约我编一部我的哲学论
文选本，作为他们的《当代中国哲学家文库》丛
书中的一本。这个选本现已大体编成。下面简单
作些说明。

　　我从 1956 年后期起由经济学转向西方哲学
研究。从那时以来的二十年中大都是在政治运动
中度过的。头十年虽然写过一些文章，但囿于
"左"的批判框架，学术价值不高。当时的成就
主要是收集和整理了一些材料，为后来的工作作
了较多准备。后十年正值十年动乱，一切处于停
顿。我的学术成果大都是在改革开放以后的三十
多年取得的。期间我主要做了三项工作。

　　一是编写《现代西方哲学》系列教材（包括
1981 年的初版，1990 年的修订本，2000 年的新
编本；还包括与教材具体内容相关的论文）。它
们是我这些年的最主要成果，为此也付出了我大
部分精力。由于它们已广为流行，可谓已众所周
知，此处就不选了。

　　二是从事实用主义研究。我在 20 世纪 70 年
代末和 20 世纪 80 年代曾发表过关于实用主义的

系列论文，出版过《实用主义述评》。其中《重新评价实用主义》一文（1987）对长期流行的评价模式明确提出了全面挑战，被认为在我国对实用主义评价中具有转折性意义。后来我按照自己的新观点就实用主义陆续发表过一些文章。

三是开展对现代西方哲学与马克思主义哲学的比较研究。以1995年写成的《西方哲学的近现代转型与马克思主义哲学和当代中国哲学的发展道路（论纲）》为起点，最近十多年来我的研究的重点大都是围绕着这方面的问题，研究成果也较多，由《新华文摘》重点或大篇幅转载的就有10篇。

在编辑本书时我曾考虑过选择面是否广一些，最后还是决定以关于现代西方哲学与马克思主义哲学的比较研究的论文为主，兼及重新评价现代西方哲学、包括实用主义及其在中国的影响。我这些年来学术思想上的一条主线是：通过对现代西方哲学各个流派的具体探索，将它们彼此以及它们与马克思主义哲学的研究相互沟通，达到超越这些流派以及对马克思主义哲学的扭曲、服务于丰富和发展马克思主义哲学的目标。本书由此用《探索、沟通和超越：现代西方哲学与马克思主义哲学比较研究》为书名。

除了《重新评价实用主义》一文，本书选的都是我1995年以来发表的文章。这一时期我的基本理论观点已经成型了。过去的一些文章也许能体现我的思想发展的轨迹，但我在本书《自序》中已介绍了这方面的内容，本书就不选了。我有关后现代主义和西方马克思主义的文章本来切合本书主旨，考虑到我同时在选编《现当代哲学变更与后现代主义和西方马克思主义》一书，本书也不选这方面的文章。本书由独立成篇的文章编成，有些内容有时有重复之处（包括某些引文），如果删节，它们难以成篇，只好不动。请读者见谅。

在编辑本书时，源自经典作家选集的引文由旧版改成了新版。各篇文章的正文都未作改动。

北京师范大学出版社祁传华和饶涛两位编辑对本书的出版提供了大量帮助，顺此致谢。

刘放桐

2010 年 1 月 25 日